人性的优点

【美】戴尔·卡耐基/著

中国友谊出版公司

图书在版编目（CIP）数据

人性的优点 / (美) 戴尔・卡耐基著；贾文泽译
. -- 北京：中国友谊出版公司, 2017.2（2020.12重印）
书名原文: How to stop worrying and start living
ISBN 978-7-5057-3975-8

Ⅰ. ①人… Ⅱ. ①戴… ②贾… Ⅲ. ①成功心理－通俗读物 Ⅳ. ①B848.4-49

中国版本图书馆CIP数据核字（2017）第030134号

书名　人性的优点
作者　［美］戴尔・卡耐基
译者　贾文泽
出版　中国友谊出版公司
发行　中国友谊出版公司
经销　北京时代华语国际传媒股份有限公司　010-83670231
印刷　唐山富达印务有限公司
规格　690 × 980 毫米　16 开
　　　22 印张　342 千字
版次　2017 年 3 月第 1 版
印次　2020 年 12 月第 7 次印刷
书号　ISBN 978-7-5057-3975-8
定价　42.00 元
地址　北京市朝阳区西坝河南里 17 号楼
邮编　100028
电话　（010）64678009

再版序

戴尔·卡耐基是一个标志，他在社交、演讲、成人教育等领域的成功已经跨越了地区和时间的限制，影响到了亿万人。即便没有看过他的书的人，也会对他的名字有所耳闻。他的著作更是行销国内外，帮助无数人走过了困惑迷茫期。

卡耐基并不是一个天生的演讲者和成人教育家。小时候的他，是一个经常担惊受怕、受穷困折磨、受同学欺负的小镇男孩，但受母亲乐观性格的感染，他不仅考上了师范学院，顺利获得了学位，还克服了演讲的焦虑，从事了成人教育事业，并获得了引人注目的成功。为了应对人生中遇到的各种问题，他还对心理学和社会学进行了深入的研究。他一生经历了工业革命、两次世界大战、冷战等人类历史发展的关键时刻。所有这些，都使得他对人性的复杂幽微有更深刻的体验和洞察。

《人性的优点》正是他一生智慧的结晶。这本书最早出版于1948年，半个多世纪以来，已经成为西方世界最持久的畅销书，并被译成多种文字。在本书中，卡耐基不会教你如何赢得竞争、如何升官发财。你会发现，他最终教给你的是让你停止忧虑的方法，专注自我的成长、开创属于你的人生的秘诀。这些方法和忠告都非常实用，关照到你成长中可能遇到的任何问题，从学业考试到婚姻家庭，从心理健康到身体保健，从摆脱贫穷到充实人生，从与人交友到当众演讲……可以称得上是你人生问题的答案之书。卡耐基的终极目标不是让你获得世俗的成功，而是通过真实的生活经验和经历告诉你，成功有无数种定义，获得成功也有无数种方法。

罗素说："参差多态，乃是幸福的本源。"作为同时代人，卡耐基对成功的看法与此类似，他相信，只有当你专注于自己的人生，不再为琐碎、细小的事情而痛苦，不再因为错误的人生追求而深受折磨，不再深陷忧愁苦闷，不再害怕周围的世界时，你才能开创属于自己的人生，获得真正的成功。

目录 CONTENTS

HOW TO STOP WORRYING AND START LIVING

CHAPTER 1

快乐人生

一、发现生活中的快乐

思想决定人生

> “假如思想里都是哀伤的事情，那我们会变得哀伤。我们想象灾难，心里就会恐惧。我们心生邪念，就会坐卧不定。我们预想失败，最后便只能失败。我们眼中只有自己，那别人也只能远离我们。”

几年前参加一家广播电台的节目，主持人问我一个问题：“你所得到的最重要的经验是什么？”对我来说，答案非常简单：思想是最重要的。了解了一个人的思想，也就知道了他是一个什么样的人。从某个角度说，思想决定了一个人的特质。同样地，思想也决定了一个人的人生。

爱默生说过这样一句话：“人每天想什么，他就会成为什么样子。”这句话很对，人怎么会成为其他样子呢？

我确信，现在人们面临的最重要的问题就是如何选择正确的思想。从某个角度来说，这个问题是人们必须面对的唯一问题。如果解决了这个问题，那么其他问题也就不成其为问题了。

罗马帝国的皇帝哲学家奥勒留将这一点概括成一句话：“思想决定人生。”

是的，假如我们每天都在想快乐的事情，保持快乐的状态，那快乐就会在我们身边。假如思想里都是哀伤的事情，那我们会变得哀伤。我们想象灾难，心里就会恐惧。我们心生邪念，就会坐卧不定。我们预想失败，最后便只能失败。我们眼中只有自己，那别人也只能远离我们。

不过，这并不代表我们要用乐观态度面对所有困难，当然，这也不是心理暗示。生活要远比这复杂。我说这些是要防止人们用消极的心态面对生活，我们应该鼓励人们保持积极的心态。也就是说，我们的关注点不应该是内心的焦虑，而应该是我们所面临的问题。

我们关心问题，而不担心问题。这两者是有很大不同的。举例来说，每当我在纽约市中心遇到堵车时，我会清醒地意识到自己的境地，但是却不会为此焦虑。我们去关注问题，是要清楚地了解问题，然后理智地解决问题。而焦虑呢，只能让我们原地打转，直至崩溃。

有些人在陷入极端的困境时，仍然可以昂首走在路上，将鲜花置于衣襟。罗威尔·托马斯就是这样的人。

有一次他拍一部电影，电影讲述的是一战期间艾伦贝和劳伦斯的故事。为了真实再现劳伦斯统帅阿拉伯军队和艾伦贝征服圣地的历史，托马斯和他的助理亲临曾经的战场进行拍摄。影片中加入了托马斯的一篇著名的演讲《巴基斯坦的艾伦贝和阿拉伯的劳伦斯》。这部影片和这篇演讲在伦敦甚至整个世界范围内都引起了很大反响。为了能让他登上科文特花园皇家歌剧院讲述那奇绝的故事，伦敦歌剧节推迟了六个星期。

托马斯出名了，他在伦敦引起轰动，然后又辗转各国举办活动。之后，他计划拍摄一部反映印度和阿富汗生活的纪录片，为此他用了两年半的时间进行准备。然而，当他把一切准备好，却遭遇了一连串匪夷所思的厄运。

他破产了。

那个时候，我经常和他待在一起，我们沦落到只能去街角的小饭馆去吃一些便宜的东西的地步。在那段时间，如果没有苏格兰画家詹姆斯·麦克白的帮助，我们也许连那家小饭馆都去不起。

不过，这并不是我们要关注的，我们应该看到的是，托马斯很郑重地对待自己债务缠身的困境，没有表现出丝毫忧虑。他知道，假如在困难面前表现得消极，那他就真的没有丝毫价值了，那些债权人就更不会信任他。他的思想中充满了勇气和力量，让自己在困难面前昂首挺立，他把困难视为登山路上的有益锻炼，当成人生中必不可少的一部分。因此，他总是在自己的衣襟上别一朵鲜花，然后昂首踏上牛津街宽阔的大路。

人的心理会对生理产生奇妙的作用。英国有名的心理学家哈德菲曾写过一本名叫《力量心理学》的著作，这本书虽然只有 54 页，但是内容却非常有价值。在这本书中，他对前面说到的那点进行了详细阐述。

他在书里写道："我找来三名志愿者，用握力计来测量心理对生理产生的作用。"在他的要求下，3 名志愿者在不同的条件下用全力去握手中的握力计。第一次测试，他们在正常情况下测出来的握力平均值为 101 磅。第二次测试，哈德菲对他们进行了催眠，让他们认为自己非常虚弱。这一次，他们的握力连正常水准的 1/3 都没有达到，只握了 29 磅。第三次测试，同样对他们进行催眠，只不过这次的暗示是：他们很强壮。这一次，他们的握力达到了平均 142 磅。由此可见，当他们在心理层面肯定了自己的力量时，他们的力量便达到了约正常水平的 1.4 倍。心理的力量便是这么不可思议。

再说另一件事，来更好地证明思想的力量。这件事发生在南北战争时期，是件很奇妙的事，如果详细写的话，可以写成厚厚的一本书，我们在这里只简单说一下。

众所周知，玛丽·贝克·艾迪是基督教信仰治疗的开创者，其实她本人在最初认为，人生中只有病痛和苦难。她和自己的第一任丈夫结婚之后，丈夫不久就死了。之后她再次结婚，第二任丈夫却抛弃了她，跟一个有夫之妇私奔了，不过他的结局很惨，死在了一个贫民救助站中。艾迪有一个儿子，但是在儿子四岁那年，她因为身陷贫穷和疾病，无奈把儿子送了人，在此后的 31 年里，她再没见过儿子。

在一个寒冷的冬天，在麻省的理安市，她的命运发生了奇妙的转折。那天她正在路上走，路面结着冰，很滑，结果她不小心滑倒了，然后摔晕了过去。经过医生的诊断，她的脊柱严重受伤，因此不断抽筋。医生认为她很有可能丧命，即使能活下来，也无法再走路了。

在那张死神随时可能降临的病床上，艾迪从《圣经》上看到了《马太福音》的一句话："人们把一个已经不能走路的人抬到耶稣面前，耶稣说：起来，你的罪已经得到宽恕，拿上你的垫子，回家去吧。然后那人便站起身来，走着回家了。"

这句话给了她力量，让她树立起一种信仰，在后来的回忆中，她说那种信仰的力量让她可以"马上下床走路"。

"就好像当初那只苹果砸到牛顿头上一样，我也有相同的体验，那让我认识到自己痊愈的原因，也认识到怎样把这个方法教给别人。……我现在可以明确地告诉你：思想才是根本，一切都是心理产生的作用。"

你可能会问，这是不是在给基督教的信心疗法做广告。当然不是，我不信基督教，更不打算帮他们做宣传。但是在我不断成长的岁月中，那种思想力量烙下了深深的印记。思想可以改变生活，这就是帮人们消除忧虑、烦恼和疾病的方法，在经历了 35 年成人教育之后，我终于明白这一点。我现在已经认为这是理所当然的了，因为我见到了数百次这样的事例。

发生在我的一名学生身上的那种神奇转变，也同样可以对思想的力量加以印证。他因为太过焦虑，精神濒临崩溃。他是这样跟我描述的：

"我简直全身都被焦虑笼罩着。掉头发会让我焦虑，身体太瘦会让我焦虑。我还担忧无法留住自己喜欢的女孩，担忧自己赚不到娶媳妇的钱，担忧自己无法成为一个好父亲。我的胃溃疡也让我忧虑，我担心自己因此找不到工作，也担心自己会给别人留下坏印象。

"我的心像一个拔掉了安全阀的锅炉，随时可能爆炸。忧虑充斥着我的内心，压力最终到达临界点，我崩溃了，真的崩溃了。假如你没有过这种体验，那你应该感到庆幸，你应该感谢上帝，因为精神崩溃的痛苦超过了所有肉体上的痛苦。我的心里满是恐惧，害怕任何出现在身边的声音。我控制不了自己的内心。我的心理已经崩溃到无法跟家人沟通，更别说其他的人。我经常会躲在无人的角落，莫名其妙地哭泣。我有一种被全世界遗弃的感觉，就连仁慈的上帝都不再保佑我。

我每天都处在痛苦之中，有时甚至想跳河自杀以寻求解脱。

“我决定去佛罗里达旅行，因为换了环境也许心态就会改变了。快要上火车时，我的父亲给了我一封信，告诉我到了之后再拆开看。到了佛罗里达，我住在一家汽车旅馆，因为当时正值旅游旺季，人非常多，普通的旅馆都没有空房间了。起初我去迈阿密一艘不定期航行的货船应聘，但是被拒绝了，所以我只好在沙滩上消磨时光。

“虽然换了个环境，但是我的心境并没有变好，反而比在家时更差了。这时，我想起了父亲的信。他在信中这样写道：

“‘孩子，你现在是否觉得，即使去到1500英里远的地方，情况仍没有任何改善？对于这一点我很清楚，因为带给你困扰的源头仍然跟随着你，那就是你自己。其实你的身体和精神都没有出现问题，所有的问题都来源于你的想象，而非你遭遇的困境。一个人最终将变成他自己想象的样子。假如你理解了这一点，那就表明你已经走出困境，你就可以回家了。’

“说实话，父亲的信并没有使我平静，反而激起我的怒火，因为我此时最需要的是安慰，而不是教训。有那么一刻，我甚至想永远在外流浪，再不回家。

“晚上，我无所事事地走在迈阿密的小路上，路过一个教堂，教堂正在举行礼拜，于是我走了进去。里面有人在布道，讲演的主题是：战胜自己的内心胜过攻占一座城池。我心里那些繁杂琐碎的烦恼，在这神圣的地方被清除殆尽。那人所讲与我父亲所说的道理是一样的，我突然发现自己实在太蠢了。那一刻，我拥有了清晰而理性的思想，这样反观自身的状态让我感到惊讶。就在不久前，我还想要改变整个世界，现在才发现，原来只有我自己需要改变，我需要改变自己看世界的角度，把心灵相机的焦距调整到合适的位置。

“第二天清晨，我收拾好东西，回家了。又过了一个星期，我回到原来工作的地方。又过了四个月，我喜欢的女孩成了我的妻子。现在我已经是五个孩子的父亲，我的家庭幸福而欢乐。上帝最终还是没有抛弃我，他给了我足够的物质和精神生活。

“当初，我只是一个管着18个人的夜班班长，而现在，我管理着一家纸箱厂，手下有450多人。我感觉每天都比以前更加快乐，生活也更加充实。

“这次精神崩溃的经历，让我感到庆幸，我庆幸自己因此学会了控制自己身体和心理的方法。我可以让思想成为我的助力，而不是阻碍。我觉得自己懂得了生命的真谛，每当我的心静不下来的时候，我都会对自己说：把焦距调到合适的位置。

“现在我终于理解了父亲的那番话，真正使我忧虑的，是我自己的思想，而不是外界的干扰。了解了这一点，我便仿佛服了一剂药，立刻病愈，再不复发。”

这便是那位学生提供给我们的经验。

我坚定地认为，我们内心的欢愉和宁静，只取决于我们的思想，跟我们的处境、财富或性格没有关系。

“思想和思想的使用，可以让天堂变成地狱，也能让地狱变成天堂。”这是300年前弥尔顿在失明之后认识到的。我们可以为这句话找到最好的例证，其中两个便是拿破仑和海伦·凯勒。拿破仑拥有无人可比的荣誉和财富，权倾天下，这是所有人都想得到的，然而他却向圣海莲娜倾诉：“我这一生从未感觉到快乐。”那个失明失聪而且失语的海伦·凯勒，却这样说：“生命是如此美妙。”

在这五十来年的人生道路上，我得到了这样一条经验：你内心的平静只能来源于你的思想。

让我再说一次爱默生在他的著名散文《自信》中所说的那句话：“假如有人告诉你，治愈疾病、增加收入、赢得选举或者好友重聚等外在的事情可以让你兴奋，为你带来许多机会的话，千万不要相信。能让你更加充实的，只有你自己。”

2000多年前，有一位著名的斯多葛派学者对人们说：“我们应该切掉身上的脓疮和毒瘤，同样也需要去掉头脑中的消极思想，而后者比前者更重要。”现代医学为这句话提供了佐证。坎贝·罗宾博士如此表示：在约翰·霍普金斯医院救治的病例中，五分之四的人的病因是压力大和情绪紧张，这些病例中甚至有一些是器质性病变。所以，很多疾病都是由心理问题引起的。

法国大哲学家蒙田在生活中始终信奉一句话：我们在灾祸中受到的伤害，远远比不上我们内心对事物的见解来得深刻，而这种见解则完全由我们的思想决定。

我们思想的力量完全可以在我们处于紧张和困扰时，改变我们的心境。我可以做到这一点，我还打算把这个方法告诉你，虽然要花一些时间，但是这个方法还是很简单的。

美国有名的心理学家威廉·詹姆斯说过：“人们普遍认为，先有感觉后有行动，而实际上感觉和行动是并行的。如果你能用思想的力量把你的行动变得有规律，那么你的感觉也会受其影响变得有规律。”换句话说，思想的力量无法影响我们的感觉，但是能影响我们的行动，当行动改变之后，感觉便也跟着改变了。

他还说：“当你感到不快乐时，可以尝试让自己兴奋起来，让你的行为表现出快乐的样子，就像你已经感受到了快乐一样。这是唯一能让你快乐起来的方式。”你也发现了，这种方法简单易行，但它是不是真的有效呢？何不验证一下：挺直腰杆，开阔心胸，深吸一口气，开口唱一首歌，如果不会唱歌，那就吹口哨，总之，要表现出欢乐的样子，要让脸上充满笑容。当你做完这些，你就能理解詹姆斯的话了：快乐的行动会驱除心中的阴霾。这是生活中最基本的一条规律，它能给生活带来奇迹。

在我认识的人当中，有一个来自加利福尼亚的女人，在这里我不想说出她的名字，我要说的是，假如她能了解这条规律的话，那她内心的哀愁可能在一天的时间里就会烟消云散。她年纪很大了，丈夫死去多年，她的生活中没有欢乐，她自己也从没做过让自己欢乐起来的尝试。有人问她觉得生活怎么样，她总是回答：“还不错啊。”但是当你看到她的表情，听到她的语调，你就会明白，其实她真正想说的是：“上帝啊，你如果经历过与我相同的遭遇就能明白我的辛酸了！”也许在世界上不同的角落，还生活着更多比她更消极的人。人们很少能看到她脸上露出笑容，但是我们来看看她的生活状况吧。她丈夫死后的保险金已足够她生活，儿女们都已成家立业，赡养她是不成问题的。她经常在女儿们的家里一住几个月，却总是埋怨 3 个女婿太自私，不懂赡养老人。她像个守财奴一样守着钱财，说要替将来考虑，却总是唠叨女儿们不给自己买礼物。

任谁遇到这样的人，都会心生厌恶的。

其实仔细想想，她一定要变成这样吗？并不是的，只要她愿意，她完全可以得到家人的敬爱，摆脱那个吝啬、唠叨和满脸阴沉的自己。只要她多关爱别人一些，停止对自己不幸的牢骚和抱怨，这种改变很容易就能做到。

我认识的一个来自印第安纳州的人便认识到了这一点，并且因此救回了自己的性命。他的名字叫英格莱特，在10年前，他患上了猩红热，刚刚痊愈又患上了肾病。他跑遍各地医院，却始终找不到能医治他的人。很快，他又患上另一种并发症。医生发下诊断书，说他的血压太高，已经无法挽救了，还是早点准备后事为好。

他后来说："回家之后，我知道自己的保险已经全都付过钱了，于是我开始坐下来思考。当时我的心里是非常痛苦的，不但自己痛苦，还让家人跟我一样痛苦。我不断向上帝忏悔自己的罪过。就这样，我埋怨了自己一个星期，然后突然就想明白了：我真的是太傻了，还有最少一年的时间可活呢，为什么不快乐地过完剩下的时光？然后我便让笑容常挂在脸上，像个正常人一样，挺直身子走路。的确，刚开始要做到这一点是很难的，不过我还是努力要求自己开心起来，这对我自己有好处，也能让我的家人快乐起来。

"然而我发现，我的情况竟然真的好了起来，就像我装作的那样。在我的坚持下，情况不断变好，一直到今天。按照原来的估计，我现在已经躺在坟墓里好几个月了。然而我确实好起来了，心情愉快，生活顺利，就连血压都降了下来。我想，假如我当初一味想象死亡，那我肯定会垮掉，变成医生所说的那样，这点毋庸置疑。不过还好，我给了自己一个重生的机会，让我的身体逐渐变好。同时我也明白了，任何外在的事物都不能影响我，能改变我的只有我自己的内心。"

我们何不问问自己：既然快乐、积极的思想能够挽救一个人的性命，那我们为何还要因为一些小事而不快或悲伤？既然我们有足够的力量让自己快乐，为什么不把这份快乐也带给家人和朋友呢？

几年前，我拜读了詹姆斯·艾伦的《人的思想》一书，这本书对我产生了很大的影响。这里我为大家摘录其中部分内容：

"很多人都发现了，如果我们对事物或人的态度发生转变，那么对我们来说，这些事物或人就跟以前不一样了……如果人们把自己的思想变得积极，那么他们将发现自己的生活发生巨大转变。人可能无法得到自己想要的，但是能得到自己原本就应该拥有的。

“我们的心中本就有神性存在，它可以改变人的气质……你能得到什么，取决于你的思想里有什么……积极的思想可以让人奋发前进，让人达成自己的理想。而消极的思想便只能让人陷于衰弱之中，时时刻刻面对身边的哀愁。”

如果说有什么能力是我最想得到的，那便是控制自己的能力，包括控制自己的思想、欲望、恐惧等等。现在，我认为我在这方面已经取得了一些令人惊叹的成就。不管什么时候，我都会告诉自己：控制住你的行为，就能控制你的感觉。

威廉·詹姆斯说过这样一句话：“那些处于逆境中的人，只要把内心的恐惧变成积极的思想，就会让那些对自己而言原本消极的东西变得对自己有积极意义。”这句话非常有用，请大家牢记。

我们应该努力做到让自己快乐，我们应该为得到快乐而制订一个有创造性的计划。下面这个，就是这样的一份计划，名字叫“为了今天”。我坚信这个计划的有效性，因此我把它复印了几千份送给朋友。这份计划出自36年前去世的西贝尔·帕契吉之手，假如我们能忠实地执行这份计划，那么大部分的忧愁会消失无踪，我们的内心将充满快乐。

为了今天：

1. 为了今天，我要内心欢愉。林肯说过：“大部分人只要下足够大的决心，就能得到快乐。”如果这句话是正确的，那么为我们带来快乐的就是自己的内心，而不是外界事物。

2. 为了今天，我要适应环境，而不是让环境来适应我。我要秉持这种信念去对待我的家人、工作和我的整个人生。

3. 为了今天，我要保持身体健康。我要照顾好身体的每一个部分，不让身体受到损害，我要多运动，让身体保持在良好的状态，成为我走向成功的资本。

4. 为了今天，我要加强学习，吸收有用的知识，让自己的思想丰满起来。我不能去想乱七八糟的东西，我要集中精力去看一些需要思考的书。

5. 为了今天，我要做三件事，对我的思想进行锻炼。一是要做一件对别人有利的事，而不让别人对此知情。另两件事是自己不愿去做的事，这就是威廉·詹姆斯所说的对思想的锻炼。

6. 为了今天，我要做个受人欢迎的人。我要注重自己的外表，穿得体的衣服，说合适的话，做优雅的举动。我要注意自己对人的态度，宠辱不惊，不挑剔，不居高临下。

7. 为了今天，我要思考如何过好现在，而不是把整个人生的问题都放到一起思考。我们可以一连工作12个小时，却不能一生都这么做。

8. 为了今天，我要做一个规划，定下每个小时要做的事情，因为这样可以避免行事草率或犹豫不决的问题。虽然我并不会完全按着计划走，但是这个计划必不可少。

9. 为了今天，我要让自己放松半小时，安安静静地享受。我要让自己在这半小时里与神沟通，让自己保持心中有希望。

10. 为了今天，我要驱除心中的恐惧。不要排斥快乐，要让美好的事物进入我的内心。要勇敢去爱，坚信对方也会爱我。

报复是得不偿失的

> “不要理会那些企图占你便宜的人，也不要想着复仇。即使你复仇成功了，你也会发现你失去的反而比对方失去的更多。”

几年前，我出门旅行，晚上的时候来到了黄石国家公园。我遇到了一位护林员，他骑在马上，绘声绘色地为我讲述了关于熊的故事。

“有一种大灰熊，它强壮的身体足以打败任何动物，除了水牛和另外一种黑熊。然而有一天，我惊奇地发现，它竟然在和一只小动物和平地共进晚餐。是的，那个小动物就是臭鼬。虽然大灰熊知道自己挥一挥手掌就能把那只臭鼬打倒在地，但是它并没有那么做，为什么呢？因为它从以往的经验中知道，那样是得不偿失的。”

对于这一点我非常理解，因为我在小的时候，曾在密苏里州的农场抓到过四条腿的臭鼬。后来我长大了，经常在纽约的大街上碰到一些跟臭鼬一样的人，不同的是他们只有两条腿。我从自己经历过的事情中学到，无论得罪了哪一种臭鼬，我都是得不偿失的。

我们对敌人的仇恨，实际上是一种对他们有益的力量，因为这种力量会影响我们自身，让我们睡不好觉，吃不好饭，我们将日渐消瘦，失去快乐。如果敌人知道我们因仇恨处在怎样的忧虑和困扰中，我想他们一定会兴奋得手舞足蹈吧。仇恨不能帮我们消灭敌人，反而让我们堕入深渊。

密尔瓦基警局曾向市民发出一份通告，通告的内容看上去就像一位伟大的哲学家在发出召唤：“不要理会那些企图占你便宜的人，也不要想着复仇。即使你复仇成功了，你也会发现你失去的反而比对方失去的更多……”

仇恨在很多方面都会对我们自身造成伤害，《生活》杂志曾刊登一篇文章称，仇恨会影响人的身体健康：易怒是高血压病人身上最常见的一个特点，越容易愤怒的人，越有可能患高血压和心脏病。

耶稣曾说过：“爱你的仇人。”这不只是道德的戒条，更是符合20世纪医学原理的训导。当他告诉信徒要原谅“77次”的时候，实际是在告诉人们怎样远离高血压、心脏病、胃溃疡等疾病。

我有一位朋友因为心脏病发作住进医院，医生对他的叮嘱就是躺在床上，不管遇到什么事都不要生气。因为从医学原理来看，生气很可能会让虚弱的心脏停止跳动。

前些年就发生过一起因愤怒猝死的事件，死者是华盛顿州斯普卡城的一位餐馆老板。当地的警察局长杰瑞·斯瓦托曾给我写信，在信中叙述了事件的始末：餐馆的老板名叫威廉·川坎伯，68岁，餐馆的厨师因为喝咖啡使用了茶碟，引得他大发雷霆。于是他拿起一把左轮手枪，去追那名厨师。结果在追逐过程中，他突然倒地死亡，死的时候手枪还紧紧攥在手里。尸检报告上说，他的死因是愤怒引发的心脏病。

我们总是可以看到，一些女人因为心中充满了愤懑而满脸皱纹，或者表情扭曲。其实如果她们心中充满爱和宽容，比任何美容措施的效果都要好。同样地，我们的食欲也很可能会受到仇恨的影响。

我们可以想一下，当敌人得知我们被仇恨搞得坐卧不宁，得知我们的五官、心脏等器官将因仇恨受到损害，甚至因此丧命，他们会是何等高兴。

莎士比亚说过："不要被敌人点燃仇恨的怒火，因为那将烧伤你自己。"就算你不能做到爱你的敌人，起码要学会爱自己，不让自己因仇恨而失去健康、失去美丽的容貌、失去快乐。

我这里有一封名叫乔治·罗纳的朋友写给我的信。他来自瑞典的爱普苏纳，曾在维也纳当律师，二战的时候，他逃亡到了瑞典。当时他一贫如洗，需要尽快找一份工作，他的目标是在进出口公司寻求一个秘书的职位，因为他懂得多国语言。然而多数公司都在回信中表示，由于目前正在战争阶段，不需要这类人才，不过表示会把他的资料放在人才库里。在这些公司的回信中，有一封是这样写的："你对我们这个行业一无所知，而且我不需要一个帮我写字的秘书。就算要的话，也不会要你，你这么愚笨，连瑞典字都写不好，信里全都是错别字。"

乔治·罗纳看到这封信后，简直气炸了。这个瑞典人竟然说他写不好瑞典字，错字连篇！他咽不下这口气，于是打算写封信回击那个人。然而当他准备这么做的时候，他冷静了下来："也许，他说的是对的呢。我虽然学习过瑞典文，但那并不是我的母语啊。或许我的信里真的有很多错误。那我就需要多学习，提升自己，这样才能找到工作。这个人实际是在帮我啊，他的话虽然刺耳，但也许那是正确的呢。我觉得我应该写信感谢他。"

于是，他把那封已经写完的满是诅咒的信扔进了垃圾桶，又重写了一封满是感激之情的信："您虽然不需要秘书，却仍然写信指出我的错误，真是让我万分感激。我很抱歉弄混您的公司所从事的行业。我听说您是这个行业最优秀的人物，所以冒昧写了这封回信。我为自己犯了错误而不自知感到惭愧，以后我将更加努力地学习瑞典文。谢谢您对我的帮助。"

不久之后，那人就给乔治·罗纳回了信，并且邀请他到公司工作。乔治·罗纳也从这件事中认识到，温和地回应别人可以灭掉对方的怒火。

爱自己的敌人的确是难以做到的，但是至少我们可以原谅或者忘掉对方，这是有助于自己健康和快乐的最佳方法。

某次我和艾森豪威尔将军的儿子约翰在一起，我问他："你的父亲会记恨某个人吗？"他说："当然不会，我的父亲不愿把任何一秒钟浪费在记恨那些人上。"

纽约州前州长威廉·盖诺认为有一句俗语说得很好：愚笨的人无法生气，而聪明的人不去生气。曾有一份专门报道内幕消息的小报对威廉·盖诺发动了猛烈的攻击，不久又有一个疯子向他开了一枪，差点送他去见上帝。当他躺在医院里，努力让自己撑下去的时候，他还在说："每天晚上，我都会告诉自己，原谅每一件事，原谅每一个人。"或许你会认为这太理想主义了，那看看著名的悲观主义哲学家叔本华的理论吧。他认为，生命本身没有任何意义，只是一个承受痛苦的过程，人的一生就是痛苦的一生，但是在绝望的尽头，叔本华说："如果可以的话，还是不要对别人有丝毫仇恨。"

伯纳·巴鲁是个很有智慧的人，他曾做过威尔逊、哈定、柯立芝、胡佛、罗斯福和杜鲁门六位总统的顾问。我曾问询他："你有没有因为敌人的攻击而痛苦过？"他说："没人能扰乱我的思想，也没人能给我带来侮辱，他们做不到！"是的，没人能扰乱或侮辱我们，只要我们不愿意，他们就做不到。

"我的脊梁也许会被木棍或石头打断，但是我永远不会因他人的言语而迷乱。"在加拿大杰斯帕公园，有一座十分漂亮的山，我时常在那里仰望这座山峰。这座山的名字叫伊迪丝·卡维尔，为的是纪念一位名叫伊迪丝·卡维尔的护士，她在1915年10月12日被德军枪决，她在死前表现得慷慨凛然。她所犯的罪名，是在比利时的家中收容照料法军和英军的受伤士兵，并帮他们逃到荷兰。临刑那天的清晨，一位神父走进她的牢房，为她做临终祈祷。她说出了那句永垂不朽的话，后来这些话被刻在了纪念碑上："我知道爱国还不够，我还应不对任何人怀有怨恨。"四年后，她的遗体被送到英国，人们在西敏寺大教堂为她举行了安葬典礼。在旅居伦敦的那一年里，我时常到国家肖像画廊的对面去，站在伊迪丝·卡维尔的雕像前，默诵这句名言。

要想忘记或原谅敌人，一个很好的办法就是去做一些自己理想中无法办到的事，然后你会发现，那些屈辱和仇恨根本就无足轻重。对于与理想无关的事情，我们根本没有时间去理会。

1918 年，密西西比州的一处松树林里发生了一件很有戏剧性的事情，这件事差点让某人被处以火刑。这个人名叫劳伦斯・琼斯，是位黑人讲师，他创办了一所学校，我还去他的学校做过演讲。

这件事发生在很早以前，那时正值第一次世界大战期间，人们的情绪比较敏感，很容易做出冲动的事情来。当时在密西西比州的中部有这么一种说法：德国人正挑唆黑人叛乱。有人就告发说劳伦斯・琼斯正发动叛乱。原来当时劳伦斯・琼斯正在教堂里对人们大声演讲："生命不息，战斗不止。我们黑人应该武装起来，用战斗争得自己的立足之地。"当时有很多白人在教堂外听到了他的演讲，他话里的"战斗""武装"等词语足以作为他企图发动叛乱的证据。于是有些年轻人在晚上跑出去，拉来一群人，冲进教堂，把劳伦斯・琼斯绑了起来。他们把他拖到一英里远的野外吊了起来，然后在下面堆满干柴，想要把他烧死。

这时，有人说了一句话："让他说一说临终遗言吧。"于是劳伦斯・琼斯活动一下被绳子套上的脖子，站在干柴上，发表了一段关于自己人生和理想的演说。

他曾就读于爱荷华大学，由于成绩优秀，性格善良，而且在音乐方面有特殊天赋，老师和同学们都很喜欢他。1907 年大学毕业，他拒绝了一家酒店提供给他的职位，也拒绝了一位富人资助他音乐事业的提议。他有自己的理想，他的理想比这些事业都要远大。他曾读过布克尔・华盛顿的传记，从那时起就确立了自己的理想，那就是让那些贫困的孩子接受教育。所以，他毅然回到了密西西比州以南 25 英里的一处贫穷的地方。他用手表换来一些钱，用这笔钱建立了他的露天学校。学校的桌椅就是树林中的树墩。

有很多白人曾对他建立学校给予帮助，送给他金钱、土地、木头和牲畜。他用这些作为资本，让那些没上过学的孩子接受教育，让他们将来成为合格的农民、工人或者厨师。他把自己这些年来所做的事情，一一讲述给那些满腔怒火、想要烧死他的人。

后来，有人问劳伦斯·琼斯，是否还记恨那些曾经想烧死他的人。他说，自己还有那么多的理想要实现，哪还有时间记恨别人。他把自己的精力全部投入到实现他的理想中了。他说：“我没有时间争论，也没有时间悔恨，任何人都不能引起我的仇恨。”

在整个事件中，劳伦斯·琼斯都表现出了令人惊叹的坦然。他不开口祈求，只是向人们讲述自己的理想。终于那些人被他打动，其中一个参加过南北战争的老兵说：“我相信他。他说的那些白人我都认识，我想我们误会他了。我们不应该烧死他，他是在做好事，我们要帮助他。”然后他摘下自己的帽子，在人群中传递，当帽子传回他手里的时候，里面放着52.4美元，这是那些刚刚还想烧死他的人为劳伦斯·琼斯捐赠的。

1900年，伊匹克忒修斯曾说：**我们种下什么样的种子，就会得到什么样的结果。**我们所犯下的错误，总是要付出代价的。“如果一个人明白了错误与代价的关系，那他就不会再对别人发火，不会再迁怒他人、苛责他人、记恨他人。”

在整个美国历史上，林肯所受到的非难、怨恨和攻击，可以说比任何人都多。然而我们从那些描述他的书籍中，看不到任何他记恨别人的记录。对于某项工作的人选，他从不会把自己的对手排除在外，即使那些人曾经侮辱或攻击过他，只要对方适合某个职位，他同样会像任命自己的朋友一样任命那个对手。他也从来没有因为某个人是自己的对手，就把对方从职位上排挤下去。我们可以看到很多例子，麦克里兰、爱德华·史丹顿、蔡斯等人，他们都曾经攻击或侮辱过林肯，然而他们都被林肯委派到了重要职位上。

林肯认为：“人们并不会因为做了什么而被颂扬，同样也不会因为做了或没做什么而被撤职。每个人都受限于自己所处的环境、所受的教育，会受来自家庭的影响，所以他们才是现在这样，而且会一直这样。”

在我的童年时期，我的家人每天晚上都会从《圣经》里挑选出一句话来朗读，然后一起跪下诵读“家庭祈祷文”。直到现在，我仍然记得父亲在密苏里州的庄园里诵读的那些话：“爱你的仇人，温柔对待怨恨你的人。咒骂你的，你应为他祈祷，羞辱你的，你应为他祝福。”我相信，只要人类还有希望，这句话就会永远流传。我的父亲严格遵循着这些话，所以他的内心拥有王侯将相都难以比拟的安宁。

不奢求他人的感激

“人们很容易忘记感恩，假如我们总是施恩图报，那得到的必然是无尽的烦恼和痛苦。”

不久前，我在得克萨斯州遇到了一个怒火填胸的商人。旁边的人跟我说，他会把自己的事情一点不漏地告诉刚刚认识十五分钟的人。事实果然如此，很快，我就了解了令他发怒的事情的经过。事实上，是他的怒火让他忍不住倾诉这件事。

11 个月前，他给自己的员工发了年终奖，34 位员工，总共得到了 1 万美元的奖金。然而让他气愤的是，没有任何一个人对他表示感谢。他说：“早知如此，我就一分钱都不给他们。我真是后悔死了。”

曾有人说：“那些心中填满怒火的人，必然也充满怨恨。”我不得不说，此人心里就已经满是怨恨。这个人差不多有 60 岁，按照人寿保险公司的说法，人的寿命在 60-80 岁之间。照这么算的话，这个人还有十四五年可活，当然是在他幸运的情况下。然而他却愚蠢到用一年的时间来记恨一件过去如此之久的事情。说真的，我的心里满是叹息。

记恨和后悔对他根本毫无益处，他应该好好想想，为什么那些员工都不感谢他。是不是他平时对员工太苛刻，报酬低而工作重？是不是在员工的心里，年终奖是他们应得的，属于工资的一部分？是不是他平时太过严肃了，以致员工不愿亲近他？又或者，是否员工认为他是为了逃税才发年终奖的？

从另一个角度考虑，也许那些员工真的是自私、不懂感恩的，我们都不知道真相到底是怎样的，他要求别人对他感恩，正是错在他不了解人性。

假如你救了一个人的性命，你会不会期望他对你表示感谢？想必会的，这是人之常情。但是我们来看一个例子，法官山姆·里博维兹曾做过刑事律师，在他手下逃脱电椅刑罚的人有七十八个。可是，其中有多少人对他表示了感谢呢，即使仅仅寄一张圣诞贺卡也行？事实是，一个都没有。

这一点在金钱方面体现得更为突出。我的朋友查尔斯·施瓦伯跟我讲述了他的一件事：有一名银行的出纳员，为了炒股票而挪用了银行的公款。为了不让他坐牢，施瓦伯用自己的钱帮他堵上了窟窿。在一段很短的时间里，那个人对施瓦伯感激万分。然而过了不久，他便换了一副嘴脸，甚至开始谩骂和攻击施瓦伯。

如果你把你的一百万美元给了你的一位亲戚，你觉得他会感激你吗？有人曾做过这样的事，他就是安德鲁·卡内基。当时假如他能活过来的话，就会看到他的那位亲戚正在骂他呢，因为他只给了亲戚 100 万，而把 365000000 美元捐给了慈善机构。

人性是很难改变的，所以我们对此也只能徒呼奈何。罗马帝国皇帝奥勒留对这一点有很明智的见解，他在自己的日记中写道："我又要去见那些自私刻薄、不知感恩的人了，不过并不为此难过，因为世界本就是这个样子的，总会有这样一群人存在。"当你为人们不知感激而难过时，到底错在谁？是错在人们不该如此，还是错在不了解人性？假如我们不再苛求别人感激我们，那当人们真的如此的时候，我们就不会难过，如果偶然有人表达了感激，那岂不是一种惊喜。

我在这个篇目中要谈的第一点，就是**人们很容易忘记感恩，假如我们总是施恩图报，那得到的必然是无尽的烦恼和痛苦**。

有一个住在纽约的女人，过着形单影只的生活，并因此不断抱怨，责怪自己的亲朋都远离自己。如果你了解了真相，便会知道为何如此了。

每当有人来看望她，她就不断讲述自己如何照顾侄女们，如何在她们得麻疹、腮腺炎或者咳嗽的时候，对她们精心照料，甚至养育她们，供她们中的一个读商学院，照顾其中的另一个直到结婚才离开。但是她的侄女们很怕来看望她，偶尔来也只是为了尽自己的责任。原因就是，只要她们一来，这个女人就会好几个小时连续不断地抱怨、责骂和叹息。

后来，她逼迫侄女们看望自己的手段基本不再管用，于是她又创造了一种方法：心脏病发作。给她做治疗的医生说，她确实有心悸亢进症状，但是她的发病比较“神经”，完全是由感情问题引起的，医生对此束手无策。

她认为自己应该得到别人的感恩，那是她理所应得的，而她真正需要的，却是别人的关心和爱。可是她越是这样，越得不到真正的爱。像她这样的女人有很多，别人的忘记感恩、远离和抛弃会让她们出现各种疾病。她们需要爱，但是要想得到爱，唯一能做的就是施恩不图报，不去奢求他人的感恩。

可能有人觉得这太理想主义，然而我认为，这是每个人都应该掌握的最简单的常识，它能让我们变得快乐。

说一个我自己身边的例子。小时候，我家非常贫穷，总是欠着债，可是每年我的父母都会找机会捐些钱或东西给孤儿院。那所孤儿院位于爱荷华州，不过我的父母根本没有去过那里，他们也不期待得到那些孤儿的感激。很有可能他们并没有得到除感谢信之外的感激，但是他们得到了最大的回报，那就是帮助孤儿的快乐。

离开家后，我每年圣诞都会寄一张支票给父母，让他们改善生活，但是他们很少用这笔钱给自己买东西。每次圣诞前夕回家，父亲都会告诉我，他买了一些煤和其他东西送给镇上一些贫穷的女人，她们有很多孩子，但是没钱过冬。我的父母付出却不求回报，他们帮助别人，将得到多么大的快乐！

亚里士多德曾说：“理想中的人，应该以助人为乐，以受惠为耻。帮助别人的人高贵，受人帮助的往往低贱。”我想，我的父母应该就是亚里士多德所说的那种理想的人，那种得到极致快乐的人。

然后是我在本篇要讲的第二点：**如果我们想得到快乐，那就不要奢求别人的感激，施予本身就会带来快乐。**

莎士比亚塑造的经典角色李尔王曾经说过：“一个没有感恩之心的孩子甚至毒过毒蛇的牙。”在几千年的人类历程中，不知道有多少父母因为孩子的不懂感激而悲伤难过。但是孩子们的感恩之心从何而来呢，那只能是从我们的教育中来。

人类的天性就是忘记感恩，就好像自然丛生的杂草一样，而感恩则像一株玫瑰，需要有人施肥、灌溉，有足够多的呵护才行。如果我们的孩子不懂感恩，那责任应该在我们自己，我们都没有教他们感恩，又为什么苛求他们？

我认识的一位家住芝加哥的人，有两个继子，不过他总是跟人抱怨这两个继子不知道感激自己。当然，他的抱怨是有原因的。他娶了一个带着两个儿子的寡妇，为了让两个儿子上大学，这位太太让他到处去借钱。当时他在一个纸盒厂工作，每星期的工资只有40美元，这些钱要用来买食物、衣服等生活用品，要付房租，还要用来还债，压力可想而知。可是他毫无怨言，埋头苦干，一干就是四年。然而，并没有人感激他，太太觉得这是他应做的，两个继子也认为这是理所当然的。两人连个谢字都没有，从不觉得自己欠继父什么。

这件事错在谁呢？继子有错，这位太太更有错。她觉得不应该让孩子年纪轻轻就负疚在身，不想让他们背上心理包袱，所以从来不说“你们继父对你们太好了，供你们读完大学”这种话，而总是教导他们：“这是你们继父的责任。”她觉得这样是对儿子好，但其实她这是在让孩子往斜路上走，让他们觉得全世界都欠自己的。这种观点带来了恶果，两个儿子中的一个因为想跟老板“借”点儿钱，被送进了监狱。

为人父母的一定要谨记，父母对孩子的行为有巨大影响。再说一件事吧。这件事的主角是我的姨妈，她就从来没有想过让孩子感激自己。在我小的时候，姨妈跟她的婆婆住在一起，后来又接来自己的母亲同住。直到现在我仍能记起两位老人围坐在壁炉前的情景。当然，两位老人也会给姨妈带来麻烦，可是从姨妈脸上看不到丝毫不快。她悉心照料两位老人，让她们颐养天年。另外，她还有六个孩子要照顾，不过她认为这是理所当然的，从不因照顾两位老人而期待他人的赞扬。她觉得这是自己的责任，而且自己乐于承担这份责任，觉得这是种快乐。

现在的她，已经守寡20多年，6个孩子已经成家立业，每个人都希望能跟她住在一起。这些孩子都尊敬她、爱她，想要陪在她身旁。这并不是感恩，而是真正的爱。她在孩子们小的时候用爱灌溉他们，现在他们也懂得付出爱了。

所以，要想让孩子懂得感恩，一定要以身作则。我们应注意自己的言行，不在孩子面前贬低别人对自己的好，不要说“表妹送的这些桌布，其实都是她自己做的，根本没花钱”这样的话。你的顺口一说，可能就会被孩子当真。

珍惜已拥有的

“‘人们往往关注自己没有的，而忽略已拥有的。’这可以说是最悲哀的事情，它所带来的痛苦之多可能已经超过了战争和疾病。”

多年前，我认识了哈罗·艾伯特，后来他曾担任我的教务主任。有一天，我们在堪萨斯碰面之后，他开车送我回我在密苏里州贝尔城的农场。路上我问了他一个问题——如何得到快乐。他给我讲了一个令人难忘的故事。

“以前的我是个常常焦虑的人，很多事情都能给我带来烦恼。不过在 1934 年的春天，情况发生了改变。有一天，我在韦伯闵西多特街看到一件事，之后我便再也不焦虑了。虽然整件事情的过程不过十秒钟，但是我在这十秒钟得到的比过去十年所得到的经验还多。

“我曾花两年时间在韦伯城经营一家杂货店，但是失败了。最后我不但倾家荡产，还欠下了巨额的债务，用七年的时间才还清。随后我打算在工矿银行贷些款，到堪萨斯找一份工作。那时，我沮丧极了，有一种再也无法翻身的感觉。当我心灰意冷地走在大街上，发现一个没有腿的人，坐在一块木板上，木板下面是轮滑鞋上的轮子，他正用双手抓着木头块，撑着地面向我划来。

“我看到他的时候，他已经过了街道，正打算爬上人行道。在他翻起木头车的时候，我们的视线交织到了一起。他主动笑着对我说：‘你好啊，先生，今天天气真好！’站着的我看着坐着的他露出开心的笑容，此时我才意识到自己拥有多么宝贵的财富。我有双腿，想去哪里都可以去，然而我却如此灰心丧气，真是让人惭愧。我在心里告诉自己，他少了两条腿都能这么快乐而自信，我这四肢健全的人当然更要快乐，更要相信自己。于是我挺起身板，准备向银行贷200美元，而原本我只打算贷100美元的。而且原本我打算悄悄去堪萨斯，而现在我可以光明正大地跟别人说，我要到堪萨斯去找工作。后来我真的贷到了钱，也真的找到了工作。

“现在我的浴室里还贴着一张纸条，每天早上我都要看一下上面写的话：看看那些不如你的人吧，你还在抱怨什么？”

有一天，我跟艾迪·雷肯贝克在一起，他曾跟他的同伴在浩瀚的太平洋上漂流了21天。我问他，在那让人绝望的21天中，他学到的最重要的东西是什么。他说：“如果你有足够的水喝，有足够的东西吃，就再没什么值得抱怨的了。”

《时代》杂志有一篇报道说道，一名士兵在干达坎诺受伤，弹片击中了咽喉，送到医院后输了七次血。他用写字的方式问医生：“我还有救吗？”医生给了他肯定的答案。他又问：“我还能说话吗？”再次得到医生肯定的答复。然后他写道：“那我还担心什么呢？”

你也应该问自己：“还担心什么呢？”仔细想想你就能发现，给你带来烦恼的种种事情，跟其他人的遭遇比起来根本就不算什么。

我们在生活中遇到的事，大概有9/10是对的，有1/10是错的。我们应该把我们的注意力集中在那9/10的事情上，不要为那1/10的错的事情担忧，除非你想让自己陷入无尽的焦虑中，想让自己患上胃溃疡。

在英国，有许多新教教堂里都贴着“感恩”“思考”这样的话，这也是每个人都应该记在心里的话。多想想那些我们应该感恩的事，多想想我们应该感谢的上帝。

英国作家斯威夫特是名著《格列佛游记》的作者，他在英国文学界可说是最消极的作家。他甚至为自己的出生感到哀伤，每次到生日那一天都会穿上一身黑衣，并且在那一天不吃任何东西。不过虽然悲观，但是他却对快乐给予极高评价，他曾说：“世界上疗效最好的三种良药，就是节食、平静和快乐。”

我们时时都可以享受快乐带来的好处，前提是我们愿意把自己的精力放在我们已拥有的宝贵财富上，那财富比阿里巴巴的宝藏还要贵重。你愿意以一亿美元的价格出卖你的双眼吗？换成双腿呢？双手呢？听力呢？家庭呢？把这些加起来，你可以算一下，你拥有多么巨大的一笔财富，就算洛克菲勒、摩根、福特所有的财产加在一起，恐怕你也不愿卖。然而人们并不真正懂得这一点，这正符合叔本华那句话：“人们往往关注自己没有的，而忽略已拥有的。”这可以说是最悲哀的事情，它所带来的痛苦之多可能已经超过了战争和疾病。

约翰·柏马曾讲述过自己的故事，他正是因为这一点差点变成一个极度恶劣的人，也差点毁掉了自己的家。

“我从部队退役后，很快开设了自己的工厂，开始的时候，由于我的勤奋，事业发展很顺利。不过不久就遇到了困难，我无法买到原材料和部件。这种情况的发生可能会完全毁灭我辛苦创立的事业，因此我当时满心忧虑，脾气变得非常暴躁，经常对人发火。我现在知道当时自己有多么不堪，而那时我自己是没有意识到的。情况越来越糟，我差点就把自己原本幸福的家庭毁掉了。这时，一位我曾经带过的兵对我说：‘约翰，你知道你有多不知足吗？你看你现在这个样子，就像世界上所有的烦恼都在你身上一样。你何不想想，就算工厂倒闭了又能怎样，等这个阶段过去，你又可以东山再起。你本有那么多应该感恩的事情，却在这里不断抱怨。我现在只剩一条胳膊，半边脸烧伤，可你什么时候见我抱怨过。说真的，我很想我的人生变成你那样。如果你继续现在这种状态，你失去的将不仅是你的工厂，还有你的家人和朋友。’听他说完这番话，我突然就醒悟过来，明白自己差点就堕入深渊。于是改过自新，开始重新审视自己的人生，变回我自己，现在我已经做到了。”

我还有一位叫路西里·布莱克的朋友，她也曾遭遇近乎崩溃的情况，后来她学会了不为得不到的忧心忡忡。我们在很多年前就认识了，当时我们是哥伦比亚大学新闻学院短篇小说写作课的同学。事情发生在九年前，当时她居住在亚利桑那州的杜森城，她跟我讲述当时她所遭遇的重大波折：

“我当时非常忙碌，在亚利桑那大学报了风琴课，还在市里开办了一所语言学校，同时还在住的牧场教授音乐欣赏课。我每天不停地参加各种聚会、晚宴，晚上还要骑马。突然有一天早上，我心脏病发作，生活一下子停顿下来。医生要求我躺在床上休养一年，但是并没有给我足够的信心让我相信自己能够康复。我的心里非常害怕，要像个残废一样在床上躺一年，还有可能会死去。我不断问自己，为什么我如此不幸，难道是上帝因为我做错了什么而惩罚我？我的心里满是怨恨，陷入歇斯底里的状态。我什么都做不了，只能躺在床上等待命运之神对我的宣判。

“我有一位艺术家邻居，名叫鲁道夫，他听说了我的遭遇，对我说：‘不要想着你躺在床上的痛苦，你应该趁这段时间重新审视一下自己，相信你在思想上会有一个巨大的提升，比你半生的所学还要多。’

“我听从了他的劝告，开始读书和思考，内心渐渐平静下来。有一天，我听到某个电台的新闻评论员在广播里说：‘讨论自己擅长的事情。’以前我无数次听别人说起这句话，直到现在我才真正了解这句话的含义。我告诉自己，只去想那些能让自己积极快乐起来的东西。每次从睡梦中醒来，我都命令自己想一些让我高兴的事情：我有个可爱的女儿，我的视力和听力都很好，我有足够的时间听广播、听音乐，有足够的时间看书学习，我的身体还不算糟糕，我有那么多好朋友，以至于他们抢着来看我而不得不让医生贴上警示，每次只允许一个人探望，而且规定了时间……我还有什么理由不快乐呢？

“我很庆幸躺在床上的那一年没有白过，那甚至是我在亚利桑那州过得最有意义的一年。9 年过去了，现在我的生活快乐而充实，当年养成的习惯现在仍然在保持，每次醒来都问问自己有哪些值得开心的事情。我想这是我一生中最珍贵的财富。不过有时我也会暗叹自己在想到死亡降临时，才明白怎样生活。”

我想说，亲爱的路西里·布莱克，你在这一年里所学到的，正是 200 多年前萨缪尔·约翰逊博士总结的真理：多看看事物积极的一面，胜过每年赚 1000 英镑。

有一点我们应该注意，约翰逊博士并非天生乐观，他也曾经历过饥饿和痛苦，经过 20 年的苦难，才成为极其出色的作家和演说家。

罗根·史密斯曾说过一段简短的话：“我们的生活只有两个目的，一是得到自己渴望的东西，二是享受这样东西。不过第二点只有足够聪明的人才能做到。”

《我希望能看见》是一本很有教育意义的书，看完之后你将学到如何把在厨房洗碗变成一件有价值的事。这本书的作者是波姬·戴尔，她接近失明差不多五十年。在书中她说道：“我只剩下了一只眼睛，还布满创伤，只有透过左眼的小洞能看到一些光明。我看书的时候必须把眼睛靠近书本，努力把视线转向左边。”

就是这样一个有严重缺陷的人，却不愿让人可怜，她要求别人像看一个正常人一样看待她。小时候她很想和其他小朋友一起玩，玩跳房子的时候，她看不清地上的线，就等小朋友们玩完之后，趴在地上，努力看清每一条线，之后牢牢记住小朋友们如何玩。很快，她成了跳房子的高手。上学的时候，她的书都是大字印刷的，她看书就把脸靠近，眉毛都贴在书上。就这样，她通过自己的努力，拿到了明尼苏达州立大学学士学位和哥伦比亚大学硕士学位。毕业后，她来到明尼苏达州双谷的一个村庄担任老师，之后成了南达科他州奥格塔那学院文学和新闻学教授。在 13 年的教授生涯中，她还兼职电台读书节目主持，也在一些妇女俱乐部发表演讲。

她曾说：“我内心常常害怕完全失去光明，不过我要克服这种恐惧，于是我在生活中总是采用一种游戏人生的态度。”

1943 年，她 52 岁，迎来了人生中非常重大的一次改变。在一次手术过后，她的视力提高了 40 倍。出现在她眼前的，是一个全新而美丽的世界。她发现就算是在厨房洗碗，也是一件令人愉快的事。她写道：“我把手伸进洗碗的盆里，捞起一堆肥皂泡，迎着光看，我看到无数肥皂泡里闪着无数美丽的彩虹。”

我们生活在一个如此绚丽多姿的世界里，却忽视了身旁如此多的美丽，浪费了如此美好的生活。我们都应为自己感到惭愧。

坚持自我

“人生最痛苦的，就是费尽心力去成为自己以外的人。”

在我手里有一封信，它是伊迪丝·阿瑞德太太从北卡罗来纳州艾尔山寄过来的。她在信中说道：

“小时候的我非常胖，尤其是脸很大。我性格腼腆，很容易害羞。我的母亲思想比较保守，反对我穿那些漂亮的衣服，她认为穿宽松的衣服才不容易把衣服穿坏。于是，我的衣服都是那种大号的。因此我总是不开心，从来不参加别人的聚会。在学校里我不跟其他同学玩，连体育课都不愿去上。那时我觉得自己简直就是个让人讨厌的异类。

“后来长大了，结婚了。丈夫比我年龄大，对我很包容，他的家人对我也很好，这正是我所期望的。然而我自身却没有多大改变。我尝试让自己融入他们的生活，却总是失败。虽然他们做了很多事，来让我变得不再那么害羞，但是我每次都会缩回自己的世界里。我的神经变得很敏感，就连门铃声都会吓到我。我不愿见任何亲朋好友，但是又不愿让丈夫发现这一点，于是我强迫自己参加聚会，并且装出开心的样子。但是我总是做出一些不恰当的举动，使得场面非常尴尬，为此我常常后悔。有的时候，我真的觉得活着对我来说是种煎熬，于是我打算自杀。”

后来改变她这种情况的，竟然是婆婆无意之中的一句话。

“我的整个生活都因为一句随口说出的话改变了。这句话是我婆婆说的，她在谈论怎样教育孩子时说：‘我对他们唯一的要求就是保持他们本来的样子。’听到这句话的瞬间，我就仿佛发现了新的世界。我猛然间醒悟，自己种种痛苦的来源，就是我一直让自己融入一个根本无法适应的环境。就在那一刻，我的生活改变了。我开始认真思考自己的本性，寻找自己的优点。我尝试改变穿衣方式，学习服饰和色彩搭配的知识，选择适合自己的衣服。我还扩大交际，报名参加了一个小社团。当我第一次参加社团活动时，心里非常害怕，不过在几次发言后，我的信心逐渐增强，变得更勇敢了。虽然我用了很长时间才实现这种转变，但是我得到了前所未有的快乐。所以我总是告诉自己的孩子，要坚持自我，保持自己本来的样子，这是我从多年的痛苦中得到的经验。”

詹姆斯·吉尔基博士曾经说过：“如何坚持自我是一个恒久的话题，也是每个人都需要面对的问题。”有很多心理或精神方面的因素都会让人难以坚持自我。安古洛·帕契曾写过13本书和上千篇文章来阐述自己的儿童教育理念，他说：“人生最痛苦的，就是费尽心力去成为自己以外的人。”

在好莱坞，这种现象非常普遍。著名导演山姆·伍德曾说，他最头疼的就是如何引导那些年轻演员做他们自己。那些人宁愿成为次等的拉娜·透纳或者克拉克·盖博。“但是观众已经厌恶了那些熟悉的东西，他们得有创新才行。”山姆曾在房地产业打拼了很多年，积累了一些销售经验，后来进入电影界，导演了《榜样》《战地钟声》等电影。他认为这一点在经商或电影行业都是通用的。假如你只跟随别人的脚步，肯定无法有优秀的成绩。“经历了这么多，我清楚地知道最好抛弃那些假装别人的人。”

前段时间，我同苏万石油公司的人事主管保罗先生交谈，我问他那些求职者在面试时最常犯什么错误。保罗先生面试过 6 万多名求职者，还出版过一本书，名叫《求职的 6 种方法》。他对我说：“他们总是不能坚持自我，不能把真实的自己展示给面试官，他们把自己伪装成面试官‘可能会喜欢’的样子。”他们这么做一点用都没有，没人愿意招一个虚伪的人，就像没人愿意收假钞。

有一个女孩认识到这一点，不过她是经历了很多挫折才学会的。她的愿望是成为一名歌手，不过她的外形条件有些差，她有龅牙，嘴也很大，而且长了一张大长脸。她的第一次演唱是在新泽西的一家夜总会，演唱过程中她为了让自己看上去漂亮一些，总是努力用上嘴唇盖住牙齿，结果因此遭到人们嘲笑。她觉得自己不可能成为歌手了。不过有一个人听了她的歌之后，觉得她很有天赋，于是坦诚地向她提出自己的建议：“我看了你的表演，你是不是一直在努力掩饰自己，是不是怕观众嘲笑你的龅牙？其实这并没什么，长龅牙也不是你的错，不要去掩盖它，大胆地张开你的嘴去唱。只要你不讨厌自己，别人也会喜欢你的。说不定你的牙齿会带给你好运呢。”那个女孩开始还很犹豫，不过最终接受了那人的建议。再演唱时，她不再关心自己的牙齿，而把所有心思都放在观众的身上，把自己炽热的情感传达给观众。很快，她成了一位明星，甚至成为很多人模仿的对象。

心理学家威廉·詹姆斯对那些不能认识自己的人有独到的看法，他认为一般人只挖掘了自己 10% 的潜力。“我们都处在半睡半醒的状态，没有达到最佳状态。我们只使用了自己具有的能力的一小部分。人们把自己局限在一个狭窄的空间，浪费了那么多原本具备的能力。”

所以，我们不应该再把自己的时间浪费在模仿他人上。阿伦·舒恩费教授说："你是这个世界上独特而全新的个体，从以前到以后，永远都不会有一个和你完全一模一样的人。根据遗传学原理，你的独特性来源于你的基因，你父亲的23对染色体和你母亲的23对染色体共同决定了你的基因。每一条染色体都有几十到几百个遗传因子，每个因子都有可能决定你的一生。"所以，我们拥有了神奇的独特性。就算你的父母注定结合在一起，但是生下的孩子恰好是你的概率也只有1/3000000000，另外的概率则是有30亿个与你完全不同的兄弟姐妹。这并不是虚幻的想象，而是有依据的科学。你可以到图书馆去看一本名叫《遗传与你》的书，从中你可以对这个问题有更深入的了解。这本书的作者就是阿伦·舒恩费。

我这里想探讨的是，如何坚持自我。在这一点上，我自己就有切身经历，用很多痛苦和代价才换来这一份认识。年轻时候我想成为一名演员，于是离开密苏里州的家乡，来到纽约，进入美国戏剧学院。我那时心里有个主意，并自认为这个主意非常棒，可以让我快速成名，同时我还疑惑为什么那么多人都没有发现这条捷径。这个主意就是：模仿那些成名演员的演技，将他们的优点融于一身。现在想想，这个主意简直蠢到家了。而且我竟然还为此付出了相当多的精力和时间。

虽然通常情况下我应该吸取教训，然而这次我没有，不久便重蹈覆辙。几年以后，我打算写一本书，目标是成为演讲学中最优秀的一本。几年前的主意再次出现在我的脑中：何不把其他作者的想法集合起来，做成一本集大成的书。然后我便行动起来，买了十几本与演讲相关的书，然后用一年的时间把其中的观点摘录出来，放到我的书里。当我做完之后，却发现自己犯了多么大的错误，这些拼凑在一起的观点根本就无法吸引读者。最后，我把这一年的努力全都扔进垃圾箱，决定重新开始。这次我打定主意，要坚持做自己，不再去模仿别人。我抛弃那种"集大成"的想法，努力做出自己的特色。我从一个演讲家和教师的角度，用自己的经验阐述如何做成功的公开演讲，最后我成功了。

我从华特·罗里爵士（1904年他曾在牛津大学教授英国文学）那里得到启示，并希望永远不要忘记这个启示。他说："我的书无法超越莎士比亚的书，但是我的书可以有自己的特色。"

欧文·柏林也同样告诫过现在已去世的乔治·葛希文：坚持自我。柏林第一次见到葛希文时，自己已是个著名的作曲家，而葛希文年纪轻轻，刚刚进入这一行，每周只有35美元工资。柏林相中了葛希文，想要付双倍工资让他当自己的秘书，但是同时他又告诫葛希文："虽然我很喜欢你，但我不建议你接受这份工作。因为你如果接受了，很可能会成为并不怎么出色的柏林。如果你能坚持自我，终将成为一个优秀的葛希文。"最后葛希文没有接受这份工作，后来他成了美国著名的作曲家。

其实有很多人都走过我之前走的那条路，包括卓别林、威尔·罗杰斯、玛格丽特·麦克布蕾、吉恩·奥特里等等，他们跟我一样走了很多弯路。卓别林刚开始拍电影时，导演要求他模仿一位当时很出名的德国喜剧演员，然而他出名却是因为他创造了有自己特色的喜剧表演方式。鲍勃·霍伯同样如此，他出演了很多年的歌舞片，一直都是个小角色，而当他发现自己讲笑话的能力并将其充分发挥出来时，便很快出名。威尔·罗杰斯很多年里都在一个杂技团默默无闻地表演绳索杂技，后来偶然间才发现自己讲笑话的潜能。玛格丽特·麦克布蕾原本的理想是成为一名喜剧演员，但是没有成功。后来她发掘了自己的广播潜能，于是从密苏里州的丑小鸭一跃成为纽约广播界的金凤凰。吉恩·奥特里刚开始假装是纽约人，穿时髦的衣服，有意改掉自己的得州口音，然而还是经常遭到人们的嘲笑。后来他开始尝试唱吉他伴奏的西部歌曲，终于形成自己的特色，成为著名的电影明星和广播明星。

可以说，所有的艺术都带着一种自我性，你要唱的是自己的歌，画的是自己的画，你要做的是那个独特环境里塑成的你。你应该演奏自己的乐器，创造自己的天地，不管那是好的还是坏的。你应该感谢自然，让你成为一个如此独特的你。

爱默生曾在散文《论自信》中说："每个人都会经历那么一个阶段，他会发现羡慕和模仿他人是一条死路。他应该做的，就是坚持自我，活出自己的特色。要想在这片天地得到好的结果，就得经营好自己的特色，而最了解这种特色的，也只有自己。"

手里有柠檬，就做柠檬水

> “所有人都知道把自己的收入变成本钱，但真正智慧的做法，是从损失中挖掘对你有益的东西。能不能做到这一点，也是聪明人和愚蠢的人最重要的区别。”

为了写这本书，我曾专门拜访芝加哥大学校长罗伯·罗杰斯，向他请教怎样得到快乐。他对我说：“已故的希尔斯公司董事长罗森曾给我一个建议，我一直遵照这个建议做，那就是：你手里有柠檬的话，就做柠檬水吧。”

如果看看那些愚蠢的人，就会发现他们往往采取相反的做法。如果他们手里只有一个柠檬的话，就会不停抱怨：“为何上天这么不公平，我的人生该如何继续下去？”然后就是无尽的谩骂与自怜。而如果一个聪明人遇到同样的情况，则会说：“我能从目前的情况中得到什么呢？我该怎么把这个柠檬做成柠檬水？”

著名心理学家阿尔弗雷德·阿德勒耗尽心血研究人类的行为和能力，他发现，人类最不可思议的能力，就是把原本不好的变成好的。

下面来讲一个很有教育意义的故事。这个故事是一个名叫瑟玛·汤普森的女人向我讲述的。

“我的丈夫是一名军人，驻扎在加州摩加弗沙漠附近的陆军基地。我也搬去那里住了，以便能时常跟他见面。但是我对那个地方简直厌恶透了。沙漠的温度高得可怕，就算在仙人掌的阴影处，温度也高达 51.7℃。那里只有不会说英文的印第安人和墨西哥人，我根本找不到人交流。风沙是这里最多的东西，时刻都在刮风，到处都是沙子。而我的丈夫又经常出任务，我一个人躲在屋子里，痛苦极了。我向父母写信倾诉自己的痛苦，并表示自己想要回家。不久我收到了父亲的回信，上面写着两行给我带来极大改变的字：从监狱铁窗向外看，可以看到满地泥泞，也可以看到满天繁星。

“这两行字带给我很大震动，我决定发掘身边美好的事物，看看那满天繁星。之后我主动结交当地土著，见识到了他们的热情好客。当我表现出对他们的编织品和陶制品的喜爱时，他们放弃用那些东西赚钱的打算，而大方地送给了我。我细心地寻找美好的景色，观赏漂亮的仙人掌，观察有趣的土拨鼠，在夕阳下寻找300万年前的贝壳。

“我的生活改变了，沙漠的环境并没有变，是我自己变了。我成功地把让人沮丧的处境变成快乐的来源。这个我新认识的世界让我兴奋，并且我还写了一本名叫《阳光堡垒》的小说。

“我看向监狱外面，看到了满天繁星。”

汤普森不只看到了星星，她还找到了在耶稣降生前五百年希腊人代代相传的一条箴言：最美好的总是最难得的。现代的哈瑞·爱默生·福斯狄克进一步阐述了这句话：“真正的快乐不是来自享受，而是来自胜利。”这种胜利是一种超越，它来自我们把柠檬做成柠檬水的能力。

我认识一位佛罗里达州的农民，他甚至把“有毒的柠檬”做成了柠檬水。当他买下现在的这片农场时，感觉后悔极了。这是一片贫瘠的土地，不能种植也不能用来养猪，里面最多得就是杨树和响尾蛇。后来，这位农民转变思路，想到了一个极好的主意：把响尾蛇做成罐头。多么惊人的想法！前几年我还参观过他的农场，那里养着很多响尾蛇，每年有超过两万名游客前来参观响尾蛇。响尾蛇给他带来巨大的利益，蛇毒可以用来做蛇毒血清，蛇皮可以做成鞋子和皮包，蛇肉罐头畅销整个世界。当我打算寄一张当地的明信片出去时，发现那个村子已经改名为响尾蛇村了。这是对这位把“有毒的柠檬”做成柠檬水的农民的最大褒奖。

我穿梭于全国各地的时候，见识了很多能变坏为好的人。《12个伟大的人》的作者威廉·波利苏曾说：“所有人都知道把自己的收入变成本钱，但真正智慧的做法，是从损失中挖掘对你有益的东西。能不能做到这一点，也是聪明人和愚蠢的人最重要的区别。”就在说这句话不久前，他在一次火车事故中失去了一条腿。

另一个失去两条腿的人也具备这个能力，他叫本·福特森。我们初次相遇是在佐治亚州大西洋城的一家宾馆，当时我们都在乘电梯，他坐在轮椅上，位于电梯的角落。当电梯在某一层停下，他问我能不能让一下，好让他的轮椅通过，说话的时候，他的脸上洋溢着温和的笑。这个笑容给我留下了深刻的印象，回到房间不久，我终于忍不住去找他，请求他告诉我他的故事。

他说："1929 年的一天，我要砍一些胡桃木做菜园的架子，在我开车拉着树枝回去的路上，一根树枝掉下来卡到引擎里，当时车子正在转弯，于是一下子翻了，我被甩出来，撞到了一棵树上。医生诊断我撞到了脊柱，从此我就不能走路了。那时我刚刚 24 岁，就这样待在轮椅里一直到现在。"

我问他是怎样面对终生都将坐在轮椅上这一令人绝望的困境的，他说他最初内心充满痛苦，不停抱怨自己的命运为何如此坎坷，并把自己的怒火发泄到别人身上。然而时间久了之后，他发现这对自己毫无用处，只能让他人远离自己。他认识到，应该善待那些关心自己的人。

我问他在经历这么多后，是否仍然为那次遭遇而痛苦。他说："不会了，我甚至会觉得那次遭遇对我来说是种幸运。我度过最初的痛苦期后，开启了新的生活。我把精力都用在对文学的兴趣上，14 年里读了 1400 本书，这让我的思想不断充盈起来。我对音乐也有了兴趣，之前最讨厌的交响曲，现在听来却是那么动听。对我最有利的一点，就是我有更多的时间思考了。那是我第一次认真审视这个世界，让我懂得真正的人生，认识到自己以前的生活是多么无趣和乏味。"

读书带给他的改变还有更多，他开始对公众感兴趣，经常研究社会问题，到处发表演讲，并因此认识了很多朋友。这位终生都将坐在轮椅上的人，现在已经是佐治亚州州政府的秘书长。

我在纽约办成人教育已经有 35 年了，这期间我发现很多人叹息自己没有上过大学，他们认为完整的人生必然要有大学经历。我对这种观点是反对的，在我认识的人中，很多成功的人甚至都没有中学毕业。为了让学生了解这一点，我经常讲一个故事，故事的主角是一个小学都没有毕业的人。

他小时候家里很穷，父亲去世后，棺材都是亲戚凑钱买的。之后全家人的生活重担都压在母亲一个人身上，母亲在一家伞厂上班，每天要工作 10 个小时，回家还要做一些兼职，晚上 11 点才能睡觉。他的童年便是在这样困难的环境中度过的。有一次，他观看了教堂办的一场业余舞台演出，那次演出让他痴迷，此后他便开始学习演讲。后来他凭借演讲才能涉足政治，30 岁时便成为纽约州议员。不过当时他对这个职位并没有太多认识，看到那些需要他投票的复杂法案，他就像看到印第安文字一样，完全不知道该怎么办。后来他成为森林问题委员会委员，然而他并没有接触过森林，他为此感到惶恐。之后他又成为金融委员会委员，但是他从来没接触过金融，甚至都没在银行开过账户，所以他感到更加担忧。为此他甚至想过辞掉议员的工作，只不过不知道如何向母亲解释。后来他终于想通了，决定用阅读改变自己，他要求自己每天都要读书 6 小时，以增加自己的知识。最终他的努力没有白费，他成为全国知名的政治人物，并且被《纽约时报》评为“纽约最受欢迎市民”。

这个人就是阿尔·史密斯。他用 10 年的努力成为纽约政坛的明星，甚至四次当选纽约市市长。1928 年，他还以民主党候选人的身份参加了总统竞选。这个小学都没毕业的人，得到了包括哥伦比亚大学和哈佛大学在内的6所大学的荣誉学位。他自己也认为，如果没有当初每天 6 个小时的努力，这一切都将是虚幻。

尼采是这样定义超人的：在某种情况下忍耐并喜爱面对的一切。经过对这么多成功者的研究，我总结出一点，就是他们最初总会遇到阻碍，但是这种阻碍也会成为他们的动力，促使他们最终取得成功。这正应了威廉·詹姆斯说的那句话：“人们经常能从自己的缺陷里得到意外收获。”弥尔顿很可能是因为双目失明而得到作诗的灵感；贝多芬可能就是因为双耳失聪，才作出那么伟大的乐曲；海伦·凯勒也许就因为失明又失聪，才取得如此瞩目的成就；柴可夫斯基或许就是因为婚姻的挫折让自己差点自杀，才因悲伤而创作出那首伟大的《悲怆交响曲》；陀思妥耶夫斯基和托尔斯泰或许正因为经历的坎坷，才写出了那么伟大的作品。

改变人类对生命认知的科学家达尔文，也认为自己的残疾对自己是有帮助的：“要不是有残疾，我根本完不成这么多的工作。”

在达尔文出生的同一天，在肯塔基州的一间森林小屋里，一个名叫亚伯拉罕·林肯的男孩也出生了。他的缺陷同样帮助了他的人生。他的缺陷就是贫穷，假如他出生在大富大贵之家，在哈佛大学上学，生活幸福快乐，可能他根本无法做出著名的葛底斯堡演说，也说不出第二次总统竞选时说的那句不朽的话：“不要对任何人抱有敌意。”

哈瑞·爱默生·福斯狄克在《洞察一切》中提到，斯堪的纳维亚流传着一句谚语：北风造就了维京人。有人认为安全舒适就能快乐，而我则认为，如果一个人哀怜自己，再舒适的环境也无法让他快乐。我们可以看到各种不同的环境对人的影响，正应了那句话：北风造就了维京人。

如果你觉得自己做不成柠檬水，那么不妨试试告诉自己下面这两句话：

第一，我能成功。

第二，就算没有成功，那种从坏变好的努力也会让我前进。

积极的心态总是让人更有激情和动力，让人忽略那些负面的东西。

著名小提琴演奏家欧利·布尔曾在巴黎办过一场音乐会，演奏时小提琴的A弦断掉了，不过他还是用剩下的三根弦完成了表演。

哈瑞·爱默生·福斯狄克说：“如果你生活的A弦断了，那就使用剩下的三根弦。”这是对生命的超越。

如果可以的话，我会把威廉·波利苏的那句话刻下来，挂在每一所学校：“所有人都知道把自己的收入变成本钱，但真正智慧的做法，是从损失中挖掘对你有益的东西。能不能做到这一点，也是聪明人和愚蠢的人最重要的区别。”

帮助别人也能让自己快乐

> “人生的路我们只能走一次，如果我们想做什么对别人有帮助的事，那就赶快去做吧，不要再犹豫。记住，人生无法重来。”

我刚开始写这本书的时候，发起过一次征文比赛，主题为“怎样快乐起来”，获胜者将得到两百美元的报酬。我请来了三位评委，他们是东方航空公司董事长艾迪·雷肯贝克、林肯纪念大学校长史都华·麦克柯里安博士、新闻评论家卡塔·波恩。我们从参赛的文章中选出了两篇最优秀的，然而三位评委无法决定到底哪篇更优秀，于是最终两位作者共同获奖，平分了奖金。

下面是获奖者之一，来自密苏里州春日镇的波顿先生讲述的故事。

“我的母亲在我九岁那年离开了我，我12岁的时候，又失去了父亲。19岁前，母亲带着我的两个妹妹离开了家，之后我就再没见到过她们。七年之后我才收到她给我的信。我的父亲是出车祸死的，他跟人在一个小镇合伙经营一家咖啡馆，有一次他出差，合伙人把咖啡店卖掉，然后带着钱跑了。父亲听朋友告知此事后，着急回来，在堪萨斯州沙林那城出了车祸，不治身亡。

“我有两个老弱的姑妈，但是她们也很穷，只能收养我们五个兄弟姐妹中的三个，于是我和弟弟成了孤儿。我们只能寻求别人的帮助。后来有一家人收留了我，但是不久那家男主人就失业了，于是我再次成为孤儿。直到洛夫汀夫妇收养我，在离镇子五六公里的农庄为我提供了住所。

“70岁的洛夫汀先生患有一种名叫蛇盘疮的疱疹，只能躺在床上。他答应收留我，但是对我有三个要求，一是不能说谎，二是不能偷盗，三是认真干活。我严格遵循着这三个要求，一点点长大。上学之后，我遭到了同学们的耻笑，他们笑我笨，笑我的大鼻头，笑我没人要。我气得回家大哭，想要报复他们。但是洛夫汀先生对我说：‘能够忍住不打架的人，往往会比那些打架的人取得更大的成就。’我听洛夫汀先生的话，忍下来了。然而有一次，一个孩子往我脸上抹了一把鸡屎，我一怒之下把他打了一顿。结果我非但没有受罚，还得到了几个朋友，他们都觉得那个孩子罪有应得。还有一次，一个女孩弄坏了洛夫汀太太买给我的帽子，那是我非常喜欢的一顶帽子，那个女孩却把帽子里灌满水，说要弄湿我的头发，让它不会像爆米花那样爆开。我从没在学校里掉过一滴眼泪，但是回到家就忍不住痛哭。

“有一天，洛夫汀太太给了我一些建议：‘如果你能多帮助一下他们，说不定他们就不会再嘲笑你了。’我按照洛夫汀太太的建议去做，试着把那些曾经嘲笑我的人变成朋友。后来我因为学习用功考了全班第一名，却并没有引来别的同学的嫉妒，因为他们都已经成了我的朋友。

“班里很多人都来找我指导作文写作，有时我还会帮他们完成读书笔记。我帮助他们的事很多家长并不知道，有些同学跟父母说要去捉袋鼠，然后偷偷跑到洛夫汀先生的农场来，向我请教学习问题。

“后来瘟疫侵袭，附近农场里的成年男人全都死了，四户农庄里只有我一个男人活下来了。在此后的两年里，我每天放学都会帮那些寡妇干活，砍柴、喂牲口。我很快成了她们的朋友，每个人都喜欢我。后来我从海军退伍回家，第一天就有两百多个农夫过来看我，还有人开车 40 公里过来。正因为我一直尽力去帮别人，所以这 13 年来再没人认为我是没人要的孩子，我也变得非常快乐。”

已经故去的弗兰克·陆培博士也是这样的一个人，他住在华盛顿州西雅图市，因为患风湿病而卧床 23 年，《西雅图报》的记者史都华·怀特豪斯在信里跟我说：“在我的访问经历中，陆培博士是我见过的最懂得帮助他人的人。”

一个卧病在床的病人是怎样过日子的，他是不是每天不停抱怨？是不是总想引起别人注意？是不是想让别人都来照顾他？不是的，当然不是，陆培博士的做法完全相反，他所恪守的正是威尔斯王子说的那句“为大众服务”。他搜集了很多病人的信息，给他们写信，鼓励他们好好生活。在鼓励他人的同时，他自己也同样受到了鼓舞。他创立了一个俱乐部，用来让病人间保持联系。之后还创建过一个全国组织，名叫“病房世界”。他平均每年都要在病床上寄出 1400 封信，同时还成为人们捐赠物品的中转站，经他手转交的书或收音机，成为很多病人快乐的源泉。

陆培博士跟普通人不同的地方，就是他的内心有一种向上的力量，让他不断达成自己的理想，进而从中获得快乐。他绝不会成为萧伯纳描写的那种“自私自利的老病鬼，整天诅咒这个让他痛苦的世界”。

心理学家阿尔弗雷德·阿德勒曾经跟抑郁症患者说：“我可以让你的病在两周内痊愈，只要你能按照我说的做：每天都想一下怎样才能让他人开心。”很多人都觉得他的说法不可信，这里我做一下解释。引用一下阿德勒博士在《生命的意义》第 258 页的部分表述：

“抑郁症患者心里总有一种无法抑制的不满与厌恶，其本源是患者想要得到关注和照顾，而结局却是因内疚而抑郁。抑郁症患者的初期行为通常是这样的模式：我想要躺在沙发上，而哥哥已经在上面了，我便只能放声大哭，直到他离开为止。

“抑郁症患者经常会用自杀来惩罚自己。医生对他们进行治疗的话，首先做的就是不让他们有任何借口自杀。而我做的第一件事就是缓解他们的紧张，让他们‘不做任何不喜欢的事情’。方法很简单，不过却是触及根本的。

“一个人做的都是自己想做的事情，那还能抱怨什么，还能对自己怨恨什么？某些人渴望这样的生活：想去看电影就去，想去旅游就出发，半路不想去了可以随时回来。而有些人则控制欲强，总想斥责他人，假如别人都按照他说的做了，那他也就没什么可斥责的了。我经常对我的病人使用这种放松情绪的方法，他们之中从来没发生过自杀事件。

“有时病人会说：‘我没有什么喜欢做的事。’这种情况的解决办法同样很简单，那就是‘不要做自己不喜欢做的事’。有的病人说想一直躺在床上，如果我表示同意的话，那他可能对这件事就失去了兴趣。而当我不认同的话，他们就会和我吵个天翻地覆。所以通常情况下，我总是会对他们的意见表示赞同。

“还有一种方法可以使用，那就是直击他们的生活。我跟他们说：‘我可以让你的病在两周内痊愈，只要你能按照我说的做：每天都想一下怎样才能让他人开心。’很多人想的都是‘怎样困扰他人’，然而在回答我时，他们往往会说：‘很容易做到啊，这正是我平时一直在做的事情。’我让他们仔细考虑，因为他们实际上从来没有这么做过，不过他们却不以为然。我向他们建议：‘晚上睡觉之前，可以花些时间来想想怎样让他人高兴，这对你们的身体很有好处。’第二天我问他们效果如何，得到的回答是：‘我上床之后很快就睡着了。’有一点要注意的是，跟他们说这些话时不要居高临下，要让他们感受到你的真诚。也有人跟我说做不到，因为他们心中总是忧虑。我说：‘不要在意你的忧虑，让它继续存在也行，有时间多为别人考虑一下。’我想让他们多一些对别人的关注，然而很少有人表示愿意尝试我的建议，多半人会跟我说：‘别人都没有让我开心过，我为什么要让别

人快乐呢？’我回答说：‘为了你自己的身体健康。’

“我知道，他们疾病的根源就是缺少团队精神，因此我总是努力增加他们与别人合作的欲望。当他们能跟别人和平共处的时候，那他们身上的疾病也就好得差不多了。宗教总是劝人们‘爱身边的人’……一个人如果失去了对生活的热爱，那他往往会陷进各种困境，也会对身边的人造成伤害，对团体造成伤害。得到人们赞美的人，往往是愿意与他人合作的人，是他人生活中的好伙伴。”

阿德勒博士让我们坚持做好事，穆罕默德曾这样解释何为好事：“好事就是让别人的脸上露出笑容。”做好事之所以能对人的健康有益，是因为人在做好事时，会沉浸在一种献身精神中，而排斥忧虑和恐惧的侵扰，自然也就不会患上抑郁症。

纽约秘书学校的威廉·孟恩太太曾患有抑郁症，她就是用这个方法痊愈的。不过她比阿德勒更加高明，因为她只用了一天就痊愈了。她的方法是努力让两个孤儿感到快乐。

孟恩太太是这样叙述自己的故事的：

“在5年前的十二月份，我的丈夫离开了人世。原本幸福的生活受到严重打击，我陷入深深的悲伤中。随着圣诞节的来临，这种悲伤更重了。这还是我第一次过一个没人陪的圣诞节。很多朋友邀请我一起过节，但是我不想去，我觉得我去了只会使宴会变得糟糕。我很感谢他们，但还是拒绝了所有人，然后继续沉浸在悲伤之中。

“圣诞节前一天，我走出办公室，此时是下午3点钟，我一个人漫无目的地走在大街上。差不多走了1个小时，我发现自己走到了一个公交车站。我想起以前和丈夫经常搭乘陌生公交车的往事，于是信步走上了一辆公交车。车子在经过哈德逊河一段距离后停下，公交车司机告诉我终点站到了。下车之后，我发现自己不认识这个地方。这里是个安静的小镇，我随意踏上一条街道，在前面不远处有一座教堂，教堂里传来弹奏《平安夜》的声音。我走进教堂，看到里面只有一个拉手风琴的人。我坐在一张椅子上，安静地听他拉手风琴，好像看到满天繁星在教堂里飞舞。可能是因为早上没吃东西，再加上温柔的曲调，我不久就感觉头晕，然后就昏过去了。

“当我醒来时，我的眼前有两个小孩，可能是来看圣诞树的，从穿着可以看出来，他们是穷人家的孩子。我看了看陌生的周围，感觉有些害怕。这时两个孩子中的小女孩指着我说：‘她会不会是圣诞老人带过来的？’可以看得出来他们对我也有些害怕。我询问之后才知道，他们是两个孤儿，没有父母，处境比我以前见过的孤儿差很多。我突然觉得自己那点哀伤根本不算什么。于是我跟他们一起看圣诞树，然后带他们吃了些东西，又给他们买了些礼物。我发现，自己不再觉得孤单了，和他们在一起让我感到非常快乐。跟他们在一起我才知道，自己以前是多么幸运，我想起以前和父母过圣诞节时的幸福画面，那时是多么的欢乐。这两个孤儿让我体验了许久不曾有的快乐，也让我认识到，让别人快乐，自己也会感到快乐。人们的快乐总是在相互传递，我们展现出自己的爱心，便能驱散忧愁和烦恼，让自己成为一个快乐的人。这不只是一时的作用，而是长久的影响。”

很多人都因为付出而得到了欢乐的情绪和健康的身体，比如这个名叫玛格丽特·泰勒·叶芝的女人。她是一名小说家，在美国海军中非常有名，不过她的真实经历比小说中的情节要更离奇。

故事发生时，叶芝太太患有心脏病，已经卧床1年多，每天只有2个小时的时间下床活动，走过的最远距离不过是从卧室到花园。她觉得自己这辈子已经完了。就在这一天，日本袭击了珍珠港。

“这次经历竟然赶走了我心中的悲伤，让我体会到真正的生活。当时到处都是一片混乱，我在床上躺着，一颗炸弹落在我家附近，爆炸将我从床上掀到地上。很多部队卡车赶到这里，把军人家属送往公立学校，并挨家挨户打电话，请求那些还有空余房间的人家收留军人家属。红十字会请我帮他们记录军人家属的信息及其被转移到哪里的资料，他们知道我的床边就放着一部电话，告诉那些想找自己的家属的人给我打电话。

“由于工作便利，我很快知道自己的丈夫罗伯·叶芝上校还活着。此次事件的伤亡人数一直在增加，海军陆战队死了2117人，还有960人失踪。很多人给我打电话询问自己丈夫的生死，我尽量安慰那些丈夫已经牺牲了的女人。开始的时候，我都是躺在床上接电话，后来由于太忙，我坐了起来。渐渐地，我开始下床工作，坐到了桌子旁边。帮助他们时，我完全处于一种忘我的状态。此后我便只回床上睡觉，剩余的时间都在下面工作。

“珍珠港遭袭是非常悲惨的事件，然而对我个人来说，这个事件却给了我新的生命。如果没有这件事，我想我会终生躺在床上，由别人照顾。它让我不再自怜自艾，而开始关注别人、帮助别人，这给了我新的生活动力和目标。”

其实那些病人没必要去看心理医生，如果他们能按照玛格丽特·泰勒·叶芝的办法，去关心、爱护他人，相信有1/3的人都能自行痊愈。这是我的看法，同时也是心理学专家荣格的看法。他曾经说过，他的病人里有1/3只是感到生活空虚，而并非真的患上了什么疾病。有些人想要加入生活的车队，但总是被挡在外面，于是他们能想到的办法就是去找心理学家，倾诉自己的愤懑与空虚。他们自己错过了船，却张口埋怨船不等人。他们自己都不了解自己，却要求全世界了解自己。

或许有人会说：“如果我在圣诞夜遇到孤儿，也会照顾他们。如果我赶上珍珠港事件，也会像叶芝太太那样。但是我都没遇到过，我的生活平淡无奇，无法产生帮助别人的兴趣，并且那样做对我也没什么好处。”

我要说的是，虽然多数人的生活都是平淡无奇的，然而我们每天都会遇到一些人，我们是否去关注他们了？一个每天走上百公里把信送到你手上的邮递员，你是否关注过他，有没有问问他累不累，对工作有没有厌倦？有没有关心过他有哪些家人，看看他家人的照片？每个人都有自己的理想和生活，包括那些报童、擦鞋匠、送货的人，他们也都渴望关注，可是你有没有关注过？虽然我们不是南丁格尔之类的伟人，但是我们可以关心我们身边的人，让他们体验到被关注的感觉。这么做的最大好处就是能带给你快乐，亚里士多德曾把这种做法称为“有私心的助人”。

创立古波斯拜火教的琐罗亚斯德说：“你没有义务帮助别人，但是这样做能使你获得快乐，也能让你更加健康。”

富兰克林则说：“帮助别人就是在帮助自己。”

纽约心理诊疗中心的主管亨利·林克说：“现代心理学做出的最伟大的贡献，

就是科学地证明了人要想得到快乐，建立自我，就要懂得付出和控制自己。”

我曾请教耶鲁大学的威廉·李昂·菲尔普教授，如何让自己能够站在他人立场来考虑问题，从而获得快乐和广阔的交际。他对我说：

“我把我遇到的每一个人都当作一个真正的人，而不是冰冷的机器零件。不管是在超市、旅馆还是理发店，我都会努力让身边的人高兴起来。当我身边有超市的售货员，我会称赞她们的头发或眼睛。当我身后站着理发师，我会问他们做这一行多久了，接待过多少顾客，整天站着累不累。服务生为我搬行李后，我会微笑着与他们握手。每次我表现出对他们的关注，都会让他们非常高兴。

“一天中午，当时天气很热，我走进了纽黑文火车站的餐厅。里面人很多，显得非常拥挤。服务员很忙碌，过了半天才过来让我点菜。我点菜的时候对服务生说：‘这么热的天，人又这么多，厨师肯定又热又累吧。’那个服务生突然提高了声音，最初听声调我以为他是在生气，不过他说的是：‘我在这里工作已经有十九年了，每天听得最多的就是抱怨，你是唯一对厨师表示同情的人。真希望能多一些像你这样的人。’我可以感觉到，正是因为我把那些黑人厨师也看作人，而不是铁路机器上的零件，那个服务生才如此兴奋。

“其实每个人的心理需求都很简单，最基本的就是别人把自己看作人，而不是其他的什么。每次我在路上看到有人牵着狗，都会夸那条狗漂亮，当我走过一段路，回过身来看的时候，往往会看到主人拍拍狗头以示鼓励。我想我让他更加喜欢自己的狗了。有一次在英国，我遇到一位放羊的人，我称赞他那只大个头的牧羊犬，而且还请教那个人如何训练牧羊犬。当我离开的时候，我发现那个人把牧羊犬的爪子放在自己肩头，爱抚地摸着自己的爱犬。我的一句赞美，让自己和那位牧羊人以及他的牧羊犬都得到了快乐。”

这么一个关注服务生、同情厨师、夸赞别人宠物的人，怎么会不快乐呢，又哪里需要什么心理医生。就像中国俗话说的：“赠人玫瑰，手留余香。”

下面的故事，讲述的是一个沉闷忧郁的女孩如何成为一个让好几个男人向她求婚的魅力女性的。我在几年前曾到她所在的小镇去演讲，并拜访她，当时她已经是几个孩子的奶奶。第二天我去20多公里外的车站坐车，然后转车到纽约中央车站，是她开车送我去的，路上她向我讲述了她的故事：

“卡耐基先生，我想向你讲述一下我的故事，这个故事连我丈夫都不知道。我生在费城，家里很穷。我的童年过得很苦，无法得到同龄女孩得到的那些快乐。我的衣服总是很难看，而且我长得太快，所以我从没穿过好衣服。我为此常常悲伤哭泣。后来，我想到一个办法。每次参加宴会的时候，我都会向自己的男伴询问他的人生经历和人生计划。其实我并不是对这些感兴趣，而是为了让他们的目光从我的衣服上挪开。不过我得到了意外收获。不久以后，我发现自己对这些话题产生了兴趣，并且因此忘记了衣服的问题。而那些男伴见我感兴趣，便也更加有兴趣谈论，这让他们非常开心。很快，我成了最有吸引力的女孩，有3个男孩同时向我求婚。”

如果我们像德莱塞说的那样“去帮助他人”，那就应该立即行动。**“人生的路我们只能走一次，如果我们想做什么对别人有帮助的事，那就赶快去做吧，不要再犹豫。记住，人生无法重来。”**

二、别让批评影响心情

没人会踢一条死狗

“愚蠢的人总是试图在伟人的错误中寻找快感。”

1929年，芝加哥出了件大事，在美国教育界引起轰动，很多人都想去芝加哥一探究竟。这件事就是美国排名第四的芝加哥大学任命年仅30岁的罗伯特·霍金斯为校长，就在8年前，他还只是个半工半读从耶鲁大学毕业的年轻人，他毕业后做过伐木工人、家教和服装店员。教育界人士大都对此表示震惊，纷纷指责这项任命太轻率，说这个校长太年轻，根本没有多少经验。就连媒体也争相报道，一时间这件事成为社会热点。

在罗伯特正式上任的那天，有人对他父亲说：“报纸上对你儿子的攻击真是又多又狠。”他的父亲说：“人们的攻击确实很猛烈，不过，没有人会去踢一条死狗的。”

这句话正好道出了一个事实，越是重要的狗越有人踢它，因为那会让他们得到快感。温莎王子（英王爱德华八世）在14岁的时候，也曾被人踢过屁股。那时他在达特茅斯学院（类似于美国的海军士官学校）读书，有一天教官发现他在墙角小声抽泣，于是问他怎么了。支吾了半天，他才告诉教官说有人踢他的屁股。教官把所有学生都召集起来，询问到底是谁踢的王子，为什么要踢他。过了很久，终于有人站出来承认是自己做的，理由就是温莎王子将来会当国王，而这些人将来当了海军军官之后，就可以向人炫耀自己踢过国王的屁股。

所以，如果有人故意伤害了你，那其实是他想得到一种自我满足，让自己看上去变得重要。通常你被这样对待的时候，就表示你已经有所成就了。总有人愿意痛骂那些地位或其他方面比自己高的人，以获得心理上的满足。就好比我收到的一封信，写信的女人在信中大肆辱骂救世军的创建者威廉·布慈将军。这个女人之所以给我写信，是因为我曾在广播中赞扬过布慈将军。她说布慈将军侵吞了她募集的八百万救济款，而事实上这是一项子虚乌有的指控，她之所以这么做，不过是想得到心理满足。我把信丢进废纸堆，庆幸自己没有娶到这样的女人。她的信不能证明布慈将军是什么样的人，却反映了她是一个什么样的人。这种行为正像叔本华曾说过的："愚蠢的人总是试图在伟人的错误中寻找快感。"

一般人都会觉得耶鲁大学的校长肯定是睿智的人，不过曾经担任耶鲁大学校长的提摩太·道特却总是热衷于痛骂总统候选人。他曾如此说："他如果当选了美国总统，那他的妻子和女儿都将沦为合法卖淫的妓女，那将是我们整个国家的耻辱，我们的尊严和道德也将被彻底败坏。"不明真相的人可能以为这是在骂希特勒，而实际上他骂的是《独立宣言》的起草者、民主政体的创建者之一托马斯·杰斐逊。

还有，有一份报纸曾登过一幅漫画，上面有一个人站在断头台上，正要被斩首。这个人还被很多人骂为"骗子"，人们还曾在大街上向他丢过鸡蛋。这个人就是美国国父华盛顿。

不过毕竟这些事都过去很久了，或许现在的人性有所改善。1909 年 4 月 6 日，探险家、海军上将派瑞到达了北极，这一壮举在世界上引起轰动。数百年时间里，无数探险者前赴后继要达成这一目标，有很多人为此失去生命。派瑞自己也差点就坚持不下来，他的八个脚趾因为冻伤被割掉。不过这些在某些人眼里不算什么，华盛顿的一些海军官员嫉妒他的名声，诬陷他只是在北极闲逛了一圈，然后假借探险的名义聚敛财富。他们对派瑞的指责非常强烈，最后还是总统麦金莱亲自下令，派瑞才能继续这项工作。我们可以想一下，如果他安稳地坐在海军办公室里，谁还会嫉妒他呢，谁还会诬陷他呢？

比起派瑞，格兰特将军的经历更加难堪。1862 年，他带领的北方军取得了一次关键性胜利，很快他的大名传遍全国，就连遥远的欧洲也知道了他的威名。这次胜利使人们欢欣鼓舞，从缅因州到密西西比到处燃起篝火，人们敲起钟声庆祝这一胜利。

然而就在六个星期后，格兰特将军被剥夺兵权，逮捕入狱，这让他陷入绝望之中。说起他被捕的原因，很重要的一点就是他的成就引起了那些高傲的上层领导的嫉妒。

不要让批评阻碍自己

“就算我不回应那些对我的批评，而只是阅读它们，也早已让我无法工作和生活了。我只是努力做好我该做的事情，假如结局是好的，那么再多的批评也不用理会。如果结局是坏的，那么不管我怎么辩解，也是没用的。”

我曾拜访过海军少将施密特里·巴特勒，他有着“老三角眼”“老魔鬼”之类的绰号，在所有当过海军陆战队一把手的将军中，他是最能折腾、最奢侈的一个。他跟我说，他在年轻的时候很想成为一个让每个人都喜欢的人，因此别人的一点批评都会让他难受很久。后来他参加了海军陆战队，从此内心就变得刚毅。

“部队里有很多人骂我，有人骂我是狗，有人骂我是蛇，有人骂我是黄鼠狼，反正只要是英文里能用来骂人的，都被他们用上了。你猜我难过了没有？如果现在背后有人骂我，我都懒得回头看一眼。”

或许有人会说，这个巴特勒有点过于心胸宽大了。但我们更应该看到的是，更多的人对于不应该看重的东西过分看重了。就拿我来说，多年前我的成人教育班上来了一位《太阳报》记者，他写了篇文章痛斥我的工作，甚至骂我本人。我为此十分生气，于是打电话给《太阳报》主编吉尔·何吉斯，要他刊登文章恢复我的名誉，并惩罚那名记者。然而几年过去，我现在对自己当时的行为感到羞耻。因为我后来明白，买《太阳报》的人有一半不会看到那篇文章，看到的人里有一半不会在意，在意的人里有一半会在短时间内忘记这件事。

其实根本没有多少人会关注到我们，就算有人批评我们，也没人关心这些。一般人从早餐到午夜的一天时间里，都只关心自己。发生在自己身上的事情就算再小，也比发生在我们身上的生死大事要大很多。所以，就算我们被人羞辱了，被人伤害了，被人欺骗，也不要悲伤，要让自己坚强起来。耶稣有 12 个门徒，结果有一个门徒为了贪图钱财而背叛了他，那些钱财只相当于现在的 19 美元。而另一个在他遇到困难时公然背叛了他，而且 3 次公开表示不认识他。耶稣最亲密的人里，有 1/6 背叛了他，我们有什么理由觉得自己比耶稣更幸运。

很早之前我就认识到，我无法让那些偏执的人对我做出公正的批评，但是我可以让自己不受那些批评的影响。要注意的是，这里说的批评不是所有批评，而只是指那些有失公允的批评。

埃莉诺·罗斯福是白宫女主人当中拥有最多真挚朋友的，但也是有最多毒辣对手的，她承受的压力可想而知。我曾问她怎样对待那些不公正的批评。她说，她小的时候很腼腆，总是害怕别人批评她。于是她问自己的姑妈——老罗斯福的姐姐——自己该怎么办。她的姑妈对她说："只要你认为自己是对的，就不要理会别人的目光。"这句话让她产生了重大改变，在整个白宫生涯中，她始终牢记这句话。她始终坚信，既然怎样都会被批评，那不如坚持自己心中所想，反正只有试过之后才知道。

马修·布拉舒曾在华尔街 40 号的一家公司当总裁，我也向他问过这个问题，他的回答是："我在年轻的时候总想让自己表现得完美，对别人的评价非常在意，所以如果有人批评我的话，我会很难过。我竭力让每个人都认同我，但最后总是适得其反。当我取悦某个人的时候，总会有其他人生气，而当我试图挽回他们时，又会有另外的人怨恨我。最后我不但没有取悦所有人，还让恨我的人变多了。后来我明白了这一点，于是告诉自己：‘卓越的人总是会招来批评的，不要理会那么多。’之后我便不再苛求别人的认同，只努力做好自己的事情。我再也不用雨伞遮挡批评的雨水，它们只能流过我的衣服，却流不进我的脖子。”

蒂姆斯·泰勒则更直接，他大笑着让雨水流进脖子里，自己却若无其事。他曾主持过一档音乐评论节目，播出时间是纽约爱乐团音乐会的休息时间。有一次，一名女听众给他写了一封信，在信中骂他是“骗子、流氓、愚蠢至极的人”。他并没有因此生气，反而在下一次的广播中把这封信读给了听众。过了几天，他再次收到那位女士的来信，她仍然坚持自己之前的态度。后来，泰勒在《人与音乐》一书中写道：“我猜她是因为不喜欢我在音乐中间讲话才骂我的。”他的这种胸襟与幽默实在让人佩服。

查尔斯·施瓦伯曾在普林斯顿大学演讲，他在演讲时说，之前遇到的一位在钢铁厂工作的德国老工人曾教给他一个人生经验，那是他学到的最重要的经验。这位老工人曾与人争论战争问题，结果被气愤的人们扔进了河里。施瓦伯问他会怎么对待那些人，他的回答是：“一笑而过。”施瓦伯牢牢记住了这句“一笑而过”，并把它当成自己的人生格言。

其实我们每个人都可以学习这种“一笑而过”的态度。别人骂了我们，我们当然可以选择骂回去，但如果尝试一下“一笑而过”，结局会不会不一样呢？

林肯曾写过一篇关于如何对待批评的文章，那是他人生经验的总结。他就是因为学会把批评置之度外，才能承受住内战的压力。他的这篇文章曾被麦克阿瑟奉为至宝，也曾被丘吉尔当作箴言。其中有这样一段话：

“就算我不回应那些对我的批评，而只是阅读它们，也早已经让我无法工作和生活了。我只是努力做好我该做的事情，假如结局是好的，那么再多的批评也不用理会。如果结局是坏的，那么不管我怎么辩解，也是没用的。”

我所做过的傻事

“与其向身边那些仰望你的人学习，不如向那些批评你、责备你的人学习，那会让你学到更多东西。”

我有一份关于我个人的资料，上面记录了我所犯过的错误。大部分时候我都会让秘书帮我记录，有时候某些事太私密，我就自己记录。有些事虽然发生在15年前，但是我仍能清楚地记起来，它们都记录在这份资料里。如果我能把这一做法坚持下去的话，恐怕我的柜子会装不下这些资料。之所以会这样，其实公元前十世纪的所罗门王就道出了原因：“我们都在犯错，并且在不断犯错。”

我经常翻看这份资料，反思自己犯的错误，它们让我得到很多解决困难的灵感。不过更重要的是，让我学会了如何控制自己。

我以前总喜欢把过错归咎于别人，后来经历的事情多了，才认识到，所有错误的根源其实都在于自己。拿破仑被放逐时就曾经说过：“我之所以失败，责任完全在我自己。我就是自己最大的敌人，也是所有失败的源头。”大部分人到垂垂老矣才认识到这一点，但是都已经晚了。

我曾认识一个名叫霍华德的人，他是美国金融街的领袖，担任美国商业银行和信托公司的董事长，同时还是另外几家跨国公司的董事。1944年7月31日，他在纽约大酒店去世，在社会上引起轰动，整个华尔街和整个美国都震惊了。这样一个有影响力的人物，却是从社会底层成长起来的。他没有上过学，原来是杂货店里的售货员，后来成了美国钢铁公司的贷款部经理，此后逐渐爬上了社会顶层的位置。我曾和他交谈过，他对我说：“我每天都会坚持记录自己的工作，每到星期天晚上，我都会花一些时间来反思自己在这一周的得失。我的家人知道我这个习惯，所以从来不在星期天晚上打扰我。这种反思的习惯对我帮助很大，我犯错的概率越来越小。”

霍华德的这种习惯，很可能是从富兰克林那里学来的。富兰克林同样有这个习惯，不同的是，他不是在周末反思，而是每天晚上都会反思。他认识到自己的13个重要缺点，其中有三个是：浪费时间，太关注琐事，爱争论。他认识到自己必须克服这些缺点，才能成就伟大的事业。于是他每周都会选择一项缺点来改正，并记录下成绩。就这样，他用2年多的时间不断改正自己的缺点。他能成为美国最伟大的人物之一，与他这种做法是分不开的。

阿尔伯特·赫伯特曾说过：“人们每天都会有5分钟时间在犯傻，睿智的人会让自己犯傻的时间不超过5分钟的界限。”聪明人总是从别人的批评和指责中学到很多东西，而愚蠢的人则总是让气愤占据自己的大脑。就像美国诗人惠特曼说的：“与其向身边那些仰望你的人学习，不如向那些批评你、责备你的人学习，那会让你学到更多东西。”

等着对手来批评我们是愚蠢的，最聪明的做法是让自己成为我们最严厉的批评者。我们应该尽早发现自己身上的错误并改正，让对手找不到可批评的地方。达尔文在写作《物种起源》时便是这么做的。他知道自己这本书是对整个科学界和宗教界的巨大冲击，所以在出版之前，他用了15年时间来重新检查自己所用的资料，研究自己的观点，反复验证自己的结论。

如果有人骂自己是蠢货，我想很多人都会发怒，然而林肯却不是这样做的。有一次，林肯为了让一名政客满意，签发了一项军事调动的命令。然而作战部部长爱德华·史丹顿拒绝执行这项命令，还大骂林肯是个蠢货。林肯听说史丹顿的责骂后，并没有生气，他说：“史丹顿很少犯错误，他既然骂我是蠢货，一定有他的道理。”于是林肯亲自去了解情况。史丹顿向林肯解释了这项命令会导致什么样的后果，林肯当时就收回了这项命令。林肯是个认真对待批评的人，只要这种批评是中肯的、有益的。

所有人都会犯错，我们甚至不能保证自己所做的3/4的事情是对的，所以每个人都应该接受有益的批评。当初罗斯福进入白宫时，就表示自己愿意接受批评。大科学家爱因斯坦也坦承，自己有99%的概率会犯错。洛奇凡科曾说：“对手的意见总是比我们自己的认识更接近真相。”

虽然我认识到这一点，但是面对批评时，我有时还是会下意识地为自己辩解，甚至都没有了解对方的批评到底是什么。为此我经常反思。其实这是人们的通病，每个人都喜欢赞美而排斥批评，不管这赞美或批评是怎样的。我们的大脑就好像深海里漂泊的小船，全凭感觉前行。我们应该克服这一点，当面对别人的批评时，不要下意识地为自己辩解，而是要思考那些批评是否中肯，要感谢那些批评我们的人，让我们有机会改正错误。这样我们才能获得他人的尊重。

我在前面说过怎样面对不公正的批评，这里可以换种方式，当别人批评我们时，先思考一下：我是否已经做得足够好了？爱因斯坦都说自己有99%的概率犯错，我至少应该有80%的概率犯错。如果这个批评确实是对我有益的，我应该感谢他才对，而不是生他的气。

查尔斯·卢克曼是佩索顿公司的总裁，他花了很多精力在鲍勃·霍伯节目上，每年都要投入大约100万美元的资金。在那些听众来信中，有赞美，也有批评，他从来不看赞美的信，而是花大量时间阅读那些批评的信件，他认为那会让他收获很多有益的观点。福特公司在这方面也做得很好，公司发现自己的管理和业务体系并不完善，于是向全公司员工征求改进意见。

有一个肥皂推销员也始终坚持这种做法，他经常让别人批评自己，好让自己有所改进。他最初为柯盖公司推销肥皂，用了相当久的时间才签下第一份订单。他认为这对自己的职业生涯非常危险，于是认真反思。经过考察，他发现肥皂和价格本身都没有问题，那么肯定是自己犯了什么错误。所以每次推销失败后，他都反复思考自己到底哪里做错了，是态度不好，还是说的话无法打动顾客。后来，他甚至直接回去找顾客，请求对方告诉他到底哪里做得不对："我始终不知道自己错在哪里，能否请您对我提出批评？我知道您的批评肯定对我有帮助，请您直言不讳。"这让他得到很多有益的意见，同时也让他赢得了很多的朋友。这个人就是利特，他如今是CPP这个世界最大肥皂公司的董事长。他现在的收入在美国排第十五位。

霍华德、富兰克林和利特都是卓尔不凡的人，我们也应该扪心自问，自己想成为什么样的人。

三、用正确的心态对待工作和金钱

做你喜欢的工作

> “假如某个人对自己所做的工作并不感兴趣，那他会认为自己被放错了位置，并因此感到愤懑和失落。如果发生这种情况，即使他此时没有出现精神疾病，也会留下很大的患病隐患。”

在你快要到18岁的时候，你将面临人生中最重要的两个决定，这两个决定会影响你的工作、家庭和身体，甚至你的整个人生。这两个决定可以让你登上巅峰，也能让你堕入深渊。那么，究竟是什么样的决定呢？那就是：

1. 你赖以生存的职业是什么？你将成为一个邮递员、化学家、农民、兽医，还是护林员、教授、书记员，抑或是牛肉饼小贩？

2. 你会选择谁成为你将来的伴侣？

其实人生的各种选择都像是在赌博。哈瑞·爱默生·福斯狄克写过一本名为《透视的力量》的书，他在书中说：“当决定如何度过假期时，每个人都是在赌博，赌注就是自己的青春岁月。”那么，是否有什么办法减少假期选择中的赌博性质呢？当然有，第一点要做的，就是试着找一份自己喜欢的工作。

我曾问古里奇轮胎公司的董事长大卫·古里奇先生什么是成功的首要因素。他回答道：“热爱工作。当你热爱工作的时候，就算工作很累，工作的时间很长，你也会觉得那是一个有意思的游戏，而不是令人厌烦的工作。”

在这一点上，爱迪生可以说是最佳例证。他从没上过学，只是个卖报纸的孩子，之后却成为对整个世界的工业产生重大影响的人。他每天都泡在实验室里，差不多要工作 18 个小时，吃住都在这里，然而他并不觉得辛苦。他曾说：“我的每一天都过得很充实，每一天对我而言都是快乐的。”由此来看，他能取得那么大的成就，也就是理所当然的了。

查理斯·史兹韦伯说过的一句话，也表达了同样的意思：“如果一个人从事的是他真心喜爱的工作，那他必将取得成功。”

也许你对“热爱自己的工作”还没有清晰的概念，不知道什么样的工作才是自己热爱的。目前担任美国家庭产品公司工业关系副总裁的卡尔夫人，曾帮杜邦公司招聘了几千名员工，她曾说：“我发现，很多年轻人都没有找到自己真正的兴趣点，这简直是世界上最悲伤的事。一个人如果在工作中得不到除工资之外的任何东西，那真的是让人心痛。”

很多大学生正处于这种境况中，他们不了解自己真正要做什么，能做什么。年轻时志向远大，有着多彩而美妙的理想，可是当年过三十却仍然毫无成就后，就会消极堕落，混沌度日。

选择一份合适的工作，同样会有益于你的身体健康。霍金斯医院的雷蒙教授曾与几家保险公司合作，进行了一项关于寿命的调查，其中有一项是影响寿命的因素，雷蒙教授把合适的工作排在了首要的位置。苏格兰哲学家卡莱尔的观点也符合这个结论：“那些找到自己热爱的工作的人真是值得羡慕，因为他们已经不需要其他人的祝福了。”

索柯尼石油公司的人事经理保罗·波恩顿曾面试过 75000 个求职者，还写过一本名叫《获得好工作的 6 种方法》的书，前段时间，我和他聊了一整晚，讨论年轻人在求职时最容易犯的错误。他说：“这些年轻人最大的缺陷就是不清楚自己到底想做什么。是不是很让人吃惊？工作是影响一个人的人生的重大事情，而那些年轻人在这上面花的心思，竟然还不如在购买一件只穿几年的衣服上所花的心思多，而这份工作很可能是他们将来幸福的依托。这不是很奇怪吗？”

对于这些问题，我想我们可以求助一下“职业规划”。不过有一点要注意，要考察一下职业规划师的能力和素质，因为他们可能会助你前进，也可能会让你走上歪路。职业规划师这个行业是刚刚兴起的，各方面并不是很完善，不过这确实是一个有前途的行业。在这种职业咨询机构里，你可以得到关于职业的测试和指导，但是有一点要牢记，你是最后做决定的那个人，最后一定要听自己的。

职业规划师并不完全靠谱，有时他们会犯下很愚蠢的错误，不同的规划师有时会给出相对立的意见。我的一个学生曾去寻求职业指导，她的职业规划师建议她当一名作家，而原因竟然仅仅是她的词汇量比较大。这简直太荒谬了。要想当一个作家并没有那么简单，不只要有词汇量，还要有足够的思想、情感和经历，知道如何把自己的思想感情传递到读者心里。我想，假如我的学生接受了这名职业规划师的建议，那她将从一个优秀的速记员变成一名不入流的作家。

有一点我需要再重复一下，就是职业规划师并不是完全靠谱的，包括我在内。你应该货比三家，然后根据你自己的常识做出判断。

有人或许会认为我对这类令人忧心的问题谈论过多，但是假如你看到那么多人的忧愁、气馁、自暴自弃都是由于工作选择不当，那你就不会再有这个疑问了。你可以问一下你的父亲或邻居，或者身边的其他长者，便能对此了解更多。著名的研究者约翰·米勒就认为，这个社会最让人痛心的损失就是工人做了不合适的工作。那些每天都在岗位上咒骂自己工作的生产线工人，难道不是世上最悲惨的人吗？

在第二次世界大战的时候，著名的精神病学者维肯·曼林吉博士曾掌管陆军精神治疗事务，他表示：“我发现，如何分配工作和如何挑选合适的人，是部队里非常重要的事，要让每个人去做合适的事，并让他认为自己的工作非常重要。假如某个人对自己所做的工作并不感兴趣，那他会认为自己被放错了位置，并因此感到愤懑和失落。如果发生这种情况，即使他此时没有出现精神疾病，也会留下很大的患病隐患。”

在工厂里同样如此，如果工人并不认同自己的岗位，那他最终会面临精神问题，工作必然也无法做好。有一个叫菲尔·强生的人，便很好地证明了这一点。他在自己父亲的洗衣店里工作，他的父亲想让他将来接管这家洗衣店。可是菲尔对店里的事情根本不感兴趣，做什么都无精打采的，他做的所有事情都是在父亲的要求下做的。他的父亲为此非常烦恼，觉得儿子是个没有上进心的人，还让自己成了店里员工的笑料。这一天，菲尔跟父亲说，自己想到一家机械厂去上班。父亲对此非常吃惊，认为这种抛弃手头事业的做法简直不可思议，因此强硬地拒绝了他的要求。不过菲尔顶住压力，还是当上了机械工人，他穿上满是油污的粗布工作服，做起了长时间重体力的工作。但是这份工作并没有让他觉得辛苦，反而让他获得了快乐，从他工作时吹的口哨就能听出来。在工作中，他不断对那些机械装置进行研究，同时自学机械课程。1944 年的时候，他离开了人世，而那时他已经成了波音公司的总裁。他研制的“空中飞行堡垒轰炸机”，成为二战中盟军获胜的重要工具。我们可以想一下，假如当初他选择留在洗衣店里，他的人生将会怎样呢，恐怕是人店俱毁的结局吧。

所以在这里，我要奉劝那些年轻人，**不要因为家人的强迫而去从事自己不愿做的行业，也不要轻易地去做无法带给你快乐的工作**。当然了，父母毕竟是过来人，他们在自己的人生岁月中得到了很多有益的智慧和经验，他们所提出的意见和建议，是非常值得认真考虑的。不过，最终做决定的还是你自己，不管将来的工作是否顺利，生活是否幸福，你都是最终的承受者。

下面，我将提出一些选择工作的建议和提醒，你不妨看一下。

1. 认真阅读下面的这些职业规划师的建议，提出这些建议的全都是非常权威的人，美国最成功的职业规划专家吉森教授最终确定了这份建议表：

有一些所谓的“专家”，包括星相学家、摸骨专家、个性分析家、笔迹分析家等，如果他们表示有一种很神奇的方法可以测出你的职业倾向，绝对不要相信，这些都是骗人的。

如果有人让你做一份测验就给出你最终的职业指导，不要相信，这种做法是不符合职业指导原则的。真正的职业指导应该综合考虑指导对象的背景、人际关系、身体条件等情况，并且给出各个就业方向的具体数据。

你所找的职业规划师应该有充足的职业资料，并且你要充分利用好这些资料。

一个完整的职业指导至少需要两次以上的当面讨论。

千万不要去做函授就业指导。

2. 不要去做那些已经人数饱和的职业。很多年轻人并不知道，在美国有超过两万种的职业。然而在大学里，超过 2/3 的男生只选择了其中五种，超过 4/5 的女生做出了同样的选择。这么多人选择两万种之中的五种，难怪这些职位会饱和了，也难怪有那么多白领人士有严重的不安全感和精神焦虑。

3. 尽量不要选那些只有 10% 的机会能支持你生存的职位，比如卖人寿保险。每年都有上千人草率地走上这个岗位，其中失业人员占了多半，而且他们事先未对这个职位进行详细了解。在费城房地产信托大厦工作的富兰克林·比特格先生，在过去 20 年里一直是人寿保险行业最优秀的销售员之一，他对这个行业的认识非常准确。他认为，刚开始进行人寿保险推销的人，有 90% 都会感到灰心丧气，并在一年内离开这个职位。而剩下的人中，有 1/10 的人会卖出保单金额的 9/10，另外 9/10 的人则卖出保单金额的 1/10。也就是说，假如你从事人寿保险推销，有 90% 的概率会半途退出，就算留下来，也只有 1% 的机会能够成功，而有 99% 的概率，你将仅能靠这份工作维持生存。

4. 在你决定进入某个行业之前，最好先用几个星期的时间了解一下这个行业。最便捷的方式，就是找那些在这个行业工作过十年二十年甚至三十年的人。他们可以很大程度上加深你对这个行业的认识，甚至可以对你的将来产生重大影响。我就曾深深体会到这一点，那时我只有 20 多岁，同两位资深者谈论了一些关于职业的问题，他们两个人的话甚至改变了我的一生。可以说，如果没有跟他们两个人的谈话，我的生活不知会变成什么样子。

为了更形象地告诉你如何去正确地得到职业指导，我们假设你想要做一名建筑师，你需要用几个星期的时间去拜访你所在城市或者附近城市的建筑师，然后再决定是否进入这个行业。或者你也可以给他们写信，内容可以这样写：

我今年 18 岁，想要做一名建筑师，我希望能得到您的建议，然后再决定是否进入这个行业。我想要向您请教如下几个问题：（1）假如能够重来的话，您是否仍然选择当建筑师？（2）在对我进行仔细测评之后，您是不是仍然觉得我适合建筑师这个职业？（3）建筑师这个职位的人数有没有饱和？（4）我学习建筑专业 4

年之后，是否容易找到工作？（5）假如我的工作能力处于中游水平，那我在前5年中能赚到多少钱？（6）做建筑师都有什么好处和坏处？（7）如果我是您的儿子，您会不会鼓励我当建筑师？

如果你性格腼腆，不敢独自去见这些人，那我建议你找一个同伴跟你一起去，可以是你的朋友，也可以是你的父亲，这样你的信心便会增强。

通常来说，你请求他人对你进行指导，对于他人来说是一种荣耀。很多的年长者乐意指导年轻人，所以那些建筑师应该也会乐于对你进行指导。就算其中五个因为忙碌而拒绝了你（这个概率很小），那你可以继续拜访另外的五个，总会有人愿意见你并给你指导，也许这些指导能省去你的许多烦恼。

有一点你要清楚，你正在做的是人生中最重要的两个决定之一，所以你必须在探求并了解真实情况之后再做决定。否则的话，你的后半生很有可能在悔恨中度过。

5．所有的人，只要他是正常的，他就有能力在多个领域取得成就，那种“只适合做某一种职业”的观点是非常错误的，要将之摒弃。不过反过来，人们也会在多个领域都无法适应。就拿我来说，如果我认真准备和研究的话，那我有很大概率在以下几个行业取得不错的成就，并从中得到快乐，包括农业、园林、广告、医药、销售、报社编辑、教育行业。而在其他的某些行业上，我很有可能失败，并且得不到丝毫乐趣，包括会计、文秘、建筑、工程、机械、旅馆经营、实业管理等几百个行业。

70% 的烦恼

> “其实多赚那些钱并不能帮他们摆脱经济烦恼，大部分人都是这种情况。困扰他们的并不是钱的多少，而是如何管理自己的钱。”

假如我能妥善处理跟每个人相关的金钱问题，可能我早就去白宫给总统当顾问了，而不是在这里写书。不过这也并不就表示我在这方面一无是处，起码我能综合一下各专家的意见，提出一些可行的方案，或者指引你买到一些有益的书籍。

《妇女家庭月刊》曾做过一项调查，调查显示，困扰人们的事件中有 70% 是和金钱有关的。盖洛普民意测验协会主席盖洛普·乔治也曾做过类似的调查，他说，有相当比例的人都认为如果自己的收入能提高 10%，便可以生活无虞。虽然我们经常看到这样的情况，但是更多时候并不是这样的。

艾尔西·史塔普里顿夫人非常精通理财，她曾在纽约的华纳梅克百货公司担任财务顾问，帮人们解决理财烦恼。她的工作对象既有高收入的公司经理，也有收入仅能维持生存的行李员。我曾向她请教过这个问题，她说："其实多赚那些钱并不能帮他们摆脱经济烦恼，大部分人都是这种情况。困扰他们的并不是钱的多少，而是如何管理自己的钱。"这和我们经常看到的情况很符合，人们经常在收入增加之后依旧烦恼。

也许有人对此表示反对，不过史塔普里顿夫人并没有说所有人都这样，她是说大部分人，也许你就属于那一小部分人，不过你身边或许有很多这样的朋友。也有人可能会觉得我站着说话不腰疼，其实我自己也曾经经历过经济困难。那时我整天奔波在密苏里州的庄稼和粮仓之间，每天要工作 10 个小时，平均每个小时只能赚 5 美分。在那 20 年的时间里，我的房子里没有浴室，没有自来水，没有供暖设备，冬天的时候要忍受零下 15℃的环境。那时我的衣服上都是补丁，因为没钱不能让洗衣店帮我洗衣服，只能把裤子放在床底下，为了省路费而把鞋子磨破，等等。不过就算在这样的情况下，我仍然会有计划地安排自己的金钱。因为我明白，要想减少金钱带给自己的困扰，就要像个公司一样有计划地花钱。

我的朋友西蒙金说，大部分人在管理钱财方面都相当没有计划性。他跟我谈论过一个他认识的人，那人在公司当会计，工作时对数字十分敏感，然而在涉及个人财产方面的问题上，他却表现得非常差。每次周五发工资后，他都会马上跑到商场大买一通，完全不顾及之后还要交各种租金和水电费用。虽然他清楚地知道对公司来说，这种缺少计划性的花钱方式会让公司垮掉，但是在处理个人钱财方面，他却对此毫无警觉。

管理自己的钱财，其实和经营某项事业是一样的，而且这项事业需要你完全自主。我在钱财管理方面有一些经验，在这里可以和大家分享一下。

1. 做一份账单记录

50年前，亚诺·班尼特的理想是成为一名小说家，他来到伦敦打拼。那时他的生活很穷困，为了让自己能活下去，他便开始记录自己每一分钱的去向。即便后来成了世界著名作家，成为拥有私人游艇的富人，他依然在坚持这种做法。

约翰·洛克菲勒也有这个习惯，每天晚上进行祈祷之前，他都会把当天的花销全都记录下来。

其实每个人都需要这么一份账单记录，并不需要坚持一生，理财专家认为只要能坚持1个月，我们就能清楚地认识到自己的钱是怎么花的，并依此做出个人理财预算。当你真的做到这一点，那你就已经是个很优秀的人了。史塔普里顿夫人说，多数人在看到自己做的账单记录后，都会对自己的花钱方式感到惊讶。

2. 做出恰当的预算

史塔普里顿夫人曾说过这样一个例子：两家人住在同一个街道的相邻的房子里，房子是一样的，两家人口是一样的，两家的收入也相同，但是他们做出的预算会有很大不同。这是因为，他们的个人需求不同，当然会有不同的花钱方式。做预算并不意味着要把生活的乐趣降低，而是让人减少金钱方面的忧虑。史塔普里顿夫人也说，按照预算花钱的人明显会快乐很多。

在做预算时，你可以寻求一些专业指导，比如你可以把自己的开销列出来，然后写信给美国农业部，索取这方面的书籍。或者到银行去寻求理财专家的帮助，我想他们会很愿意帮助你。我看过的最好的理财书，是家庭财务公司出版的《家庭金钱管理》。

3. 金钱价值最大化

我们要想让自己的钱花得值得，就得寻求金钱价值的最大化，也就是说买东西时，要买适合自己的、性价比最高的东西，这和公司里的采购员所做的工作是一样的。

4. 控制自己的消费

史塔普里顿夫人说，她最头疼的就是为那些年收入5000美元的家庭做财务规划。因为当时年收入5000美元被看作是富裕家庭的一个标准，很多家庭都将这一标准当作自己的努力目标。当他们千辛万苦达成目标的时候，便开始放弃对花销的控制，开始大肆购置物品。很快，他们便开始负债，这种做法让他们变得更忧虑了。

每个人都想让自己的生活过得更好，但是为了让自己能在更长的时间里获得快乐，还是控制一下自己的消费为好。否则整天被人追债，得到的只能是忧虑。

5. 如果要借钱的话，最好去银行贷款

6. 投一些医疗或大的意外险

保险公司有很多险种，有些是针对各种意外或者紧急事件的小额保险。并不是说你要为每种意外都投保，而是为那些重大的意外投保，这样即使出事了，也不用过分忧虑，而且这些保险的费用并不高。比如我认识一个女人，她投了医疗保险，后来她住院10天，却只花了8美元。

7. 别让保险公司把你的人寿保险收益以现金的方式支付给受益人

人们买人寿保险通常是为了能在自己死后为家人留些好处，不过最好不要让保险公司一次性把大量现金付给受益人。在纽约人寿保险研究所妇女组担任主任的马利翁·艾伯利夫人，对一个寡妇领取大量保险金后会如何生活知道得相当清楚。她在各地演讲时，曾对此提出过建议，她认为领取终身受益，要比一次性领取更好。她举了一个总共领取到两万美金的寡妇的例子，这个寡妇在一次性领取了保险金后，把钱借给儿子开汽车零件厂，结果全部赔了进去，她重新变回了穷人。还有一位寡妇受到房产经纪人的欺骗，把大部分钱都投入到一片“收益一年翻一倍”的荒地上，结果3年后，她无奈地卖掉这片地，最后只收回了1/10的成本。还有一位寡妇一次性得到了15000美元的保险金，但是只过了一年时间便为了养孩子而向儿童福利协会求助，钱都被她花光了。这样的事情非常多，而且还在不断发生。

《纽约时报》的经济编辑波特曾在《妇女家庭月刊》发表文章，指出：“如果一名妇女拥有25000美元的财富，那她将在七年时间里将其花光。”《星期六邮报》之前也发表过类似的看法：“妇女在这方面缺乏锻炼，而且没有理财专家来指导她们，因此很可能受煽动去买那些高风险的股票。”

丈夫多年辛苦留下来的财富，往往在那些并不聪明的寡妇手上被骗走。这样的事各地都有。摩根在这方面的做法非常值得学习。他把自己的遗产分别送给了16个人，其中有12个女人。不过他给她们留下的都是一些证券，这些证券可以让她们每个月都稳定地得到一笔钱。

8. 教子女管理自己的钱财

我曾在《普通人的生活方式》杂志上看到一篇文章，里面的观点让人印象深刻。这篇文章的作者名叫史蒂拉·韦斯顿·图特，文章叙述的是她教自己的女儿如何管理钱财。她从银行拿到了一本存钱账本，开始担任银行的角色，让她九岁的女儿把自己的零花钱存到里面。女儿每次花钱或存钱的时候，都详细记录在存钱账本上。女儿从中学到了该如何管理自己的金钱，并且得到很多快乐。

9. 家庭主妇可以做些兼职挣钱

如果你发现你的预算不足以支撑实际的支出，那你有两种选择，一是抱怨、担忧，二是找点兼职做，贴补家用。如果你善于发现，就能发现很多赚钱的机会。比如如果你是个厨师，便可以在家开一个厨师培训班，教那些年轻的女孩做饭，万一有很多学生报名，那生活不就宽裕了。另外，还有很多书籍可以指导你如何利用兼职赚钱，这些书在图书馆中都可以看到。只要你想找，总有很多赚钱的机会。不过有一点要提醒一下，最好不要去做上门推销的工作，如果不是有特殊天赋的话，你很可能会失败。

10. 绝对不要赌博

我总是想不通有些人为什么要去赌马或者玩老虎机。我认识的人里，就有一个靠摆设老虎机赚钱的，他经常笑话那些总来玩的蠢人，他们竟然想打败那些专门设计出来骗他们钱的机器。

11. 改变不了经济状况的话，就改变自己的态度

家家有本难念的经，谁家都可能为自己的经济状况烦恼，或者为自己家不如别人家而苦恼。如果我们不能通过实际行动改善经济状况的话，那最好改变一下自己的心理，不要为此烦恼。古希腊哲学家爱比克泰德曾说：“一个人越能不依赖外物，越能在生活中得到快乐。”古罗马哲学家和政治家塞涅卡曾说：“当一个人拥有无尽欲望的时候，那他就算手握天下也得不到丝毫快乐。”

我们应该牢记，就算拥有再多，我们一天也只需要吃三顿饭，睡觉也只需要那么大的地方。在这方面，那些下水道工人都可能比洛克菲勒更惬意。

四、我的快乐秘诀（一）

烦恼对我紧追不舍

> “我们担心的 100 件事，往往有 99 件不会发生，为这种永远不会发生的事焦躁不安，太傻了。”
>
> ——大卫斯商学院创办人柏莱克

1943 年的夏天，我几乎承担了世间近半的烦恼。

我过了 40 多年平静悠闲的生活，平时就算遇到些麻烦，也只是大多数丈夫、父亲和商人都会遇到的寻常小事，处理起来也非常容易。可是忽然之间，6 个大难题一齐砸到我头上。我整晚整晚地失眠，忧心忡忡，甚至希望白天不要降临。以下就是我担心的那 6 个大难题：

第一，因为军队带走了所有的男孩，而对女孩来说，在军工厂工作，比学习商业课程后在商业公司工作更能赚钱，所以我亲手创建的商学院遭遇了破产危机。

第二，就像世间所有的父母一样，我为应征入伍的长子忧心不已。

第三，我即将失去父亲留给我的房子，因为那片土地将被俄克拉荷马市政府征收，用以建造机场。据我所知，我所能得到的补偿只有房价的 1/10，当时房屋短缺，我不知道自己是否可以找到一所房子，让我们一家六口容身。我不想住帐篷，我甚至怕自己最后连一顶帐篷都买不起。

第四，我家的水井没水了，因为附近新修了一条大型的排水管道。

第五，我面临无法上班的窘境，因为我手中只有“乙级汽油卡”，买不了新轮胎；而我家里却离学校非常远，有10英里，我真怕自己的福特老爷车爆胎。

第六，提前一年结束高中生活的长女，对大学生活充满期待，可是我没钱供她上大学。我知道她一定会非常难过。

一天下午，我在办公室中枯坐，苦苦思索这些难题。我决定将它们写下来，我相信世界上的任何人都没有我烦恼多。以前我遇到困难，总是想方设法去解决，可是现在我觉得事情已经脱离轨道，这些困难超出了我的能力范围。我毫无办法，于是用打字机将它们一一写了下来。这件事不过几个月就被忘干净了。我再次忆起此事，是在18个月之后。那天我整理文件，结果翻出了这张单子，这才想起这六个几乎让我心神俱疲的大难题。

当我兴致勃勃地研究过这些问题后，我发现一切问题都不再是问题。

第一，商学院根本没遇到破产危机，我的担心纯属多余。男孩、女孩照常报名商学院，不仅如此，我们还从政府手中拿到了补助，因为它希望我们可以帮忙培训退伍兵。没过多久，学校就重新兴盛、喧闹起来了。

第二，儿子在军队中过得还好，我根本没必要那么担心。他一次次奔赴战场，但始终安然无恙。

第三，我担心的征地问题也是杞人忧天，因为距离我的农场不过1英里的地方，发现了石油资源，修建机场的计划被废弃了。

第四，知道土地不会被征收，我马上花钱挖了一口新井，这口井比之前的那口井深，水源充足，所以我之前担心家畜没水喝，也成了多余的。

第五，我担心的爆胎问题同样愚不可及。我把轮胎大修了一遍，开车时也多加小心，轮胎爆裂的事一直没有发生过。

第六，我担心的女儿失学问题同样是杞人忧天。真是奇迹！我找到那份查账工作的时候，距离开学只剩6天时间，我得到了足够的钱供她上大学。

我们担心的一百件事，往往只会发生一件，这句话我时常听说，却始终不信。但是当我在十八个月之后看到这张单子，我信了。

我的担心虽然实属多余，但它给我的教训让我永生不忘，它让我知道有些事根本不会发生，为它们劳心费力，不过是庸人自扰，我对此充满感激。

别忘了，让你忧心不已的明天，其实就是今天。我们不妨常常自问，今天担心的事，明天是否真的会发生。

我在阿拉伯阿拉乐园的生活

> “我的头发几乎被烤焦了，眼睛又热又痛，满嘴的沙子，痛苦得几乎发疯，可是阿拉伯人只是耸耸肩膀说：‘麦克托伯！’”
>
> ——《撒哈拉之风》《先知》的作者博德莱

我曾经在非洲西北部的撒哈拉，和阿拉伯人在“阿拉乐园”共同生活 7 年，我是 1918 年离开自己熟悉的世界去的那里。我在那儿学会了游牧民族的语言，我和他们穿一样的衣服，吃同样的食物，怀着敬畏之心看待他们的生活方式。我喂养羊群，在阿拉伯人的帐篷中休息沉睡。在此期间，我还深入研究了他们的宗教，撰写了《先知》这本和穆罕默德有关的书。

我这一生过得最满足、最平静的日子，就是和这群四处游荡的牧羊人共同生活的那 7 年。

我有着丰富的阅历，人生中充满各种色彩。我的父母虽然是英国人，可我是在巴黎出生的，我在法国度过了九年童年生活，我的学习生活是在英国著名的伊顿公学和皇家军事学院完成的。成年后，我在印度生活了 6 年，身份是英国陆军军官。年轻时，我喜欢打马球、打猎，还攀登过喜马拉雅山。这段时间的见闻，让我非常吃惊和沮丧。我在前线打了 4 年仗，一直觉得自己是人类文明的捍卫者。

可是在巴黎和会上，我亲眼看到那些利欲熏心的政客，是如何为第二次世界大战的开启大开方便之门的——我发现很多国家都在通过外交暗中搞一些阴谋诡计，为了获得更多土地，在其他国家之间制造矛盾。

战争、军队，甚至整个社会，都让我深感厌恶。我不知道自己该从事何种职业，整晚都睡不着，这是我第一次失眠。我的好朋友乔治劝我从政，我尚未下定决心，就发生了一件让我之后的7年产生逆转的事：第一次世界大战最具传奇色彩的“阿拉伯的劳伦斯”——泰德·劳伦斯和我说了一些话，此次谈话还不到四分钟。他是一个英雄人物，曾经和阿拉伯人在沙漠中生活了很长时间，他建议我去沙漠看看。我一开始觉得这个建议非常诡异。可是我必须马上找一份工作，因为我实在不想在军队里待着了。当时正处在和平时期，到处都是找工作的人，民营公司的老板们对于我这种退伍兵并不待见。劳伦斯建议我去阿拉伯人的世界，和当地人一起生活，我决定试一试。说起来，我能学会摆脱忧虑的技巧，就是因为那里的生活，所以我真的很开心自己能做此决定。每个虔诚的回教徒都坚信宿命论，他们也是如此，他们坚信《古兰经》上的每句话都是穆罕默德按照上帝阿拉的旨意撰写的。《古兰经》说：“你和你的所有行为都来源于上帝。”他们对这一说法深信不疑。他们之所以能够从容地生活，即使遭遇困难也安之若素，和这种思想密切相关。他们认为，所有事都是命中注定的，只有上帝可以更改。当然，这并不表示他们在遇到灾祸时会什么都不做。

我在撒哈拉曾经遇到过一场炽热风暴，那次经历刚好可以证明这点。那场风暴非常猛烈，整整3个昼夜一直不停，连法国的隆河河谷都能看到被吹过来的撒哈拉的沙子，痛苦得几乎发疯。我的头发几乎被烤焦了，眼睛又热又痛，满嘴是沙子，可是阿拉伯人，只是耸耸肩膀说：“麦克托伯！”

难道他们真的什么都没做？不。他们清楚小羊已经没有任何存活的可能，而且若不杀了小羊，母羊也会死，所以风暴一停，他们就马上杀死了所有的小羊。他们在做完这些事之后，将羊群赶到南方喝水……整个过程都非常平静，对于自己的损失，他们既不烦恼也不抱怨。部落族长说：“我总算不是一无所有，感谢上帝，给我们留下了40%的羊。我们可以重新开始。”

我还记得一件事：有一次，我们坐车穿越沙漠时，一只轮胎爆裂，偏巧司机忘了带备胎，我非常焦躁和担心，也非常恼火，我问那些阿拉伯人有没有什么办法。他们告诉我，着急只会让人更加燥热，却对事情没什么助益。爆胎是天意，避无可避。我们开着车继续走，尽管只有三个轮胎是好的。可是很快汽油也没了。族长看到这种情况，只说一句："麦克托伯。"这确实是司机失职，可是没有人因此责骂他，大家非常从容，一边唱歌，一边徒步朝目的地迈进。

精神错乱、焦躁和酗酒的情况在美国和欧洲国家非常普遍，而在阿拉伯生活的那 7 年告诉我们，这是由文明社会的繁忙和纷杂导致的。

对宿命论嗤之以鼻的人不在少数，可是偶尔，我们是不是也会觉得命运之神真的存在呢？比如，1919 年 8 月的那个炙热的下午，我和阿拉伯的劳伦斯短短 3 分钟的谈话，若是不曾发生，我之后的人生恐怕就是另一番模样了吧。当我回首从前，我总是觉得有一种隐秘的力量在左右我的人生。阿拉伯人称其为"吉斯米特"，即阿拉的旨意。无论你如何称呼它，它总能神奇地影响到你。从容、愉悦地面对那些已经发生的事，这是阿拉伯人教给我的快乐生活的奥秘，我离开撒哈拉已有 17 年之久，却从未忘记此事。1000 支镇静剂也无法比这种生活哲学更能让我的情绪平静下来。

我既不是回教徒，也不是宿命论者，我相信你也不是。当我们的生活遭遇了凶猛而炙热的风暴，我们若实在无法避开，那我们不妨将其当成命中注定之事去接受它，然后乐观地将烂摊子收拾好吧。

我是如何摆脱自卑的

> “我将那篇辞藻华丽的讲稿一字一句地背下来，对着树，对着牛，演练了 100 多遍……我之所以能成为美国参议院的一员，和这次演讲的成功有很大关系。”
>
> ——美国参议员艾莫·汤姆斯

烦恼、恐慌和自卑，是我 16 岁时遇到的一个大问题。我的个子远高于同龄人，身形却非常瘦，竹竿似的，我身体非常糟，想和别的男孩在棒球场上或者田径场上一决高下，根本是痴人说梦。同学们时常叫我“瘦竹竿”，这更让我无比烦闷和自卑，我都有点不敢和人来往了。由于我家的农场和公路有着不短的距离，四周密林环绕，所以其实我真的很少见到生人，甚至一周都见不到一个外人，每天只和父母、兄姐交流。

如果不能摆脱这些苦恼和恐惧，我这辈子恐怕就完了。我现在想起当时的情况，还是一身冷汗。我每天，甚至每个小时，都在因为自己的身体又高又瘦、衰弱破败而忧心忡忡，我的脑袋里除了那些稀奇古怪的念头，什么都搁不下。曾经做过老师的母亲，理解我的想法。她告诉我：“儿子，身体要是不行，我们就要靠脑袋，去深造吧。”

可是，我只能自己想办法赚取学费，因为我的父母虽然想送我上大学，却没有足够的能力。当每年一次的冬天降临，我跑去外边打猎，想方设法抓臭鼬、貂和浣熊。等到春天，我用兽皮换了 4 美元，然后又用这些钱买了两只小猪。第二年秋天，这两只经我细心喂养的小猪让我赚到了 40 美元。后来，我之所以能离开家，考上印第安纳州丹维市的中央师范学院，靠的就是这笔钱。我读书时，一周在食物上只花 1.4 美元，在住宿上只花 0.5 美元，我身上的那件棕布衬衫是母亲亲手缝的。我的父亲给了我一套明显不合身的西服和一双必须时刻小心以防掉下来的不合脚的鞋。这让我非常难堪，因为这个，我甚至不敢和同学来往，总是自己待在宿舍中看书。去商店买一身既优雅又合体的衣服，一双漂亮的鞋，让自己不必再如此难堪，就是我那时最大的心愿。

我能够迅速从烦恼和自卑中走出来，以下四件事功不可没，其中一件更是让我变成了一个充满勇气充满希望和信心十足的人，我的生活因此发生了天翻地覆的变化。接下来，请允许我简单地讲讲这些事。

1. 在师范学院学习 8 周之后，我通过一项考核，拿到了一张可以让我在乡村的公立小学教书育人的“三等证明”。这张证书代表有人相信我——虽然它的有效期只有 6 个月——如果不算我的母亲，这是我第一次赢得别人的信任。

2. 我从快乐谷的乡村小学拿到了兼职聘用的邀请，薪资是每天 2 美元，一个月四十美元。这让我信心倍增。

3. 我一拿到薪水，就去商店买了新衣服，当我穿上它们，我再也不用感到难堪了。那些衣服虽然只花了几美元，却让我非常高兴，现在就是给我 100 万，也不会让我那么高兴了。

4. 我首次在忧虑和自卑面前大获全胜，这是我人生的拐点。“普特南郡博览会”是印第安纳州板桥镇的年度盛会，在母亲的激励下，我参加了博览会的公开演讲。这种想法对我来说太不现实了，不要说当着那么多听众的面演讲，就是对着一个人，我也缺少胆量。可是母亲对我信心十足，坚信我会有光明的前途，儿子就是她的命。

因为母亲对我有信心，所以我果断地报了名，并以《美国的自由艺术》为题参加了这次演讲比赛。坦白说，我起初准备演讲稿时，连自由艺术是什么意思都不知道，但有什么关系呢，毕竟我的听众同样不知道。我将那篇辞藻华丽的讲稿一字一句地背下来，对着树，对着牛，演练了 100 多遍。我想让母亲为我骄傲，演讲时充满了感情，很能打动人。听众的喝彩声让我傻了眼，我居然拿到了第一名。那些男孩儿，当初嘲讽我，说我是“瘦竹竿”，现在却一边拍着我的肩膀一边说：“艾莫，我没说错吧，你果然做到了！”母亲非常开心，搂着我泪如泉涌。我的人生因为这次比赛的胜利而走上了另一条路。我上了当地报纸的头条，它们说我前途不可限量，我在当地声名鹊起。这件事不管是对我的生活，还是对我的事业，都起到了极大的促进作用，让我信心十足。现在我知道了，我之所以能成为美国参议院的一员，和这次演讲的成功有很大关系。这件事一方面开阔了我的眼界，另一方面，也让我对自己的潜力有了更加清楚的认知。这次演讲比赛还让我赢得了中央师范学院的年度奖学金，这对我来说极具现实意义。

当时我太想多学一些东西了。1896 年到 1900 年这段时间，我一边学习一边教书。为了赚学费上迪保尔大学，我去餐厅做服务员，去烧锅炉、修剪草坪，去当账务员，并利用暑假时间去农村替人割麦子、掰玉米，给公路工程捡石头。

1896 年，我 19 岁，为了给布莱恩拉选票，我已经发表过 28 场演讲。助选的过程让我觉得既刺激又有趣，我萌生了进入政坛的想法。我在迪保尔大学之所以选择法律和公开演讲这两门课，就是因为这个。1899 年，我们学校和巴特勒学院举办了一场名为“通过选举任命美国参议员合适与否”的辩论赛，我代表学校参赛，并再次获得了胜利，进而当上了班报和校刊的主编。

当我从迪保尔大学拿到学士学位时，赫瑞思·葛瑞建议我换一座城市，去俄克拉荷马州，我接受了他的建议。印第安人的保留地放开后，我经过申请，得到了一块土地，与此同时，我还开了家律师事务所，就在俄克拉荷马州的罗顿市。之后，我当了 13 年的州参议员，在州下议院做了 4 年。我最大的愿望是经俄克拉荷马州进入美国参议院，而在我 50 岁那年，我终于得偿所愿。从 1927 年 3 月 4 日起直至现在，我一直在这个职务上工作着。在俄克拉荷马州和印第安区合并之后，我作为自由党的候选人，从州参议院走到州议会，并最终走进了美国参议院。

不要以为我追忆这些往事是为了彰显我的成功，我只想让那些在苦恼和自卑中无法脱身的可怜的年轻人，可以更勇敢一些，更自信一些。要知道，父亲的那件旧衣服和那双随时掉落的大鞋，曾经让我如此苦恼、羞窘和自卑，我差点就完了。

四个方法烦恼全消

> “愉悦的心态可以让人忘却身体问题，
> 开心的人永远不会被烦恼所扰。”
> ——耶鲁大学教授威廉·利温·菲尔普

菲尔普是耶鲁大学的教授，他离世前，曾经和我痛痛快快地聊了一下午。下面这四个消除烦恼的办法就是他告诉我的。

1. 我 24 岁时眼睛出了问题，看三四分钟书，眼睛就跟针扎一样，疼得要命。就算不看书，也非常畏光，我连窗户都不敢看。纽哈芬市和纽约市的眼科医生，只要是有点名气的，我都看过了，可是没有任何效果。下午 4 点之后，我就得在寝室最黑的地方，等着睡觉。这让我非常痛苦，要知道我是一名老师，我不想失去这份工作，然后无路可走，只能去西部伐木。之后发生了一件可以充分证明人类意志能对健康问题造成巨大影响的事。

那是一个严冬，有个大学社团邀请我去发表演讲，虽然我的眼睛越来越差，我仍旧接受了邀请。演讲厅的顶棚悬挂着很多大型灯盏，非常亮，我的眼睛被光线刺得非常疼，演讲还没开始的时候，我只能看着地板。可是，真奇怪，在演讲的过程中，足足有 30 分钟，我一点疼的感觉都没有，我看着天花板上的灯，连眼睛都不用眨。而且我的眼睛是演讲结束之后，才又开始疼的。

这件事让我产生了这样一种想法，如果我全神贯注地做某件事，我或许可以坚持不止 30 分钟，一周也是有可能的，又或者说，我眼睛或许还能好。心理上兴奋能够压制身体的病痛吗？事实告诉我们，没什么不可以。

这样的实例不止一件。有一次，我坐船横渡大西洋，忽然间，腰部疼痛难忍，连路都走不了了。我越是想站直，疼痛就越剧烈。当时，我已经接受了别人邀请，要在甲板上做一次演讲。我一开口就把腰疼的事彻底忘了。我激情满怀地讲了一个钟头，整个过程都昂首挺胸。演讲结束，我泰然自若地走回房间，还以为没事了。没想到，不过一会儿，腰就又疼起来了。

通过这些事，我清楚地领悟到心理因素非常重要。它让我们知道，我们应该将每一天都当成自己人生的第一天和最后一天，来享受我们的人生。对我来说，每一天都是不同的，充满了各种刺激，一个生机勃勃的人，不会为任何苦闷所打扰。我喜欢教书育人，《教学的趣味》这本书就是我写的。我不仅将教书视为工作和艺术，也视为我的兴趣所在。我像画家喜欢作画、歌唱家喜欢唱歌一般喜欢教书。每天早上还没起床，我就会想到我的学生，他们让我满心欢喜。持之以恒的热情是成功的第一要素，这是我一贯的观点。

2. 一本让人着迷的书，能让我忘却所有烦恼。59 岁那年，我的精神几乎因为长时间的心理纠葛落入崩溃的境地。对我的思想产生巨大影响的名著《喀莱尔传记》，作者是大卫·威尔逊，我就是在这段时间里看的。全情投入阅读，让我暂时遗忘了精神上的沮丧。

3. 如果我的心情非常糟糕，我会逼着自己做一些激烈运动，这是另外一种方法。早上一起床就去打网球，连打五六场，然后洗澡，吃饭，下午再来 18 洞高尔夫。如果是周末，就去跳舞，不到凌晨 1 点，就不休息。失意和烦恼会在你逼着自己流汗的过程中，和汗水一起流干。

4. 我早就掌握了从容不迫的技巧，我会尽量以平和的心态去工作。韦伯·克罗斯的人生哲学是我学习的榜样。当时他还是康涅狄格州的州长，他跟我说："如果工作非常忙，我会先让自己放松精神，坐下来，拿出烟斗抽抽烟，1 个小时之内，不做任何事。"

耐心和时间是驱除烦恼的利器，这我非常清楚。我会以积极的态度，去对待自己因为某些事而产生的烦恼。我会告诉自己："我们根本无须为它们心烦，因为 2 个月之后，它们将烟消云散。所以，2 个月之后我如何对待它们，现在不妨采取同样的态度。"

我曾做过“烦恼王”

> “所有人都知道我曾经是‘弗吉尼亚烦恼王’。烦恼是我唯一掌握的人生课程。”
>
> ——穆勒公司车间主任吉姆·布德索

“弗吉尼亚烦恼王”是17年前，我在弗吉尼亚州布莱克斯堡军事学院做学生时的外号。因为心里有太多烦恼和忧虑，我时常生病，为此校医院还专门给我留了张病床。我一进医院，护士们问都不用问，马上就给我打一针。所有事都让我心烦，我有时甚至不知道自己在烦什么。我担心学校会开除我，因为我除了物理，还有几门功课没考好；我担心自己的身体会因为失眠和消化不良变得更差；我怕自己没钱继续上学；我怕自己要是无法时常送礼物给女友、陪她跳舞，她会嫁给其他同学……不管是白天，还是黑夜，我都处在忧虑之中，因为棘手事太多太多。

我非常绝望，于是将我的烦恼告诉了企业管理学院的教授杜克·巴德。

虽然我和巴德教授只谈了15分钟，可是这对我的人生和身体起到了非常大的促进作用，在这方面，大学四年也不如这15分钟学得多。他同我说：“吉姆，不要逃避现实。你之前只掌握了烦恼这门课，把所有的时间和精力都用在烦恼上，现在你只要拿出一半时间和精力去解决问题就行了，这样一来，你的烦恼也就消失了。”

为了改掉我烦恼的恶习，他帮我制定了三项原则：

1. 弄清自己究竟在烦恼什么。

2. 弄清这个问题是怎么产生的。

3. 马上通过有效的行动，将这些问题解决掉。

我根据这三项原则，制定了一些积极的行动方案。过去我因为物理没及格而苦恼烦闷，现在我要在自己身上找到不及格的原因。我并不存在智力的问题，不然也就当不上校刊主编了。我对物理这门功课的排斥是我没有通过考试的真正原因，而我之所以排斥它，是因为我觉得它对我将来的工作没有用。可是，我必须换一种心态了。我告诉自己：“不通过物理考试就拿不到学位，这是学校的规定，而我无力阻挡。”

于是，我一心一意地钻研物理，不再因为它难学而把时间浪费在苦恼上，最终通过考试。

我通过勤工俭学来解决经济问题，比如在舞会上卖果汁，我还向父亲借了一笔钱，我答应他会在毕业后及早还清。

爱情问题也被我解决了，现在的吉姆·布德索夫人就是当年我担心会爱上别人的那个女孩，我鼓起勇气向她求婚了。

回首往昔，我发现当时让我辗转反侧的那些难题，其实不难解决，只是当时我不肯弄清自己的烦恼原因，也没有胆量直面这些原因。

永不阻塞的给养线

> “军事家说，战斗的第一要务是确保给养线畅通无阻。”
>
> ——著名牛仔歌唱家吉尼·奥特里

在我看来，家庭事务和金钱导致了人们的大多数烦恼。我的妻子出生在俄克拉荷马州某个小镇，我运气不错，我们门第相当，喜好和习惯也基本一样。尽量不让家庭问题成为我们的困扰，是我们一直遵守的准则。另外，为了不因金钱而苦恼，我们想了两个办法：

1. 诚信是做人的基本原则，我们做每一件事都严守这项原则。例如，绝不赖账，该还多少就还多少。诚信可以让人少很多烦恼。

2. 永远不为新事业破釜沉舟。在我看来，军事家所说的战斗的第一要务——确保给养线畅通无阻，在人生这场战斗中，也一样适用。我的童年是在得州和俄克拉荷马州度过的，对干旱引发的贫困有深刻的感悟。我们努力工作，却只能维持温饱。我们家一贫如洗，我很小就要赶着篷车，带着售卖的马，四处讨生活。

我想找一份工作安定下来，我希望自己给家里帮忙。我费尽千辛万苦终于在火车站找了份工作，为了学习发电报，我把所有的空余时间都用上了。后来，我又在弗里斯克铁路公司找了一份工作，当倒班员，如果火车站的站员生病或者休假，我就顶上去，如果他们很忙，我也要过去帮忙。通过这份工作我 1 个月可以拿到 150 美元，这对一个穷人家的小伙子来说，是一份很大的经济上的保障。所以，当我准备自己开创一份事业时，我一定会给自己留一条退路，让自己有机会拿回原本的工作，对我来说，这就是我的给养线。

弗里斯克铁路公司 1928 年将我派去了俄克拉荷马州齐尔市，让我在那儿工作。有天晚上，我在车站的办公室里弹着吉他，唱着牛仔歌，一个陌生人走进来，让我发一份电报。他夸我吉他弹得很好，歌唱得也不错，还说我应该去纽约的电台或者剧院工作。一开始，我觉得这不过是他的恭维之词，可是当他在电报上签下名字时，知道我看到了什么吗？我大吃一惊，不由得屏住呼吸，威尔·罗杰斯，他竟然是威尔·罗杰斯。

在我把这件事想清楚之前，我是不会去纽约的。我一连想了 9 个月，最终下定前往纽约的决心，我坚信自己不会一无所获。因为有铁路通行证，所以我坐车不用花钱；不管是吃饭还是睡觉，都可以在火车上解决，三明治、水果、甜点一类的食物，我都可以吃。

到了纽约，我租了一间房间，家具齐全，一周要交 5 美元的租金。可是整整 10 周，我在街上东游西荡，什么都没得到。我心急如焚，再找不到可以赚钱的工作，我肯定要生病。我在铁路干了 5 年获得的优先录取资格，只有 90 天的有效期，可我在纽约已经待了 70 天。我的给养线绝不能断，于是我拿着铁路通行证回俄克拉荷马重操旧业。

几个月之后，我拿着自己刚刚存到的钱，再次前往纽约。这次收获颇丰。有一天，我去一间录音棚考试，趁着考试还没开始，我一边弹吉他，一边给女接待员唱了一首《珍妮，我梦到紫丁香》，刚巧要去办公室的纳特·斯契劳特——这首歌的作者听见了。听见有人唱自己的歌，他非常开心，所以写了张条子向维多唱片公司推荐我。我在维多唱片公司录了一首歌，可是非常呆板，匠气十足。录音师劝我去杜沙，白天在铁路工作，晚上去当地电台唱牛仔歌，我接受了他的建议。这种安排可以保证我的补给线畅通无阻，所以我非常满意，我无须再担心钱的问题。

我和吉米·郎一起创作的那首广受好评的歌曲《我的父亲，白发苍苍》，就是我在杜沙电台演唱的那段时间——一共唱了9个月——完成的。美洲唱片公司老板亚瑟·沙得利为这首歌做了张唱片，也取得了成功。后来，我又灌制了很多唱片，芝加哥W15电台以每周四十美元的薪水聘用我，让我唱牛仔歌曲。我的薪水在4年之后涨到了每周90美元，另外，我还有一份在剧院演出的工作，可以拿到300美元。

1934年，天赐良机。好莱坞的制作商准备拍牛仔电影，要找一个与众不同的会唱歌的牛仔。作为共和影片的一位股东，美洲唱片公司的老板和他的合伙人们说："一个会唱歌的牛仔吗？我倒是认识一个。"

我就这样步入影坛，每周可以得到100美元的薪水。牛仔电影刚开始拍摄时，我并不知道是否可以成功，我虽然有些担心，但并不感到苦恼，因为我很清楚，我随时都能重操旧业。

我从没想过我在电影上会那么成功，现在不算从电影中得到的红利，我一年还能拿到1000美元的薪水。我知道事情早晚会发生变化，但我清楚，就算真的出了什么变故，无论是什么，就算破产，我也不会彻底失业，因为俄克拉荷马的弗里斯克铁路公司总能给我一份工作。我的给养线永远不会阻塞。

警察来访

“我忽然想起那句谚语：‘不要为打翻的牛奶哭泣。’可这是牛奶吗？这是我的心血啊。”

——小说家赫莫·克洛伊

我生命中最凄惨的时刻，就是1933年警察冲进我家那天，我逼不得已只能从后门逃了出去。我和我的家人共同生活了18年的家，就这样没了。

我怎么会遇到这种事呢？真是难以想象。12年前，我自以为坐在世界的巅峰。有家电影公司想将我的小说《水塔之面》拍成电影，而它给我的版权费在当时是整个好莱坞里最高的。我和我的家人所过的生活，是每一个百万富翁都会过的，我们夏天去瑞士避暑，冬天在法国南部生活。

《走向巴黎》是我在巴黎写的，我在那里待了6个月，威尔·罗杰斯主演的第一部有声电影，就是由这本小说改编的。制片商想让我再给罗杰斯写几个剧本，再三请我留在好莱坞，但我并未同意，而是回了纽约。这是我困难的起点。

我才刚刚成功就自大起来了，觉得自己潜力巨大，把自己假想成了一个精干的商人。听说约翰·杰克伯在纽约投资房地产，一夜暴富，赢得了百万身家的消息，我嗤之以鼻。杰克伯不过是个小商人，不久前才移民到美国的，他都能成功，我自然也能成功。我的整个心神都被即将大赚一笔的激情占据了。

我根本不了解房地产，却一身愚蠢的胆量。为了购买土地，我把自己的房屋押了出去，我的这项事业就是这样开始的。而我买的那块地在佛洛里斯特山区，是一块建筑用地。在价格涨到最高的时候，再将我拥有的这块地卖出去，通过丰厚的利润让自己成为百万富翁。那些在办公室里奔走忙碌的小职员真可怜啊，工资那么少，自然只能过苦日子了，事情还没起步，我倒同情起别人来了。不是所有人都从上帝手中得到了经商的天赋，我对自己说。

可是，就像鸡笼遭遇了堪萨斯的风暴一般，美国经济一路下滑，我瞬间就垮了。

那块地每个月要 220 美元，被我押出去的房子要付钱，养家糊口也要用钱。我心烦意乱，准备写个幽默小说投给杂志社，可是我这样的心情能写出幽默小说吗？说起《旧约》的哀歌选还差不多。

我一篇稿子都卖不出去，我编的那些小说也全都被退稿。我能拿出来典当的只剩打字机和我嘴里的金牙。牛奶公司不再送牛奶，燃气公司关了阀门。

我连买煤的钱都没有，好在建筑工地附近能找到一些废弃的木料，我晚上就会去捡。我做着成为百万富翁的美梦，把自己弄得一贫如洗。我觉得非常苦闷，翻来覆去睡不着，时常半夜起来东游西逛，以便把体力耗尽，然后睡去。

我为那块地花费的所有精力都成了徒劳，我失去了它。

我抵押的房产被银行收走，我和我的家人被赶出门外。

在 1933 年的最后一天，我们搬进了一间狭小的公寓，这还是勉强凑了几个钱租来的。“不要为打翻的牛奶哭泣”是母亲时常挂在嘴边的一句俗语，当我坐在行李箱上茫然四顾时，这句话突然在我的脑海中浮现出来。

可是，这是牛奶吗？这是我的血汗啊。

我坐在那儿认认真真地想了又想，过了一会儿我告诉自己：“好吧，还会有比这更惨的事吗？既然我已经挺了过来，以后一定会越来越好的。”

我发现，自己还有不少好东西，身体没问题，朋友也都在，完全可以从头再来。母亲的口头禅成了我每日必说的话，过去无法再困扰我。我不再浪费时间自讨苦吃，而是专心致志地工作。情况慢慢地开始朝好的方向转变，我的事业也有了起色。

这次悲惨的遭遇给了我力量，让我懂得了隐忍，获得了自信，它让我承受了最艰难的生活，也让我明白什么是柳暗花明，所以今天，我常常感激这次经历。每次我遇到麻烦，感觉烦恼、焦躁，我就会想这句话：“还会有比这更惨的事吗？既然我已经经历过并且挺了过来，以后一定会越来越好的。”这是我当初坐在行李箱上对自己说的。

从这个故事中，你学会了什么？既然过去已成定局，我们再怎么伤心也无济于事，那我们不妨接受现实吧，毕竟现实避无可避。如果你的情况已经无法更糟了，那就向上爬爬看。

五、我的快乐秘诀（二）

担忧是最大的对手

> “在我打拳的过程中，我的嘴和我的眼睛都受过伤，我的肋骨被打断过，但我可以无视所有拳头。”
>
> ——拳击手杰克·登泽塞

在我的拳击生涯中，我发现担忧比任何一个重量级的拳手都难以战胜。忧虑会大幅度削减我的力量，损害我的成绩，所以我必须掌握消除忧虑的技巧，这我非常清楚。为此，我制订了一个计划来解决这一问题，该计划的部分内容如下：

1. **时常说些鼓励自己的话，以便自己能在比赛中勇气十足。**例如，“没有人能打败我……我一定能打败他，他的拳头打不到我……我不会受伤……任何事都无法阻挡我，我会一往无前。”在和佛波比赛时，我就一直在这样鼓励自己。我之所以总是积极乐观，甚至无视袭来的拳头，和我经常鼓励自己有很大关系。在我打拳的过程中，我的嘴和我的眼睛都受过伤，我的肋骨被打断过，我曾经被佛波一拳掀飞，砸在场外的记者的打字机上，把打字机都砸坏了，可是，我可以无视佛波的拳头，无视任何人的拳头，唯一的一次例外，恐怕就是李斯特·强森的那一拳，它害我断了三根肋骨。可以说，这是唯一让我产生过感觉的一拳。

2. **不断提醒自己，忧虑没有任何好处，只会坏事。**我的忧虑通常出现在赛前。

我时常半夜惊醒，翻来覆去，难以入睡，满心都是担忧。我怕自己第一场就输了，被人打伤手脚或者眼睛，以致无法全力进攻。这时我会走到床下的镜子前，看着里面的自己说："为了那些还没发生甚至绝不可能发生的事担心，你是傻瓜吗？人生这么短，能活几年呢？正该及时行乐。"

然后，我会对自己说："人生中，任何事都没有健康重要，它是人最大的筹码。"我不停地提醒自己，健康最大的敌人就是失眠和担忧。我每一晚，每一年，都会和自己说这些话，我发现慢慢地，它们就成了我的真实想法，让我轻易就能将各种忧虑赶走。

3. **祈祷是消除担忧的最有效的方法。**每一场训练和比赛，我都会在铃声响起前为自己祈祷，这让我勇气倍增、信心百倍。

徒增笑料的药片

"医生说：'你虽然花了一些钱，但我认为很有价值。放下烦恼，就是我给你开的处方。'"

——作家卡梅隆·夏普

在加州华纳兄弟影片公司工作的那几年，我过得非常开心。我是给报纸和杂志供稿的专栏作家和自由撰稿人，华纳兄弟公司的明星动态就由我负责报道。

有一天，我忽然被提拔为宣传部副主任，还获得了行政助理这个颇具诱惑力的头衔。

这个职务让我得到了一间大办公室、一台冰箱和两个秘书，我手下有75名编辑，还有策划职员和无线电职员，都直接听命于我。我扬扬自得起来，为了确立自己的新形象，我还新买了一套西服。我尽量用严肃的口吻说话，非常威严地下达命令，连吃饭的速度都快了。

我想当然地认为自己扛着华纳公司的整个公关策略，我甚至觉得自己掌控着爱德华·基·鲁滨逊、吉蒂·戴维斯、詹姆斯·卡格尼等华纳公司的当红明星。

可是，还不到一个月，我就有一种自己得了胃溃疡甚至癌症的感觉。

当时，我还是银幕宣传指导委员会的主席，这也是一项不容轻视的工作。指导委员会可以让我见到一些老朋友，我非常喜欢这份工作。可是后来，我最怕的就是此类聚会。每次会议结束，我都心烦气躁，以致必须停车给自己鼓劲才行。事情繁多且非常重要，可我却没有那么多的时间，工作起来非常吃力。

我一直都非常诚实，在巨大的精神压力下，总是无法安睡，这让我非常苦恼，体重越来越轻，精神越来越差。

有位广告合作商推荐了一位颇有名气的内科医生给我，不少患这种病的广告商都被他治愈了。这位医生并不是一个多话的人，除了做什么工作、哪里疼，什么都没问，相比于我的病症，他似乎对我的工作更感兴趣。接连两周，我每天都要接受不同的检查。在检查结果出来时，他靠在椅背上递了一根烟给我，然后说："夏普先生，你并没有患胃溃疡，这点我第一天看到第一项检查结果时，就已经知道了，但之后的检查绝非多余。因为不管是你的性格，还是你当前所做的工作，都决定了你会对我抱有戒心，我必须拿出足够的证据。现在，是时候把结果告诉你了。"

于是，他向我详细说明了各种检查表特别是 X 光检查表的结果。

医生说："我认为你的钱花得很有价值，放下烦恼，就是我给你开的处方。"我刚要开口骂他，就被他拦住了："听清楚了，我还给你另外开了一服药，是一些含有莨的药丸，因为我知道这个处方你很难马上用起来。药丸吃多吃少随意，什么时候吃完，什么时候再买。它可以帮你放松精神。

"记得，这些药你可吃可不吃。你若能放下烦恼，就什么事都没有了。当你再次烦恼时，不妨来找我，让我痛宰你一下。可以吗？"

我虽然没有立刻放下烦恼，但医生的话终究有点用。这些药我连着吃了好几周，只要心烦，就吃几粒，效果不错。

可是，吃这些药，让我觉得自己非常傻。作为一个成人，我的身高和林肯总统相差无几，重 200 磅，可我若是不吃那些小药片，就无法放松下来，这和那些情绪崩溃的人有什么差别？

朋友们问我这些药是治什么的，我甚至没脸告诉他们实情。慢慢地，我开始讥讽、质问自己："哎，夏普，你这么做和傻子有什么区别？你太看得起自己了，你的事业根本没你想的那么重要。举世闻名的影星吉蒂·戴维斯、爱德华·基·鲁滨逊难道是经过你的宣传才成名的？华纳公司和那些影星，并不会因为你的死亡而走向没落。看看吧，那些军事家，艾森豪威尔、马歇尔、麦克阿瑟，可没吃过这些药。可你呢，难道不吃这些药，你的胃就会造反，你就干不了这份工作？"

我开始鼓励自己不吃药。很快，那些药就被我扔进了马桶，我每晚按时回家，吃晚饭之前，还要先睡个小觉。我的生活渐渐走向正轨，再未发生过需要看大夫的情况。

我觉得自己对不起这位医生，他教会了我放松心情、放下忧虑的办法，和这些方法相比，我支付的医药费根本不算什么。他没有一上来就讥笑我，告诉我我的担忧实属多余，在我看来，这非常明智。他早就知道（我现在也知道了），能够治好我的，只有我自己，而非那些可笑的小药片，但他仍然拿了一小盒药给我。

我找到了答案

> "萧伯纳说：'花时间为自己快不快乐而烦恼，是抑郁的诀窍。'"
>
> ——会计师迪尔·休斯

1943年，在新墨西哥州阿布奎基，我因为断了三根肋骨，伤及肺部，不得不到一家军方医院入院治疗。事故发生在夏威夷岛，陆战队当时正在进行两栖作战演习，就在我从小艇跳向海滩的瞬间，一个浪头忽然将我扔了出去，我摔在海滩上，我有三根肋骨因为巨大的冲击力发生断裂，其中一根还插进了我右部的肺里。

在我住院三个月后，医生却告诉我，我的情况一点改善的迹象都没有，我非常害怕。我前思后想，发现我之所以没能恢复健康，可能是因为思虑过重。在这场事故之前，我一直是个非常好动的人，生活精彩纷呈。可这三个月，我一天二十四小时都在床上躺着，除了胡思乱想，再没别的事可做。

我越琢磨越心烦，怕自己失去原有的社会地位；怕自己要当一辈子残疾人；怕自己无法结婚，无法像正常人一样生活。

我请医生把我换进“乡村俱乐部”，这间病房的病人可以随心所欲地行动，几乎不受干预，我希望借此摆脱不停地胡思乱想的境况。

我对打桥牌的喜爱，就是在“乡村俱乐部”养成的。我和别人搭档六周，读了很多关于桥牌的书，真正成了一个几乎每晚都要打桥牌的桥牌迷。在这段时间，我还爱上了油画，我专门请了油画老师，让他每天下午3-5点教我画画。我还尝试在肥皂和木头上进行雕刻，对相关书籍充满兴趣。

因为太忙，我没时间烦恼伤病之事。为了让自己拥有更强大的抗压能力，我看了很多心理书籍，都是红十字协会送来的。过了三个月，有一天，医院的所有医生和护士都来恭喜我，说我的病情有了极大的好转。这是我这辈子听到的最好的消息了，我非常高兴，几乎流下泪来。

当我在病床上躺着，除了担心自己的未来，什么都做不了时，我的病情一点改善的迹象都没有。损害我健康的凶手，其实正是我的烦恼。可是，当我把所有精力都用在打桥牌、绘画和学习雕刻上，把病情彻底抛到脑后，医生却告诉我“大有好转”，还为此向我道贺。

现在我的生活恢复了正常，你的肺有多健康，我的肺就有多健康。

若我没有记错，萧伯纳曾经说过这样一句话：“花时间为自己快不快乐而烦恼，是抑郁的诀窍。”想要重拾欢乐吗？那就让自己忙起来吧。

很多事都逃不过时间

“家庭、工作、健康，没有我不烦的事……
一天下午，这些烦恼被我打败了……”
——市场信息分析师路易斯·蒙坦特

人生最丰富多彩、绚烂美丽的时光，是 18-28 岁的这十年，可是因为烦恼，我白白把人生中最珍贵这十年时光浪费掉了。

现在，我知道了，这十年的虚度完全是我一手造成的，和别人没有任何关系。

工作、家庭、健康，所有的事都让我倍觉苦恼。我不想见到熟人，不愿见到朋友，若是碰巧遇到，我会当作没看见，因为我是如此自卑，生怕别人嘲笑我。

我怕和陌生人接触，如果让我和生人打交道，我会觉得手足无措。因为不敢和雇主碰面，我在两周之内，连失三次工作机会。

那是在八年之前，一天下午，我把这些烦恼抛到一边，去一个朋友的办公室里面试。我从没遇到过比他更快乐的人，他总是开开心心的，好像没有任何烦恼。1929 年，他赚了很多钱，可是没多久就全都赔进去了，1933 年，他卷土重来，又赚了很多钱，可是又赔了个精光。就这样循环往复，一次次赚得盆满钵满，又一次次赔得分文不剩，被债主逼得无路可走。

我现在坐在他的办公室里，对他既敬且佩，上帝若能让我变成和他一样的人就好了。

我们谈话时，他拿了一封信给我，让我认真地读一读。那是他当天早上收到的，通篇都是尖锐的指责之词。这封信的收信人要是我，我得愁死。我问他：“比尔，这封信你准备怎么回？”

比尔说：“我有个绝招可以说给你听。你可以拿出一张纸和一支笔，将你遇到的所有麻烦和所有烦恼都认认真真地记录下来，然后将这张纸放到你右手边下方的抽屉里，等个一两周，你再看看它们，如果这些烦恼仍旧困扰着你，你就将这张纸放回原位，再等两周，它在那里非常安全，一点问题都不会有。可是你遇到的烦恼却不会保持原样，事实上，或许会变成了另一幅景象。我发现，我若耐心十足，烦恼通常会自己消失。”

我对这一建议感触颇深。多年来，我一直在实践这个方法，烦恼果然少了很多。很多事情都逃不过时间，很多烦恼都会随着时间的流逝而消失。

增寿四十五年的秘诀

“医生给了我两条路：或是挣钱，或是休息。我的选择是……”

——石油大王约翰·洛克菲勒

33岁的约翰·洛克菲勒赚到了人生的第一个一百万美金；43岁的约翰·洛克菲勒创建了标准石油公司，这是世界最大的石油公司。那么53岁的约翰·洛克菲勒呢，他这时又有什么成绩？他的事业越来越成功，可是过于紧张的生活让他一直处在烦恼之中，他身体每况愈下。按照他的传记作者约翰·温克勒的说法，他53岁时“就像一个木乃伊”。

洛克菲勒53岁时，消化系统不知出了什么问题，他的头发和眉毛全都掉了，眼皮上就剩一层浅淡的绒毛。

温克勒说：“情况非常糟糕，有很长一段时间，他只能靠喝人奶存活。”医生认为他得了“脱毛症”，这是一种因为精神过于紧张而引发的疾病。一根毛发都没有的形象非常怪异，他只好戴上帽子。他后来又专门定做了一些假发，连去世时都戴在头上。

洛克菲勒原本是个非常健壮的人，他小时候在农场生活，体力劳动给了他一副宽阔结实的肩膀，他腰背笔直，走起路来又稳又快。53岁还是男人的壮年时期，可他已经肩膀低垂，步履蹒跚。

佛林也是一位传记作家，他是这么说的：“他在镜子中看到了一个老头儿，某些保持了很长时间的坏习惯，原本就让他难以入睡，再加上没有止境的劳作、不计其数的忧虑，以及运动和休息上的不足，他的身体已经垮了。世界上再没有人比他更富有，可是医生只允许他吃酸奶、饼干这些某些穷人都看不上眼的食物。他的皮肤黯淡无光，就像在骨头上套了一层老羊皮。此时，金钱唯一的作用就是给他提供足够的医疗资源，让他不必死在 53 岁，除此别无他用。”

这是怎么发生的？他的生活过于紧绷，他总是处在忧虑、恐惧中，结果他自己把自己逼上了绝路。

洛克菲勒 23 岁就有了自己的目标，他一心一意地追逐着这个目标。按照他朋友的说法，就是“唯一能让他露出笑脸的，就是生意上的成功。每次生意做成，大赚一笔，他就开心地将帽子甩到地上，酣畅淋漓地跳起舞来，每次生意赔了，他就要病上一场”。

有一次，他有一批谷子，价值 4 万美金，要从五大湖上过，可是他为了省钱没有给这批货物上保险，结果，货物发出的那天晚上，伊利湖遭遇大暴雨，他非常着急，生怕这批货物出事。第二天，当他的合伙人乔治·加勒赶到办公室时，洛克菲勒已经焦急地在那儿不知绕了多少圈了。

一看到加勒，他就说：“快看看，现在还能不能投保……可能已经来不及了。”声音都有些发抖了。

加勒马上赶去城里上了一份保险。可是当他赶回办公室，他发现洛克菲勒的脸色越发灰败了，他一问才知道，船主刚刚发了电报过来，说货物已经卸完，没遇到暴风雨。这 150 美元白花了，洛克菲勒因此大病一场，只得回家休养。

洛克菲勒手里的生意每年可以赚 50 万美元，可他却为了 150 美元愁得倒在了床上，这实在匪夷所思。

他几乎把所有时间都用在生意上了，很少休息、玩乐。看上去，他唯一的爱好就是赚钱。听说他的合作伙伴加勒和三个朋友用 2000 美元一起买了个二手游艇，他大惊失色，甚至不肯和他们一起坐游艇出去玩。

某个星期六下午，洛克菲勒还在办公室工作，加勒看到他，便同他说：“走吧，和我们一起坐船出去玩一圈，暂且将工作放到一边，休息一下吧。”

他马上瞪起眼睛，神情严肃地警告他说："乔治·加勒，世界上还有比你更浪费的人吗？你的行为不仅会损害你在银行里的信誉，也会损害到我的。我们的生意早晚要被你毁了。不，你的游艇我是不会坐的，我连看都不想看到它。"

洛克菲勒有一个突出的特点，就是没有安全感和幽默感。他曾经说过这样的话："我每晚入睡前都会告诉自己，我只是暂时成功了而已。"

他手里有几百万美金，想怎么花就怎么花，可他却对破产充满恐惧。他没有任何休闲娱乐，他没有去过剧院，没有玩过扑克，连宴会都没参加过。马克·汉纳说他痴迷于金钱："在其他事上和常人没什么不同，唯有金钱让他如痴如狂。"

洛克菲勒曾经向自己在俄亥俄州克利夫兰的邻居说过一句肺腑之言："我也希望别人爱我。"可是人们通常不会亲近多疑寡恩的人。著名的银行家摩根就曾经表示："我厌恶这种人，最好能老死不相往来。"

洛克菲勒的亲弟弟甚至将孩子的棺材从家族墓地中迁了出去，因为他实在受不了这位兄长了。他说："既然这块土地是约翰·洛克菲勒控制的，那我的任何一个孩子都不会在这里安葬。"

多可笑啊，洛克菲勒居然畏惧自己的员工和同事——虽然他们对他非常敬重——怕他们在外边胡乱说话，使得"公司机密外泄"。他对人性充满怀疑。有一次，他让一个和自己签了十年合同的独立制造商承诺，不把这件事告诉任何人，包括他的妻子。他的口头禅就是："闭上嘴巴，好好干活。"

财富源源不绝，如同维苏威火山上金黄色的岩浆一般涌入他的保险库，他的事业达到了最高峰，可是他的私人世界却开始四分五裂。标准石油公司无所不用其极的垄断——私下给铁路公司回扣和某些不正当竞争，遭到了某些书籍和文章尖锐的抨击。

洛克菲勒成了宾夕法尼亚州最遭人厌恶的人。他的手下败将为了发泄自己的怒气，将他的头像绑在树上，想亲手用绳索箍住他干瘪的脖子的人更是不知凡几。宣称要杀掉他的恐吓信雪片一般飞进他的办公室，为了自身安全，他只得雇用大量保镖。面对这些敌意，他努力让自己摆出一副全不在意的姿态，并以一种嘲讽的口气说："你们不管是想踢我，还是想骂我，请自便，我是不会改变自己的行事方法的。”

可是，他终究只是一介凡人，免不了要被人们的敌意和自己的忧虑所影响，他的身体日渐衰败。他有了一个新的对手——疾病，它正从内部攻击他，打得他手忙脚乱。

一开始，“病痛并不频繁，他想封锁消息”。可是很多症状，像失眠、消化不良、脱发等，根本隐藏不住。医生并未隐瞒，告诉他只有两条路可走，或是休息，或是挣钱。

他虽然选择了休息，可时间已经有些晚了，担忧、恐惧和贪婪，早就把他的身体掏空了。伊达·塔贝是美国有名的传记作家，她第一次看到洛克菲勒的时候，被吓了一大跳，她说：“他的脸老态毕现，他是我见过的最苍老的人。”

怎么会这样？他的身体怎么会如此苍老，要知道重返菲律宾的麦克阿瑟将军比他还大几岁呢，塔贝觉得非常悲伤。当时她非常排斥标准石油公司这个大集团的创造者，因为她正撰写书籍，以揭露它的“黑暗”。可是，当她见到正在教会学校当老师的洛克菲勒，用焦虑的眼睛四下寻觅，她说：“我从未这么伤心过，而且是越来越伤心。没有爱人、没有朋友有多恐怖，我算是真切地感受到了。”

对于倾尽全力想要救助自己的医生们所制定的三项原则，洛克菲勒严格执行，没有一丝懈怠：

第一，放下烦恼，不为任何事心烦；

第二，把心态放平，多做户外运动；

第三，控制饮食，永远处在半饥半饱的状态下。

洛克菲勒能够活命，就是因为他对这三项原则奉行不渝。他放下了自己蒸蒸日上的事业，学会了打高尔夫球、修整院落、打扑克牌、唱歌，他还会找邻居闲聊。另外，他开始自省。温克勒说：“那段每晚都无法入睡的时间虽然非常难熬，但他总算有时间自我反省了。”他不再只想自己，想自己能挣多少钱，他开始想自己的钱能帮到多少人，想把自己的几百万全都捐给别人。以他过去的所作所为，他想捐钱都不好捐。他才给某个教堂捐了钱，全国各地的传教士就开始叫嚣“腐败的钱”，一起反对他。

可是，他没有因此停下自己做慈善的脚步。位于密歇根湖畔的芝加哥大学，今天虽然家喻户晓，可当初因为抵押权差点关门大吉，多亏听到消息的洛克菲勒捐了几百万才解了它的燃眉之急。

他想方设法救助黑人，为了帮助塔斯基吉大学完成黑人教育家华盛顿·卡文的夙愿，他当机立断捐了几百万给这个学校。史泰尔博士，是一位著名的十二指肠专家，他说："这种病完全可以治愈，只要五美分的药就能治好一个患者，可是谁能出这五美分呢？"洛克菲勒愿意出，他捐了几百万，让这个曾经使美国南部饱受折磨的病症消失无踪。之后，他又启动了一项更加伟大的工程——组建洛克菲勒大型国际基金会。这个基金会以救助世界一切疾病、穷困、文盲为目标。

他是一个伟大的人物，此处请允许我向他献上自己的敬意，要知道，没有洛克菲勒基金会，我或许已经死了。直到现在，我还记得很清楚，当时是 1932 年，我去中国考察，当时的北平爆发了一场严重的霍乱，穷苦百姓接连死亡。恐慌弥漫全城，若非洛克菲勒医学院给我们打了预防针，我们或许就被感染了。洛克菲勒基金会对整个世界做出了多大的贡献，直到那时，我才有深刻的体会。

洛克菲勒基金会的义举可以说史无前例。洛克菲勒很清楚，世界各地有很多有远见卓识的人，正为了做一些有价值的事而倾尽全力，他们悄悄地做着研究工作、创办学校、治病救人。可是因为资金短缺，他们的各种努力总是面临夭折的命运。他想帮助他们，这种帮助不是"将他们收到旗下"，而是给他们一些钱，让他们的工作得以顺利进行。

今天，你和你的孩子不必因为患了椎性脑膜炎而必死无疑，不用担心患了白喉、疟疾、肺结核、流行性感冒和其他让人饱受折磨的病症，都是因为洛克菲勒提供的资金保证了科学家的研究工作，让他们有了各种重大发现，所以我们都该感谢他。

至于洛克菲勒自己有没有因为捐钱而得到心灵的平静？他确实得到了满足，这毫无疑问。亚伦·尼文斯说："自 1900 年开始，标准石油公司一直受到了社会各界的抨击，但你千万不要以为这会彻底摧毁洛克菲勒，根本没有这样的事。"

抛却烦恼的洛克菲勒，和过去截然不同。这是他人生中最大的一次失败，可是他完全不曾为此失眠过，一晚都没有。

是这么回事。美国政府判处标准石油公司缴纳“最高罚款”，因为它认为标准石油公司属于垄断，违背了《反托拉斯法案》。美国所有顶级律师都参与这场貌似没有终点的官司，五年之后，标准石油公司败诉。

听到迪南斯给出的判决结果，辩方律师生怕洛克菲勒承受不住，他们不知道，他和过去已经截然不同了。

当晚，洛克菲勒接到律师打来的电话，对方非常委婉地把判决结果告诉了他，还劝他说：“洛克菲勒先生，请千万不要为这项判决烦恼，好好睡一觉吧。”

知道洛克菲勒是怎么说的吗？他说：“强森先生，别担心，我会好好睡一觉的，我原本就是这么打算的。请你也不要为这项判决烦恼，晚安。”听他的口气非常平静。

一个因为浪费了 150 美元而伤心欲绝的人，居然能说出这样的话。这绝对是真的。为了改掉自己的坏毛病，洛克菲勒努力了很长时间。53 岁的洛克菲勒“死了”，然后他活到了 98 岁。

好坏原因相互抵消

“认真地思考和比较，可以让我看清整个问题的正反两面。”

——本杰明 · 富兰克林

下面这封信是富兰克林写给乔瑟夫 • 普利斯特莱的。当时乔瑟夫 • 普利斯特莱收到邀请，即将出任休伯尼伯爵图书馆馆长，他写信问富兰克林的意见。富兰克林详细介绍了自己是如何解决问题和摆脱烦恼的。

亲爱的先生：

请恕我无法告诉你应该怎么做，毕竟这不是一件小事，我对整件事的了解也不够充分。但我可以告诉你我处理问题的一些技巧。

很多事难就难在，我们在思考的时候，没有把导致这个问题的正反两面的原因在我们的头脑中一一罗列出来。一会儿是这种原因，一会儿是另一种原因，它们在我们的脑海中浮浮沉沉，我们根本无法全面、系统地思考清楚，以致种种苦恼和疑问蜂拥而至。

用一条竖线把一张白纸分成两列，一边写“正”，一边写“反”，就是我用来解决这些问题的办法。我会考虑三天，想到一个原因就在各栏写一个。全部写完之后，我会认真比较正反两栏中各种原因的分量。如果两边的分量差不多，我就一起划掉；如果“正”这边的某个原因抵得上“反”那边的某两个原因，我就将它们三个一起划掉。如果某两个“正”因素和某三个“反”因素分量相当，我就将它们五个一起划掉……这种方法一定可以找到问题的症结。如果经过再三思考，都没有新原因出现，那也就没有别的结论了。

虽然我们无法确切知道每个因素到底有多少分量，可是认真地思考和比较，可以让我看清整个问题的正反所有方面，如此一来，自然能找到更好的做法，不必鲁莽行动了。

愿你找到最正确的选择。

请接受我的祝福，我的挚友。

本杰明·富兰克林

1772年9月19日伦敦

摆脱胃溃疡和烦恼

“别人既可以让你苦恼、忧虑、失败，也可以让你健康、愉悦和成功，两者一样容易。”

——亚当·夏普

5年前我得了胃溃疡，病因是过度烦恼和沮丧。医生让我注意饮食，病好之前，只能喝牛奶和吃鸡蛋。我虽然奉行不渝，却没多大效果。有一天，我看了一篇文章，发现里面关于癌症的描述和我的症状一模一样。我非常害怕，胃溃疡的情况越发严重。之后，坏消息纷至沓来，陆军没有接受我的入伍申请，因为我的身体不够健壮，可 25 岁，难道不该是最健壮的年纪吗？

我自觉已经到了绝境，看不到任何希望。我在绝望中，思考自己是怎么落到这一步的，然后，所有事实一一呈现出来。

2 年前，我还是一个健康、快乐的售货员。可是战时物资匮乏，让我失去了这份工作，没办法，我只好去工厂当了一名工人。我看不起这份工作，身边都是些失败者，他们看什么都不顺眼，工作内容、工作时间和老板，全是他们抱怨的对象。这种消极的心态在潜移默化间也影响了我。

我意识到我之所以会得胃溃疡，正是因为我的情绪过于悲观、沮丧。我决定继续自己原本的售货员的工作。我要和那些心态乐观积极的人一起工作。

我能活下来，和我的这个决定有很大关系。我努力去和那些乐观的、有进取心的人来往。当我改变了自己的精神状态，我的胃病也好转了，我有时甚至会忘记自己得过胃溃疡。我发现，别人既可以让你苦恼、忧虑、失败，也可以让你健康、愉悦和成功，两者一样容易。

这是我的生命中遇到的最大的一个教训，虽然我不止一次听说过、读到过，可我没懂，最后只能通过一种痛苦的方式学会。

耶稣曾经说过："成功只属于那些会用心思考的人。"现在，我知道它的含义了。

HOW TO STOP WORRYING AND START LIVING

CHAPTER 2

攻克语言关

一、演讲成功的大前提

演讲技巧

“我扔掉所有的教材，站在讲台上，让那些同病相怜的兄弟努力理解这些小规则，最终让他们的报告可以确切表达自己的意思，并具有说服力。”

1912 年，“泰坦尼克号”邮轮沉没于北大西洋的冰海之中，正是在那一年，我开始了自己的演讲公开课，到我写此书时，已有 50 多万人完成学业。

我的第一节演讲课是示范课，先请一些学生上台说说自己为什么要学习演讲，以及学习目标是什么。学生们所说的内容和表述方式虽然截然不同，但有一点很奇怪，就是大部分人的初衷和基本诉求是一样的：“在公开场合发言，会让我手足无措。我没办法认真思考，也没办法准确地阐述自己的观点，我连自己在说什么都不知道，因为我总是很怕自己说错话。我希望此次课程可以让我更加自信，我希望自己的思维可以不受拘束，我想条理分明地阐述自己的观点，从容镇定地当众演说，我想在商场或者社交场所高谈阔论，我的观点条理分明，我的言辞引人入胜。”

这些话听上去是不是很熟悉？力不从心这种感觉，很多人都有。所有人都希望别人折服于自己的高谈阔论，即使要花很多钱，也一样如此。你也想获得成功演讲的技能，不然，你就不会翻到这一页了。

我猜，如果你能看到我，你一定会问：“卡耐基先生，你真的相信，我可以成为一个自信的人，一个能在公众面前侃侃而谈的人吗？”

让人们更有自信，更勇敢，不再恐惧，是我一生的追求。发生在我的培训班里的奇迹，够写几十本书了。所以，我相不相信不重要，重要的是你要切实遵循书里的方法和建议，如此才能得偿所愿。

自己坐在家中可以认真思考，在公开场合为什么就不行了？当着大家的面站起来讲话，你的身体为什么会不停地颤抖？我们真的解决不了这些难题吗？当然可以。通过训练，你可以获得足够的自信，你将不再畏惧在公开场合发言。

在这一部分内容的帮助下，你将实现这一目标。一般的教科书会告诉你一些说话的技巧，告诉你要怎么发声，但这部分不是，它会竭尽所能用具体技巧让你获得演讲的成功，它会让你在当前的基础上，慢慢成为你理想中的人。遵循书中的各种建议，在所有需要发言的场所不间断地使用它们，就是你的工作。

以下四条建议，可以加快你了解这部分内容的速度：

1. 以他人为师，让自己勇敢起来

天生就能在公众面前演讲的人物，是不存在的。在人类的历史中，有一段时间公开演讲是一门高雅的艺术，那时想要成为一名出色的演说家，难度极高，因为你必须严格遵循修辞法和某些高雅的演讲技巧。但到了现在，我们只把公开演讲视为一种范围更广的谈话。再也见不到那种一边唱一边说，以震耳欲聋的声音进行演讲的演讲方式了。共进晚餐也好，在教堂中做礼拜也罢，即使是在电视节目里，我们也不愿意听到那些冠冕堂皇的话，我们希望对方能按照世事的一般规律思考，以诚挚、坦诚和专注的态度，和我们讨论问题。

公开演讲不能闭门造车，也不需要常年进行美化声音和修辞学训练。我上课时一直在努力证明：**只要遵循某些重要的规则，公开演讲并非难事，而且这些规则也不复杂**。1912 年，我在纽约市 125 街的青年基督协会教书时，还对此一无所知，和学生们没什么不同。我当时的训练方法，就是我在密苏里州华伦斯堡的大学里学到的方法。可是，很快我就发现自己错了，那些成功的商人和大学一年级的新生怎么可能一样。原封不动地模仿韦伯斯特、柏克、匹特和欧康内尔的演讲方式，没有任何好处。在商务会议中勇敢地站起来，条理分明、口齿流利地在与会者面前做报告，才是我的学生想要实现的目标。所以，我扔掉所有的教材，站在讲台上，让那些同病相怜的兄弟努力理解这些小规则，最终让他们的报告可以确切表达自己的意思，并具有说服力。他们毕业之后还想回来学些别的，因为他们看到了一些效果。

我的学员遍布世界各地，他们给我寄了很多感谢信，我真想拿给大家看看。他们之中，有时常出现在《华尔街日报》和《纽约时报》上的企业带头人，有州长、国会议员、大学校长和影视明星，有企业培训过或者没培训过的主管，有技术或好或坏的工人，有工会成员，有大学生，有职业女性，当然要说更多的，当属家庭主妇、牧师和教师这类普通人。所有人都希望自己可以更加自信，能在公开场合畅所欲言，以融入社交圈。那些看到效果、实现目标的人，感激我，所以给我写了感谢信。

我教过的学员数以千计，对我影响最大的就是根特。来自费城的根特，是一位杰出的企业家。他刚来到训练班没多久，在和我共进午餐时，告诉我："卡耐基先生，有很多次我都需要公开发言，但我本能地不愿意和人直接交流。而现在我成了大学董事会的主席，主持各类会议成了我的一般工作，我已经老了，还能学会当众发言吗？"

这样的人在我的训练班上并不少见，而且经过训练，成效都不错。经验告诉我，他一定能成功，我也是这样承诺给他的。

3年后，在一个企业家俱乐部举办的午宴上，我又一次见到了他。相同的餐厅，相同的桌子，我们聊起过去的话题。我问他，我的预言成真了没有，他微笑着从衣袋中抽出一个红色的小笔记本，上面记录的是他之后几个月的演讲行程。他骄傲地说："我这辈子最开心、最满意的事就是有了演讲的才能，演讲带给我快乐，我可以为社会创造更多价值……"

更重要的是，根特先生非常自得地和我说，英国首相曾经应邀来他们教区发表公开演讲，而根特先生负责向听众介绍这位优秀的政治家。要知道，3年前，就是在这张桌子上，他还倾身问我，他是否真的有在公开场合畅所欲言的一天。

不要以为根特先生的演讲技术进步快得异于常人，事实上，和他一样获得成功的人，数以万计。还有一个例子，几年前的冬天，布鲁克林的柯蒂斯医生去佛罗里达州度假，他度假的地方和著名棒球队巨人队的训练场离得非常近。因为喜欢棒球，柯蒂斯医生时常去看他们打球，时间长了，就和球员们成了朋友。

有一天，球队举办宴会，他也被请了过去。服务生端上咖啡和甜点，一些有名望的客人被请到台前发言。当时他完全没有准备，就听见宴会的主持人说："今天我们这里有一位来自医学界的朋友，他就是柯蒂斯医生，现在让我欢迎他来和我们说说棒球队球员的身体情况。"

他对这个问题，可以说再清楚不过。他的职业就是卫生保健，他做了30多年的医生，世界上还有比他更了解这个问题的人吗？如果让他坐在椅子上和身边的人聊这个话题，他能滔滔不绝地说上一整晚。可这不表示他能站起来，在这些听众面前说这个问题。他非常害怕，心怦怦跳，整个人手足无措。他希望自己可以冷静下来，可是心跳却像停了一般。他从未在公共场合做过演讲，他的所有想法在大家面前跑得一个不剩。

要怎么办？他成了宴会的焦点，所有人都在一边鼓掌一边看他。他摇头拒绝，却得到了更加响亮的掌声。"柯蒂斯医生，演讲，演讲！"人们越喊越大声。

他非常沮丧，他知道自己要是站起来演讲，不要说成功，连五六句完整的话恐怕都说不出来。他站起来，背对朋友，黯然离场，觉得非常难堪和羞耻。

张口结舌的窘境，他不想再尝试第二次，所以回到布鲁克林的第一件事，就是去我的演讲培训班报名。

这样的学员最得老师喜欢，因为他们渴望马上提高自己公开演讲的能力。这种愿望非常坚定，所以他们会心甘情愿地努力训练，一节课都不会缺席。

他们惊讶于自己努力的成果，因为它比他们想象的还好。他们的紧张情绪会随着第一阶段课程的结束而消失无踪，他们会越来越自信。他们会在2个月之后成为训练班的名人，各个地方也会邀请他们去发表公开演说。现在，他们爱上了演讲，因为演讲可以让他们感到欣喜，可以为他们带来名誉和更多的朋友。

在听过柯蒂斯医生的演讲后，纽约市共和党竞选委员会的一位委员，马上邀请他在全市范围内帮共和党发表竞选的公开演说。这位政治家要是知道，这位演说家一年前还因为怯场而哑口无言，最后在窘迫中黯然离场，不知会有多吃惊。

人们总觉得在公众面前，以从容的态度和清晰的思路，自信、勇敢地发表演说，是一件非常难的事，其实并非如此。要说难度，恐怕连他们想象的1/10都不到。就像打高尔夫球，只要想做，且有毅力，所有人都能激发自己的潜能，演讲也是如此。

再举一个例子。已故的大卫·顾立区是顾立区公司董事长，有一天，他来到我的办公室和我说："我这辈子，每次在公开场合发言都紧张。可我是董事长，必须主持会议。董事们都是熟人，大家坐在桌前谈话时，我可以侃侃而谈，什么问题都没有。可是只要我站起来，我就不由自主地非常紧张，根本说不了话。多年来一直如此，非常糟糕，我怀疑找你也没什么用。"

我说："哦，你既然觉得找我没用，那你为什么要来？"

他说："是因为我的一个会计师，他专门负责处理私人账目，是个非常腼腆的人。我的办公桌是他去往办公室的必经之路。这些年，他一直轻手轻脚，谨小慎微，眼睛盯着地面，连头都不敢抬，能不张嘴就不张嘴。可是最近他完全变了一副模样，总是精神饱满、昂首挺胸地走进办公室，还泰然自若地和我打招呼。我觉得他变化惊人，问他怎么回事，他说因为他参加了你的培训课。我之所以会来找你帮忙，就是因为看到了他的变化。"

我告诉顾立区："只要按时上课，严格执行我的要求，几周之后，你会爱上公开演讲的。"

他回答说："若当真如此，我就成了国内最快乐的那些人之一了。"

他按时上课，效果显著。3个月后，我邀请他在一场聚会上发言，谈谈口才训练给他带来的好处，这场聚会在阿斯特饭店的舞厅举行，有3000人参加。因为有别的约会，他拒绝了我的邀请。可是第二天，他又打电话告诉我他愿意过来，他说："我取消了约会，因为我欠你一个演讲。我要让听众知道我从训练中收获了什么，恐惧会损害人的生命，而我要让人们通过我的故事放下恐惧。"

我让他讲两分钟，可是他当着3000人的面，说了整整10分钟。

此类奇迹，我目睹过几千次。这种训练让很多人的人生发生了翻天覆地的变化，有些人得到了自己渴望已久的职位，有些人借此在交易中获益颇丰。有时候，一场演讲就能解决一件事，马里奥·拉卓就是这种情况。

几年前，一封来自古巴的电报，让我颇感意外。这封电报的发件人是马里奥·拉卓，他说："我会马上去纽约参加演讲培训，除非你发电报过来阻止我。"我从未听说过这个人，也不认识他。

来到纽约之后，拉卓先生同我说："哈瓦那乡村俱乐部要为它的创始人举办一场晚会庆祝他 50 岁生日，而我将会是这场晚会的主持人，要给他颁发纪念杯。我从未做过公开演讲，虽然我是一名律师。会有很多人来参加晚会，只要想到这个，我就非常害怕。在这种重要场合上出错，会让我和我的太太无地自容，也会败坏我在朋友面前的形象。所以，我专门从古巴赶过来找你帮忙。可是我三周之后必须离开。"

在三周之内，我不断地让马里奥换班级，每天演讲三四次。等他回到古巴，哈瓦那乡村俱乐部的宴会果然十分盛大，而他的演讲非常精彩。《时代》杂志的国际版块还专门对他进行了报道，称其为"银舌雄辩家"。

这是一个奇迹，不只听起来像，也确实是，这是 20 世纪战胜恐惧的奇迹。

2. 不要忘了你的目标

前面提到过的根特先生说，公开演讲的能力给他带来了极大的快乐，我认为他之所以能成功，这一点至关重要（比其他因素都重要）。他为什么能严格遵守我们的要求，一丝不苟地完成我们布置的任务？因为他想要成为一个成功的演说家。他对自己未来的形象有一个预期，并不断向它靠拢。

集中所有精力，时刻铭记自信和滔滔不绝的演讲能力的重要性；想想它会让你拥有更多朋友，这对你的社交有多重要；想想自己将为大家、为社会创造更多价值；想想你的人生和事业将因此发生怎样的变化……总而言之，它会让你拥有一种领导气质。

在《演讲季刊》中，联合国教科文组织主席、国家现金注册公司理事会会长联艾林发表了一篇文章，名为《演讲能力与领导力的关系》，上面说："商业历史告诉我们，很多人能够得到重用，是因为在演讲中表现优异。我们今天负责拓展业务的副总裁，在很多年前不过是堪萨斯州分行的一个小主管，他就有两场精彩绝伦的演讲。”据我所知，这位副总裁如今已经是国家现金注册公司的总裁了。

能够镇定自若地站在广大听众面前高谈阔论，这对你的前途极有好处。美国舍弗公司总裁亨利·伯莱斯通——他也是我们培训班中的一位学员——曾经说过：“所有有进取心的人，都必须具备这样的能力：有效地与人沟通，并建立合作关系。”

想象一下，当你非常自信地站起身，将自己的思想和感悟分享给大家时，你会有多开心、多满足。我做过很多次环球旅行，可是最让我感到快乐的始终是我用语言打动了全场所有的人。它让我感到自己充满力量，极为坚韧。有位毕业生说：“在演讲最开始的2分钟，我就算挨鞭子也张不开口，可是到了演讲最后的那两分钟，就算给我一枪，我也不想停。”

现在我们不妨闭上眼睛，幻想这样的场景：台下有很多听众，你自信满满地走到台上，你一开口，台下马上安静下来，想象一下，你言简意赅直击要害时，听众屏气凝神，你离开讲台时，掌声充满暖意，面对大家的赞誉，你报之以微笑。

威廉·詹姆斯是哈佛大学最优秀的心理学教授，他曾经写下过六句话：“你会顺利完成一切你喜欢的课程。你会得到你极度渴望的东西。你能做好你渴望做好的事。如果你对财富充满渴望，你将拥有金钱。如果你对知识充满渴望，你将满腹经纶。你只有真心渴望它们，才会心无杂念地执着于它们，不去想那些与它们无关的事。”这六句话就像阿里巴巴打开洞穴的口诀，或许会让你的人生产生极大的变化。

在正式场合公开发言，并不是掌握与公众沟通的技巧的唯一好处。这种训练的好处有很多方面，就算你一辈子都不在正式场合进行公开演讲，也一样如此。比如，练习公开演讲，可以让你更加自信。因为当你发现自己能在听众面前站起来高谈阔论时，你和别人私下交谈时，就会表现得更加勇敢和自信。来“成功演讲”培训班上课的学员，有不少都是因为自觉在社交场合放不开手脚。只要他们意识到，自己站起来和同事谈话也不会怎么样，就会发现当初的手足无措非常可笑。

通过训练，他们可以形成一种备受家人、友人、同事和顾客称赞的从容洒脱的气质。很多人都是看到别人在训练后，性格有了巨大的变化，才来培训班上课的。例如顾立区先生。

性格的各个方面都会被这种类型的训练影响到，并且慢慢地显现出来。大卫·奥门博士是大西洋城的外科医生，也是美国医药学会的前会长，不久前我曾经问他，公开演讲训练对心理和生理健康有什么益处吗。他笑着说："这个问题的答案是一个处方，但处方里的药在药店里可找不到，所有人都得自己去找药；千万不要以为自己无药可救了。"

这个处方就放在我的桌子上，我每次读都有新的感悟。下面就是奥门博士写给我们的处方：

"尽量养成一种让别人了解你的思想的能力。努力在一个人或者一群人面前清楚地阐述你的观点和理念。在你的努力越来越有成效的过程中，你会发现：你的真我正在塑造一种让你身边的人刮目相看的新形象。

"你将从这个处方中得到双倍的好处。与别人交流，一方面可以让你越来越自信，另一方面也会让你的性格越来越平和、美好。如此一来，你的心态也会越来越好。心态好了，身体也就好了。当今世界，不管是男人还是女人，老人还是孩子，都免不了要在公开场合发言。它在工业和商业中有什么好处，我不清楚，但我知道作用肯定不小。至于它对健康的益处，我确实非常了解。抓住一切机会和几个人或者很多人交谈，你的说话水平会越来越高，我就是这种情况；不仅如此，这还能让你精神振奋，让你觉得自己前所未有地完美。

"这种感觉是如此酣畅和美好，任何药剂都无法达到这种效果。"

因此，第二个指引就是你怕什么就幻想自己成功地做到了什么，幻想自己可以当众讲话，人们认可了你的发言，你因此得到了很多好处。威廉·詹姆斯说："你会得到你极度渴望的东西。"请铭记这句话。

3. 坚定不移的决心对成功至关重要

在一次广播节目中，我被要求用三句话阐述我学到的最重要的一课。我说："我们的思想决定了我们是什么样的人，这就是我曾经学到的最重要一课。你的思想塑造了你这个人，所以我如果想了解你，就要了解你的思想。思想的改变，会让我们的人生走上另一条路。”

建立自信心，以及和别人有效地沟通，既然是你现在的目标，那么从现在开始，你就要竭尽所能地相信，自己的努力一定会得偿所愿。不要过于在意当众讲话的结果，要乐观一些。你要竭尽全力养成把你的决心烙进你的每句话、每个行动中的能力。

下面这个故事可以充分证明这一点：任何人，只要想在发言时言辞简洁有力，在语言上有所建树，就必须有坚定不移的决心。故事的主人公如今已经站到了事业的巅峰，成了商界的传奇人物。可是他在大学时期，在第一次站起来当众讲话时却失败了，因为他并不是一个能言善辩的人。老师给了他5分钟的演讲时间，可是他连两分半钟都没坚持到，就含着眼泪，脸色苍白地跑下了讲台。

这次的经历激起了他的斗志。他决心成为一个杰出的演讲家，为此一直努力奋斗，最后，他当上了政府的经济顾问，备受敬重。他就是克莱伦斯·B. 兰道尔。他写了很多很有启发性的书，《自由的信念》就是其中一本，上面谈到了公开演讲的事，说：“我安排了很多演讲，有厂商协会的，有商务部的，有扶轮社的，有基金筹募会的，也有校友会和其他社团举办的聚会。在密歇根州的艾斯肯那巴，我发表过爱国演讲，激情澎湃地加入了第一次世界大战；我曾经和米基·龙尼到乡下发表慈善演说，我曾经和哈佛大学的校长詹姆斯·布赖恩特·科南特、芝加哥大学的校长罗伯特·M. 赫钦斯到乡下为教会宣传；有一次，我还用自己磕磕绊绊的法语做过一次餐后演讲。

“我知道听众喜欢听什么，喜欢什么样的表达方式，至少我是这么想的。只要肯学，就一定能学会，这就是我要对那些肩负重任的人说的诀窍。”

我和兰道尔先生意见一致。能否成为一个沟通专家，关键在于你有没有成功的决心。如果我能知道你的真实想法，知道你的意志有多坚定，知道你的心态是否乐观，我基本就可以判定你的沟通技巧会有多大的进步。

乔·哈弗斯蒂是我中西部培训班里的一位学员，他第一晚就站起来信心满满地说，他不会只是一个房屋建造商，他还要做“全美房屋建造协会”的发言人。

游走于全国各地，告诉人们他在房屋建造行业遇到的种种问题和获得的各种成绩，是他最想做的事。乔·哈弗斯蒂没有食言，他执着于自己的理想，这种人最得老师喜欢。他说的问题既有地方性的，又有全国性的。他一心一意地思索自己的观点，认真地准备演讲稿，刻苦训练，一节课都没耽误过，就算在他一年中最繁忙的时候，他也严守学生规范，没有一丝懈怠。连他自己都没想到他会进步得那么快。他只用了两个月就成了班里的精英，还当了班长。

在弗吉尼亚州诺福克，这个班的班主任大概一年后写下了这样的话："俄亥俄州的乔·哈弗斯蒂，我本来已经把他忘了。可是一天早上，我在吃早餐的时候随手翻开了《弗吉尼亚指南》，乔的照片和一篇称赞他的文章忽然出现在我面前：他在昨晚举行的地区建造商大会上，做了一次演讲。乔这时已经成了美国房屋建造协会的发言人，在我的心目中，他几乎就是会长了。"

所以，让激情长盛不衰的强烈的欲望，支持你翻山越岭的毅力，是成功的必备条件，更重要的是，要坚信自己绝不会失败。

恺撒带着军队离开高卢，穿过茫茫大海，登上了今天的英格兰，他为了让自己的军队获胜，做了什么？这一招非常漂亮：他把军队带上多佛海峡白垩悬崖，让士兵们看着他们的船在脚下60多米处燃烧殆尽——身处敌国，联系不上祖国，连撤退的工具都被烧了，他们除了前进、取胜，再没别的路可走。恺撒和他的军队就是这么做的。

这就是恺撒精神。只要拥有了这种精神，你就能勇敢地面对听众了。让烈火焚烧一切消极思想，关闭所有让你犹豫的后退之门。

4. 抓住一切机会进行演讲演习

第一次世界大战前，我在125街青年基督协会授课时，已经改变了教学方式。我的课程每年都会吸收新思想，淘汰旧思想，但有一点是不变的，就是起码要给学生一次（通常是两次）在同学面前演讲的机会。因为只有公开发言，才能学会当众演讲。这和想要学会游泳就必须下水是一个道理。你如果不开口，那么就算把天下所有有关公开演讲的书——包括这本书在内——都读了，也没什么用。你非实践不可，因为本书的作用只是引导。

萧伯纳的公开演讲气势十足，有人问他有什么经验，他说："我的做法就是让自己不断地出丑，直到习惯成自然，这是我从溜冰中学到的经验。"萧伯纳年轻时胆子非常小，在整个伦敦都排得上号，即使是敲别人家门这种事，他都得在走廊里徘徊至少 20 分钟，不然就鼓不起勇气。他自己也说，像他这样因为胆小而倍觉痛苦或者难堪的人，并不多见。

后来，他无意中找到了克服怯懦、畏惧和羞窘的最好的方法，这同时也是最快、最有效的方法。他决心把弱点变成自己最大的优势。他成了一个辩论学会的成员，积极参与到伦敦举办的每一个公开辩论会中。专注于社会主义运动的萧伯纳，到处演讲，他成了 20 世纪上半叶最自信最杰出的演讲家中的一位。

说话的机会无处不在，你可以到一些团队中，找一些需要讲话的工作。在聚会中，就算只是附议，也要站起来说上两句。开会时一定要往前站。开口吧。去教会主日学校工作，或者当个少年代表，或者成为某个团队中的一员，以便投身到各种聚会中。看看你的身边，有哪种工作和生活是闭着嘴巴就能完成的？连小区里的活动都得开口。只有开口，你才会知道自己会有多大的进步。

一个年轻的商务主管和我说："道理我都知道，可我畏惧学习的艰难，总是难以下定决心。"

我说："你必须马上扔掉'学习很难'这种想法。你要想着征服学习，这种精神状态才是正确的。"

他问："那是什么精神？"

我回答说："冒险精神。"然后我又给他讲了一些例子证明，一个人的性格会随着当众发言的成功而慢慢改变。

最后他说："我要试一试，我愿意冒这个险。"

对你来说，继续看这部分内容，并将其应用到现实生活中，也是一种冒险。看着吧，你指引自己的能力和敏锐的洞察力会帮你完成这次冒险。看着吧，不管是内在还是外在，经过这次冒险，你会彻底改变。

演讲的自信从何而来

> “爱默生说：‘人类最难打败的对手就是恐惧。’这是一个悲哀的事实。好在我知道怎么让人摆脱恐惧。”

纽约市培训班的一个毕业生，在毕业聚会上当着大概200人的面开诚布公地说：“卡耐基先生，5年前我曾经来找过你，可我只走到了你们正在上演讲示范课的饭店门口。因为我害怕如果我来上课，你会让我公开演讲。我抓着门的把手，无论如何也不敢进去；最后，转身走了。我一看到听众，就吓得浑身发抖，而我的这种恐惧在你面前不过是小菜一碟，我当时要知道这种情况，就不会把五年的时间白白浪费掉了。”

他说这些话时，自信满满，镇定自若。以他掌握的表达能力和信心来看，他处理行政事务的能力想必也提高了不少。我是他的老师，看到他直面恐惧，打败恐惧，我自然非常开心。我想，他若是5年或者10年前就能打败恐惧，现在的成功和喜悦可能会更多。

爱默生说：“人类最难打败的对手就是恐惧。”这是一个悲哀的事实。好在我知道怎么让人摆脱恐惧。1912年，我的课程刚刚起步，我完全不知道这种训练能让人摆脱恐惧，建立自信。我发现，在练习当众讲话的过程中，人们自然而然地就能放平心态，获得自信和勇气，因为我们在当众讲话时，会把自己的恐惧压下去。

这些年，我一直在对人们进行公开演讲的培训，只要你按照我的理论多多练习，只要短短几周，你就能克服不敢上台的问题。

1. 找出你不敢当众讲话的原因

第一个事实：很多人都不敢当众讲话。有一份大学的研究报告表明，演讲课刚刚开始时，90%的学生都不敢上台发言。在我的成人培训班中，比例更高，刚开课时几乎所有人都不敢上台发言。

第二个事实：畏惧上台，在某种程度上是好事，解决环境给予的挑战，是我们固有的能力。所以，不要紧张于脉搏和心跳的加快。只要你的身体处于警戒状态，在遭遇外界的刺激时，就会做出这样的反应，它会让你处于一种蓄势待发的状态，除非这种状态过度了，否则你思维会更敏捷，语速会更快，言辞也会比平时更加犀利和有说服力。

第三个事实：很多专业演讲者都表示自己还是有一点害怕上台。站在台前几乎都会有些畏惧，而且要等过几句话之后，才能忘记这种恐惧。只有经过这种训练，演讲者才能从拉货的笨马变成赛马。有些演讲者时常说自己凉得像黄瓜一样，其实他们和黄瓜相像的地方是皮厚，还有一个就是都能让人感觉清凉。

第四个事实：你只是不习惯公开发言，所以才会怕。在《思想的酝酿》这本书中，罗宾逊教授说："未知和不确定会滋生恐惧。"大部分人都无法判断自己公开发言会遇到什么情况，所以才会紧张和畏惧。对生手来说，就更是这样了。就算是学网球、学开车也比这个容易，因为没有那么多不熟悉的环境。想把不确定因素变得简单，让事情轻松起来，只有一个办法，就是练习，不停地练习。看着吧，只要演讲成功一次，你就不会觉得公开发言有多难熬了，你会感到快乐的。

这个鼓舞人心的故事的主人公，是著名演讲家和心理学家艾伯特·爱德华·威格恩。中学时的那件事——老师让他站起来演讲五分钟，让他心有余悸。

他说："越是临近演讲日期，我的身体就越不舒服。我觉得这件事非常恐怖，只要一想到它，就血气上涌，满脸通红，为了把脸上的红潮压下去，我不得不跑到学校后边，用冰冷的砖墙给脸降温。

"这种情况一直延续到大学时期。有一次我把演讲稿的廾头认认真真地背了下来。可是，到了听众面前，我的脑袋'嗡'的一声，连自己在哪都差点忘了。'亚当斯和杰斐逊均已离世……'我只说了这句开头——这还是好不容易挤出来的——就彻底哑巴了，最后我只能深鞠一躬……在雷鸣般的掌声中带着肃穆的神情回到座位上。校长站起身，说：'啊，爱德华，这真是一个糟糕的让人震惊的消息，但现在，我们会努力放下哀伤的。'然后是一片哄笑声。这次我只是病了几天，虽然我想死的心都有了。

“成为一个公众演讲家，是我这辈子最不敢想的事。”

当时，在他大学毕业一年后，也就是1896年，一场关于“自由造币”问题的政治运动席卷了丹佛。他不认同“自由银币分子”布莱恩及其信众的观点，认为他们的承诺言之无物。他对此非常恼怒，于是用当掉手表的钱做路费，回了印第安纳州的家乡，主动发表演说，讨论完善币制的问题。有很多老同学来听他演讲。他说：“我起初还会想起大学时‘亚当斯和杰斐逊’的那场演讲，吓得连气都喘不过来，张口结舌，恨不得从台上跑掉。可是很快，就像区安西·德普时常说的那样，当我和听众熬过了开始部分，我开始有了一些勇气，虽然这只是一点小成功。我继续演讲，还当自己只说了15分钟，可让人吃惊的是，我居然说了90分钟。

“结果，我在之后的几年居然专职做公开演讲，世界上再没有人比我自己更让我吃惊的了。

“威廉·詹姆斯说的‘成功的习惯’指的是什么，现在我终于知道了。”

艾伯特·爱德华·詹姆斯曾对当众演讲有种天崩地裂般的畏惧，后来他终于知道战胜这种恐惧的最好的平台就是想方设法成功一次。

当众发言难免会让我们生出一些紧张感，可是你若能善加利用这种紧张感，你的发言就会更顺畅。

就算你非常害怕当众发言，一上台就思维阻塞，张口结舌，浑身发抖，以致说话能力大幅下滑，也没什么可灰心的。新人通常都有这种情况，只要好好练习，你会发现这种恐惧很快就能消退到一个可以促进而非阻碍你演讲的恰当的范围内。

2. 准备充足

几年前，在纽约扶轮社的午餐会上，一位颇负盛名的政府官员针对工作情况做了一场演讲。在他开讲前，我们兴致勃勃地等着，想听听他怎么说。

结果他全无准备，本想随意说些什么，却找不到话题可说。最后，他从口袋里拿出一个笔记本慌乱地翻起来，想找出一些有用的东西，可是他的笔记做得就像一车七零八落的铁片儿，毫无秩序，结果他越说越乱，看上去非常蠢笨和窘迫。耽搁的时间越久，他就越绝望，越想不起话题可聊。他一再道歉，渴望能从笔记中找点灵感。他哆哆嗦嗦地拿起水杯送到干涩的唇边。如果他事先有所准备，就不会落得如此窘境，被恐惧彻底打败了。最后，他回了座位。我没见过比他更糟糕的演讲家。卢梭说情书都是糊里糊涂开始，糊里糊涂结束，这位官员的演讲也是如此。

因为工作需要，从1912年到现在，我每年要评论五千多场演讲。我发现在所有演讲者中，信心十足的都是准备充足的人，这对我来说是极重要的一课，像高于所有山峰之上的珠穆朗玛峰。想要打掉恐惧的碉堡，你不带着精良的武器和充足的弹药怎么行。林肯说："就算我年纪再大，再有经验，我也会为没有话题而感到难堪。"你若想自信起来，那么那些可以让你安心演讲的事就不能不做。信徒约翰说："纯粹的爱可以让人忘记怕。"充足的准备也可以做到这一点。丹尼尔·韦伯斯特曾经说过，没有准备就像没有穿衣服，他是不会这样出现在听众面前的。

（1）对于讲稿，切勿死记硬背

不要以为我说的"准备充分"，就是把演讲稿背下来。很多演讲者害怕自己一看到听众就什么都忘了，所以陷在记忆的陷阱中出不来。有这种毛病的演讲者总是把时间耗费在这种对演讲没有任何帮助的准备工作上。

H.V.卡特波恩是美国颇有资历的新闻评论员，他在哈佛上大学的时候，参加过一次演讲比赛。他准备给大家讲一个名为《先生们，国王》的小故事，为此，还一字不差地在演练中背了几百次。可是，比赛当天，他才报完《先生们，国王》这个题目，就什么都想不起来，说得更恰当一点，他的脑袋"死机"了。他几乎吓傻了，没办法只得用自己的话，把这个故事讲了下来。让他非常吃惊的是，评委居然把第一名颁给了他。由此开始，H.V.卡特波恩再也不看或者背演讲稿了，他的广播事业之所以能取得那么好的成绩，这一点至关重要。他会做一些笔记，但绝不给听众背讲稿，只是自然而然地说话。

死记硬背写好的讲稿既浪费时间和精力，又不能让演讲成功。我们一生都在顺其自然地讲话，并未花心思斟酌过语句。我们每时每刻都在思考琢磨，只要想明白了，语言就会像呼吸一般，自然而然地流淌出来。

温斯顿·丘吉尔费了很大的力气才明白这件事。他年轻时也背诵写好的讲稿，直到有一次在英国国会上，他背到一半忽然卡壳，然后就什么都想不起来了。他又羞又窘，重复过前一句之后，脑袋还是一片空白，最后面红耳赤地坐了下来。这也是他最后一次背诵讲稿。

当着听众的面，一字不落地背诵讲稿，不仅容易忘词，还很难声情并茂，因为它不是我们的心声，只是我们的记忆。我们平常和人交流时，说的都是心里想说的话，没有费心琢磨如何遣词造句。既然这样，我们为什么不继续下去呢？要是不想像凡斯·布须内一样，我们最好不要背诵写好的讲稿。

毕业于马利伯艺术学校的凡斯，是衡平人寿保险公司——世界最大的保险公司之一——的副总裁。很多年前，在西弗吉尼亚州的白磺泉，衡平人寿召开了一场有两千位代表出席的代表大会。凡斯虽然当时只在人寿保险行业干了2年，却颇有建树，所以要做20分钟的演讲。

凡斯非常高兴，他很清楚，这次演讲会让他身价倍增。可坏就坏在，他背诵了写好的讲稿。他对着镜子练了42次，每句话、每个动作、每个表情都安排妥当，连如何上台、怎么下台都准备好了。他以为这样就会没有任何疏漏。

但是，当他站到2000位听众面前，准备开讲时，他忽然怕了。“在这次计划中，我的职务是……”他刚说完这句，就什么都想不起来。他惊慌失措地退了两步，也没能把记忆唤醒。他又退了两步，想要重新开始，可一点作用都没有。一米多高的讲台和后边的墙隔着两米的空隙，且中间没有栏杆。所以，在凡斯第四次重复后退这个动作时，他掉下讲台，消失在缝隙中了。听众捧腹大笑，左摇右摆，有的人甚至从椅子上摔下来，滚到了过道上。这种滑稽戏在衡平人寿的历史上史无前例。更让人惊叹的是，听众还当这是一场表演，是安排好的。直到现在，衡平人寿的元老们还对这场“演出”津津乐道。

可是凡斯·布须内亲口告诉我，那是他这辈子最丢脸的一件事。因为太过羞窘，他还递了辞职信。可是凡斯的上司不仅撕了辞职信，让他留下，还帮助他找回了自信。经过这件事，凡斯再也不背讲稿了，他还把自己培养成了公司里一流的演讲家。这件事确实非常可笑，我们若不想重蹈覆辙，一定要引以为戒。

背讲稿的事我听得多了，但扔掉讲稿之后，可以说得更生动、更有感情、更有效果的事，我却从未听说。事实上，不拿讲稿，起码能说得声情并茂，当然在全面和条理性方面，或许会差一点。

林肯说过："那种生硬得像被刀砍过一样的演讲，我不爱听。我爱听的是那种像在和黄蜂搏斗一般的演讲。"他希望演讲者演讲时可以恣意、自由，激情澎湃。谁能把讲稿背得像是在和黄蜂搏斗一般呢？

（2）事先集中精力

那么，如何准备演讲才合适呢？听说我，首先，你要留意生活中那些有价值的曾经为你指引过方向的事，然后把蕴含在里面的思想、观念、启迪等挖掘整理出来。对演讲题目的深入思考，才是切实而有价值的准备。多年以前，查尔斯·雷诺·柏朗在耶鲁大学演讲时曾经说过："认真思索你的题目，使其发酵成熟，让你思想的芬芳得以散发出来……归纳这些想法，不必十分细致，能够说清即可……将它们写下来……这种整理方式，可以让散乱的碎片找到自己的位置，变得井然有序。"这听上去简单，执行起来也不难，只要你集中精力，琢磨一下就行了。

（3）对着朋友练习

准备工作进行到一定阶段，自然应当先演练一下。这个方法虽然简单，却能让你事半功倍。可以在闲谈中把你的观点透露给你的朋友和同事们，不用和盘托出，这样就行：在餐桌前倾身过去说："乔，知道吗？那天我看到一件怪事。"乔或许就对你的故事感兴趣了。你要注意看他此时的反应，他要是能有什么新奇有趣的想法，对你是很有帮助的。最好不要告诉他你在练习，如果说了也没什么，说不定他会回你一句："聊得很开心。"

著名历史学家艾兰·尼文斯也曾这样告诫作家："把你的想法详细地和你的朋友讲讲，如果他感兴趣的话。这么做，你能及早发现你的想法有什么漏洞，将会面临哪些质疑，以及用哪种方式叙述最为合适。"

3. 告诉自己一定会成功

这句话我在前面讲当众发言态度要对时曾经说过，还记得吗？这一原则在这里一样合用。大家不妨试试下面这三种方法：

（1）进入题材之中

除了选择题材，按计划整理题材，和朋友以闲聊的方式加以练习之外，还有一项准备工作要做，就是告诉自己这个题材是有价值的，历史上的那些伟人对自己充满信心，我们也要用这样的态度鼓励自己。至于如何做到这一点，你要深入思考你的题材，找到它的潜在价值，告诉自己，你的演讲对听众有好处，能让他们变成更好的自己。

（2）让你害怕的事，尽量不要想

举个例子，你要是老琢磨演讲时自己可能会用错词，或者讲到一半忽然忘词等，你可能还没开始演讲就失去信心了，这对你没有任何好处。所以开讲之前，务必把自己忘了。你可以静下心来，听听其他演讲者的演讲，多注意一下他们，这可以让你不那么害怕登台。

（3）鼓励自己

只有拥有不顾一切的信念的人，才会对自己的题材没有任何怀疑。演讲者通常会质疑自己的题目，觉得自己不适合讲这个，或者听众未必喜欢听等，头脑一热就改了题目是常有的事。悲观的想法很可能让你彻底丧失信心，所以你要鼓励一下自己：你可以非常简单地和自己说你适合这个题目，你可以让上天作证，你会为了这个题目竭尽所能，一定把它讲明白。这并不是什么新方法，但效果应该不错。就算你不是真心实意，但只要你通过自我引导有了动机，你的学习效率也会得到极大的提升。所以，当你以事实为基础真心实意地鼓励自己时，效果自然会更好。

4. 装也要装得自信满满

威廉·詹姆斯是美国著名的心理学家，他曾经说过这样的话：

“感觉和行动貌似是接连发生，其实是同时发生的。直接受控于思想的是行动，而非感觉，所以我们可以通过行动间接左右思想。

“所以，在我们失意时，不妨高高兴兴地坐着或者讲话，让自己看起来是开心的，这是获得快乐的最好方法。如果这样你都开心不起来，那你就真的不会再开心了。

“所以，我们若想用勇敢赶走怯懦，就要竭尽所能地让自己看起来是勇敢的，给自己树立一个非常勇敢的形象。”

不要忘了詹姆斯教授的忠告。在听众面前表现出一副勇敢的样子，可以让我们切实勇敢起来。当然，在这之前，你得做好准备工作，不然再好的演技也是徒劳。如果你对演讲内容成竹在胸，就大大方方、镇定自若地登台吧。先做30秒的深呼吸，然后再抬头看听众，因为深呼吸带给你的大量氧气可以提神醒脑，让你勇气倍增。著名男高音让·德·雷斯基时常说：如果胸中充满生气，自然能安然稳坐，也就不会再紧张了。

挺胸抬头，凝视听众的眼睛，自信满满地演讲。有一个让你安心的好办法，就是把自己想象成所有听众的债主，而他们聚在这儿，不过是希望你能宽限几天。

至于这种论调的正确性，你可以在我的培训班上随便找一位学员问一问，几分钟之后，你就不会再怀疑了。如果你不方便找他们，那你可以听听美国前总统西奥多·罗斯福的讲话，这个美国人总是被人视为美国勇气的代表，可是他也曾是个胆小鬼，他能成为最勇敢的战士——他挥动手杖，鼓励听众抵制托拉斯——也是不断练习自我信任的结果。

在自传中，他说：“我小时候身体不好，人也不聪明。年轻时，非常自卑，总是手足无措，我只好努力打磨自己的身体、灵魂以及精神，这并不是一个轻松的过程。”

这是一次重生，他对此是这么说的：“在一本书里，有一个英国小型军舰的舰长告诉主角：想要成为从容镇定、无所畏惧的人，就要学会控制自己，让自己表现出一副无所畏惧的样子。因为畏惧一切行动，原本就是一种本能，人人都有。但坚持不懈的练习，可以让假的变成真的。他因为一直在做这种练习，所以不知不觉就真的忘了什么是恐惧。我小时候看到这段话，就记在心里，至今仍是记忆犹新。”

“我就是以这个理论为基础对自己进行训练的。起初，大灰熊、野马、持枪者，我什么都怕，可是，我不允许自己露出畏惧的神情，时间长了就真的不怕了。大家要是想，也能和我一样。”

摆脱登台发言的恐惧，还可以悄无声息地助益于我们所有的其他行动。此项挑战的参与者会发现自己的人格日趋完善，当他不再害怕当众发言，他已变成了另外一个人，有了更加丰富多彩和健全的人生。

一位销售人员说："当我在工作中站出来几次之后，我发现我可以招待任何人了。一天早上有个顾客非常凶，我没等他说'不'，就把样片送到了他的桌前，然后从他那得到了最大的一笔订单。"

一个家庭主妇告诉我："我原本不敢请邻居到家里做客，因为我怕闲聊时出现不快。可是，当我上完几堂课，有了当众讲话的经验，我决定办一场宴会。我成功了。在宴会上，我在客人中间走来走去，轻轻松松地让大家谈笑起来。"

一个售货员毕业时，在班里说："我原来面对顾客时总是心惊胆战的，因为我害怕他们。可是当我在班里做过几次演讲，我发现自己可以信心十足、从容自若地讲话了。即使是反对意见，我也能义正词严地说出口。上完演讲课的第一个月，我的业绩提升了45%。"

他们发现其他的恐惧和焦虑，自己也能轻松克服，他们可以成功地完成过去无法完成的工作。公开发言给了他们过好每一天的自信。同样地，你也可以用这种过去品尝不到的成就感，去攻克人生中的逆境和苦难，你会发现，过去接连不断的难题，都成了让生命增色的有趣挑战。

简简单单演讲成功

> "有个简单的方法可以让你的演讲打动人心，即演讲时要有激情，要加入你的亲身经历。"

有个简单的方法可以让你的演讲打动人心，即演讲时要有激情，要加入你的亲身经历，这也是演讲成功不可或缺的一环。一个演讲者本人都不感兴趣的话题，你能指望感染听众吗？

我不怎么看电视，但最近有个朋友向我推荐了一个针对家庭主妇的、收视率颇高的节目。这个节目有个和听众互动的环节，他认为我会感兴趣。他没猜错，我看了几次，主持人会邀请听众发言，我觉得这非常不错，我还注意到听众发言的方式：他们明显不是演讲行业的从业者，也没受过专门的演讲训练，说得乱七八糟，甚至有用错词的情况，可是他们说得非常有意思，不仅对镜头没有任何恐惧感，还很能抓住听众的眼球。

我知道他们是怎么做到的，因为这个方法我在培训班中已经用了很多年了。这些普普通通的男男女女为什么能够吸引全国听众的注意力？因为他们讲的是自己的事：最丢脸的事，最幸福的时刻，与自己的妻子或丈夫相遇的事……他们既不考虑序言、正文、收尾，也不考虑该用什么词，他们全心全意地讲自己的故事，就这样得到了听众的青睐。在我看来，当众发言，应掌握三个基本原则：

1. 说自己的亲身经历和自己熟悉的知识

那个节目之所以有趣，是因为那些男人和女人说的是自己的现实生活。他们说的是自己经历过的事，完全了解的事。

几年前，在芝加哥康拉德·希尔顿饭店，戴尔·卡耐基演讲班的老师们开了一次会。会上，有位学员以这样的话作为开端："在人类的字典中，最伟大的思想莫过于自由、平等、博爱。生命的意义就在于自由。你们能想象那种所有行为都不得自由的生存状态吗？"

他的老师非常睿智，在他说完这句后，马上制止了他，并问他是否有亲身经历可以对上面这些话予以证明。这位学员便为我们讲了一个实例。

他原本是法国黑市中的一个斗士，在纳粹的统治下，他们一家人饱受羞辱。他生动地描绘了他和家人躲避秘密警察的抓捕逃来美国的事。最后，他说："今天，我从密歇根街走到这家饭店，没有受到任何阻挠。我在警察身边走过没有受到盘查，我虽然要向饭店出示身份证明，但等会议结束，芝加哥的各个地区，我想去就去。所以，请相信我，为自由奋斗是有价值的。"所有人都站起来，为他热烈鼓掌。

（1）告诉大家你在生活中学到了什么

所有人都渴望听到生命的启迪。但是实践证明人们不太能接受这个观点，他们宁愿天上地下地说些普通概念或者哲学思想，也不愿意讲述自己的亲身经历，因为他们觉得个人经历过于细小和繁杂。可惜我们都是普通人，适应不了天上地下那么稀薄的空气。我们希望他们说的是新闻而非社论，当然这并不表示我们反对社论，事实上，我们希望做这件事的是那些有权发表社论的报纸撰稿人。所以，说说生命给了你什么样的启示吧，我们会耐心聆听的。

听说，爱默生认为所有人都有值得学习的地方，所以即使是最底层的人的话，他也会认真倾听。我听过的谈话或许是世间最多的。说实话，我从未发现哪个演讲者会把生命给予自己的启迪——就算再微小和琐碎，讲得味同嚼蜡。

在这件事上，我有一点需要说明：几年前，纽约银行的高管们到我们某位老师那儿上演讲课。这种机构中的任职者总是觉得自己没有时间做万全的（或者他们以为的）准备，因为他们太忙了。事实上，这些人从未停止过思考，他们既有自己的想法，也有自己的信念，他们知道如何站在自己的角度上看问题，四十年的人生阅历为他们提供了大量可以说的基础素材，可他们中的某些人对此却茫然无知。

上区银行的某位先生，我不妨称其为杰克逊，在某个周五来培训班上课，该培训班有 45 名学员，地点在联邦储备银行附近。在来的路上，一边坐地铁一边翻看《弗贝杂志》——这是他离开办公室后，在一家报摊上买的——并从中找了篇名为《十年成功秘诀》的文章来看。他看这篇文章并不是因为喜欢，他只是想找些素材，好在上课的时候也有东西可说。

一个小时之后，他站起来把这篇文章复述了一遍，他当然想说得生动有趣，得到所有人的赞赏。

可惜他没能如愿，这理所当然。

因为他看的那些东西还没有成为他的，没有变成他“想说的”内容。“想说的”，这是一个非常精准的形容，他终究只是“想”。他想从文章里找些有内涵的东西，可是不管是他的用词，还是他的形态，都告诉我们，他只是在引用。在这种情况下，让听众比他还受触动，怎么可能？他一再说文章的作者说了什么，可是他自己呢，他就没什么要说的了吗？真可惜，他说的大多都是《弗贝杂志》的事，只有极少一部分是他。

听过他的演讲，老师说："杰克逊先生，你说的那位作者是谁，在这里吗，我们看得见吗？我们想知道的不是他，而是你，以及你的想法。不要说别人的看法了，说说你的吧。下周还是这个题目，我希望你能多谈谈杰克逊。再看看那篇文章，想想你和作者的意见是否一致。"他的第二次演讲说的都是自己的人生经验，而非从杂志中借鉴来的话，他在自己的宝藏中挖掘矿石，在自己工厂中制造钱币，然后将其拿给我们看。你可以想象一下，班上的学员更欣赏哪种演讲。

（2）以个人经历为题

有一次，有人问我们的老师，新人演讲时遇到的最大的难题是什么。经过统计，我们发现，新人在学习这门课程时，最容易遇到的问题就是"怎么找到一个适合的演讲题目"。

什么题目合适？如果这个题目与普通人的生活方式相关，你经历过，思考过，已经为你所有，那这个题目对你来说一定合适。打开记忆之门，在你的亲身经历中，翻检生命里那些有意义的、让你记忆犹新的事，它们都可以成为你的题目。我们曾经调查过那些惹人注目的题目，发现听众最喜欢那些有特定背景的标题：

——成长历程：如果题目和家庭、儿时记忆、学校生活有关，往往会引起关注，因为我们极愿意知道别人是如何克服生活中的困难的。

抓住一切机会，把自己以前的经历融入演讲中。你只要看看那些耳熟能详的戏剧、电影和故事就会发现与成长经历有关的素材是非常有价值的，因为它们大多都是在讲人们以前遭遇的困境，在演讲上也适用。要想知道你的童年经历对别人有没有吸引力，并不难，只要很多年后，你对那段经历仍旧记忆犹新，就一定能引起听众的兴趣。

——努力奋斗以期飞黄腾达：这种经历总是振奋人心。比如，听众一定会对你以前为了成功而做出的种种努力感兴趣。告诉大家你是如何进入这个行业，或者得到这份工作的；你事业成功的契机是什么；谈谈你在激烈的竞争中创立自己的事业，遇到了哪些阻碍，你获得的和你想要的成功。讲述个人的真实经历，这个题材起码不会让听众觉得反感。

——喜好和休闲娱乐方面的题材：因人而异，也能吸引一部分听众。如果一件事是你非常喜欢的，那么在讲述这件事的时候，你通常不会犯错。我们往往能把自己真心喜爱的特殊癖好讲得妙趣横生。

——专业领域：一件事做的时间长了，你就会成为这个领域里的专家。如果你在某项工作上或者行业内钻研了很多年，那么你在讲这方面的事情时，听众总会给予一些关注和尊重。

——特殊经历：见过名人吗？在硝烟弥漫的战场上磨炼过吗？遭遇过让你绝望的危机吗？没有比这些经历更好的演讲题材了。

——信念与信仰：现在世界形势如此严峻，你的态度如何，对此你花费时间和精力认真考虑过吗？如果考虑过，那你就有讨论的资格。不过听众对不着边际的演讲可不感兴趣，所以你一定要用实际的例子证明你的想法。这个题目，你以为随便看看报纸杂志就能讲了吗？除非你远比听众知道得多，否则不要讲。但是，如果你已经潜心研究这个题目很多年了，那没什么可说的，这个题目就该你讲，你一定要讲。

上一部分说了，演讲的准备工作不是把一连串话语写在纸上，或者背下来，也不是扫一眼书籍杂志借鉴别人的观点，应该是到你的脑海和心灵深处，把生命储存在那儿的信息挖掘出来。不要怀疑，只要挖掘，就一定能在那找到储量丰沛的素材。你可能会觉得这种题材不够大众，过于微小，但我要告诉你，相比于那些专业演讲家的演讲，这种演讲更能触动我，让我高兴。

2. 把热情投注在自己的题目上

有些事你虽然有谈的资格，却未必能让听众产生兴趣。例如，我一直在践行“自食其力”这句话，刷碗的事我是有资格谈的。可是我不喜欢刷碗，事实上，我想都不愿意想，你觉得这个题目我讲得好吗？可是家庭主妇们却能把这个题目讲得妙趣横生，我亲耳听到过。她们或许恨极了没完没了的盘子、碗，或许发现了某种能让人摆脱这种工作的新方法。无论如何，这个题目都能调动她们的热情。所以刷碗这个题目，她们可以说得精彩绝伦。

你觉得合适的题目，讲给大家听，是否合适呢？这个问题不难解决。你只要想想，当有人站起来质疑你时，你有没有足够的信心将其彻底驳倒即可。如果你有，那你肯定适合这个题目。

1926 年，国际联盟第七次会议在瑞士的日内瓦召开，我有幸到场参观。后来还对现场情况进行了记录。近来我偶然看到这个记录，发现了这样一段话："在加拿大的乔治·福斯特爵士之前，已经有三四个人发过言了，他们说得非常枯燥。乔治爵士上台时，一张纸、一个字条都没带，这让我非常欣赏。他全副心神都在演讲内容上，为了突出自己的观点，还会做一些手势。他希望听众能了解他的观点，这些观点如此珍贵，他渴望将它们传递出去。这幅画面，就像窗外清澈的日内瓦湖一般清晰。他的演讲完美地呈现了我授课时一直强调的那些原则。"

乔治爵士的演讲，我一直铭记在心。只有对自己的题目有真实的、发自内心的感受和理解时，才会有他这样真挚和热情的表现。美国最有煽动力的演讲家福生·J. 辛主教，也从自己年轻的经历中学会了这件事。

在《此生不虚》这本书中，他说："我是学院辩论队的一员。一天晚上——第二天就是圣母玛利亚辩论赛，我们的辩论教授将我叫到他的办公室大骂了一通。

"你这个饭桶，我们学院的演讲者，没有比你更差的了。"

"我反驳说：'既然我是饭桶，辩论队要我做什么？'

"他回答说：'你只是会想，而非会讲。去那边，从演讲稿中抽出一段讲给我听。'整整一个小时，我翻来覆去地讲那段话。他问我知道错在哪没有，我说不知道。又是一个半小时。我累极了。他问我：'现在知道错在哪了吗？'

"经过这两个半小时，我终于找到了症结所在。我说：'知道了，不够真诚。我三心二意，没有一点真心。'"

于是，诚心诚意地演讲这一课，在福生·J. 辛主教心中留下了难以磨灭的印象。他开始在演讲中投入热情，知识渊博的教授直到这时才说："现在你会讲了。"

培训班的老师如果听到学员说"平淡如水的生活，让我对所有的事都失去了兴趣"，便会问他，闲暇时的消遣是什么。有看电影的，有打保龄球的，有种玫瑰花的，还有个人告诉老师，自己会收集一些和火柴有关的书。老师又会针对他的特别喜好问一些问题，他不知不觉便兴奋起来了。当他被自己最喜欢的话题激起谈性，老师便会支持他："我们对这个话题很感兴趣，可以给我们讲讲吗？"他说："还有人对这个感兴趣，真是想象不到。"他多年来一直专注于这个嗜好，为了它狠下了一番功夫，都有些魔怔了，可与此同时他却又觉得它没有作为话题的价值。老师真心实意地同他说，一个题材的价值取决于你对它有多大的热情。这个人便摆出一副收藏家的样子，兴致勃勃地讲了一整晚。再后来，我听说他以收藏与火柴有关的书籍为题材，在各种午餐俱乐部进行演讲，并颇受地方人士的青睐。

这个例子刚好说出了能够让你简单、快速地学会当众发言的第三个准则：

3. 让听众产生同感

一切演讲都离不开演讲者、演讲内容和听众这三要素。这一部分的前两个准则说的是演讲者和演讲内容的关系。但这并不是演讲的全部。演讲者想完成演讲，就必须让听众和他的演讲产生联系。对演讲者来说，准备充足和演讲者对自己的话题感兴趣，这两点虽然重要，但更重要的是：他要让听众觉得他说的东西是有价值的。他要让听众和他一样对这个话题着迷。这种"福音传播术"或者"卖瓜术"，是历史上所有著名演讲家的必备技能。当然，你怎么叫卖都算不得错。演讲大师总是竭尽所能让听众和自己拥有相同的感受，认可自己的观点，按照自己的意愿行事，和自己同悲同喜。他知道，决定演讲能否成功的，不是自己，而是听众的头脑与心，所以对他来说，重要的是听众，而非自己。

"抵制浪费运动"期间，我就遇到过一个不会和听众互动的人。他是美国银行学会的纽约分会交给我的那批学员中的一位。让他对自己的题目热情起来，是帮助他的第一步。我告诉他，你要一遍遍地思索这个题目，直到爱上它；有一个事实你要记清楚，就是按照纽约"遗嘱公证法庭记录"，在去世时没给亲人留下任何遗产的，高达80%，能给亲人留下一万美金以上的遗产的，只有3.3%；你要知道，你现在要做的不是求得别人的怜悯，或者让别人做他们做不到的事；你要告诉自己"我是为了亲人，希望他们老了之后能够丰衣足食，无忧无虑地过日子，并给妻子孩子留下一些保障"。最后，我让他相信他是在为公众服务，这是一件值得骄傲的事。总而言之，他一定要坚信自己是一个与时弊作战的斗士。

在思索过这些事实之后，他终于振奋精神，对这个题目有了兴趣和热情。他真心觉得自己有责任做好这件事。因此，他出去演讲时说的每一句话都带着信念的力量，让听众极受触动。他告诉听众节俭的好处，希望能帮到他们。他以前的演讲只是陈述事实，可是现在，他成了一位想把节俭的信仰传递给大家的“传道士”。

我以前教学时，曾对教科书中的规条深信不疑。我的老师们一直浸淫在浮夸的演讲风气中，也将这种不良习气教给了我。

我对老师给我上的第一堂演讲课至今记忆犹新。老师告诉我两臂在身体两侧自然下垂，手心向后，手指半屈，拇指贴近大腿。他又教我，抬起手臂画出优雅的弧线，漂亮地转动手腕，然后食指、中指、小指依次张开。这是一套优美的修饰性动作，做完之后，手臂不能直接回到双腿两侧，要先把之前的弧线往回画一次。这些表演没有任何真情实意，虚伪而做作。

我的老师没有告诉我，要在演讲中融入自己的个性，禁止我像普通人一般，兴高采烈地和听众恣意畅谈。

我在这里写的这三项基本原则和这种生硬的演讲方式，大家不妨比较一下。我的成功演讲的所有训练方法，都是在这三项原则的基础上建立起来的。在这部分，你会不断地遇见它们。接下来我会进一步介绍这些原则。

二、演讲者、演讲和听众

磨刀不误砍柴工

> “准备的真正含义，是对‘你的’观点、想法、意愿和初衷进行整合，你必须真正持有这样的观念与初衷。”

只要方法正确，准备周全，人人都能做杰出的演讲家。反过来，要是准备工作没做好，就算你年纪和智者一样大，经验再丰富，你的演讲也不会顺风顺水。

千万不要以为，演讲的准备工作，就是把一些华丽的辞藻堆砌在一起，或者将那些偶然遇到的，没有真正影响过你的思想整合起来。准备的真正含义，是对“你的”观点、想法、意愿和初衷进行整合，你必须真正持有这样的观念与初衷。你白天会想着它们，晚上会梦到它们。新事物和新经验在你的人生中接连出现，就像沙滩上浑圆的石头，在你的脑海中留下深刻的烙印。所谓准备，就是回忆、思索，找到你最感兴趣的东西，然后将它们小心地修饰组装成一个整体，成为你思想的结晶。这个过程听起来简单，执行起来也没什么难度。你只要把注意力集中在目标上，一心一意地思考就可以了。

如果你想吸引听众的注意力，不妨按照我告诉你的以下几个方法准备演讲素材。

1. 要有具体的内容

很多年前，我在纽约的培训班迎来了两个截然不同的学员。他们一个是文质彬彬，在大学里当教授的哲学博士；一个是粗鲁豪放，年轻时曾在英国海军服役的街头小贩。但很奇怪，两人同时在培训班学习演讲，可那个街头小贩的演讲却远比那位大学教授的更有吸引力。而原因就是大学教授的演讲过于模糊、空洞，要知道具体化是演讲的一个重要因素，所以他就是再有台风，用词再优美，讲得再有条理，也比不上那位和他刚好相反的小摊贩。这个街头小贩开门见山直指问题的关键，说得既具体又诚恳。另外，他颇带男子汉气概的冲劲和他说的那些新词儿，也让他的演讲独具魅力。

我之所以用这个例子，不是因为它可以鲜明地展现大学教授或者街头小贩的情况，而是因为它可以充分证明，一个人无论受教育程度如何，只要他想博得听众的注意力，他的言谈就必须清楚、形象。

我必须多举几个例子，让大家充分认识到这项原则的重要性。请务必记得它，千万不要忘。

比如，马丁·路德说，他小时候经常被老师打手板，甚至有一上午被打 15 次的经历；马丁·路德小时候又调皮又倔强。这两种说法，前者不是更形象吗？

人们很难留意到“又调皮又倔强”这句话，却会记住挨了多少下打这种具体的描述。

亚里士多德说，古代那种用含糊的概括性词语编写传记的写作方式是“怯懦思想救济站”，可谓正中要害。而在现代，传记不仅要有具体事例，用词还要简练、准确、直白。古代传记在刻画约翰·杜伊时，说他的“父母虽然贫穷却讲诚信”。现代传记则说：“约翰·杜伊的父亲连买鞋套的钱都没有，下雪时，为了给双脚保暖、防潮，只能用麻袋把鞋包起来；可是他就算这么穷，也没在牛奶中加过水，把病马当成好马卖。”同样是说“贫穷但讲诚信”，后者难道不比前者更有吸引力吗？

这种方法可以帮助现代的传记作家，同样能帮到现代的演讲家。

2. 题材不能太宽

在选定题目之后，要限定题材的范围，然后坚守这一范围。不要指望你的演讲可以包罗万象，那不过是白费力气。有个年轻人准备做一篇名为《从公元前五百年的雅典战争到朝鲜战争》的演讲，可他只有两分钟时间，你觉得现实吗？

都该下台了，他才说完雅典的创建。他想说的东西太多，结果连怎么输的都不知道。这个例子虽然极端，但因为界限模糊，以致内容和论点庞杂得让听众抓不住重点的演讲，我听到的可不少。之所以如此，是因为一系列乏味的事实是无法一直引人注目的。你能指望听众始终兴致勃勃地听一场世界年鉴一样的演讲吗？演讲者在遇到《黄石公园之旅》这种笼统的题目时，大多喜欢带着听众从一个景点逛到另一个景点，面面俱到，什么都想说一点，结果听众只能模模糊糊地记住些山石、瀑布和喷泉。但演讲者若是只说公园的某一个方面呢？比如野生动物或者喷泉，他就有足够的时间将黄石公园的明媚色彩和瑰丽多变展现给听众，让他们对他的演讲印象深刻了。

无论演讲者讲的是什么，销售技巧、蛋糕制作、合理避税或者飞弹，这个理论都是适用的。为了配合演讲时间，一定要先确定题目，并将其限定在较小的范围内。

五分钟的演讲时间非常短，能说清楚一两点已经很好了。就算有30分钟，想要说清四点（包括四点）以上的内容，也很有难度。

3. 磨刀不误砍柴工

如果你不指望你的演讲发人深省、鞭辟入里，那做起来就很容易了。可这样一来，你很难让听众记住你的演讲。为了更了解主题，做更充足的准备，并最终能理直气壮地以专家的身份谈这个话题，我们在压缩过题目的范围之后，不妨问问自己：“我的依据是什么？我在生活中看到过反例吗？我能证明它是错的吗？我究竟想证明什么？它的起源是什么？”

为了回答这些问题，你会更积极地进行准备。这是一种可以让人振奋精神、专心致志的力量。听说，路德•柏班克这位植物界的奇才，为了找到一两种顶级品种，培育了一百万种植物品种。同样，为了找出十种观点，演讲者要准备出一百种观点。

畅销书《内在》的作者约翰•甘德近来说过这样一句话：“我会准备十倍甚至百倍的素材。”他说的这种方法不仅适用于写作，也适用于演讲。

他说的是真的。1956年，他准备写文章说一些精神病院的事。他走遍了每一个地方，和院长谈，和护士谈，和病人谈。我的一位朋友，正好帮了他忙，后来这位朋友和我说，他们一栋楼一栋楼地走，一个台阶一个台阶地迈，一天又一天沿着走廊不知走了多少路。甘德先生写了很多本笔记。他的办公室被政府的、私人医院的各种报告和委员会一摞摞的统计报表塞得满满的。

我的朋友说："他的最终成果是四篇既风趣又直白的短文，作为演讲稿再合适不过。承载着这些稿件的纸，最多也就七八十克。可是记满笔记的那些笔记本和其他支撑这些文字的东西，9000 克都不止。"

甘德先生很清楚自己挖掘的矿石是无价之宝，每个部分都得万分小心。他在这方面的阅历极为丰富，能够专心致志地筛出金块。

我有一个朋友是外科医生，他有句话说得很对："教你摘取盲肠，只要 10 分钟就够了，但要教会你怎么应对失误，却要 4 年之久。"同样，演讲也要准备好面对各种意外。例如，前一位演讲者的主张，或许会迫使你在观点上发生偏移，在演讲后会面对更多的质疑。

题目定得越早越好，准备的积极性越高越好。一定要当机立断，不能等到明后天就要开讲才把题目定下来。尽快定好题目，可以为你的潜意识留下更大的发挥空间，这对你大有助益。抓住工作之外的零散时间认真思考你的题目，提炼、打磨你想传递给听众的思想。开车回家时，等公交、地铁时，不要让你的思绪乱飘，想想你的演讲。这段时间的酝酿，会给你带来一些灵感。你越早选定题目，就能越早在脑海中用潜意识去锤炼它。

世界顶级演讲家诺曼·托马斯能够调动听众的情绪，博得他们的尊敬，即使是那些对他的政治观点非常排斥的听众，也一样如此。他说："演讲者要学会时刻想着自己的演讲，想着它的主旨和深意，如果它确实非常重要的话。你会发现，不断地思索会将大量支持你观点的事例和好的演讲模式带到你面前，你或许正在行走、看报、准备入睡，或者在清晨刚刚睁开眼睛。一般的思索是不会带来精彩的演讲的，因为你还没有看清你的题目。"

那段时间，你会有强烈的编写讲稿的冲动，但你一定要忍住，因为你会觉得写好讲稿很不错。如此一来，就不会做更多有用的思考了。更不用说，它还有可能让你陷入背诵陷阱。对于背诵讲稿，马克·吐温是这么说的："写下来的东西，属于文学范畴，不适合用来演讲，因为它是固定的，不够灵活，失去了口述应有的趣味和效力。除非你的演讲不是为了愉悦听众，而是为了讲一些大道理，否则，就要尽可能简洁、直白，口语化，就像平时那样——不用刻意思考就能脱口而出；如果不是这样，满屋子的人不被你烦死都算好的，还谈得上愉悦吗？”

通用汽车公司的发展壮大，和查尔斯·F. 柯特林的创造才能有很大关系。在美国，他是最负盛名、最真挚的演讲家之一。有人问他是否写下过部分或者全部的讲稿，他回答说：“我没有把我想说的话写下来，因为它们是如此的重要。我要把它们全部刻在听众的头脑和心中。我借以打动听众的东西必须和我紧密相连，所以容不下纸张的存在，就算再小也一样。”

4. 例子要多

“能让人畅快阅读的，只有故事。”这是鲁道夫·弗列奇在《写作的艺术》这本书第一章的开篇之言，然后，他便举了《时代》杂志和《读者文摘》的例子。他说，这两本杂志在畅销榜上高居首位，里面所有的文章都是记叙文，豪爽大方地讲述奇闻逸事。和这两本杂志一样，一切公开发言都要有让听众注意的能力，这一点毋庸置疑。

不知有多少人曾经通过收音机和电视机听诺曼·文森·皮尔牧师布道。牧师说自己演讲时，最喜欢用实际案例支撑自己的论点。他告诉《演讲季刊》的记者：“我知道的最好的方法，就是举出实例。观点有了这样的支撑，可以更加清晰、生动，更能服众。我每拿出一个论点，都会提供好几个例子作为证据。”

读者若是看过我的书，便会发现，我喜欢用趣事归纳主旨。若是把《人性的弱点》这本书的所有原则规范都拿出来，也就一页半的量，剩下的两百多页全是告诉人们如何使用这些原则规范的故事和事例。

总的来说，想要做好演讲，就要记住五个要点：要有人情味、要有个性、要具体、要有戏剧性、要有视觉感。

（1）演讲要有人情味

喋喋不休地谈论事情或者观点，吸引不了听众，但和个人有关的话题可以。美国每天有几百万人在闲聊，他们在后院的栅栏外、茶几旁、餐桌上，在所有地方，而他们说的话题90%都是人。有人说某某太太做了某件事，有人说他亲眼看见某人在做什么或者某人得到了一笔“意外之财”……

我曾经给美国、加拿大的很多小学生做过演讲，很快便发现，只有涉及人的故事，才能吸引他们的注意力。孩子们对我说的抽象概念完全不感兴趣，所以，不是强尼在凳子上焦躁地左摇右摆，就是汤米怪模怪样地逗弄身边的同学，甚至还有的给在其他排的同学扔东西。

有一次在巴黎，我以《成功的秘诀》为题，让美国商人做一场演讲。他们大部分说的都是努力工作、坚持不懈、志向远大……这些空泛的大道理。

所以我打断了他们，我说：“没有人喜欢听别人讲大道理。记住，你们若不能让人觉得开心、有趣，就无法引起别人的注意。另外，还要记住，世界上没有比那些形象生动、灵动鲜活的小故事更有意思的了。所以，在你认识的人中找出一个成功者和一个失败者，把他们的故事讲给我听，并告诉我他们的不同之处。我们愿意听这种故事，也能从中受到启发。”

当时培训班有个学员一直无法兴致勃勃地进行演讲，也不能吸引听众的注意力。可是这天晚上，在接受了“人情味”这个建议后，他给我们讲了这样一个故事，说的是他的两个大学同学，其中一个谨小慎微、斤斤计较。比如，他若是买衬衫，会走遍城里的每一家店面，制定表格，找出那件最经穿、最经得起熨烫的，因为他要让每一块钱的投入都得到最大的回报。自工学院毕业，其他毕业生愿意从底层做起，可他太过骄傲，坚持不肯。3年之后，同学聚会，他还在找经得起熨烫的衬衫，等待最佳的工作机会。可惜，他没等到任何东西。直到25年之后，也不过是一个牢骚满腹的小职员。

然后，这位学员又说起自己的另一位同学：他早就实现了自己的目标，并且走得更远。他交友广泛，得到了所有人的喜爱。他虽然野心勃勃，志向远大，可一开始也只是个绘图员。他寻寻觅觅，不放弃一切机会。纽约世界博览会还在筹划之中，他就辞职离开费城，搬到了纽约，因为他知道那里一定需要工程人员。他当机立断，和人合伙创建工程公司，接了很多电话公司的项目，博览会结束后电话公司支付高额薪水让他继续留任。

我只是简单地概括了那位演讲者的话。他原本的叙述中，有很多细节非常好笑和富有人情味，整个演讲引人入胜。他平时的演讲连 3 分钟都撑不到，可是这次，他说个不停，最后一看，竟然有 10 分钟之久。可大家还是觉得他说得太短，因为他确实讲得很有意思。在此之前，他的演讲从未成功过。

这个故事对每个人都有教育意义。在演讲中加入一些带有人情味的小故事，可以化腐朽为神奇，让你的演讲妙趣横生。演讲时的观点不要多，剩下的用切实的例子做支撑。听众一定会对这种结构的演讲产生兴趣。

这些故事最好讲到奋斗和通过奋斗走向成功的过程。没有人会对奋斗的话题不感兴趣。有句俗语是“人人都爱情人”，相比于情人，人们更爱争斗。你随便打开一本小说或者去看一场电影，你会发现，两个男人为了同一个女人而兵戎相见，才是人们最喜欢看的，当男主角排除万难终于得到了女主角，观众们马上就会把手伸向帽子和外套。5 分钟之后，清洁女工就会牢骚满腹地打扫剧场了。这足以证明我所言非虚。

杂志上的小说几乎每一篇都是以此为基础写就的。那些作者会想方设法让男女主人公赢得读者的喜爱，他会让他们去追逐遥不可及的梦，让他们历经千辛万苦最终得偿所愿。

人们最感兴趣，觉得最振奋人心的故事，就是一个人通过不懈的努力，突破重重阻碍，并最终夺取胜利。有个杂志的编辑告诉我，真实的个人生活，无论是谁的，都极具趣味性。谁没抗争过、拼搏过，只要绘声绘色地把他们的故事讲下来，就足以吸引人们的注意力。这毫无疑问。

普通人的生活经历，自然是这种充满人情味的素材的主要来源。不要对自己的经历讳莫如深，你没有什么不能说的。听众只会反感你的自吹自擂和高高在上。事实上，他们对演讲者本人的故事往往充满热情。一定要记得，能够激起听众兴趣的最有力、最有效的方法就是讲述你的亲身经历。

（2）指名道姓，让演讲更有个性

无论何时，故事的主人公最好有名有姓。若是不好透露他人私隐，起个假名字也是好的。相比于“有个人”或者“这个人”这种说法，就是“史密斯先生”“乔·柏朗”这种代称也能让故事更鲜活。鲁道夫·弗列奇说：“指名道姓最能体现故事的真实性，隐去姓名则会让故事看上去非常虚假。你能想象一个故事的主角没有名字吗？”

要知道你的演讲有没有吸引力，只要看它里面有没有具体的名字或者代称即可，要知道人性化可是演讲的一个重要因素。

（3）注意演讲细节

你或许早就知道这一点，但你知道，如何判断你演讲中的细节是不是丰富吗？不妨用下面这个方法验证一下。时间、地点、人物、事件和起因，是记者撰写新闻必不可少的五个要素，你若将其应用到演讲例证的准备中，就能讲得清楚明白，如此一来，也就能讲得活灵活现了。《读者文摘》上有个关于我的故事，很有意思，且刚好可以证明这一点。

大学毕业之后，我在铁甲公司当了两年销售员，其间一直坐大货车在南达科他州跑来跑去。有一天，我要南下，但要在莱德菲尔德等两个小时的火车。我决定用这两个小时练一下台词，因为，一方面这个区域不归我管，我不能在这儿推销货物；另一方面，不出一年，我就要奔赴纽约，去美国戏剧艺术学院上学了。我练习的是莎士比亚《麦克白》里的一幕，我走在车站里，猛地举起双臂，用戏剧性的口吻高喊：“难道我看到的是匕首？它的手柄朝着我。来啊，我要抓住你；我抓不到，但我看见了！”

我正专心致志地练习，四名警察忽然冲过来，指控我恫吓女性。他们怎么会这么说？他们告诉我，在30米外，有个家庭主妇透过厨房的窗帘，看到我行为诡异，所以报了警。我正声嘶力竭地喊着台词时，他们就来了。

他们不相信我说的我在练习“莎士比亚”的说法，若非我拿出了铁甲公司的订货单，恐怕还走不了。

你在看这则趣事的时候，不妨注意一下，那五要素的呈现方式。

当然，鸡毛蒜皮说得过多还不如不说。谁没被文不对题、浮光掠影，却偏偏又长又臭的细节折磨过呢？请注意，我在讲述这件事时——我在南达科他州莱德菲尔德镇差点被警察抓走——每个要素都说得非常简练。充斥着大量乌七八糟、琐碎小事的演讲，不会引起听众的注意，如此一来，你的很多观点都会被遗漏。无法吸引听众的注意力，是演讲所能遇到的最坏的情况。

（4）对话可以让演讲富有戏剧性

如果我让你举例子，说一说你是如何借助人际关系让一位愤怒的客户满意而归的，你或许会这么说：

“前几天，我的办公室来了一位顾客，他因为一周前收到的洗衣机无法工作而非常恼火。我告诉他，这件事确实是我们的不对，我们会尽全力解决此事。慢慢地，他不再生气了，看上去，我们诚恳地处理问题的态度，打动了他。”这个故事的优点是，讲得很具体，可是它没有指名道姓，没有讲述特别的过程，更重要的是，它没有实际的对话赋予这个故事以戏剧性。我们不妨给它加点料。

“上周二，我正在工作，办公室的门‘砰’的一声被砸开了。我抬头一看，原来是我们的老客户查尔斯·柏烈克，他怒气冲冲地走进来。我刚准备请他坐下，他就砸下一句：‘艾德，我再也不会找你了，现在派辆货车把那台洗衣机给我拉走，别让我在地下室再看见它。’

“我问他怎么了，他气得连话都说不明白了。

“‘它是个废物。’他喊道，‘衣服搅成了一团，弄得我老婆焦头烂额，要被它烦死了。’

“我让他坐下来，告诉我到底是怎么回事。

“他喊道：‘都要赶不及上班了，我哪有时间坐。这是我最后一次在你们这儿买家用电器。我保证，不会再来了。’一边说，一边随手拍打桌子和我妻子的相片。

“我说：‘查理，听我说，先坐下来吧，你得告诉我出了什么事，我保证，无论你想让我做什么，我都帮你办到，怎么样？’听我这么说，他终于坐了下来，并缓和怒气把事情和我说清楚。”

当然不是每场演讲都要有对话，可是你得承认，上述引用中的对话具有鲜明的戏剧效果。演讲者若能模仿一下当时的口吻声调，对话的作用会更明显。另外，生活中我们用以交流的对话，可以增加演讲的真实性。它让演讲者有了人情味，好像他就在桌子的另一边，而不是只会给满腹经纶的学会成员读论文的腐儒，或者在麦克风里大喊大叫的演讲家。

（5）要让演讲内容表现出视觉效果

按照心理学家的说法，我们所获取的知识，超过85%都是通过眼睛接收的。作为广告和娱乐的载体，电视的效果为什么那么好，原因就在这里。同样，当众发言也是一种视觉艺术和听觉艺术的叠加。

最能为演讲增加视觉效果的方法就是刻画细节。我未必愿意花几个小时听你讲如何挥动高尔夫球杆，可是你若是给我现场演示一下如何将球打进球道，我肯定会听得非常认真。就像你指手画脚地告诉我收音机飘来荡去，但我更喜欢听你讲鬼故事一样。

我有一期培训班，学员都是从事工业的人员，他们举办的一场演讲在展现视觉细节方面做得非常出色，让我记忆犹新。演讲者用手势和可笑的动作将观察员和效率专家检查受损机器的画面呈现在我们面前，所有的电视节目都没有它生动有趣。我之所以对那场演讲念念不忘，就是因为这些可见的细节，至少我是这样，当然，我相信其他学员也会对它记忆犹新。

下面这段话，是英国历史学家麦考莱对查理一世的控诉，我们不妨听一听。你会发现，麦考莱用两段平行的句子，形成了鲜明的对比。鲜明的对比素来都是吸引我们注意的绝佳武器：

“有人辩解说他对婚姻誓词奉行不渝，可我们的指控明明是他背弃了加冕誓言；有人辩解说他亲吻膝盖上的幼子，可我们的指控明明是，他眼见自己的臣民被暴虐的主教欺辱责打，却无动于衷；有人辩解说他总是在早上六点起来祈祷，可我们的指控明明是，他违背了遵守《权利请愿书》的承诺。以上种种再加上范·达克霍姆的穿着、英俊的脸庞和坚硬的胡须，这些都告诉我们，我们时代造就了他的名望。”

5. 用词要具体、常见

有一个非常重要但又总被忽略的方法，可以让演讲者实现吸引听众注意力这一首要目标。普通演讲者不要说加以使用，他们甚至不知道有这种方法。而我所说的这种方法，就是使用有画面感的词。演讲者越能把景象呈现在听众眼前，就越能让听众兴致高昂。演讲者若不想让听众昏昏欲睡，就不要总是用那些模糊、琐碎、寡淡的词语。

画面！画面！画面！它们都是免费的，和你吸入的空气一样。经它们修饰过的演讲，更能愉悦听众、说服听众。

例如，你想告诉大家尼亚加拉大瀑布每天都有巨大的潜在能量被白白浪费，可用这种叙述方式：先如此概括，然后说这些能量若利用起来可以让很多人不再挨饿，有什么趣味呢？毫无趣味。爱德文·史洛森曾在《每日科学新闻公报》中报道过这件事，我们不妨看看他是怎么说的，事实上，他的报道要有趣得多。

“美国有数百万人还在忍饥挨饿，这是众所周知的。可是，尼亚加拉大瀑布一小时却有 25 万块面包打了水漂。想象一下，1 小时之内悬崖上接连掉下 60 万颗鸡蛋，被漩涡搅成一个巨型蛋卷。尼亚加拉河宽达 1300 米，若是有一架这么大的织布机不停地织布，那浪费的布料也是这么多。如果瀑布底下是卡耐基图书馆，那么不出 2 个小时，它就能被各种好书装得满满的。再想象一下，一家大百货公司从伊利湖上游顺流而下，每天把各种货物扔到 50 米的悬崖下，尼亚加拉大瀑布有多引人注目，这种奇景就有多引人注目，而且它还不用花钱保养。可是这太浪费了，人们一定会激烈反对，可是瀑布的水能就在这样浪费啊。”

看到那些有画面感的话了吧：“25 万块面包、从悬崖上掉落的 60 万颗鸡蛋、被漩涡搅出的大蛋卷、1300 米宽的布料从织布机上滚落、瀑布下方的卡耐基图书馆、书籍、顺流而下的巨型百货公司、下方的岩石和瀑布。”它们数量众多，在每个句子中像澳洲草原上的野兔一般又蹦又跳。就像你无法忽视正在影院中上映的电影一样，这样的演讲或文章，你也很难置之不理。

赫伯特·斯宾塞有一篇论文非常有名，叫作《风格哲学》，里面说好的文字可以让人清楚地看到画面。

“我们的思考不能是普遍的，要有特殊性。尽量不要写这种句子：

“一个国家的刑罚有多严苛，和该国的民情、风俗和娱乐方式有很大关系。

“应该将其改为：

“一个国家的刑罚中有没有绞刑、炮烙和杖刑，和该国民众是否斗牛，是否以看奴隶搏斗为乐有很大关系。”

在《圣经》和莎士比亚的著作中，也有大量——就像果汁厂周围的蜜蜂那样多——有画面感的话。普通作家在形容一件事多余时会说，对没有缺憾的事加以修饰。但莎士比亚不是，他写的句子极具画面感，让人永生不忘：“为精加工的黄金镀金，给百合花上油彩，替紫罗兰喷香水。”

你发现了吗？流传至今的那些谚语，大多画面感十足。“一鸟在手，胜过两鸟在林。”“不雨则已，一下倾盆。”“师傅领进门，修行在个人。”……同样，你会发现，那些几百年来广为流传且广泛使用的比喻，也很有画面感：“像狐狸一样狡猾。”“像门钉一样僵硬。”“像煎饼一样平。”“像石头一样硬。”

林肯也总是说一些有视觉效果的话。每天送到白宫办公桌上的又臭又长的官样文章，让他非常厌烦。他说：“我让你去买马，你告诉我这些马有什么特点即可，告诉我它有几根尾毛做什么？”那种寡淡的话，他是不会说的。

我们在看一样东西时，要找到鲜明而有特色的地方，把心里的画面用语言勾勒出来，让它像斜阳映衬下鹿角的影子一般显著、突出和清晰。例如，我们在听见“狗”这个词时，我们眼前浮现出一只狗的形象，但它或许是一只长毛、矮脚、耷拉着耳朵的小型猎犬；或许是一只苏格兰犬、一只圣伯纳犬，或者一只波美拉尼亚犬等等。但如果演讲者说的是“斗牛犬”，你就会有一个更精准的印象了。“一只斑纹斗牛犬”，则又比刚才更形象一些。“一匹稚嫩的雪特兰黑马”比“一匹马”鲜明多了吧。相比于孤零零一个“鸡”字，“一只矮小的白色瘸腿公鸡”不是形象得多吗？

在《风格的构成》这本书中，小威廉·史创克说：“若想吸引读者的注意力，具体、清晰和详尽是最可靠的方法，这可能是那些致力于写作的人的唯一共识。用那些具有画面感的话来处理特殊场景，描绘重要细节，正是荷马、但丁、莎士比亚等这些一流作家的明智之处。”写作和说话是一个道理。

很多年前我和成功演讲培训班的学员做过一场名为“实话实说”的实验。我们规定，每句话都要包含一个事实、一个专有名词、一个数字，或者一个时间。

我们有了突破性的进展。学员们在游戏中寻找对方所犯的概略化的错误。他们的语言很快清晰、生动起来，不再是听众难以接收的模糊不清的语言了。

法国哲学家艾兰说过这样的话："用石头、金属、桌子、板凳、动物、男人和女人填充你的句子吧！抽象风格终究不好。"

这种情况也适用于日常对话。本章所说的所有当众发言的技巧，其实都可以用到日常对话中。细节可以让会话更加生动、绚烂。只要你想成为一个说话的高手，就该牢记这句话，因为它对你大有助益。只要付诸实践，连售货员都能看到它的特殊力量。不管是主管人员，还是家庭主妇，或者是教育工作者都会发现，切实地加入了具体细节的命令和知识会变得更加清晰，如此一来，成效也会更好。

有一篇获奖的演讲刚好成功地使用了这些原则，我们不妨看一看。

主席和各位朋友：

费城，我生活的这座城市，在140年前正是伟大的美利坚合众国诞生的地方。这段光荣的历史赋予了费城人强烈的美国精神：将其建成全国最大的工业中心，变成全世界最伟大、最美丽的城市。

费城人口总数将近200万，面积209平方公里，相当于密尔沃基加上波士顿或者巴黎加上柏林。为了给我们的市民提供合理的休闲娱乐场所，我们把近53.36公顷的优良土地变成了美丽的公园、广场和林荫路，让美国所有的公民都有自己的正常空间。

朋友们，费城这座伟大的城市既干净又美丽，与此同时，它还是家喻户晓的"世界工厂"。我们凭什么做"世界工厂"，凭我们有9200家工厂，凭我们解决了40万人的就业，凭每个工作日每10分钟就有价值10万美元的产品被制造出来。有位著名的统计学家曾经统计，费城出产的木器、皮货、针织品、纺织品、毡帽、五金制品、器械、电池、铁皮船和大量其他物品，在数量上，超过了美国国内的任何一个城市。我们以每两个小时一个的速度制造火车头，而且是夜以继日。费城制造的电车运载着美国一半的人口。我们生产雪茄的速度是每分钟1000根。另外，我们有115家制造袜子的工厂，去年一年为我国所有男女老少每人做了两双袜子。英国制造的地毯和爱尔兰制造的地毯加到一起，也不如我们制造得多。知道我们的商业成交额有多少吗？去年是370亿美元，足以偿还美国在第一次世界大战时期欠下的所有公债。因为我们的工业进步，因为我们是美国最大的医学、教育和艺术中心，我们是骄傲的，可是朋友们，更让我们骄傲的是，世界上再没有哪个城市拥有的私人宅邸数量超过费城。光费城本身就有397000栋私人宅邸。如果让这些宅邸，宽不能超过8米，彼此相连，一路延伸开去，从费城到我们正在开会的堪萨斯市会议厅，再到丹佛市，全长有3027公里。

费城土壤肥沃，但不适合欧洲君主制，因为它与祖先留给我们的传统，即我们的家庭、我们的教育体制，以及起源于我们这座城市的真正的美国精神无法兼容。费城是美国的摇篮和自由的根基。就在这座城市，美国有了第一面国旗，举办了第一届国会，签署了《独立宣言》，几万美国人感受着自由钟——美国人最敬重的国宝——的鞭策。所以，我们坚信我们肩负着传播美国精神，让自由之火生生不息的神圣使命，而非去追逐金牛。所以，上帝让世界人民从华盛顿、林肯、罗斯福的政府中得到启示。

这篇演讲发表于几年前的房地产全国大会中。它打败其他城市的27篇演讲，成了第一名。就算放到今天，这个奖项同样非它莫属。这篇演讲结构完整，叙事清楚，用词灵动鲜活，洋溢着自由的精神，大家不妨好好看看，研究一下。

我们将讲稿进行解读，先说结构：它头尾俱全，你不会想到，很多讲稿都不具备这个特点。它像野雁一般从一个点展开翅膀直飞目的地，而不浪费时间四处闲逛。

这是一篇既有个性又非常新奇的讲稿。演讲者第一句就说了这座城市的一个特点：它是整个国家的发源地（其他城市的演讲者可没有这样说的资格）。

他说世界上最大最美的城市就是费城。如果没有其他表述方式，这句话就落了俗套，普通得让人无法注意到它。演讲者对此心知肚明，所以加了一句非常具体的解释：“费城的面积相当于密尔沃基加上波士顿或者巴黎加上柏林。”这不仅具体、清楚、生动，还让人非常惊异，就算是满满一页的统计数字也不会比它更有效果。

然后，他说：“‘费城’还是家喻户晓的世界第一大工厂。”这句宣传语一样的话，听上去有点假。他若是马上说这件事，人们只当他在狡辩，很难放在心上。所以改换策略，说“木器、皮货、纺织品、毡帽、五金制品、器械、电池、铁皮船”这些费城在世界各地独占鳌头的特色产品。

如此一来，便真实了很多，不是吗？

然后又说：“我们以每两个小时一个的速度制造火车头，而且是夜以继日。费城制造的电车运载着美国一半的人口。”

你听到这些，会不会想“是吗？还真没听说过。我昨天坐的电车可能就是费城制造的。我明天可得注意一下，看看我们镇上的电车的出产地”？

“生产雪茄的速度是每分钟1000根……为我国所有男女老少每人做了两双袜子。”这句话更是让人难以忽视……“我最喜欢的雪茄很可能就是费城产的……还有，我脚上的袜子……”

然后演讲者就回到最初的问题，他将遗漏的事实告诉给我们了吗？没有。他对这小问题一笔带过，再未重提。我觉得这棒极了。演讲者若是说完一个问题，又跳回之前的问题，这和一个在夜空中撞来撞去的蝙蝠有什么区别，这种演讲方式只会弄得听众晕头转向。可是，这么做的演讲者不在少数，他们论述问题不是按照1、2、3、4、5顺序进行，而是27、34、19、二这样，像橄榄球队队长在喊号码一般。不，他们做得还不如这个。他们是以27、34、19、2、34、19这样的顺序论述问题的。

这位演讲者，就像他提到的那些火车头一般，沿着既定方向，既不东游西逛，也不掉头或者转向，只顺着轨道走。

当然，这篇演讲也不是毫无瑕疵，比如他说费城是“国内最大的医学、教育和艺术中心”，但他并未就此多做说明，急匆匆地换了一个话题，难道他以为这么简短的一句话，就能把事实生动地交代清楚，然后在听众的脑海中留下深刻的印象？怎么可能。人脑不是录音机，这个问题他说得如此简短、模糊，自己恐怕都记不住，更不要说听众了。他自然可以用之前解释费城是“世界工厂”的做法，可是他清楚，这是有人拿秒表计时的演讲比赛。五分钟已是极限，多一秒都不行；所以，这一点或者其他若干点，他只能一带而过。

为了让听众对“费城的私人宅邸比世界任何城市都多”这一事实有更深刻的了解，他又做了什么？首先，他给出了 397000 栋这一数据。其次，具体阐释：“如果让这些宅邸，宽不能超过 8 米，彼此相连，一路延伸开去，从费城到我们正在开会的堪萨斯市会议厅，再到丹佛市，全长有 3027 公里。”

他话音还没落，你可能就把他说的数据忘了，但他描绘的景象，你必定铭记在心。

材料中冰冷的事实再重要，也展现不了演讲者的口才。演讲者想要一个可以触及听众的感觉和心灵的高潮。这就是为什么他在提及家庭问题时，用了带有感情色彩的资料。他称颂费城，说它是“美国自由的根基”。“自由”这个词是如此的奇妙，带有浓厚的感情色彩，上百人为它而死。演讲者更是将这句原本就很好的话，增色了 1000 倍。他引为依据的那些历史事件和文件，对他的听众来说既可亲又可敬……“就在这座城市，美国有了第一面国旗，举办了第一届国会，签署了《独立宣言》……自由钟……传播美国精神……让自由之火生生不息……神圣使命……所以，上帝让世界人民从华盛顿、林肯、罗斯福的政府中得到启示。”说这是个高潮，它当之无愧。

这篇讲稿的结构可圈可点。不过，按照这种结构，演讲者发言时若精神萎靡、态度平实，就未必能成功了，整篇讲稿也会黯然失色。但演讲者并没有这样，他和讲稿的作者一样，怀着最诚挚的感情，讲得慷慨激昂，这是我最钦佩的地方。所以说，这篇演讲稿能够拿到第一名，摘得“芝加哥杯”的桂冠，理所当然。

让演讲生机盎然

> “你要把自己的热情和偏好通过你的言辞展现出来。不要忍耐，你诚挚的热情有触动人心的力量。”

请务必保存精力，因为充沛的精力具有很大的吸引力。我在为培训班招募学员和指导老师时，最先关注的是他们是否具有这样的优良品质：生机勃勃、精力充沛、热情赤诚。秋日的麦田吸引着野雁，同样，精力充沛的演讲者也吸引着听众。

我在第一次世界大战结束后，来到伦敦，和罗威尔•托马斯成了合作伙伴。当时，他正在发表讨论阿拉伯的艾伦贝和劳伦斯的演讲，他说得棒极了，每场都座无虚席。某个周日，我去海德公园闲逛。公园入口是座大理石拱门。在那附近有很多演讲者——他们种族不同，政治理念和宗教信仰各异——正肆意发表自己的观点，这是法律允许的。当时有三个人正在演讲：解读教皇无谬论的天主教徒，宣扬马克思主义的社会主义者，以及支持一夫四妻制的男人。我远远地看着这三群人，观察他们。

你或许不会相信，所有人中，听众最少的，是那个支持一夫多妻制的男人。另两个演讲者的听众却在不断增加。我问自己：这是演讲题目造成的吗？经过观察我发现并非如此，真正的原因是这三位演讲者本身。那位鼓吹娶四个妻子的好处的演讲者，看上去自己并没有四个妻子。另两位演讲者专心致志地驳斥一切对立观点，沉浸在自己的演讲中难以自拔。他们似乎是用生命在演讲，手臂有力地挥舞着，激昂的声音蕴含着无尽的信念、激情与生机。

我始终坚信，激情、活力与生命力对演讲来说不可或缺。就像秋日的麦田会吸引野雁一般，精力充沛的演讲者也能吸引听众。

你想要这种充满生机的演讲吗？你想让听众目不转睛吗？下面有三个诀窍可以让你激情勃发、活力四射。

1. 不熟的题目不要做

充分了解题目的重要性，我说过不止一次了。只有你非常喜欢这个题目，你才能说服听众。这不难理解，如果这个题目你真正触及过，有过相关的经历，像钟爱某种喜好或者娱乐项目一样喜欢它；或者你曾经深入思考过，自己留意过这个题目——像是社区内是否应该建一所好学校——进而对它很有兴趣，那么你在演讲时，就不会为没有激情而发愁了。直到今天，我还对 20 多年前的一场演讲记忆犹新，它的说服力正是来源于演讲者的热情。让人心悦诚服的演讲我听过不少，可这场名为“兰草对战山胡桃木灰”——这个名字是我起的——的演讲，却是一场与众不同的真诚打败常识的典范。

纽约的一位销售精英，提出了一个不合常理的观点：即使没有种子、没有草根，他也能培育出“兰草”。他说他将山胡桃木灰撒在刚刚犁好的田地上，一瞬间，兰草就凭空出现了。所以他坚信兰草能够生长，靠的就是山胡桃木灰，且只靠山胡桃木灰。

我用平和的语调做出评论，这是一个重大发现，若是属实，考虑到兰草种子价格高昂，你会一夜暴富，还会成为人类历史上一位著名的科学家。可是，不管是活人还是死者，从未有人有能力创造这样的奇迹，任何人都无法从无机物中孕育生命。

我说这些话时非常平静，因为这很明显是个错误，根本不用辩论。所有同学都这样认为，只有他是个例外。他毫不迟疑地站起来同我说，他是对的。你想象不到他对自己的发现有多坚定，他大声说他刚刚说的只是自己的经历，他还可以提供论据。然后他在原来的基础上，进一步阐述自己的观点，他用真挚的声音给出了更多的资料和证据。

我又和他说：“你是错的，你的观点没有任何正确的可能。”他立刻再次起身，说可以让美国农业部做裁判。要拿 5 美元，跟我打赌。

这时情况变了，你能想象吗？居然有几个学员觉得他的发现可能是真的，还有不少人迟疑起来。我敢说，当时若是投票，我连一半支持率都拿不到。当我们问那些改换立场的人，为什么没能坚持自己的观点时，他们不约而同地说，他们会怀疑自己的常识是因为演讲者的热情和诚恳。

于是，我只能给农业部写信。我说，请原谅我用这么无聊的问题打扰大家。最后，他们告诉我，我说的是对的，山胡桃木灰中长不出任何东西，包括兰草。他们还告诉我，我不是唯一一个写信问这个问题的人。原来那位销售员也立即写信给农业部了，他明显极为相信自己的发现。

从这件事中，我得出了一个重要结论，如果演讲者对某件事深信不疑，在谈到这件事时非常热情，那么就算他说的是自己可以用泥土和灰烬培育兰草，也能得到听众的信赖。如此来说，我们脑中归纳总结的信念，以及那些确定无疑的常识和真理，不是更有说服力吗？

几乎所有演讲者都会担心听众对自己的题目不感兴趣。事实上，想要调动听众的兴趣并非难事，只要你自己对这个题目如痴如狂，就一定能抓住听众的注意力。

举个例子，在巴尔的摩，有位学员最近发出警告，说切萨皮克湾抓捕石鱼的办法必须改，不然，我们很快就会看到石鱼的灭绝。他对这件事非常重视，看上去极为恳切，因为这并不是什么小事。切萨皮克湾的石鱼？在他演讲以前，大家听都没听过，我也一样，所以也不感兴趣。可是，他的演讲还没说完，我们就想联名给立法机关写信，让他们保护石鱼了。

理查·华须本·乔尔德，是美国前驻意大利大使，有人问他为什么他写的文章那么有意思，他的成功之道是什么。他回答说："对生命的极端喜爱，让我难以忍受无所事事的生活。我坚信我应该将此事告诉给大家。"你会不由自主地被这样的演讲者或者作家吸引。

有一次，在伦敦，听完一场演讲之后，英国的著名小说家 E. F. 班和我说，相比于开头，他更喜欢这场演讲的结尾。我追问他原因，他告诉我："我素来以演讲者的激情和喜好为支撑，而他貌似对结尾更感兴趣。"

请务必记得，所有人都是如此。

选题非常重要，为了证明这一点，我再举一个例子。

在美国首都华盛顿，我们的培训班有位学员，好像叫傅零先生。他刚来培训的时候，因为演讲需要，临时从一家报社出版的小册子里找了些和美国首都有关的资料，草草地看了一遍。多年以来，他一直生活在华盛顿，可是让他爱上这里的亲身经历，他一个都想不到。不然，他就不用徒劳地堆砌那些枯燥的事实，把演讲弄得那么乏味、混乱、死板了。他说得难受，大家听得也难受。

两周后发生了一件意外：有人开车把傅零先生停在街上的车撞坏了，又跑了个无影无踪。那可是一辆新车，说到这件事，傅零先生真可谓情真意切，滔滔不绝，怒气腾腾如同爆发的维苏威火山，因为这件事是他自己的事，且弄得他非常狼狈。两周前，他的演讲无聊到同学们连椅子都坐不住了，可现在却收获了响亮的掌声。

正确的题目可以让你立于不败之地；你不妨谈谈自己的信念，这类题目一定是对的。只要你对生活有坚定的信仰，你就无须东搜西罗。因为你时常思考这些问题，所以它们就在你意识的上层活动。

电视上最近播出了立法委员会举办的一场听证会，论题是死刑的存废。这个问题一直备受争议。会上传召了很多证人，既有支持的，也有反对的。有位洛杉矶的警察，有 11 位同事为了缉捕凶犯死在了枪战中，所以他不止一次思考过这个问题，坚信死刑不可或缺。他言辞恳切，真心觉得自己理由充分。激辩素来以演讲者的信念和情感为支撑。因为信仰所以真挚，因为对自己将要出口的言论充满热爱，因为心平气和地思考过，所以有了信仰。有句话说得好：“此心自有道理，是为道理所不自明。”我在培训班对此深有体会。我记得有个颇有天分的波士顿律师，长得仪表堂堂，说起来话头头是道，可是同学们听过他的演讲总会得出“这个人非常世故”的结论，因为他看上去就不太真诚。他的话虽然说得动听，但没什么真情实感。但另一个人，他是保险公司的推销员，虽然个头不高，长得也不出众，说话之前总是琢磨一番，可所有人都认为他说的话是肺腑之言。

林肯的生平和他情真意切的话语，直到今天，我们仍然记忆犹新，虽然早在 100 多年前，他就在华盛顿福特剧院的包厢里遇刺身亡了。在他的同代人中，比他更了解法律的人不知道有多少。他或许不够优雅，服饰也不华美，可是纵观整个历史，你能找到一个比他在葛底斯堡、古柏联盟和华盛顿国会山的台阶上所做的演讲更出色的人吗？

有人说，自己没有炽热的信念，也没有特别喜欢的事。我觉得这多少有些不可思议，请听我说，别让自己无所事事，为自己找些喜欢的事吧。

“选什么呢？举个例子。”他说。

我都要绝望了，说：“那就选鸽子好了。”

“鸽子？”他疑惑不解。

我和他说：“对，鸽子。广场就有，你去看看，给它们喂些食物。图书馆有书，你读一读，然后以鸽子为题，给我们做个演讲。”

他出乎意料地配合，结果第二次演讲时几乎成了鸟迷，上来就热烈地讨论鸽子。我打断他时，他正说到第 40 本与鸽子有关的书——他全都看过了。即使是和我听过的所有演讲比，他的演讲也是非常有趣的。

我的另外一个建议是，如果你觉得某个题目不错，就竭尽所能地多做了解。你越是掌握一件事，你的热情就越高涨。帕锡·H. 惠汀在《销售的五大原则》一书中对推销员说，一定要去了解你售卖的商品。惠汀先生说：“你对一个好的产品越了解，就越有激情。”演讲题目也是这种情况：你越是了解它们，你对它们的热情就会越高。

2. 留意你对演讲内容的感觉

你可以用第三人称，讲述自己开快车被警察拦截的事给大家听。可是，这件事是你的亲身经历，你对它一定是有一些感触的，而这些感触可以让你说得更清楚，叙述得更有力。用第三人称是不会得到听众的关注的。他们想知道，你看到警察开的罚单时，心里怎么想，有什么感觉。因此，你对当时的情况描述得越清晰，把你的感觉说得越清楚，你的演讲就越生动鲜活。

眼见耳闻，正是我们去看话剧和电影的一个目的。我们不敢在公开场合表露自己的感情，但我们有这样的需求，所以我们去看话剧。

所以，公开发言，你要把自己的热情和偏好通过你的言辞展现出来。不要忍耐，你诚挚的热情有触动人心的力量，不要给它加上闭气阀。当听众发现你对这个题目充满热情时，他们会不由自主地提起兴趣。

3. 演讲要热情洋溢

上台的时候，千万不要像即将遭受绞刑的犯人一般，要对你的演讲充满期待。

你或许很难真的步履轻盈，但请装成那个样子，它会给你带来奇迹，让听众以为你急于和大家分享这件事。开讲前，深吸一口气，别倚着讲台。抬头，把下巴仰起来。告诉自己，你和听众说的事是有价值的，用你的整个身体把这个信息清晰地传递给他们。想象自己位高权重，威廉·詹姆斯说起码要摆出这样的架势。尽量让声音传至大厅的最后方，这有助于你增强信心。手势可以让你振奋精神，所以一开始就要做。

按照杜纳德和艾利诺·雷尔德的说法，这是在给我们的反应预热。这一原则适用于一切需要投入感情的场合。他们有一本书叫作《如何提高记忆力》，里面说罗斯福总统“一直过着愉悦、热情的生活，他总是热情活泼、生机勃勃。他有这样的特点。他无论做什么事，都是一副兴致盎然、全情投入的样子，最起码他看上去是这样的”。威廉·詹姆斯的哲学：“热情洋溢的形象，可以让你无论做什么，都自然而然地热情起来”，在西奥多·罗斯福的身上体现得很明显。

总之，热情洋溢的形象，可以调动你的热情，请务必铭记在心。

和听众一起感受你的演讲

> “想要交流成功，演讲者必须让他的演讲和听众彼此交融。”

《如何寻找自己》这篇著名的讲稿，罗素·康维尔前前后后讲了近 6000 次。这么多场的重复演讲，他恐怕有了固定的模式，连用哪个字、用什么语气都记下来了吧？你是不是会有这样的想法？其实不然，康维尔博士很清楚，听众有着不同的学历和背景，他必须让他们感觉到这场演讲是特别的，是专门为他们准备的，是鲜活的。在接连不断的演讲中，他始终和听众互动良好的诀窍是什么呢？

他说：“当我到了某个城市或城镇，我做的第一件事就是去拜访那些经理、校长、传教士等，去店铺中和大家闲聊，以探明当地的历史和人们遇到的机会。

然后我再用合乎当地情况的材料，与他们交谈，给他们做演讲。”

想要交流成功，演讲者必须让他的演讲和听众彼此交融，对此康维尔博士非常清楚。这就是为什么，《如何寻找自己》作为人们最喜欢的演讲，却连一份真正的讲稿都没有。康维尔博士不仅聪明机敏，熟知人心，还非常谨慎勤勉，这个题目他讲了近6000场，却没有两场是一样的。你明白了吗？在为演讲做准备时，你必须想清楚你面对的听众是什么样的。如果你想和听众建立融洽、亲密的关系，我有些小技巧可以教给你。

1. 按照听众的喜好对症下药

康维尔博士用的就是这个办法。他经常把当地人时常讨论的事和他们熟悉的案例融入自己的演讲中。因为他的演讲和听众切身相关，说的是他们自己的喜好和问题，所以他们会关注他。这种以听众本身及其喜好为基础的练习，可以让听众对演讲充满兴趣，让交流顺利进行。美国商会的前任会长兼电影协会的现任会长几乎每场演讲用的都是这种方法。在俄克拉荷马大学毕业典礼上，他就巧妙地运用了这个方法，我们不妨看一下：

“恐怕没人比俄克拉荷马的众位更了解热衷于夸大其词的商贩了。在他们的书本中，从来没有俄克拉荷马，因为这里给不了他们任何指望，这点大家只要稍微回忆一下就会发现。

“哦，在20世纪30年代，铩羽而归的乌鸦们告诉其他乌鸦，若不自备粮食，就不要来俄克拉荷马。

“俄克拉荷马在他们眼中是新美洲永远的沙漠地带。他们说：‘这里的一切都不会开出花朵。’可是1940年的俄克拉荷马，已经成了一座连百老汇都要为之祝酒的花园。在那里，‘雨后的清风，吹拂起麦浪，绽放出阵阵清香’。

“这个地方干旱少雨，可是不用很久，玉米秆将覆盖视线所及的整片大地。

“因为我们有信仰，我们敢勾勒蓝图，并为之冒险……

“所以，我们在评判这个时代时，不要频频回顾昨天的情况，要对美好的未来存有期待。

“在来这里之前，我专门去档案室翻看了过去的《俄克拉荷马日报》，因为我想知道这里在1901年的春天是什么模样，50年前这里的人们过着怎样的生活。

“猜猜我看到了什么？

“啊，它描绘的全都是未来的俄克拉荷马，希望才是他们的侧重点。”

这是以观众的喜好和关注点为基础进行演讲的杰出典范。按部就班地冒险是听众在后院闲谈时说的，埃里克·庄士敦把它用在了自己的演讲中，听众一听就知道，这场演讲就是给他们说的，不是油墨打印出来的拷贝版。如果演讲者说的是听众喜欢的或者关注的事情，他们自然会感兴趣。

你若想让自己的演讲紧紧抓住观众的注意力，那么在开讲前，不妨问问自己：听众能从你的演讲中得到什么，你能帮他们实现目标吗？如果你是会计师，可以这样开头：现在我要告诉你们的是立遗嘱的方法。会有不少听众对此感兴趣。每个人的知识储备，其实都有对听众有帮助的东西。

诺斯克利夫是英国报纸业的巨擘，有人问他人们对什么最感兴趣，他的回答是：“他们自己。”他的报业王国就是在这个简单原则的基础上建立起来的。

《思想的酝酿》的作者詹姆士·哈威·罗宾如此描绘幻想：“这种思想产生于自然之中，且最讨人喜欢。”然后他又说：我们允许自己的幻想随意奔走，至于它走向何方，要看我们期望什么、恐惧什么；要看我们自身是成功还是失败；要看我们的喜怒哀乐、爱恨情仇。世间更能吸引我们注意的，莫过于我们自己。

很多人之所以不能成为谈话高手，是因为他们讨论的话题只有自己感兴趣，别人却觉得非常无聊。你不妨反其道而行，让别人说说自己，比如他的嗜好、工作，他擅长的高尔夫球，以及他的功绩，不然，还可以谈谈她的子女，如果她已为人母的话。你的认真倾听，能给他人带来快乐。如此一来，就算你什么都不说，人们也会觉得你善于说话。

哈罗德·杜怀特是费城人，他在培训班的宴会中做的那场演讲就颇为精彩。餐桌上的每个人他都提到了。他说自己起初不会说话，笨嘴拙舌，现在有了很大的进步。他忆起同学们做过的演讲、讨论过的话题，还怪模怪样地模仿了其中的某些人，引得大家捧腹大笑。这种题材非常适合演讲，一定会成功。杜怀特先生确实熟知人心，任何题材都比不上它吸引听众，你觉得呢？

《美国》杂志现在发展得非常快。它销售量的激增震惊了整个出版界。要说它有什么秘诀，那一定是已经离世的西德达和他的信念。我和西德达相识时，他还是《有趣人物》的负责人。我帮它写过几篇稿子。有一天，我们坐在一起聊了很久。

他说："每个人都有私心，只关心自己的事。政府会不会让铁路变成国有资产，他们不甚在意，但怎么做才能升职，怎么做才能加薪，怎么做才不会生病，却是他们心心念念想要知道的。可惜我不是这家杂志的主编，不然，我就把养护牙齿的诀窍、洗澡的诀窍、夏天避暑的诀窍、找工作的诀窍、买房子的诀窍、管理职工的诀窍、提高记忆力的诀窍、保证文法通顺的诀窍等，告诉给大家。再有，我会找一些富豪，讲讲自己是如何通过房地产赚了几百万的，因为人们也喜欢看别人的人生故事。我要找一些银行家，找各大公司的总裁，讲他们如何历经千辛万苦出人头地的。"

没过多久，西德达就成了主编。杂志当时的情况非常糟糕，销售量极低。西德达开始践行自己的计划。至于成果如何，前面已经写了。杂志的销量，很快就涨到了 20 万份，30 万份，甚至不止于此。月销售量增至 100 万份仍在稳步增长，这完全是因为它抓住了普通民众的喜好。对读者个人喜好的满足，是西德达的杂志得以成功的关键。

除非你的演讲对听众没有任何助益，否则你完全可以假想他们正盼望着这场演讲。你若不想看到听众的心不在焉——他们焦躁不安、心烦意乱，总是抬手看表，准备一走了之——不妨想一想听众固有的自私的偏好。

2. 真心赞美听众

若将所有听众想象成一个人，那么这个个人的反应，就是听众的反应。你的斥责一定会惹恼听众。合理的称颂可以帮你赢得他们的心。不过，"我没见过比你们更聪明的听众"这种话，只会被大部分听众视为虚伪的谄媚之词，进而心生厌恶，因为它们不仅不实在，而且非常肉麻。

著名演讲家姜西·M. 德普说："说一些和他们有关的，他们以为你不知道的事。"正该如此。比如，一个人到处查找和巴尔的摩基瓦尼俱乐部有关的资料，因为他要在那做一场演讲，可惜除了有个会员成了国际会长，有个会员成了国际董事——而且俱乐部里的人全都知道这件事——他什么都没查到。他不想流俗，便以“基瓦尼俱乐部有101898个，巴尔的摩基瓦尼俱乐部就是其中一个”作为开场白。会员们面面相觑，因为全球的基瓦尼俱乐部也不过2897个，演讲者说错了。接着演讲者又说：

“但是，无论大家如何怀疑，起码在数学上，确实如此。你们的俱乐部不是10万个里的一个，也不是20万个里的一个，是101898个里的一个，对此，我非常肯定。

“这个数是怎么得来的呢？毕竟全球只有2897个基瓦尼俱乐部。我们知道巴尔的摩基瓦尼俱乐部有个会员成了国际会长，有个会员成了国际董事。可是按照数学的计算方法，基瓦尼俱乐部想要同时出一位国际会长和一位国际董事，只有1∶101898的可能性。作为约翰·霍普金斯数学博士，我保证这个数字是对的。”他果然吸引了听众的注意力。

你的赞美不能有一丝一毫的虚情假意。违心之言可以骗过一个人，却骗不了所有的听众。像“这么聪明的听众……”“从霍霍柯斯、新泽西……而来的美女和英豪的特别宴会”“我爱你们所有的人，能来这里非常开心”……天啊，千万别这么做。不能真心称赞，还不如不去称赞。

3. 融入听众之中

如果你和听众之间存在某种直接联系，演讲时，一定要及时说出来。不要隐瞒你接到邀请时的欣喜。在迪堡大学——位于印第安纳州绿堡——的毕业典礼上，哈罗德·麦克米兰就是这样和毕业生架起沟通之桥的。

他说：“很高兴得到各位的热情迎接。能接到贵校的邀请，即使对我这位英国首相来说，也不是一件小事。如我所料不错，我在政府中的职务只是各位如此热情地邀请我的次要原因。”然后他说自己的母亲是美国人，在印第安纳州出生，父亲是迪堡大学第一届的毕业生。

他说：“各位，请相信我，和迪堡大学的这种联系，让我觉得非常荣幸。再次体验故乡的风俗让我倍感骄傲。”

当麦克米兰提起自己的母亲，提起这所学校，以及父亲的学长身份，他无疑马上就博得了听众的好感。

让听众的名字出现在你的演讲中是另外一个方法。在某次宴会上——演讲随后召开——我和发言人毗邻而坐。不知为什么，他一直在向宴会的主人打探宾客的消息，例如穿蓝西装的那位先生叫什么，头戴花帽的那位女士是谁，似乎对所有人都很好奇。等他上台发言，我才知道他为什么这么好奇：他高明地让这些名字出现在了自己的演讲中。那些人听见自己的名字明显非常开心，演讲者通过这个小技巧和听众迅速亲近起来。

小法兰克·裴斯是通用动力公司的总裁，我们不妨看看他是如何让几个名字发挥奇效的。那是在美国生活宗教公司的年度宴会上，他做了一个演讲：

他说："我认为今晚不仅让人愉快，也很有价值，这点在很多方面都有体现。第一，我的牧师罗伯·艾坡亚也来到了这里。不管是我本人，还是我的家人，或者是这里的所有听众，都曾被他的言语、行为和领导才能影响、激励过。第二，路易·斯特劳斯和鲍伯·史蒂文斯凭借着对宗教的赤诚积极开展公共事业。我非常开心能和二位同席……"

不过，需要注意的一点是：对于你问来的那些奇怪的名字，你一定要确保它们是对的，且有正当的使用理由，不能肆意使用，而且提起它们时态度要友善。

在演讲中，不用第三人称"他、他们"，用第二人称"你"，是另外一个抓紧听众注意力的方法。这会让听众有一种参与感。就像前边说的，想让听众集中注意力、产生兴趣，演讲者就必须注意到这一点。我从《硫酸》这篇演讲中摘录了几段，给大家看看：

"我们在计算液体时，通常以品脱、夸脱、加仑或者桶为单位。例如，我们会说几夸脱酒、几加仑牛奶、几桶蜂蜜。对于新发现的油井的产量，我们按桶计算。但是有一种液体，我们只能用吨来算，因为它的产量和消耗量都非常大，就是硫酸。

"硫酸和我们的生活息息相关。你的汽车之所以能动，你之所以不用像古人一样骑马，或者驾驭马车，和硫酸的存在有很大关系，因为硫酸是提炼汽油、制造汽车的必需品。你办公室里的灯，餐桌上的灯，晚上为你照明的床头灯，都是在硫酸的帮助下产生的。

“早上，你起床之后打开水龙头放洗澡水。不管是镍质水龙头，还是搪瓷浴缸，都要用到硫酸。有的肥皂是用硫酸和油脂做的，或许你用的就是这种……你的毛巾是先遇到硫酸再遇到你的。还有你的梳子，如果是赛璐珞材质的，也要用到硫酸。另外，你的刮胡刀也要泡过硫酸，才能完成锻造。

“你穿内衣，披外套，系扣子。没有硫酸，布匹就不能漂白、染色。纽扣的制造商觉得，你的纽扣的成型少不了硫酸的作用。皮革制造商觉得，必须用硫酸加工你皮鞋的皮子，我们擦皮鞋时，硫酸也出力了。

“然后，你到楼下吃早餐。除非你的杯子和盘子是纯白色的，否则一定用过硫酸。要知道，不管是镀金，还是以修饰为目的的染色，都少不了硫酸。你的汤勺和刀叉可能也泡过硫酸，只要它们镀过银。

“你的面包或者卷饼是小麦的吗？如果是，也少不了硫酸，因为小麦使用的肥料硫酸盐，要用到很多硫酸才能制成。你吃荞麦和糖浆了吗？糖浆也要用到硫酸……

“由此可见，你生活的每一天的所有方面，都要受到它的影响。无论你身在何处，都能看到它的影子。失去它，我们的生活将遇到重重阻碍。所以，我们确实不该忽视硫酸，因为它对我们的生活影响极大，属于必需品……可遗憾的是，我们确实不曾注意过它。”

这篇演讲，出自我在纽约培训班的一个学员之手。他把“你”高明地融入演讲之中，让听众一直兴致高昂。但是，并不是什么时候都能用“你”，那非常危险。例如，你以高人一等的姿态和听众讲话，或者训示他们的时候，不要说拉近和听众的关系，不把听众推到你的对立面都是好的。这时，说“我们”比说“你”要合适得多。

W.W. 包尔博士是美国医药协会健康培训组组长，在广播和电视中演讲时常说：“我们都想知道选择好医生的诀窍，对吧？”他经常用这种语气说：“我们希望医生可以为我们提供好的服务，既然如此，我们难道不该先学会当个好病人吗？”

4. 引导听众参与演讲

我们能否通过一些简单的表演技巧，让听众时刻注意你的谈话？这个问题你想过吗？让听众帮你做示范，或者戏剧性地展现你的观点，观众的兴趣明显会更高。当演讲者让某个听众协助自己表演，听众为了知道即将发生的事，一定会集中注意力。很多演讲者都说：台上的演讲者和台下的听众之间隔着一堵墙。你想推翻这堵墙吗？不妨让听众参与到你的演讲中。

有个演讲者想告诉大家，即使踩了刹车，汽车也要行进一段距离，且速度不同，跑出去的距离也不一样，为此他专门找了前排的一位听众，给大家演示。这位听众顺着通道向前，把钢制卷尺抽出了 10 多米……我发现，这位听众演示的时候，所有听众的注意力都非常集中。那个卷尺一方面把演讲者的观点形象地展现了出来，一方面也成了演讲者和听众的沟通之桥。演讲者的这一举动，让听众轻易地把晚饭吃什么、晚上有什么电视节目这些事抛到了脑后。

就我本人来说，我最爱用的一招是提问。请观众起身重复我的一句话，或者举手回答我的问题，是我的一个兴趣。在《幽默在演讲和写作中的运用》这本书中，帕锡·H. 惠汀也给了一些和听众互动的建议。他说有些事可以让观众通过投票帮忙解决。“你要保证自己的观点准确无误。”惠汀先生说，“错误的观点会让你的演讲非常生硬，但正确的观点不会，而且它能让听众有所回应，就像你商业上的合作伙伴一般。”他说听众是“商业伙伴”，我喜欢这个说法。你要把合伙人的权利交给听众，让他们和你互动。

5. 谦恭有礼，平易近人

真诚是演讲者和听众之间必不可少的第一要素。一位牧师在诺曼·文森·皮尔那里得到了一些关于真诚的建议。听众总是对那位牧师的布道漫不经心，诺曼·文森·皮尔问他：每个周日的早上，当你面对大家时，你对他们有着怎样的感情，你喜欢他们吗？想帮他们吗？有没有觉得自己比他们聪明？皮尔博士说：“我每次站在讲台上，看着台下的男人和女人，总是激动万分。”听众很容易就能听出演讲者的傲慢。所以演讲者若不谦逊一些，很难得到听众的喜爱。

埃德蒙·S. 穆斯基就用过这种方法。当时他还是缅因州的一位参议员，受邀给波士顿美国辩论协会做演讲。

他说："今天来到这里虽然是我的职责所在，但我总有些忐忑。第一，我站在这儿讲话恐怕有些不自量力，因为我很清楚你们都是这方面的行家，你们目光敏锐，轻易就能发现我的蠢笨，我这么做怕是不太明智。第二，人在早上警惕性最低，而这是一场早餐会。我是政客，若是出了岔子，会很狼狈。第三，我演讲的题目是：辩论如何影响了我服务于民的工作。这很容易造成激烈的争执，毕竟我在政坛上的各种活动，对我的选民既有好的影响，也有坏的影响。"

以此为开篇，穆斯基议员做了一场精彩绝伦的演讲。

在密歇根州立大学的毕业典礼上，亚德莱·E. 史蒂文森演讲时，表现得也很谦逊。他说：

"这种场合总是让我觉得有些吃力。记得曾经有人问撒姆尔·巴特勒，怎么做才是善用生命，他回答说：'就是接下来的十五分钟，我都不知道怎么用合适。'同样，现在这 20 分钟也让我诚惶诚恐。"

没有比在听众面前表现得高人一等，更能惹恼听众的了。在讲台上，你就像把自己放在橱窗中展示一般，人们轻易就能看到你人性中的所有方面，只要你是傲慢的，就算很轻微，也一定会失败。但你也不能战战兢兢，非常自卑，那也不是好事。你要把握好谦虚的度，不能让人觉得你手足无措，没有信心。你若想得到听众的喜欢和敬重，就一定要表现出全力以赴的决心，对于才华上的不足，只要稍有提及即可。

美国电视行业竞争激烈，每个季度摘得收视桂冠的那些演员，都要被竞争折磨得疲惫不堪。在这些人中，艾德·苏利文每年都能"存活"下来。作为新闻工作者，他并不擅长处理电视圈中的激烈竞争。他能够获胜，和他把自己看得很低，觉得自己不是专业人员有很大关系。他用手托着下巴，双肩弯曲，连话都说不利索，可他心安理得，根本不把这些缺点和由此引发的指责当回事。他每一季都会找个模仿专家在电视上夸张但又形象地模仿自己。滑稽的动作引得大家捧腹大笑，他也跟着一起笑。观众喜欢的，就是他对批评的不在意。观众讨厌自吹自擂的人，喜欢言行谦逊的人。

在《现代宗教领袖传》这本书中，亨利和丹纳·李·陶玛斯对孔子做出了这样的评价："他怀着同情怜悯之心，想方设法让他们受到启发，而非卖弄自己的学识。"我们一定要有这种宽广的包容之心，因为它是打开听众心门的钥匙。

三、即兴演讲的成功秘诀

让听众行动起来的演讲

> “这套‘魔法等式’就像一把专攻人心的刀，可以让听众按照你的意思展开行动。”

想在两三分钟内说服你的听众，让他们按照你的意思展开行动吗？我这刚好有个简单的“魔法等式”。

大家不妨看看这些例子。第一次世界大战时，英国某位声名赫赫的主教给即将奔赴战场的厄普顿营的战士们做了一次演讲。我和士兵们交流过，知道很多人并不清楚为什么要打这场仗。可这位主教居然满口都是“国际友情”“阳光照耀的塞尔维亚有资格拥有土地”。然而大部分士兵根本没听说过塞尔维亚，它是一座城市，还是某种疾病？他还不如高声颂赞一下“星云理论”，反正一样是听不懂。若非所处出口都有宪兵把守，这些士兵说不准都得跑掉。

这个主教是位货真价实的学者，我不想嘲笑他。他对着同行或许能言辞犀利，发挥出所有的功力。可他面对的是军人，结果“铩羽而归”。其中关键就是他对听众认识不清，他连演讲的目的都不知道，如何把事情做对？

说到演讲的目的，不管你对这场演讲是否了解，它的目标通常都是下面这四种中的一个：

——让听众动心，并予以回应。

——解释说明。

——加深印象，得到爱戴。

——娱乐听众。

为了说明这点，我们将以林肯总统的一系列演讲为例。

林肯有一个发明专利，可以吊起在沙滩上搁浅或者被其他障碍物困住的船。知道这件事的人似乎不多。他把这项专利的模型放在律师事务所的办公室中，然后兴致勃勃地把它的功用和制造方法等告诉给每个看到这个模型的人。这种谈话就是以解释说明为目的的。

林肯在葛底斯堡做的演讲，他两次当选总统发表的两次就职演说，他在亨利·柯雷去世时发表的演说，都是以加深听众对自己的印象，赢得听众的爱戴为首要目标的演讲。

他为了让陪审团做出偏向自己的决定，为了赢得政治投票而做的演讲，都是以说服听众得到回应为目的的。

为了娱乐大众，林肯曾经筹备过一场和发明有关的演讲——那时距离他成为总统还有两年——可惜惨遭失败。各种阻碍，使他没能按照自己期望的成为一个通俗演讲家。有一次，在整个镇子里，他连一个听众都没找到。

林肯的很多演讲都成功了，还有一些成了人类演讲史上的佳作。他唯一失败的演讲就是娱乐大众的演讲，因为他在做这样的演讲时，目标并不明确，也不知道怎么做才能实现这个目标。

还有一些演讲者注定要失败，因为他们的目标和听众的目标并不一致，结果弄得自己手足无措，张口结舌。比如，那位在纽约旧马戏场大谈美国做了哪些战斗准备的美国国会议员。这种说明情况的演讲，听众出于礼貌，勉强听了 10 分钟，又忍了 15 分钟，一心期待他能马上说完。可是他视而不见，唠唠叨叨地继续说。听众来这是为了高兴，不是来受训的，哪有耐心听他讲完。为了嘲弄他，有人发出嘘声，然后有人开始诘问他，几千人吹起口哨，又喊又叫。到了这个时候，这位议员居然蠢得还不知道观众的心情，低着头在那继续说。观众彻底没了耐性，火冒三丈，决定让他闭嘴。结果，观众用嘶吼和嘘声把他赶下了台，终于让他没声了。真是丢脸。

我们演讲的目的一定要配合听众和场合，毕竟这是前车之鉴。前面的那个议员之所以输得这么惨，就是因为他的演讲目标和听众想要得到快乐的目标不符。在这四种目标中，你若想选一个做自己的目标，一定要先把听众和场合弄明白。

每个目标的结构、需要处理的东西都不一样，容易出错的地方也不相同。我会用四个小节分别论述，以便说清楚这个问题。本章讨论的是“通过短篇演讲得到回应”。其他三节则分别以讲明事实、加深印象得到爱戴和娱乐听众作为论题。

第一，什么样的演讲结构，易于得到听众的回应。

我们怎样安排演讲素材，才能让听众容易理解我们的意思，并做出回应呢？就算只是某种策略也好。

这个问题，1930年我和同事们讨论过。当时我的培训课得到了全国各地的欢迎。我把学员们的演讲时间压缩到两分钟，因为班里的人太多了。以讲明事实和娱乐听众为目的的演讲不怕这种限制，可是以说服听众采取行动为目的的演讲不行。从亚里士多德那时候起，演讲家就以绪论、本论、结论这种固定的结构进行演讲，若继续采用这种方法，这种鼓励听众采取行动的演讲根本实施不了。为了在两分钟内说服听众采取行动，我们必须找些新东西，找个可靠的办法。

我们召集了所有的老师：有名牌大学的教授，有商业巨擘，有正在迅猛发展的促销界的人员。我们分别在芝加哥、洛杉矶和纽约开会讨论这个问题。我们希望通过经验和智慧的碰撞，为演讲结构找到另一条路：一个恰当的、能满足时代需求的方法，这个方法要同时符合心理学和管理学，能够说服听众行动起来。

我们的努力没有白费，终于为演讲结构找了一个培训班沿用至今的“魔法公式”。大家请看，这个“魔法公式”是这样的：

——首先通过具体例子，把你的观点形象地传达给听众。

——准确、详细地提出你的主张。

——讲明原因，重点说明这种做法可以给听众带来哪些好处。

这种方式在生活节奏如此迅速的今日，极具适用性。类似绪论这种松散冗长的东西，演讲者必须舍弃。人们希望演讲者能够开门见山、直击要害，因为他们越来越忙了。新闻的一针见血，让人们对信息有了简明而精炼的要求。麦迪逊街的广告不断上涌，将人们淹没其中。出现在招牌上、电视上、报纸杂志上的这些广告，用词生动、有力，字字珠玑。因此，这个“魔法公式”一定能吸引观众的注意力，并让他们看到关键之处。它抹掉了“因为时间太紧，这场演讲我准备得不够充分”“我不知道你们的主席为什么让我来演讲这个题目”这种没有任何意义的开场白。你的致歉或者辩白，无论是否真心，都无法吸引听众。“魔法公式”可以让你一上来就说行动，而这正是听众想要的。

这个公式里有某种悬念，对简短的发言极为有利。开篇的故事可以激发听众的兴趣，两三分钟之后，你的发言即将结束，而你的论点也出来了。除非你不想鼓动听从你的建议，否则一定要试试这种做法。就算某件事再值得听众仗义疏财，演讲者以“各位先生、女士，在此，我希望每人能拿出五块钱给我”为开场白，听众也会落荒而逃。反过来，演讲者若是先讲讲自己去儿童医院调查时，在某个山区医院发现有个小孩因为穷困做不了手术的事，被听众认可的机会要增加很多。故事和事例可以铺就通往行动的路。

我们不妨看看，列兰·史多是如何让听众为联合儿童救援行动效力的：

“我希望自己再也不必用一颗花生判决一个孩子的生与死。世间最悲惨的事莫过于此。我祈求这种事再也不会发生，我们再也不用在事后为这种凄惨的记忆肝肠寸断。在一月的某一天，雅典遭遇炸弹袭击，工人区满目疮痍，你听见他们的声音了吗，你看到他们的眼睛了吗……我给了他们什么，只有一罐半磅重的花生。我刚使劲撬开它，就被大批孩子包围了，他们穿着破破烂烂的衣服，疯了一样把手伸向我。还有成群的抱着婴儿的母亲……把她们的孩子举到我跟前，皮包骨的小手就在我眼前。我期望一颗花生都不要浪费。

“他们拼命往前挤，我差点被推倒。上百只手，绝望的、祈求的、紧握的，每只都瘦得让人心疼。我把一粒粒盐花生，分给这个，分给那个，再分给这个，再分给那个。几百只乞求的手伸向我，几百双渴盼的眼睛望着我。我站在那里捧着蓝色的空罐子，孤立无援……天啊，我祈祷你永远不会遇到这样的事。”

在写信和对员工下达指令时，也可以使用这个“魔法公式”。它可以帮助母亲激励孩子，也可以帮助孩子和母亲更好地沟通。它像一把专攻人心的刀，你可以用它在生活中传递自己的理念给别人。

广告行业每天都在使用“魔法公式”。电视上最近播出的易弗雷迪电池公司的广告，就是按照“魔法公式”设计的：主持人先活灵活现地讲一个故事，例如，半夜三更，某个人在翻倒的汽车中难以脱身。然后，再让受害者讲故事，即他如何用装着易弗雷迪电池的手电筒照出亮光，最后得到救援的。接着，主持人点明重点和初衷——在这种紧急事故中，易弗雷迪电池可以帮你保命。这些故事都是真实事件，记录在易弗雷迪电池公司的档案里。易弗雷迪电池公司通过这条广告赚了多少钱，我不知道，但我知道如果你想鼓动听众去做或者不要去做某件事，“魔法公式”确实效果显著。现在，我们不妨一条一条地讲。

（一）善用自己的亲身经历

演讲时的重点应该放在对你有所启发的经验上。心理学家认为我们获得经验的方式有两种：练习律和效果律。练习律指的是，我们因为一系列相近的事件而发生的改变。效果律指的是我们因为某个震撼人心的独立事件而发生的改变。我们用不着耗费大量时间上下求索，因为生活已经为我们提供了大量不同凡俗的经验。这些经验大多对我们有指引作用。想要做到这点，难度不大，因为语言对人的影响和事件对人的影响非常接近。为了让听众和自己产生共鸣，我们在演讲时一定要重新塑造经验里的内容，使其更有戏剧性与趣味性，更有震撼力。为了让事例的每一步更具力量和价值，我们不妨试试以下建议。

1. 用自己的经历举例

最好选取对普通人的生活方式影响巨大的独立事件为例，因为它的效果非常明显。几秒钟的时间非常短，可是那一瞬间发生的事给你的教训让你终生难忘。例如，我的培训班有位学员讲自己在翻船之后自己努力想要游到岸上，我敢说听见这个故事的每个人都下定决心，这种事若是发生在自己身上，一定会按照他说的留在船边等待救援。还有一个学员讲了一个孩子和翻倒的电动剪草机的惨事，当我听完，再看到孩子在电动剪草机旁边游荡，我就会不由自主地紧张起来。从班里听过的某些事，让我们的老师深受触动，未免自己家里遇到类似的情况，便马上行动起来，例如，有位学员绘声绘色地讲了自己做饭时因为意外而导致火灾的事，我们的某位老师就买了个灭火器放在厨房。还有一场演讲说一位母亲在浴室发现昏倒的孩子手里拿着一瓶毒药，结果疯掉的事，我们的一位老师便把家里所有有毒药剂的瓶子都做了标记，放到孩子够不到的地方。

如果你想让自己的演讲具有说服力，那么，让你记忆犹新的教训必不可少。发生在你身上的这件事，在他们身上或许也会发生，所以他们愿意接受你的忠告，并采取行动。

2. 以事件的某个细节为开端

这可以让听众马上把注意力集中到你身上。有些演讲者一上来就讲些听众不感兴趣的套话，所以无法立时抓住听众的注意力。“兄弟，我不擅长当众发言。”这种话听起来是不是非常尖酸、惹人厌？过去的很多开场方式，都这样惹人厌恶。如果你想获得听众的响应，且演讲时间有限，就不要浪费精力描绘自己如何选题、没有做好准备，或者牧师布道一般宣告题目或主题。

某家顶级刊物的撰稿人曾经说过：“用故事的中间做开头，立马就能激发起读者的兴趣。”请记住这句忠告。

下面这些开场白如磁石一般吸引着我的注意力：

“1942 年，在医院里，我发现自己躺在病床上。”

“昨天早上吃饭时，我妻子正在倒咖啡……”

“去年 7 月，我开车驶下 42 号公路，当时车速很快……”

“我们的领班查理・范推开我办公室的门，闯了进来。”

“我抬起头来，发现一艘快艇朝我直直地冲过来，当时我正在湖中心钓鱼。”

博取注意力的一个最古老的交流方式，就是把时间、地点、人物和事件的起因，都用开场白清楚地带出来。“从前”这个词有一种奇妙的力量，可以为孩子们打开想象之门。这种方式颇具趣味性，可以让你一开讲便引起听众的注意。

3. 围绕中心刻画细节

细节自身并不有趣。凌乱的房间，就算堆满古董，也不会雅致。一幅画，如果各个事物互不相干，是不会引起人的注意的。同样，交谈或者当众发言时，如果说太多无聊的琐事，人的耐心就会受到考验。你演讲的重点和初衷是什么，你强调的细节就应该是什么。你的主旨若是长途旅行前应该做好车检，那么你讲述的重点就应该是没有进行车检导致的惨剧。说旅途的景致和抵达终点后合适的留宿地点，会分散听众的注意力，让人抓不住重点。

不过，没有比围绕核心刻画细节更能烘托故事的方法了，这毫无疑问。对事情的重现可以让听众感同身受。简简单单一句自己以前因为粗心大意结果发生了交通意外，就想让听众谨慎驾驶？难度太大，这种笨方法没有任何趣味性。但你若用各种词语把你的感受和令你心惊肉跳的细节讲述出来，听众就会印象深刻，听从你的建议。培训班学员乾地所讲的下边的这个实例，大家不妨看看：

“1949 年，还有一天就是圣诞节，那天早上，我驾车带着我的妻子和两个孩子，在印第安纳州第 41 号公路朝北行驶。一连几个小时我都开得很慢，因为路上的冰层特别光，一碰方向盘，我的福特车就要打滑。就这样过了一个小时又一个小时。

“当车行驶到一处开阔的弯道，冰层开始融化，为了把时间补回来，我踩了油门。看上去大家都很着急，都想最先抵达芝加哥。当危险消失，我们放松精神，孩子们在后座上开始唱歌。

“在一段上坡之后，是一片林区。当汽车飞驰到坡顶，忽然，我发现照不到太阳的北坡，仍旧覆盖着冰层，可是已经晚了，我们的车彻底失控直冲下去，飞过路面，倒栽进雪堆里。车门上碎裂的玻璃落了我们一身。”

因为细节丰富，所以听众很容易对这件事感同身受。把你的所见所闻和所感传递给听众，就是你的目标。只有翔实、精准地刻画细节，你才能实现这一目标。之前我曾提到想要激发听众的视觉想象，就必须把时间、地点、人物、事件和起因这五要素说清楚。

4. 把经验融入经验中

演讲者不仅要把细节以画面的形式呈现出来，还要把整个事件说清楚。作为姐妹，演讲艺术和表演艺术是有相似点的，所有著名的演讲家都会“表演”。不要以为只有雄辩家才有这样的天赋，它很常见，大多数孩子都有，我认识的很多人也都有，他们表情丰富，知道怎么模仿，怎么做手势。它的门道，我们很多人都会，而且稍一努力练习，就能大有进步。

你在讲述的过程中，情绪越强烈，动作越多，人们就记得越清楚。演讲时，细节再详尽，重现的热情若不够，也不会具有震撼力。当你讲述一场火灾时，请务必把消防员灭火时，人们焦灼、亢奋、紧张、热烈的心情表述出来。当你讲述你和邻居的一次争吵时，请务必让它有戏剧性，让我们如亲眼所见。当你讲述自己在水中挣扎求生的恐惧时，请务必让我们感受到那种经历恐怖时的绝望。让人们对自己的演讲记忆犹新，正是举例想要达成的一个目标。想让你的演讲，你的建议被人铭记在心，你的事例就必须让人印象深刻。人们记住了韦姆斯所写的传记中的樱桃树的故事，所以对华盛顿的诚实印象深刻。装满了善语和善行的《圣经新约》，就是通过动人的故事，比如《善良的撒马利亚人》，来展现并强化道德原则的。

这种例子可以让你的演讲更容易被人理解、记忆，更有趣味性和说服力。当你把自己从生命中得到的教训告诉听众，他们便决定接受你的忠告，至少在某种程度上这样。如此，“魔法公式”就到了第二步。

（二）一针见血，把你的要求直接告诉听众

演讲中，“让听众有所响应”这部分内容所用的时间在 3/4 以上。如果你只有两分钟，那么，剩下的 20 秒，你要把你的建议和如此行事的好处告诉大家。放下细节，是时候直接说出你的主张了。这种技巧是先说故事，再点出自己的目的或者鼓励听众按照你的建议行事，并以此作为标题，和新闻报道正好相反。这一步要遵循以下三条法则：

1. 讲述重点要简洁

在向听众提建议时，语言要简洁。人们通常不会做自己不明白的事。所以你要自问，听众若准备按照你的意见行事，那你有没有把自己的要求说清楚。把重点写下来，像写电报一般，尽量简练、准确、直白，是个不错的方法。“这里的孤儿院有孩子患病，帮帮他们吧。”这种说法太含糊，不要这么说。应该改成：“今晚报名，下周日一起带 25 个孤儿野餐。”更重要的是，你的要求不能是心理活动，比如“经常想想祖父祖母吧”，这太模糊了，应该点明具体行动，比如“这周日就去看看祖父祖母吧”。再比如不要说“应该爱国”，应该说“下周二，投出你的神圣一票吧”。

2. 重点清晰，易于执行

即使是备受争议的问题，演讲者在谈及重点和自己的建议时，也该通俗易懂，易于执行。最好的方法，莫过于说得清楚明白。当你讲述如何提高记忆人名的能力时，千万不要说“从现在开始，你要多多尝试记忆人名”这种模糊不清、难以执行的话，应该说：“下一次，当你遇到陌生人，连续五分钟，每分钟重复一次他的名字。”

相比于笼统的言辞，演讲者清楚地下达指令，更能让听众有所行动。让听众给住院的某位同学写信或者写慰问卡，远不如说一句“在慰问卡上签上你的名字，祝他早日康复”更有效果。

肯定的叙述方式和否定的叙述方式，各有千秋，选择哪种，要看听众的意思。如果你希望听众不要做某些事，最好用否定的叙述方式，它比肯定的叙述方式要有说服力。几年前有句售卖灯泡的广告语“不要做摘灯泡的人”，采用的就是否定的叙述方式，效果很好。

3. 阐述重点时要信心十足

阐述重点时，务必信心十足，因为它是演讲的核心。标题的字母会非常明显，同样，你在呼吁听众展开行动时，也应该言辞热烈，直接点明。你要让听众感觉到你的阳光与真诚。你必须确定无疑、信心十足地提出你的要求，即使只有一个词也要充满说服力，之后，就是“魔法公式”的第三步。

（三）把原因和好处告诉听众

到了最后，你的演讲仍然要简短、有力，因为时间有限。第三步：告诉听众你为什么做这场演讲，或者你在“重点”中说的意见会给听众带来哪些好处。

1. 点明例子与原因的关系

这里说了很多当众发言的理由。这个题目很大，非常适合行动的倡议者。一场“让听众有所响应的小演讲”，高潮时，用一两句话讲明益处，你就该落座了。

千万记住，你提出的益处在你给出的事例中一定要有所体现，这点非常重要。当你以自己买旧车省钱为例，劝听众购买二手货时，一定要围绕事例展开，像某些旧车比新车更漂亮这种离题的话就不要说了。

2. 要有一个，且只给出一个理由

为了卖出商品，推销员可以说很多理由；你也可以为自己的论点找出很多和你的事例有关的理由。可是，只说一个最明显、最有利的理由，往往更有效果。和听众说的最后几句话，应该像全国性刊物中登载的广告语一般清晰、准确。你不妨研究一下这些广告语，它们是很多人的智慧结晶，可以让你把演讲中的“重点和理由”处理得更好。每个广告针对的都是一种产品。杂志的读者群越广，它的广告语给出的购买理由就越单一。一家公司会改变发布广告的平台，比如把电视换成报纸，但它仍是一个广告，不管说的还是看的，通常只提一个要求。

你分析过报纸杂志和电视上的广告吗？你肯定想不到，当你研究过它的内容之后，你会发现很多广告都用了“魔法公式”，而使整个广告浑然一体的标尺正是“紧扣主题”。

像陈列、引用名人名言、对比和引用统计数据等其他展示事例的方法，我们会在接下来的章节详细介绍。这一部分的这个公式只适用于个人经历，要知道，在“让听众有所响应的小演讲”中，没有比这个公式更有趣、更有戏剧性和说服力的方法了。

阐述事实的演讲

“人们为什么无法简单直接地表述自己的观点？因为他们自己都不知道自己想说什么。”

你平时遇到的演讲者，通常会把听众弄得焦躁不安，迷惑不解。有一次，美国参议院的调查委员会也遇到了这样的演讲者。这个人是个政府高官，说起话来滔滔不绝，但说得模模糊糊、不明不白，根本说不清自己想要表达什么。时间越长，委员会就越摸不着头脑。最后，委员会的委员小撒姆尔·詹姆士·厄文，他是北卡罗来纳州的参议员，勉强插了几句，却一句废话都没有，说得精彩极了。

他说，这位官员和他们家乡的一个男子很像。这名男子告诉律师，他准备离婚，又说自己的妻子非常漂亮，擅长烹饪，是个好母亲。

律师问他："既然这样，为什么还要离婚？"

男子说："她太能说了。"

"她说什么了？"

男子说："问题就在这了，我从来弄不清楚她想说什么。"

很多演讲者都有这个问题，说不明白自己的意思，弄得听众云里雾里。不要小看"说清楚"这三个字，它不仅非常重要，也很难做到。在一场晚会上，有位爱尔兰诗人朗诵自己的诗歌，却很少有听众听得懂。人们在公开发言和私下交流时，经常会犯这种错误。

奥利佛·罗吉爵士在各个大学做了 40 多年的演讲，我和他曾经讨论过演讲的基础条件。他说有两条最为重要：一是知识和准备；二是积极准备，表述清楚。

毛奇元帅是普鲁士的著名将领，他在法国和普鲁士战争的初期，曾经告诉自己手下的将领："一切有可能造成误会的指令，都会造成误会。"

拿破仑也非常忌惮这种危险，他和自己的秘书说得最多的一个命令就是："一定要准。"

上一节的公式可以让你用简短的演讲说服听众采取行动，现在我准备告诉你一些可以让你清晰地表述观点的方法。

下达指令，传达意见，予以解释，做报告，我们每天有很多时间要讲明情况。每周在各地发生的各种类型的演讲，最多的是说服听众采取行动的演讲，其次是说明情况的演讲。想要说服听众采取行动的一个前提就是，你要有能力把话说清楚。美国工业巨头欧文·D. 杨也表示，表述清楚的能力在现代非常重要。

"一个人越能把自己呈现给大家，他能发挥的作用就越大。当今社会，人们必须学会了解对方，因为再简单的事也要合作完成。而互相了解的首要工具就是语言，所以我们对语言的掌握，必须是精准的，不能是模糊的。”

遵循本节的忠告，你将精准地掌握语言，轻松地把自己呈现给听众。路德维希·维特根斯坦说：“只要你想得到，你就想得清楚；只要你说得出来，你就说得清楚。”

（一）为了配合演讲时间，需要限定演讲题材

威廉·詹姆斯教授曾经在演讲中告诉那些老师，一次演讲的重点只能有一个。他说的那种演讲有 1 个小时的演讲时间。可是，有一次某位演讲者明明只有 3 分钟的演讲时间，却表示自己论述的重点有 11 个。也就是说，他平均 16 秒半就有一个重点，真是难以想象，这么荒唐的事也就他这样的“聪明人”才能想出来。他像一个一天之内带着游客逛遍所有景点的导游。虽然可以实现，但你想一下，给你 30 分钟，让你逛完整个美国历史博物馆，你还能看清楚什么？他从这个点蹦到那个点，就像一只迅捷的山羊。

举个例子，如果你想在 3 分钟或者 6 分钟之内以劳工联盟为题进行演讲，那你根本没办法说清楚他们为什么成立，有哪些功绩，有哪些不足，解决了哪些工业问题等。你就算再努力，也无法让人们理解你的意思。它只能是个凌乱、笼统且非常粗疏的大纲。

毫无疑问，更聪明的做法，是对劳工联盟的某一方面进行详细论述。虽然听众只能了解一个方面，可是他们听得明白，记得清楚。

但是，当你确实有很多事不得不说时，我建议你在结尾处简单地总结一下。

有天早上，我去见一家公司的总经理，结果发现他的门牌上是另一个人的名字。人事组长，我的一位老友说：“他毁在了自己的名字上。”

我疑惑地说：“他的名字，他不是这家公司的一个董事吗？”

朋友说：“我是指他的外号——‘不知所踪·钟斯’。他从来没有努力了解过公司的业务，为了打发时间，他总是东游西荡，不是跑到这儿，就是跑到那儿。相比于研究某个大生意，他更喜欢让船运部的工作人员关灯，让速记员把纸捡起来。我们叫他‘不知所踪·钟斯’，就是因为他总是不在办公室。结果，没多久，他的某位亲戚就取代了他的职务。”

很多演讲者身上都有“不知所踪·钟斯”的影子，他们像钟斯一样面面俱到，这正是他们无法更加优秀的原因。他们的演讲，你听过吧？有没有产生一种“他现在讲到哪了”的想法？

有时那些演讲经验丰富的人也会犯这种错误。或许是因为懂得多，便觉得散乱一些无关大局。你不要和他们学，一定要抓住主题。只有你自己表述得清楚，听众才会说：“我听懂了，我清楚他‘在哪儿’。”

（二）不能违背时间、空间和事物的逻辑顺序

演讲时，几乎每个题材都能按照时间顺序、空间顺序或者事物的逻辑顺序次第进行。

以时间顺序为例，处理素材时，既可以按照过去、现在和将来的顺序，也可以把某一天摘出来，然后倒叙。演讲就是通过种种加工，把粗陋的原材料变成成品的过程。你所拥有的时间决定了你可以加入多少细节。

至于空间顺序，你既可以围绕某个点逐渐向外扩展，也可以按照方位，比如东、南、西、北。当你介绍华盛顿时，你不妨以国会山的顶峰为起点，带着听众按方位讲解那些有意思的地方。当你讲解某个喷气引擎或者某辆汽车时，先将它拆分成各个模块，再逐一介绍，是最好的方法。

有些题材自有其逻辑顺序，比如美国政府在结构上，分为立法机构、行政机构和司法机构，你若按照这三个机构来介绍，一定可以说得清楚明白。

（三）演讲时，核心问题依次说明

想让听众觉得你的演讲条分缕析、层次分明吗？那演讲时一定要明确指出，你的核心问题有几个，现在说的是什么，接下来要说什么，这是最简单的一个方法。

你不妨直接表明：“我的第一点是……”，等这点说完，再直接指出第二点，按部就班直至结束。

在纽约州罗契斯城市俱乐部主办的一场演讲会上，时任联合国助理秘书长的洛夫·J. 班奇博士发表过一场重要演讲，他的开场白说得非常直接：

他说：“今晚我将以《人际关系的挑战》为题进行演讲，我选择这个题目的原因有二，”然后又说，“第一……第二……”为了让听众明白所有重点，他由始至终都很慎重，最后带着大家走向这一结论：“我们要相信人类追逐良善的本性。”

在国会联合委员会举办的以促进商业发展为主题的会议上，身为委员税务专家和伊利诺伊州参议员的经济学家保甸·H. 道格拉斯在演讲时也用了这个方法，而且他用得非常高明，效果显著。

他一开始就说：“现在的税负几乎会拿走中、低收入人群的所有收入，而我的主题就是，减少他们的税负，我认为这是最快、最有效的方法。”

然后，还是用这种方法，他继续说：

“说得具体一些……

“更进一步地说……

“另外……

“主要有三个理由……首先……其次……最后……”

“总之，为了增加中、低收入人群的购买力，我们必须立即减轻他们的税负。”

（四）把你要说明的事和人们熟知的事联系起来

有时你说了半天就是说不明白。你自己了解得很清楚，可是不往深里说，听众就很难了解。怎么办？不妨找一样听众熟悉的事物，告诉他们两件事其实是一回事。

耶稣告诉门徒，他布道时之所以运用比喻，就是因为“他们的眼睛看不到，耳朵听不到，心感受不到”。

如果你要和听众解释某件他们不了解的事，你觉得你能做到什么程度，能让他们对此事的了解超过对耶稣的了解吗？恐怕很难吧。所以，我们必须想个办法才行。而把人们陌生的和人们熟知的事加以对比，就是你自然而然可以想到的最简单的办法。天堂……是什么样的？耶稣在描绘天堂时，用的都是人们熟知的事物和动作。

“天堂像女人放入玉米粉中，帮助发酵的酵母。

“另外，天堂如同商旅寻觅的珍珠……

“另外，天堂如同撒向海中的渔网……”

这种通俗易懂的比喻，让所有人都有所领悟。比如家庭主妇每周都要使用酵母，渔夫每天都要撒网，商人总要购买珍珠……

对于耶和华的慈爱和青睐，大卫这样说：

“我一天都离不开上帝，他是我的牧羊人，带我在草地上徘徊，带我走向清澈的河水……”

在清冷的草原上……在可以喂饮羊群的清澈河水边，牧羊人对这一切再熟悉不过。

有个例子非常新奇有趣：传教士准备用非洲部落的土语解读《圣经》。其中一句是“你罪恶的猩红，必将变得洁白如雪”。这句话也要一字不差地翻译吗？要知道，在二月的清晨打扫街头积雪这种事，非洲人可从来没做过。这句话在非洲人看来毫无意义，且非常荒唐。“雪”这个字在他们的字典中并不存在，他们不知道它和煤的区别。可是他们见过椰子，他们午餐时，食用的那几颗椰子，就是他们爬上椰子树摇下来的；于是，传教士把这句话翻译成：“你罪恶的猩红，必将变得白如椰肉。”将白和椰肉连到了一起。

此时，还有比这样翻译更好的做法吗？

还有一个例子，当你谈及催化剂，这个对工业有巨大贡献的化学物质时，你会怎么说，它可以改变其他物质，但自身不变？这个说法确实很简单，但更好的说法或许是：它像一个在学校里蹦蹦跳跳，打打闹闹，推倒别人，但自己未被人推倒过的小男孩。

你想表述得更加清楚明白吗？不妨试试下面这两个方法：

1. 把事情场景化

你说月亮、太阳和星星离我们到底有多远？科学家可以给我们很多数据，但致力于科普的人不会这么做，他们把数字变成了画面，因为他们很清楚只有这样民众才能真正有所领悟。

人们对宇宙的热情，让著名科学家詹姆·金恩斯爵士颇感兴味。他是一个数学家，对高等数学自然非常熟悉，可是他很清楚，若想让演讲和写作收到良好的效果，最好少用数字。

太阳及其周围的行星离我们这么近，以致我们对旋转于宇宙中的其他物体与我们之间的距离毫无概念，在《我们周围的宇宙》这本书中，他说：“普洛西玛·森多里是离我们最近的一颗星星，即使是它，也和我们隔着4023250亿公里。这个数字到底有多大呢？”为了让我们有更加直观的了解，他说，假设一个人以光速，从地球飞向普洛西玛·森多里星，要用四年零三个月才能到。

我曾经在密苏里州州立华伦斯堡师范学院听人介绍阿拉斯加的大小，他说阿拉斯加有950780平方公里，有64356人在那里生活，再没有更具体的描绘。相比于金恩斯要解说宇宙的浩瀚，他要解说的问题小多了，但他的描绘远没有金恩斯真实。

普通人明显不清楚90多万平方公里意味着什么。大家对平方公里没有概念，怎么会在头脑中形成具体的画面，和缅因州比，90多万平方公里是更大一些还是更小一些，他们根本想不出来。可是演讲者若是这么说：阿拉斯加及其附属岛屿的海岸线加起来可以环绕地球一周还有富余，佛蒙特、新罕布什尔、缅因、马萨诸塞、罗德岛、康涅狄格、密西西比、新泽西、宾夕法尼亚、马里兰、西弗吉尼亚、北卡罗来纳、南卡罗来纳、佐治亚、佛罗里达、纽约和田纳西等各州加到一起，在面积上，也比不上阿拉斯加。人们对阿拉斯加的面积就有一个更加直观的了解了。

再比如，他说的阿拉斯加的人口——64356人。我敢说，十个人里能把这个数字记住五分钟的一个都没有，他们甚至连一分钟都记不住。因为他说得太快，人们还来不及对它产生清楚的认识，只觉得它不严谨、不可信。就像随时会被新浪潮彻底抹去的、写在沙滩上的数字。所以，在谈及这个数字时，最好用人们常用的数字加以刻画。比如，听众生活的密苏里镇和小镇圣乔瑟夫很近，他们之中有很多人去过圣乔瑟夫，而圣乔瑟夫的人口比阿拉斯加还多一万。因此，最好把阿拉斯加的人口和演讲时所在的那个小镇的人口联系起来：“8个密苏里州才相当于一个阿拉斯加，而阿拉斯加在人口数量上却只是华伦斯堡的13倍。”这样描述好多了吧。

比较下边这两个例子，哪个更清晰具体。

a. 最近的星球，离我们也有56兆公里。

b. 如果一列火车以1.6千米/分钟的速度从地球开往离我们最近的星球，要走 4800 万年；如果有一段歌声从那个星球传回到我们这里，那要用 380 万年；如果地球和那个星球以蛛丝相连，那要用 500 吨的蛛丝。

再比如：

a. 77 米长、120 米宽的圣伯多禄教堂，是世界上最大的教堂。

b. 两栋华盛顿国会大厦垒到一起才能在大小上与圣伯多禄教堂相当。

为了让人们知道原子的大小和特性，奥利佛·罗吉爵士也高兴地用了这个方法。因为很多听众是从直布罗陀坐船经地中海抵达苏伊士运河，走一周才到。于是他告诉这些欧洲听众，地中海有多少滴水，一滴水里就有多少原子；一滴水里有多少原子，地球上就有多少花草树木。

对于圣索菲亚教堂的规模，作家理查·哈定·戴维斯是这么和纽约听众说的："和第五街剧院的大厅差不多。"他说布林迪斯（位于意大利东南部）："如果你从后边进入美国长岛，你会发现它们很像。"

若干年前，我们培训班有位学员在谈及车祸遇难者人数之多时，他的描述让人毛骨悚然："假设你现在开车从纽约到洛杉矶横穿全国。路边竖着的不是路标而是装着去年车祸遇难者的棺木。你一路疾驰，每 5 秒就能看到一个这样恐怖的标志。在你横穿全国的过程中，每 1.6 千米有 12 个这样的标志竖在那里。"

后来我每次开车，没走多远，这个画面就在我脑海中清晰地呈现出来。

这种效果是怎么实现的？听到的东西就像落在平滑的榉树皮上的霰，落上去就掉了，难以长久。可是看到的东西不是这样。我在很多年前亲眼看到一颗炮弹——这颗炮弹是拿破仑的炮兵队在乌尔姆战役中发射的——击中了多瑙河畔的一栋老房子。看到的东西就像那颗气势磅礴的炮弹，直插到你的脑袋里，深深地扎下根来，就像拿破仑赶走奥地利人一般，把所有反对意见都驱逐得干干净净。

从今以后，你演讲时不妨遵循此项原则。当你谈及大金字塔时，为了让听众有更直观的了解，不妨先和听众说它高约 150 米，然后再对照一下听众日常可见的建筑。你可以告诉他们用大金字塔的底座能铺多少街道。在说完几千加仑或者几万桶之后，你要告诉听众，以当前的演讲大厅而言，这些液体能装满多少。你不妨把 7 米这样的高度描述为"是这到天花板距离的 1.5 倍。"当你描绘距离有多远时，为什么不说从这到联合车站那么远，或者从这到某条街那么远呢？这要形象得多，不是吗？

2. 专业术语能免则免

如果你的工作是律师、医生、工程师，或者其他专业化程度很高的职业，那么你在和其他行业的人交流时，一定要非常慎重，要用常规语言，有些细节必不可少，也要加上。

我的工作要求我必须像我说的那样“非常慎重”。因为粗心以致失败而且是惨败的演讲我听过几百场了。很明显，演讲者根本不知道，普通民众对他们的特殊行业所知有限。结果，他们在这边，用他们过去经常用，他们觉得有意义，但外行的听众摸不着头脑的词语侃侃而谈，说个不停，可听众那头却是如坠迷雾，糊里糊涂，这就像密西西比河遭遇了爱荷华和堪萨斯翻出的新泥，结果被弄得污浊不堪。

大家不妨看看印第安纳州前任参议院议员比弗里基的建议，它们可以帮你避开此种情况。

“让听众中最笨的人喜欢上你的演讲，就是最好的方法，而想要实现这个目标，你就一定要把事情说得清楚明白。相比于这个方法，还有一个方法更好用，就是以那些和父亲一起来的小男孩和小女孩为演讲目标。

“接着，你告诉自己——如果你愿意，你也可以大声地对听众说：我会努力说得浅显易懂，让那些小孩也知道我在说什么，记住我的解释，甚至把我的话讲给其他人听。”

培训班有位医生，他在演讲时说：“用横膈膜呼吸对健康极有好处，因为它可以促进肠胃蠕动。”他对这句话只是一带而过，接下来就要说其他内容了。老师让他先停下来，然后说，横膈膜呼吸法和其他呼吸方法的区别在哪，为什么它对健康极有助益，蠕动作用是什么意思，哪位听众可以回答这三个问题，请举手。结果完全出乎这位医生的预料，于是，他马上重新解释了这个问题：

“横膈膜是一层肌肉，非常薄，位于肺叶下方，胸腔底部，腹腔顶部。用腹腔呼吸，可以让横膈膜像一只翻转的脸盆一般拱起。

“每一次用腹腔吸气，拱起的肌肉都会下移到近乎水平的程度，这时，你会感觉到腰肌对肠胃的挤压。横膈膜通过这种下移的压力抚慰、刺激胃、肝、胰、脾等位于腹腔上层的器官。

“当你呼气的时候，胃和肠子则向上移动，再次接受横膈膜的抚慰，这是一种可以帮助排泄的按摩。

“很多病症其实都是肠胃不适引起的。通过加深横膈膜的呼吸帮助肠胃做运动，可以赶走大部分消化不良、便秘和体内中毒的情况。”

无论你想讨论什么，深入浅出总是好的。例如，你想告诉家庭主妇冰箱为什么必须除霜，千万不要这样开头：

“冰箱是通过蒸发器抽出内部的热气排到外边完成制冷的。蒸发器抽出热气时，湿气附着在上面形成冰层，并且形成越来越厚的隔热层，而为了补偿隔热层，马达就会不断工作。”

这只会让大部分主妇觉得一头雾水。而从主妇熟知的事物讲起，就没那么难以理解了，大家不妨试试：

“肉放在冰箱的哪个部分，霜怎样凝结在冷冻器上，我想这些问题大家都很清楚。当霜越来越厚，不去除冷冻器上的冰层，冰箱就无法正常工作。你睡觉时盖的毛毯，你家墙壁中隔热的石棉，和冷冻器周围的霜是一样的。冷冻器能否抽出冰箱里的热气，让冰箱里的温度恒定，和霜的厚度直接相关。为了保证冰箱足够寒冷，马达必须长时间地工作。但冰箱里若有个自动除霜器就不一样了，它可以防止霜层变厚，让马达工作的频率和时间降下来。”

亚里士多德曾经针对这一问题说过一句忠告：“像智者一样思考，像普通人一样说话。”如果专业术语不可避免，那么为了让所有人都明白你的演讲内容，一定要先给听众解说清楚，然后再用，特别是那些会频繁使用的术语。

一次，有个证券经理人为一群主妇讲解与银行和投资有关的基本原则，他用词简单，说话风趣，很快便消除了主妇们的紧张感。他原本把所有事都说清楚了，可是偏偏夹杂了一些她们不懂的专业术语，例如“票据交换所”“课税和偿付”“退款抵押”和“短期买卖、长期买卖”。结果，就因为他不知道听众听不懂他的专业术语，一场精彩绝伦的演讲变得迷雾重重。

听众无法理解的那些专业术语不是绝对不能用，只要你能及时解释清楚就行。你既然有很多字典可用，为什么不去解释？

对于歌唱广告，你有什么看法？对于冲动购物呢？或者人文科学课、成本会计课？你对政府补贴或者汽车逆行有什么看法吗？关于应不应该宠溺孩子这个问题呢？或者 LIFO 评估存货法等？任何题材，你都要保证你和听众对其中的专业术语的理解是一样的。

（五）多看

通向脑袋的视觉神经比听觉神经多出好几倍。科学家发现，相比于听觉，我们对视觉的注意力要高出 25 倍。

中国有句俗语：“百闻不如一见。”

所以，绘声绘色地阐明你的重点，具象化你的观点，可以让你的表述更清晰。现已离世的派特森先生是美国全国收银机公司总裁，他曾经为《系统》杂志写过一篇文章，讲述他给职工和销售做的演讲，而他演讲时用的就是这种方法：

“如果你想激发别人的兴趣，让人知道你的想法，我认为只用说还不够。我们得加入一些戏剧性的内容，若能用图片同时呈现正反两面则最好不过。相比于文字，表格的效果更好；相比于表格，图片的说服力更强。在讲述某个主题时，最好的方法就是每个环节都有图片，语言文字只是辅助工具。很早之前我就发现，和人沟通时，千言万语也比不上一张图片。

“简单有趣的图片作用明显。说明性的漫画和图表我有一整本。一个带有美元符号的圆圈，代表金钱；一个画有美元符号的袋子，代表大量金钱。圆如满月的脸孔，效果也不错：只要在一个圆圈上加几笔，画出眼睛、鼻子、嘴巴和耳朵就行了。线条的形状不同，代表的表情也各异：垂着嘴角的是保守的‘老古董’；翘着嘴角的是新潮快乐的年轻人。这些图并不复杂，可是那些专注于最美丽的画作的漫画家，未必是最受欢迎的，关键是你得把你的想法和差异表现出来。

“对于我的各个店铺的疏漏之处，画家几笔就能勾画出来，所以我时常雇他们去巡店。我会将大家召集起来，把疏漏展示给他们看。听人说市场上出现了一种双灯放映机，立体效果很好，我马上买了一台。投射到墙上的画面确实比纸上的好，后来又有了电影。若我所料不错，我是最早购买放映机的人。现在我们公司每个部门都有放映机，仅立体幻灯片就有六万余张。”

难道所有题材和场合都能展示图片吗？当然不是。但能用图画的地方一定要用。它们不仅可以抓住人们的注意力，让听众觉得有趣，还能直观地把我们的意思展现出来。但千万记得，我们使用的图表一定要大，要能看清，当然要把握好度。图表太多，一样惹人厌烦。若是一边讲一边在黑板上画，那你一定要画得快一些、简单一些。听众可不是来欣赏伟大的画作的。要把缩写词写得又大又清晰；不管你是画，还是写，嘴不能停，还要时时回身看一看听众。

另外，如果有实物需要展示的话，下边这几条建议可以帮你抓住听众的注意力。

——在展示实物之前，不要让听众看到它。

——展示的实物要大到即使是最后一排，也能看得见。如果听众看不到实物，如何了解实物中蕴含的知识呢？

——除非你想有个竞争对手，否则不要一边讲解一边让听众传看实物。

——要举起实物，让听众看见它。

——十件对人没有触动的实物，也比不上一件能给人启迪的实物。所以，只要有机会，就演示一下。

——你交流的对象是听众而非实物，所以说话时不要盯着实物看。

——为了避免听众一直盯着实物，展示过后尽量把它放起来。

——为了让实物看起来神秘一些，你可以把它放在身边的桌子上，并用布盖起来。为了激发听众的好奇心，演讲时，可以在不透露具体内容的情况下，多次谈到它。如此一来，等到你展示时，听众的好奇心和兴趣已经被吊起来了。

以可见的素材增加演讲效果，这种方法的重要性日益凸显。想让听众完全听懂，还有比让听众听到你的观点、看到你的想法，更好的办法吗？

美国有两位总统都是语言方面的专家。他们说，想要表述清楚，就要不断地练习，并懂得自我约束。林肯说：我们必须对语言的准确性有极大的热情。他对简单明快的语言如此痴迷，这种习惯是怎么养成的？对此，他对诺克斯学院的校长贾立佛博士说：

“我记得自己小时候，非常讨厌听不懂别人说话。我这一生只有这件事忍不了。而且直到现在，我也会因为理解不了别人的意思而生气。我的父亲曾经和邻居畅谈了一整晚，半夜三更，我回到自己的小卧室，走来走去，就是想弄明白他们到底在说什么。在这种情况下，我就是想睡也睡不着，除非我能用直白的语言把这件事说明白，并自认为当我讲给所有我认识的男孩时，他们都能听懂。这种激情在我身上从未消失。”

激情？对，就是这个。新撒勒姆学校的格拉罕可以作证，他曾经说过：“据我所知，为了找出三种最简单的叙事方法，林肯时常会花几个小时去思考。”

人们为什么无法简单直接地表述自己的观点？通常是因为他们自己都不知道自己想说什么。概念不清、观点不明、思路不清，使他们的精神陷入了重重迷雾，连照相机在浓雾中拍出来的东西都比他们说得清楚。意义不明和佶屈聱牙的语言文字会让林肯火冒三丈，我们也应该如此。林肯的方法也值得我们学习。

伍德罗·威尔逊是另外一位优秀的总统，他的一些建议，刚好可以对本部分内容进行注解：

“我的父亲是一位智者，给了我最好的锻炼。含糊不清的语义会惹恼他。我从学会写字开始就随身带着写给他的每一件东西，直到1903年他以81岁高龄离开人世。

“把这些东西大声读给他听，可不是什么好差事，虽然他总这样要求我。他总是打断我，问我什么意思。我只好用比纸上更简单的话解释给他听，他便问我为什么不这么说，又数落我说：‘你用鸟枪瞄准自己的观点，只会弄得草屑乱飞；你想说什么，就用来复枪瞄准。’”

让听众信服你

> “除非你有神一样的智商和韧性，否则你很难让已经说了‘不’的学生、客人、丈夫、孩子或者妻子，在对抗心态越来越强烈的情况下，改口说‘对’。”

以说服听众为目的演讲的一个诀窍就在林肯的这句话里：“当我发起讨论时，我会从一个共同见解讲起，这是我赢得讨论的方法。”

有一次，一群人发现自己遭遇了一场风暴。当然，风暴只是一种比喻，准确来说，是毛里斯·高伯莱这个人造成了一场风暴。按照他们的说法：

“在芝加哥，我们围桌而坐，共进午餐。这个人的赫赫声名我们早就听说过了，据说他演讲时气势磅礴。他一站起来，所有人都紧盯着他，看他怎么讲。

“这个干净儒雅的中年人开口时温文尔雅，对我们的邀请表示感谢。他说请原谅他的冒犯，因为他要说一件很沉重的事。

“然后，他成了向我们狂吹过来的龙卷风。他身体前倾，眼睛紧盯着我们。他低沉的声音传到我们耳朵里，就像一只铜锣忽然炸裂。

“他说：‘看看你的身边，瞧一瞧对方。你们猜在这间屋子里，会有多少人因为癌症死掉？超过 55 岁，每四个人就要死一个。每四个人就要死一个！’

“他停了停，脸上光芒闪现。他说：‘这个普遍的事实虽然严酷，却不会一直如此。我们一定能找到更好的办法解决癌症，找到患病的原因。’

“他的视线绕着桌子扫过我们每一个人，面色沉重。‘你们能帮忙吗？’

“我们头脑中浮现出的唯一的答案就是‘能’。最后发现，所有人的回答果然都是‘能’。

“我们连一分钟都不到，就认可了毛里斯·高伯莱，所有人都参与到他的话题中，和他统一战线，一起为人类的幸福贡献力量。

“演讲者永远都以获得认可为目标。高伯莱先生想说服我们，他也有足够的这么做的理由。他和他的兄弟拿桑，一起白手起家建立了年收入 1 亿美元以上的连锁百货公司。他们能够赢得这种传奇一般的成功，是多年辛苦经营的结果。可是谁也没想到，拿桑居然这么快就死于癌症。为此他让高伯莱基金会为芝加哥大学拨了第一个 100 万，供他们研究癌症。从商场中退休之后，他把时间都用在了告诫大家小心癌症上。

“我们接受了这些事实，敬佩于高伯莱的性格。他能在几分钟之内，让我们感受到他这些年为了这一神圣目标而做出的努力，让我们和他产生情感上的共鸣，让我们接受他的友情，愿意被他关心和感动，就是因为他的真挚、热诚和慈爱，他的决心如火一般滚烫。”

（一）信心源于真诚

昆体良说，演说家是“能言善辩的好人”。他的意思是，演讲家要真诚，要有信心。这个条件必不可少，这里说的所有条件，不管是说过的，还是没说过的，都无法取代它。皮尔庞特·摩根说，真诚使你自己树立信心，也是你赢得听众信赖的最好办法。

亚历山大·伍柯德说：“真诚的人，说话时有一种真实的韵味，这是伪君子模仿不了的。”

我们越是想说服别人，就越要让自己的观点带有真诚和自信的色彩。我们若想说服别人，就要先说服自己。

（二）一开始就让听众说“是”

美国西北大学前任校长华特·狄尔·史科特说：“在没有遇到相反的理论之前，人们会自动认为头脑中的观念、理念或者结论是对的。”即强化已获听众认可的思想。在纽约社会研究新校演讲时，我的好朋友哈理·奥佛斯锥教授对这种理论的心理原因逐一进行了说明：

“高明的演讲者能够迅速赢得听众的认可。然后，他便以此为基础，让听众沿着已经认可的方向继续前进。这就像撞球游戏里的弹子，继续原本的方向容易，但想换个方向，就得花些力气了，若想逆向则更费力一些。”

对此，我们心理上的表现也很明显。当一个人发自内心地说“不”，你不要以为这只是一个由一横一撇一竖一捺组成的字，他全身的腺体、神经和肌肉，都处于反抗状态。他的身体不是在退，就是在准备退，通常不很明显，但偶尔会非常明显。换句话说，他的所有神经和肌肉都在为抵抗进行警戒。反过来，人在说“对”时，绝不会做出抵抗反应。全身都是开放的，随时准备前进和接受。因此，我们要及早赢得“对”，而且越多越好，这有助于激起听众的兴趣，让我们最终的目标能够顺利达成。

人们总是忽略这种极为简单的技巧——让人说“对”，觉得只有一开始就摆明敌对的态度，对方才会重视自己。为什么激进派和保守派的兄弟每次开会，不过多久就火星四射，原因就在这里。这么做能得到什么呢？坦白说，如果他们只是以此取乐，那没什么关系，可他们明明指望说服对方，这样做就太蠢了。

除非你有神一样的智商和韧性，否则你很难让已经说了“不”的学生、客人、丈夫、孩子或者妻子，在对抗心态越来越强烈的情况下，改口说“对”。

想要一开始就获得听众的认可，并不是什么难事。林肯已经点明了其中的诀窍：“当我开始讨论时，我会从一个大家都认同的点切入，这是我赢得讨论的秘诀。”即使是僵持不下的问题，他也能找到这种切入点。《明镜》是一家立场中立的报纸，它这样描述林肯的演讲：“在前半个小时，即使是反对者，也要认可林肯的说法。然后，他便从这个点开始，带着所有的人慢慢地走进了自己的围栏中。”

演讲者越是争辩，听众的抵触情绪就越重，就越要严防死守，固执己见，这是显而易见的事实。当听众听到你说“我要证明这很愚蠢”时，会认为你在寻衅；“那我们就试试看”，他们心里说。

以你和听众都认可的事情为切入点，再举一个听众感兴趣的事例，这么做要容易很多。然后，再带着听众去探索真相。此时，你把事实清清楚楚地摆给听众看，他们在你的引导下，自然而然地就认可了你的结论。这个真相是他们自己找到的，自然更得他们的信赖。“最好的争论是貌似放手的争论。”

任何争论都不会没有任何一点是双方都认可的，就算这种争论的分歧再大、再激烈，也是一样。比如，英国首相哈罗德·麦克米兰 1960 年 2 月 3 日向南非联邦国会的两院发表的那场演讲。南非当时实行种族隔离政策，可他必须把英国反对种族歧视的意见告知南非的立法机构。他并没有一上来就单刀直入，摆明这种分歧。他先是称赞南非的经济，说它为世界经济做出了巨大贡献。然后才巧妙地引出了双方的分歧。就算此时，他仍然说他清楚这种分歧源于双方对各自信仰的真诚。林肯在苏姆特堡的演讲用词平和坚定，精彩绝伦，而这位首相的演讲也不遑多让。他说："我是一个英国人，我们真心想要帮助南非，支持南非的发展，但是，恕我直言：我们正努力让自由人获得政治出路，这就是国内的情况。作为朋友，不管真理在哪一方，我认为我们都必须承认这样一个事实，现在我们之间仍有争议。"

就算对演讲者再有意见的人，看到这个结论，都得说演讲者的心确实是正直、真诚的。

如果麦克米兰首相的切入点，不是双方的共同意见而是双方在政策上的分歧，你猜结果会怎样？《思想的酝酿》是一本发人深省的书，詹姆士·哈威·罗宾逊教授在里面为我们写明了答案：

"我们当然不是每次都情绪激动，坚决不肯改变意见。可是我们不愿意听到别人指责我们的错处，只要遇到这种情况，就会变得十分固执。我们不会时刻关注自己的信仰，但如果有人告诉我们，他的信仰与我们不同，我们对自身信仰的爱就会变得疯狂而极端。显而易见，我们的爱使我们的尊严遭遇危险，而非我们的信仰……把握好尺度，关注'我'这个词非常明智，因为它是人类最重要的一个词，尽管它是那样的微小。我的晚饭、我的狗、我的家、我的信念、我的祖国、我的神灵，只要是我的，就有同样的力量。不管是我们的火星运河论，还是'EPICTEUS'的口音，不管是柳皮精的药用价值，还是萨尔贡一世时期，只要有人指责，我们就会反抗。对于我们头脑中的'事实'，我们更愿意坚持，任何质疑都会让我们火冒三丈，进而想方设法反抗反击。于是，我们'讲理'的过程通常是找各种借口让我们固执己见的过程。"

（三）演讲时要有激情

演讲者在阐述自己的理念时，越是激情澎湃，听众提出反对意见的可能性就越小。热情有一种感染力，可以驱逐所有不同意见。既然你想要说服别人，那就记着：以理服人不如以情动人。只有自己热情如火，才能激发出别人的情感。如果你说得不诚恳，那么就算你用词再精妙，例证再丰富，语气再和缓，姿势再优雅，你的演讲也一样淡而无味。你自己都不投入，怎么能让听众投入？你的精神会从你的眼睛中迸发出来，从你的声音中飘散出来；和听众交流的，是你的态度，而它完全来源于你。

任何演讲，特别是以说服听众为目的的演讲，听众的情绪如何，要看演讲者怎么做。你若麻木不仁，他们如何热情如火？亨利·华德·毕说："想要叫醒昏昏欲睡的听众，只有一个办法，给侍应生一根尖锐的棒子，让他扎一下听众。"

有一次，哥伦比亚大学颁发"柯蒂斯奖章"，我是评审之一。参赛的六个毕业生都经过了刻苦的训练，想要有所表现。可他们的首要目标是夺得奖章而非说服听众，除了一个人。

他们在选题时，只有一个要求：讲起来容易，可以不停地说。他们对自己的论题不感兴趣，他们的演讲只是在展现自己的表达技巧。

可那位秘鲁王子不是。他以《非洲对现代文明的贡献》为题进行演讲。他的激情蕴含在他说的每个字中。他用这场演讲来展现自己的热情和理念，并没有将其视为一场练习。他认为自己代表了人民，代表了那片土地。他告诉我们那里有伟大的科研成果，有高尚的品德和真诚的善心，他告诉我们人民的期望和亟待我们了解的诉求。

他的演讲技巧或许比不上别人，可赢得桂冠的终究是他。因为他让我们看到了他诚恳的烈焰和真实之光。至于其他演讲者，不过是用自己的方式得到了一个教训：想让演讲有震撼力，不能只用理智，还要展现你的个性和你对信念的真诚。

（四）要尊重听众

说到职业喜剧家，诺曼·文森·皮尔博士表示："追逐爱和尊重，是人类的天性。所有人心里都希望自己是有价值的，是重要的、被人尊重的。除非你想彻底失去某个人，否则不要损害他的这些感情。你对一个人的尊重，可以塑造他，同样，他也会尊重你、爱戴你。

"有一次，有个节目同时邀请了我和某个艺人。我和这个人不太熟，他后来走了下坡路——我在报纸上看到的，我相信我知道原因何在。

“就快轮到我了，我坐在他身边一言不发。

“他说：‘你看上去不太紧张。’

“我说：‘不，我当然紧张，在我看到听众之前，我无法彻底放松。我尊重听众，而我的责任感让我有点紧张。你也会紧张吧？’

“他说；‘我才不会，有什么可紧张的，观众都是些大烟鬼，已经上瘾啦，你给什么他们要什么。’

“我说：‘我不这么看，你最终如何，是由他们决定的，我非常尊重听众。’”

皮尔博士坚信，此人不肯与人为善，一味采取敌对态度，正是他后来名声变差的原因。

既然我们想让别人接受某些东西，就不能否认这节课的公正性。

（五）以友善的态度开始演讲

有位无神论者向威廉·巴利发起挑战，让他证明神确实存在。巴利泰然自若地拿出一只怀表，然后打开表盖，说：“你觉得这些细小的轮子、金属杆、弹簧，自己创造自己，自己组装好，并完成运转的可能性有多大？我若说就是如此，你肯定觉得我很傻。你抬头看看那些星星，每一颗在自己的轨道上好好地运行着；地球和行星绕着太阳运行，却没有撞到一起，或者受到干扰，变得混乱不堪，它们是安静的、受到了控制的。你觉得这种局面是人为的，还是自己产生的？”

想想吧，他要是一开始就驳斥说：“怎么可能没有神？你是驴子吗，怎么那么犟？不要胡说八道了。”恐怕一场死抠字眼的大战就无法避免了，这有什么用？这只会让人火冒三丈，誓死捍卫自己的观点。按照奥佛斯锥博士的说法：这是他的观点，你威胁到了他珍爱的不可或缺的尊严，让他的骄傲遇到了危险，他必然要拼死反抗，事实正是如此。

骄傲是人的天性，不容侵犯，既然如此，我们就该利用它，而非攻击它，这才是明智之举。至于怎么做，不妨向巴利学习，让我们的对手发现，我们的建议和他固有的某些见解其实颇为接近，这样他接受起来会容易一些，不会那样抗拒我们了。不要让头脑里相反或者对立的观点冒头，那对我们的演讲非常不利。

大部分人都无法像巴利一样严谨地展现出自己的尊敬之意，耐心地走进对方信仰的堡垒。他们误以为，只有发动猛烈的攻击，才能占领对方的堡垒。结果，对方一发现敌意，马上收起吊桥，关紧大门，弓箭手披坚执锐，拉开弓弦，准备来一场鲜血淋漓的攻防战。就算争斗得再凶，也只是平局，因为双方都寸步不让。

我建议大家使用的这种方法，很久以前，圣徒保罗在以斯山上已经对雅典人熟练地使用过了，并不是什么新方法，那是一场著名的演讲，在几千年之后，仍然让我们啧啧称奇。他有完整的学习经历，改信基督后，他开始用自己热情如火的口才捍卫基督教。在伯里克利之后，雅典越过荣耀的顶峰，开始走向没落，他就是这时到的雅典。《圣经》说："雅典城里的本地人和外地人除了探听传闻和新鲜事，什么都不干。"

"在没有收音机、电报和报纸杂志的这段时间，雅典人每天下午就指望着能有些新闻可聊。保罗一来，新闻就来了。他们兴高采烈地围着保罗，觉得新奇极了。他们带他去艾罗培哥斯，问他：'因为你，我们的耳朵里灌满了新鲜事，我们对你口中的新教义很感兴趣，告诉我们吧，那是什么？'"

他接受了他们的邀请，毫不迟疑。他就是为此而来的。或许是一个拍卖台，或者是一个方形的石头，总之他站在上面。起初他有些紧张，所有的演讲家都是如此，不是吗？他或许还搓了搓手，咽了口唾沫。

他们说那是"新鲜事、新教义"，保罗可不这么想，他认为这种说法十分危险，这是滋生对立观点的土壤，必须彻底清除。他不愿意让自己的信仰成为别人口中的新鲜事、奇闻逸事。他只有让雅典人意识到他的信仰和他们笃信的真实是一样的，才能不受非议。至于切入点，他想了想，一个好主意在脑海中浮现，他不朽的演讲就这样开始了："我知道雅典人迷信一切事物。"

有人将其译为："你们对宗教充满热情。"但我认为我的说法更准确、更好。雅典人虔诚地信奉着各种神灵，这是他们的骄傲。他通过赞扬来取悦他们，赢得他们的好感。保罗还遵循了演讲的另外一个原则：用实例支持论点。

"我在路上已经看到了你们的虔诚。我看到有个神坛上面写着：'献给不知名的神'。"看啊，这就是他们虔诚的证据。他们希望照顾到所有神祇，所以修建神坛给自己不知道的神。这就像万能险，就算你没想到的，不小心遗漏的，也在保障的范围之内。通过这个特殊的神坛，保罗告诉大家他的赞美不是逢迎，他认真观察过，这是他的真心话。

如此一来，用这个开场白："我要把你们并不了解但真心信仰的神，指给你们看。" 再合适不过。

他没有只言片语提到"新鲜事、新教义"。他只是给他们展示了一位神祇，一位他们一无所知但早已崇拜的神祇。看啊，这就是保罗的高明之处：把他们怀疑的事和他们笃信的事联系到了一起。

他讲述了自己的教义——救赎与重生，引用了希腊人自己的诗，然后结束了演讲。除了个别人讥讽他，剩下的人都表示："你再多说一些吧。"

如果你演讲的目标是加深印象，得到爱戴，那有个问题你需要注意：过于推崇你的理念，只会让听众产生逆反心理。在这方面出类拔萃的人，说的话极具感染力，最能蛊惑人心。在《人性的弱点》这本书中，我说的那些原则，正可以用在这里。

你几乎每天都会遇到和你存在分歧的人，并和他们讲话。不管是在家还是在公司，或者是各种社交场合，你总需要拉拢别人，让他们和你达成共识。想想吧，你的方法有没有问题？你从何处起步？用过林肯和麦克米兰的诀窍没有？如果用过，我得说你真是个罕见的外交天才，心细如发的高人。

伍德罗·威尔逊说："你若和我说：'我们不妨坐下来聊聊。既然我们存在分歧，我们就该知道这种问题是怎么发生的。'我马上就会觉得我们其实很亲密，分歧远没有共识多。而且，只要我们愿意付出耐心和真诚，渴望交流，我们就能交流。"

即席演讲

> “无论什么场合，时刻做好即席演讲的心理准备，就是我的第一个建议。你知道一个声名赫赫的演讲家为了以求万全，准备过多少不曾发表的演讲吗？”

任何演讲只要想成功，演讲者和听众都必须建立起融洽的关系。你一定和朋友在客厅聊过天，而即席演讲，说到底，不过是这种闲聊在规模上的延伸。

最近，一家制药公司为庆祝新实验室落成，举办了一个庆典，研究所所长的六位下属，针对化学家和生物学家卓越的工作逐一进行发言，说他们正在研究新型疫苗解决传染病问题，研究新抗生素解决滤过性病毒的问题，研究新镇静剂用以平复紧张情绪。他们从动物实验开始，慢慢走到了人体试验，并得到了非常可喜的成果。

参加聚会的还有一些商业巨头和政府官员，有一位官员问研究所所长：“真厉害，你的属下是魔术师吗？你呢，怎么不上去说两句？”

研究所所长失落地说：“我不敢当众发言，只敢对着自己的脚尖说话。”

主席也说：“我们的所长不喜欢公开讲话，我们都没听他讲过话，这次不妨让他说两句吧。”这让他非常意外。

所长站起来，勉强挤出几句，全都是道歉的话，让大家原谅他说得不够详细。

他是业内的顶尖人才，可现在他站在那儿，看上去非常笨拙、茫然，就像普通人一样。

其实即席演讲很简单，他完全学得会。在我的培训班里，所有下定决心的学员都学会了这个方法。首先要勇敢地面对失败，下定决心战胜失败——这是他们和这位所长的不同之处。然后是不屈不挠的意志，再困难都要继续讲。

你可能会说：“如果之前准备过、演练过，或许还没什么难度，可是出乎意料的讲话确实让我茫然无措。”

和那种准备了很长时间的演讲相比，这种临时整理思路并登台的演讲，或许更重要。在现代，不管是商业方面，还是人们语言沟通的随意性，都要求你有即席发言的能力。我们整理思路要快，组织语言也要快。现在很多工业和政府决策，都是在会议桌上决定的，而非某个人的独裁。你有发言的权利，可是会议室讲究集思广益，所以除非你准备随波逐流，否则你的言论就必须有震撼力。即席演讲动人心弦的关键就在这里。

（一）即席演讲的诀窍

每个有自控能力的普通人，都能通过即席演讲——有时是精彩绝伦的即席演讲——得到大家的认可。当你忽然接到即席演讲的邀请时，有几个方法可以让你顺畅地说出你的看法。比如下面这个方法，某些著名的演员曾经使用过。

道格拉斯·费班克很多年前，曾经在《美国》杂志上发表文章，说他和查理·卓别林、玛丽·皮克福，有两年几乎每晚都会玩一种益智游戏。这个游戏里有个环节，正是演讲里最难的一个技巧——站着思考。费班克讲述了这个“游戏”的玩法：

“我们一人出一道题，分别写在一张小纸条上。再把纸条折好、混到一起。拿到题目的人必须马上起身，围绕这个题目演讲一分钟。一个题目只能用一次。有天晚上，我抽到的题目是‘灯罩’。你觉得简单吗？可以试一下。反正我通过了。

“有一点很重要，自从我们玩起这个游戏，我们就越来越灵活了。我们知道了很多题目。不过，还有一点更为重要，我们学会了站着思考——按照题目瞬间调取知识、理顺思路。”

我经常让培训班的学员发表即席演讲。经验表明，这种练习的好处有二：

——让学员知道自己可以站着思考，提高他们的自信心。

——有了这样的经验，他们可以更从容、更自信地进行有准备的演讲。

就算准备得再充分，演讲时也有可能发生大脑忽然失灵的情况，这点他们很清楚，但有了即席演讲的经验，他们可以继续流利地发言，并最终回到原本的题目上。

所以，学生总会接到通知说：“今天晚上大家演讲的题目各不相同。至于是什么，要等你们站起来才能知道。祝大家好运。”

结果就是：会计可能要讲广告；广告经销商可能要讲幼儿园；老师可能要讲银行；银行从业人员可能要讲教书育人；职员可能要讲制造业；制造业高手可能要讲物流。

从来没有哪个学员因为难就不讲。他们知道自己在这方面并不擅长，经过一番思索，便用自己已熟知的内容和这个题目进行对比。他们一开始朝着这个方向努力时，结果或许并不理想，但他们有站起来发言的胆量。有人觉得难，也有人觉得简单，但大部分人都兴高采烈、跃跃欲试。他们自认为没有的这种能力，现在不也用上了？

既然他们可以，你若是有坚定的信心和信念，一定也能做到，而且练得越多，你会发现难度越小。

即席演讲接龙，是我们的另外一个技巧。我们培训班的一个刺激点就在这里。我们让某个学员给故事起个头，越离奇越好。例如："前几天，我正在驾驶飞机，忽然看到一大群飞碟逼近。我按照他们的要求降下飞机。可是，一个飞碟里的小鬼朝我开了一枪。我……"

一声响铃，他的演讲结束。下一位学员顺着他的话头继续讲。这个故事的结尾，是在火星的运河边，还是在国会大厅里，或者其他什么地方，由最后一个人决定。

这是练习即席演讲技巧的一个非常好的方法。练习的机会越多，你就越能从容不迫地解决演讲时遇到的各种突发情况。

（二）时刻准备好即席演讲

当人们邀请你做一场即席演讲时，通常是想让你对你们专业内的事发表意见。所以，关键在于，你要有面对这种情况的勇气，要能在短时间内整理好思路。至于如何才能慢慢地做到这一点，有个不错的方法：在心理上时刻准备好面对这种情况。开会时，你要问问自己，如果让你站起来说几句，你要说什么？这次讲什么内容最合适？你对会上讨论的事是支持还是反对？

无论什么场合，时刻做好即席演讲的心理准备，就是我的第一个建议。

这种准备会让你不停地思考，世界上还有比思考更难的事吗？我敢说，任何一个即席演讲的名人，都曾经花费大量时间研究他遇到的各种公开场合，以做好心理准备。飞行员希望自己遇到任何突发情况，都能镇定、精准地处理好，所以他们不停地盘问自己一切可能出现的难题。你知道一个声名赫赫的演讲家为了以求万全，准备过多少不曾发表的演讲吗？这种演讲其实算不得真正的“即席演讲”，因为人们早就做好了准备。

一定是你知道的题材，关键在于你要把它们梳理好，以满足特定的时间和场合。即席演讲的时间往往很短，所以场合问题首当其冲。所有人都知道你没有准备，就不必为此致歉了。尽快步入正题，加快思考速度。你现在能做到这一点吗？如果不能，请务必看看下面的建议。

（三）立即举例说明

这么做的原因有三个：

——你不用总为下一句话发愁。就算是即席演讲，复述经验总是容易的。

——它可以慢慢地把你带入演讲状态，让你忘记紧张，并给你整理题材的时间。

——你可以立即让听众产生兴趣，要知道，再没有比故事更保险的吸引听众注意力的方法了。

在演讲开始后，迅速得到听众的认可，对你来说非常重要，而一个富有人情味的故事，刚好可以帮你抓住听众的注意力。每个能吸引听众的人都知道交流是双向的。当他感觉到自己得到了认可，当他看到那种期盼的眼神如电流一般在听众间穿行，他便会振奋精神，竭尽所能想要予以回应。演讲者只有和听众建立起融洽的关系，演讲才能成功，才能真正实现交流。我为什么劝你以实例作为演讲的开端，特别是别人请你说几句的时候，原因就在这里，要知道，举例的效果非常明显。

（四）活力四射

我说过很多次，当你拿出力量和干劲，表现得生机勃勃，你的心也会积极起来。你发现没有，在一群闲聊的人中间，若是某个人忽然开始手舞足蹈地说话，他很快就会滔滔不绝、口若悬河，甚至还能说得非常精彩，吸引到一大批听众。身体活动和心理活动关系密切。我们常用描绘身体行动的词来描绘心理活动。例如，“我们抓到了一个灵感”或者“我们掌握了一个理论”。威廉·詹姆斯说：“当我们以勃勃生机为身体充满电时，我们的心就会飞速运转。”正是如此。所以请听我一言：全身心地投入到演讲中吧，那会让你成为一个即席演讲的高手。

（五）随机应变

你遇到过这样的情况吗？在你毫无准备的时候，忽然有个人拍了下你肩膀说：“说几句吧。”你正怡然自得地听主持人为庆典致辞，他忽然提到你，让你成了备受瞩目的焦点，你还没搞清楚状况，他就说接下来由你发言。

这时，你会心乱如麻，就像史蒂芬·里查克描绘的那个因为无措而骑着马“上蹿下跳”的马术大师一样。还有什么时刻比这个时刻更需要你镇定从容吗？为了拖延时间，你不妨先和主持人寒暄几句，然后说一些和听众有关的事。考虑到听众最感兴趣的，不是他们本人，就是他们当前的活动，所以你不妨从下面这三个事物中寻找灵感，作为即席演讲的题目。

1. 听众。一定要记住这一点，它可以让你的演讲变得简单一些。说说你的听众，他们是谁，是做什么的，尤其是他们为人类和社会做了哪些贡献等。千万别忘了举出具体实例。

2. 场合。这次聚会的起因，自然也可以谈。周年纪念？表彰大会？年会？政治集会？爱国论坛？……

3. 之前的演讲者说过的话题，如果你感兴趣，也可以说。真正的现场演讲才是最成功的即席演讲。它们展现了演讲者对听众、对这个场合的看法，你要随机应变，使其紧密得像手和手套一般。它们配合的是这个场合，能够成功是因为它们出现的时间点非常特别，就像昙花，倏然绽放，花谢无声，但听众感受到了极大的快乐，结果你意外地成了他们眼中即席演讲的高手。

（六）不要漫无边际地胡说

千万不要漫无边际地信口开河，不顾逻辑关系，强行把那些互不相干的事物捏在一起。你要围绕着一个中心点理顺思路。这个中心点就是你的观点。你的例证要符合这个中心点。另外，我必须再说一次，你演讲的时候要有真情实意，这样你的演讲才能生机勃勃、立竿见影，连有准备的演讲都比不上它。

务必牢记这些建议，它们可以让你的即席演讲游刃有余，所向披靡。另外，一定要时常运用这里谈及的那些练习技巧。

每次聚会，都要做好即席演讲的准备：要尽量留心观察其他演讲者。想办法用几句话概括自己的观点，并在发言的时候，简明扼要地说出来。既然之前已经有此准备，现在简单叙述一下就能坐下了。

诺曼·贝格德是一位建筑师和工业设计家，他时常说，他只有站起来才能把自己的想法表述清楚。他在办公室和同事解释某个建筑或者展览方案时，如果不让他来回走动，他就说不明白。想不到吧，他要学的是坐着说。当然，他已经学会了。

我们大多数人要学的是站着说话，和他正好相反。这有什么学不会的，关键是第一次——来一场简短的发言，然后是第二次，第三次，第四次……坚持不懈，我们会发现，它的难度越来越小，精彩程度却越来越高。最后，我们知道了，即席演讲，说到底，不过是这种闲聊在规模上的延伸。

四、演讲的沟通技巧

演讲态度

> “在演讲比赛中获胜的，难道是那些题材好的人？不，是演讲态度好的人。”

不管你是否相信，我们和世界交流的方式只有四种。归结起来就是，我们怎么做，我们怎么说，我们如何说，我们的态度如何。这里要说的是最后一条：我们的态度。

我的演讲培训课刚开班时，我总希望大家能学会发声、利用共振、增加音量和发出轻快的尾音的办法，并花费了大量时间在这上面。可是很快我就发现，让成年人知道怎么发音、怎么让声音“清亮”毫无意义。如果你愿意用两三年来改善声音的表达技巧，这些方法倒确实不错。可是，我很清楚，摆在我的学生面前的更大的难题是，他们紧紧地封闭着自己。所以，若是把练习“横膈膜式呼吸法”的时间和精力，用来攻克这个难关，他们会取得巨大而长久的进步。这是个明智之举，感谢上帝，我这么做了。

（一）不要束手束脚

我们有几门课是专门帮助成年人摆脱羞窘和紧张的。不要以为我说得夸张，我真的是恳求他们离开拘谨的龟壳，看看外边的世界。他们只要走出来，就会发现整个世界都在期待着他们的到来。这需要花费一些时间，但完全值得。法国的福熙元帅说战术“只有概念简单，实际操作既难又复杂”。正是如此。身体和心理的羞怯拘谨是最难清除的阻碍，年龄越大，这种障碍就越坚实。

你以为随随便便就能在听众面前流利自然地发言了吗？那得经过反复练习，这点演员们最有感触。你小的时候，例如 4 岁，还能在台上滔滔不绝。可当你 24 岁或者 54 岁时，你 4 岁时的那种自然的轻松随意就消失了。或许没有消失，但更可能的是，你变得羞怯、拘谨甚至有些木讷，就像只迅速缩回壳里的乌龟。

教导成年人演讲，让他们形成某种特色不是关键，让他们放下包袱、顺应本能才是。

我无数次打断他们的演讲，让他们“像正常人一样说话”。无数个夜晚，我为了让他们学会自然地说话，回家时已经精疲力竭。毋庸置疑，这件事说起来容易做起来难。

我挑出某些对话让学生们表演，他们惊慌失措，觉得自己和傻子一样。可是真的演起来，效果居然很好。还有一些人甚至展现出了强大的表演天赋。我是说，只要你能从容不迫地面对人群，你就有了勇气，可以用正常的方式在上级或者普通民众面前阐述自己的观点了。

这种自由忽然出现在你面前，就像一只逃离牢笼的小鸟冲向天际。戏院和电影院之所以能吸引那么多观众，就是因为那里呈现给人们的演出更加真实，表露的感情更加丰沛。

（二）展现自我，切忌模仿

有些演讲家的演讲就像一场演出，他们自如地展现自己，勇敢地以独具一格、出人意料的方式袒露自己的想法，让我们钦佩不已。

罗斯·史密斯爵士和凯恩·史密斯爵士是兄弟俩，在第一次世界大战结束后，我们和他们在伦敦相识。澳大利亚政府刚刚给他们颁发了 5 万元的奖金，奖励他们首次完成的从英国伦敦到澳大利亚的飞行。他们的举动震惊了英国，还得到了英国国王赐予的爵位。

著名风景摄影师胡雷上尉曾和他们同行，并拍了一些图片。于是我用这些图片帮他们设计了一场旅游演讲，还传授了一些演讲技巧给他们。在伦敦的“爱乐厅”，他们一天演讲两次，一个负责上午，一个负责下午，把他们一起飞过的那半个世界展现在人们面前。他们演讲的内容几乎相同，可是听上去却是两种感觉。

除了所说的语言，演讲的另外一个要素就是说话方式，即演讲态度。说什么是一回事，怎么说又是一回事。

有一次我去听音乐会，我的旁边坐着一位年轻姑娘。当著名钢琴家帕德列夫斯基开始演奏肖邦的《玛祖卡舞曲》，那位小姐便拿出曲谱研究。帕德列夫斯基弹奏的音符明明和她弹奏的没什么不同，可是帕德列夫斯基弹得扣人心弦，美不胜收，她弹得却非常普通，她对此困惑不已。她不知道，关键不在于弹什么，而在于怎么弹。帕德列夫斯基在音乐中加入了自己的感情、艺术天赋和性格，而天才和普通人的差别就在这里。

俄国著名画家布鲁洛夫在给学生修改画作时，只是寥寥几笔，就让整幅画全然不同了。这个学生惊讶地问他，这么小的改动为什么有这么大变化。他说："艺术就是从这一小点开始的。"

帕德列夫斯基的演奏是这样，绘画是这样，演讲也是这样。这个道理也可以用在人说话的态度上。英国有句俗语，决定一切的不是你说什么，而是你怎么说。这句话是很久以前坎提扎说的，那时英格兰还受罗马的统治。

生产者说："每辆福特轿车都是一样的，可每个人都是不同的。在阳光之下，每个生命都是史无前例的新生命。年轻人必须有这样的意识：我要追求自己的个性，我要和别人不一样，我要有自己的价值。社会和学校喜欢把所有人都改造成一个样子，可是我会让个性的火焰永存，因为只有它能够证明我确实存在。"

这句话再正确不过，对演讲者来说，尤其如此。你在这个世界上独一无二。有两个眼睛、一个鼻子、一张嘴的人有几十亿，可是没有谁会和你一模一样，和你有相同的思想和主张。你可以泰然自若地说话，阐述自己的观点，可这样的人非常少。你有自己独有的个性。你最珍贵的财富就是成了一位演讲者。抓住你的个性，爱护它，让它发挥作用，你的演讲会因为这点火花而充满力量和真情实意。"只有它能够证明你确实存在。"请你千万不要给自己套上枷锁，毁掉你的个性。

罗吉爵士独具一格，他的演讲也是如此。他说话的态度已经成了他的标志，就像他的胡子和秃头一样。不要模仿罗伊德·乔治，那会让你看起来非常假，并导致失败。

1858 年，在伊利诺伊州大草原镇爆发了美国历史上最著名的一场辩论。这场辩论发生在道格拉斯参议员和林肯之间。林肯个子太高，看上去有些笨拙；道格拉斯矮一些，看上去较为优雅。这两个人不管是外表，还是性格、思维模式，或者立场，都迥然不同。

道格拉斯来自上流社会，绰号“樵夫”的林肯总是穿着短袜就出门迎接民众了。道格拉斯看着文质彬彬，林肯看着呆板木讷；道格拉斯非常严肃，林肯却是最负盛名的故事王；道格拉斯难见笑脸，林肯喜欢微笑着摆事实、举例子；道格拉斯狂妄霸道，林肯谦虚仁厚；道格拉斯发言时气势如虹，林肯发言时从容淡定。

两个人都是名声很大的演讲家，一样的无所畏惧、感情丰富。他们之中若有人想模仿对方，一定是一场惨败。他们两人全都竭尽所能地展现自己的天赋个性，所以才这样不同凡响，震撼人心。

“尽展所长”，说起来容易，做起来难。福熙元帅说战术“只有概念简单，实际操作既难又复杂”，演讲也是如此。

（三）演讲态度的培养

演讲的要素除了语言，还有演讲态度：“相比于你说什么，更重要的是你怎么说。”

演讲态度若好，小事也能影响深远。在高校的演讲比赛中获胜的，难道是那些题材好的人？不，是那些演讲态度好的人。他让演讲题材的效果发挥到了极致。

摩尔利爵士是英国著名的政治家和作家，他曾经以嘲讽的口气说：“演讲有三要素：演讲者是谁，他怎么说的，他说了什么。在这三要素中，最不重要的就是排在最后面的那个要素。”你觉得他言过其实？可是当你去掉外在的修饰，你会发现这是闪着金光的真理。

埃德蒙·伯克是英国的政治家，他的演讲稿逻辑顺畅、有理有据、结构严谨，写得非常好。就算到了现在，世界上超过 50% 的高校，还在以他的演讲稿为典范研究、学习。可是伯克并不是演讲大师，他的稿子写得再好，再有感染力和震撼力，他也展现不出来。在英国的下议院，他绰号“晚餐铃”，每当他站起来发言，议员们不是咳嗽，就是睡觉、玩牌，或者三五成群地离开会议室。

你使出全身的力气，把铁皮子弹扔到某个人身上，可能连他的衣服都打不破。可是你若用火药来推动蜡烛，它连松木板都能穿透。所以，请听说我：相比于推动力不足的子弹，更能让人记住的，是由火药推动的蜡烛，所以，你的演讲要像后者才好。

所以，千万留意你的演讲态度。

——演讲态度是什么？

商家是怎么把货送到你家的？送货员是把货扔到你家后院就走了，还是把货交到了你的手里？你注意到这之间的区别没有？送电报的人一定会把电报交给收信人，可是演讲者一定会把自己的观点交给听众吗？

下面这个例子显示了普通人的说话态度。有一次，我去了避暑胜地瑞士阿尔卑斯山的穆伦，待在一家伦敦公司开的旅馆中。这家旅馆每周都有演讲活动，演讲者都是从英国请过来的。这次受邀的是英国的一个著名小说家，她的演讲题目是别人安排的，叫作《小说的前景》。可惜她不喜欢这个题目，觉得无话可说，这样一来，她还能讲好吗？这位小说家草草列了个提纲就出现在听众面前，她对他们视而不见：或是抬头往前看，或是低头看笔记，要不就看地板，就是不看听众。她逐条诵读笔记，眼神空洞，声音委顿，所有的字句都消散在虚空之中。

这种一点交流都没有的陈述，和独白有什么区别？一个好的演讲家，绝不会忘记和听众交流。听众必须能够感觉到一股信息的洪流从演讲者脑海里和心里流进了自己的脑海中和心里。这位小说家或许更适合在荒无人烟的沙漠里进行演讲，她的演讲仿佛是说给沙漠听的吧。

演讲的问题说难也难，说简单也简单，既容易被误解，也容易被滥用。

——怎样获得良好的演讲态度？

大量荒唐的评论使演讲方法淹没在了各种原则、仪式和虚假的神秘中。人们素来不喜欢传统的“演讲艺术”，因为它们把演讲弄得荒谬绝伦。有些商人为了掌握一些演讲技巧到书店或者图书馆翻查资料，找到了一些名为“演讲艺术”的大部头，最后发现毫无作用。有些学生进步神速，却不得不背诵早已过时的韦伯斯特和英格索的“演讲艺术”。你觉得现在的女孩能戴英格索夫人和韦伯斯特夫人的帽子吗？当然不能，这不符合我们当代的精神风貌。

在现代，不管参会者有多少，十五个还是几千个，听众希望演讲者能像平时闲聊一般直奔主题，用和一个人聊天时的热情，面对所有听众。

相同的态度，更大的音量——不然，会有很多听众听不见你说什么。和四十个人说话所用的音量，当然要比和一个人说话时大很多，这就像建筑物顶层的雕塑，若想让地面的人觉得它和真人一般大小，就得雕得更大。

有一次，马克·吐温在内华达州的矿场发表演讲，有个老矿工听完演讲后，走过来问他：“你平时说话就用这个音量吗？”

就是这样，听众们希望你的语调比平时稍微大一些。

这种从容的技巧，不练习是学不会的。练习时，只要发现自己不够大方、自然，就马上暂停，告诉自己：“这有问题。醒醒吧！要自然点。”不妨说得毒辣一些。想象一下：你在和最后一排或者最不认真的某个听众聊天，他向你提问，而你正在解答这个只有你能回答的问题。即使他站起来，你也不放弃解答疑问，这样你的演讲就能更加自然和清晰，贴近平时闲谈的状态了。

你或许没有遇到任何阻碍，就以自问自答的形式和听众进行了交流。例如，你演讲时，可以这么说：“大家心里会不会想：你凭什么这么说？我当然可以这么说，因为我有足够的证据，现在我就拿给你们看……”这个问题是你想象出来的，而你接下来的工作就是答疑解惑。这种自然而然的形式，可以让你不再唱独角戏，让你的演讲更讨喜，看上去更直接，就像和朋友闲聊一般。

你和老友约翰·亨利·史密斯聊天时是什么态度，在社区委员会发言时就该是什么态度。社区委员会召开的会议不就是多请了几个约翰·亨利·史密斯吗？你和一个能聊，和一群就不能聊了？我之前说了那位小说家的演讲方式。在她后边的演讲者是奥利弗·洛吉爵士，在同一个舞厅，我有幸听到了一场精彩的演讲。奥利弗·洛吉的演讲题目是《原子与世界》，这是他研究分析、实验观察了半个世纪的东西，已经在他的心里、在他的思想和生命里扎根了。他全心全意想要把原子的事告诉大家，热血沸腾地想要和我们分享他的所见所感，讲得清楚、顺畅，充满感情。

他的演讲精彩绝伦、震惊四座，牢牢地抓住了听众的注意力，让他们永生难忘。他把所有的心神都放在了演讲里，但我敢说这并不是他的目的，没有哪个听众会把他当成一个“公众演说家”。

如果你做了一场公开演讲，大家都觉得你接受过演讲训练，那你的老师就太丢脸了，特别是我们培训班的老师。我希望你说话的态度轻松随意，不要让听众发现你专门训练过。好的窗户只会悄无声息地射入阳光，别人是不会感受到它的存在的。同样，好的演讲家只会自然顺畅地让听众注意到他的话，而不是他的表情。

（四）演讲要全情投入

无论你想做什么，诚恳、亲近和激情都是极大的助力。你的情感可以让你展现出真正的自我。你的热情可以破除一切阻碍。你的言谈举止会变得非常自然，如此一来，你的表现也会看上去非常自然。

说到底，演讲技巧终究也要遵循这个原则——我已再三强调过：全情投入。

在耶鲁大学神学院，勃朗院长针对布道发表演讲说：“我的朋友曾经和我说过他在伦敦参加教堂活动的景象，给我留下了深刻的印象。他说，那次布道活动由著名的乔治·麦唐纳牧师主讲。那天早上，麦唐纳牧师读完《新约·希伯来书》之后，说：‘这些人对信仰的虔诚，我想大家都听过了，不用我再告诉你们什么是信心。我总不会比神学教授解释得更好。现在我要做的是让你们获得信心。’然后，他又简洁而真诚地告诉大家，他如何对永恒充满信心，以此来帮助教友树立信心。他全情投入地工作着，从他的生命中绽放出的真实之美，让他的布道有了明显的效果。”

成功的关键就在于“全情投入地工作”。不过，据我所知，很多人都忽略了这一点。普通学员并不喜欢这种笼统的、不够直接的建议，他们更喜欢汽车驾驶说明书那种简单直白、精准、可以触摸的建议。

提出这种要求的人非常多，我也想答应他们。因为不管是对他们来说，还是对我来说，这都会容易很多。有这样的建议或者原则吗？有。但有个问题，就是它们不仅帮不到你，还会让你的演讲变得匠气十足，失去生命力和趣味性。我对此非常清楚，因为我年轻时，曾经耗费了大量的时间和精力去学习这些原则。乔西·毕司令曾经说过：“没用的东西你知道再多也毫无助益。”所以我是不会把它们写到书里的。

（五）发出更有力量和弹性的声音

在和听众进行思想上的交流时，我们全身的各个部位——包括整个发音器官，都要调动起来。我们会耸肩、挥手、挑眉、提高声音、改变语气，按照场合和题材的不同，或是加快语速或是减慢语速。但我们得知道，这并不是原因而是结果。我们的精神状态和感觉决定了我们说话的音调。为什么演讲前我们必须了解自己的题目并喜欢上它？为什么我们要和听众热烈地讨论它？原因就在这里。

很多人都是年龄越大，就越无法像小时候那样纯粹、自然。不知从何时起，我们交流时有了固定的身体模式和语言模式。说起话来死气沉沉，手势用得越来越少，连音量都没了高低变化。总之，我们没办法像实际谈话一般自然而有生机。我们或许总是说得很快或者很慢，稍不注意，在用词上就失了章法。你千万不要以为我一再强调自然，就表示你可以胡乱使用词句，或者选择极为单调的表述方式。正相反，我说的自然，指的是你要全情投入，把自己的思想完整地展现出来。没有哪个好的演讲家会说自己再也用不了新词，只能让意象和修辞，或者表达方式和表达效果止步于此。任何一个追逐完美的人都会把它们视为砥砺自己的磨刀石。至于如何改进文辞，我会在下一章讨论。

如果你想知道自己的音量如何，语速如何，在语调上有什么变化，不妨用录音机一类的设备测试一下。你也可以问问你的朋友，若是能找个专家问问就再好不过了。不过这些练习和听众无关，你更应该关注如何和听众交流，这会让你的理念传达得更好。如果你想说得更有感染力和震撼力，那么在听众面前，你就要全神贯注地演讲，用你的心神和感情去撼动他们。

（六）声音要更自然

有几个要素可以让你的演讲更自然，接下来我们就会讲到。我不知道我该不该这么做。因为肯定有人会说：“我明白了，就算做不到，我也会逼自己做到，这不就行了？”可惜，并非如此，你若违心去做，只会把自己变成冷硬的木头，刻板的机器人。

你昨天和人聊天的时候，或许已经用了这些原则，可是你没有任何感觉，因为它们自然得就像消化晚餐的过程。你只能用这种办法遵循这些原则。至于怎么才能做到，我已经不止一次地说过了——练习。

——分清主次

我们平常说话遇到重要字眼，会加强语气，其他字眼则一带而过。这么做，可以凸显出句子中的重点。

这并不是什么新鲜的做法，你只要留心一下，就会发现大家都这么做。昨天，你可能几百、几千次这样说过话。明天自然也不会例外。

试着读一读下边这段话，引号里的字加重语气，其他词一带而过。你会看到结果的。

我之所以做什么都能“成功”，是因为我“坚定不移”。我能够比世界上的任何一个人都强，是因为我从不“迟疑”。

——拿破仑

这句话当然不是只有这一种读法，其他演讲者或许会读成另一个样子。语气的强调并不是固定的，要看具体情况。

大声地读一读下边这首小诗，热情一些，让诗里的寓意绽放出来，让它充满感染力。你能对重要的字句加以强调，对其他字句一带而过吗？

你若觉得自己输了，你一定输了。
你若觉得自己必胜，你一定能胜。
你若质疑成功，
再渴望成功，也要失败。
力量和速度并不是生活之战的决定者；

有必胜信念的人终将获胜。

人最重要的性格就是坚定不移的决心。一个小男孩若有这样的决心，就算遭遇再多阻碍，就算经历过再多失败，也不会放弃成功的希望，他日后定能成为一个伟人或者一个不同凡俗的人。

——罗斯福

——变化语调

大家都不知道我们和人交谈的时候，声音为什么会由高到低，再忽高忽低，像海浪一般起起落落，也从未关心过这件事。但这确实是一种讨人喜欢的、非常自然的方式。我们从小到大说话时都是这样高低起伏，不需要刻意学习或者追逐，自然而然就掌握了。可是现在，当我们面对听众，我们的声音却像内华达州的沙漠一般，呆板僵硬，枯燥乏味。如果你发言时，发现自己的声音也这样呆板——大多是那种尖厉的高音——先停一停，告诉自己："我和大家说话时得自然一些，像正常人一样。"

停下来说这些话，多少会对你有一些帮助。你要坚持不懈地练习，找到适合你的方法。

看看你们前院的那棵青翠的月桂树，是不是非常突出？你可以随便找一些句子或者字词，让它们也这样突出。至于怎么做？忽然加大或者降低音量即可。在演讲中，这条原则从未变过，几乎所有的大演讲家都这么做，比如巴基斯·卡德曼博士，他是布鲁克森著名的公理会牧师；比如奥利佛·罗吉爵士、布里安和罗斯福等。

请大家读一读下面这三句名人名言，引号里的字句要说得尽量重，看看是什么结果。

"永不放弃"是我唯一的优点。

——福熙元帅

“行动”才是教育的首要目标，知识不是。

——斯宾塞

在我八十六年的生命中，我目睹数百人迈上成功之巅，促使他们成功的因素很多，而最重要的，莫过于“信心”。

——吉彭斯

——改变语速

儿童说话时、大人闲谈时，语速一直在变。人们喜欢这种方式，觉得它自然、常规，而且重点突出。这确实也是突出重点的一种方法。

在《记者眼中的林肯》这本书中，作者华特·史蒂文斯说，林肯最常用的突出重点的方法是：

“他前几个字的语速非常快，到了他想要强调的那个字或者句子，他会减慢语速，把每个字、每句话都说得非常重，然后再迅如闪电地把剩下的句子说完……他用在重点单词或者句子上的时间，够说五六个不重要的句子了。”

这种方法肯定能抓住听众的注意力。比如，我演讲时经常引用吉彭斯的那段话。我要重点强调的是胆量，为了把我受到的触动传递给大家，在读到引号里的那些字时，我会减慢语速，让它们突出出来。你试试用这种方法大声读一下，看看结果怎么样。

在离世之前，吉彭斯说：“在我‘86年’的生命中，我目睹‘数百人’‘迈上成功之巅’，促使他们成功的因素很多，而‘最重要的’，莫过于‘信心’。‘没有气魄的人，绝不会成就大业。’”

再试一下这个：说“3000万美元”，语速要快，音调要轻，就像这是一笔小钱一般。然后再说“3万美金”，语速要慢，音调要尽可能地重一些，就像这笔巨款让你记忆犹新。有没有觉得，如此一来，3万美金听起来远比3000万美元多？

——在重点前后，适当沉默

林肯总是在言语中插入停顿。为了让听众印象深刻，他每次说到重要地方都会倾身向前，盯着对方的眼睛，一分多钟，一言不发。忽然的响声可以吸引听众的注意力，忽然的静默也可以。于是，所有人都打起精神，全神贯注地等着下一句话。比如他和道格拉斯的那场著名的辩论，到了最后，他知道种种迹象都已表明自己已经落败。失望和痛苦不停地撕扯他，他的演讲听起来非常悲伤。在最后一次发言中，他忽然沉默下来，一言不发地站了一分钟，看着下面的脸孔，既有朋友也有看客，他内陷的眼睛伤感极了，像平时一样，似乎强忍着泪水。他紧握的双手像是在这场孤立无援的战斗中已经不堪重负，他用自己特有的音调说："朋友们，关键不在于入选美国参议院的是我，还是道格拉斯，那并不重要，关键在于我今天提出的这个问题。没有哪个人的个人利益或者政治前景比它更重要。朋友们——"他在这儿，又停了一次，听众们认真聆听，"这个问题是不会消失的，它会继续呼吸，它的火焰会继续燃烧，就算道格拉斯法官和我那可怜、脆弱、一无是处的舌头埋进了坟里，也一样如此。"

林肯的某位传记作者说："就是这些简简单单的话，还有他演讲时的态度，让所有的听众深受触动。"

为了让自己强调的那些话更有力量，更能被听众理解和接受，他在说完这些话后，也会停顿一下。

同样的，奥利佛·罗吉爵士也会在阐述重点内容之前和之后稍作停顿。有时一句话能停两三次，但因为他的表述方式自然流畅，所以人们感觉不到。若非专门研究了罗吉爵士的演讲技巧，谁又会注意到呢？

大诗人吉卜林说："你沉默时，是心在说话。"沉默的效果非常明显，我们一定要善加利用。不要忽视沉默，它是非常重要的工具，具有强大的力量。可惜，新手往往注意不到这一点。

下面这段话摘自何曼的《怎样让演讲更生动》，我已经标明了需要停顿的地方。演讲者当然不是只能在这停顿，或者最好在这停顿，停顿的方法多种多样。当你要表达不同的含义，或者现在的气氛和你的感觉发生了变化，停顿的地方自然也要变。今天演讲你在这里停顿，明天演讲你可能就要在那里停顿了。

先一气呵成，大声地把这段话读一遍；然后加入停顿——需要停顿的地方已经标明——再读一次，比较两者的不同。

“销售是一场战斗（停顿，让听众记住‘战斗’这个说法），非勇者无法取胜（停顿，加深读者的印象）。这不是我们创造的，我们就算再厌恶，也改变不了（停顿）。只要你进入销售业，你就要放下恐惧（停顿）。不然（停顿一秒，提升悬疑气氛），你每次交战都要落败，只能不停地打零分（停顿）。请务必记住（停顿，加深听众的印象）：一个击球手，若害怕投手，一辈子都打不出三垒（停顿，进一步深入）。一个球员若想把球远远地打出去，甚至飞过球网，来一个全垒打，那他只要站在打击位（停顿，加深悬疑气氛，让大家认真聆听你接下来的话），就再不能有一丝一毫的动摇。”

请大声地、充满力量地读一读下面的名人名言，留意你自然停顿的地方。

美国的大沙漠在哪？内华达？新墨西哥？或者亚利桑那？不。在人民的帽子下。美国的大沙漠不在现实之中，而在人民的心里。

——J.S. 克诺斯

任何药都无法包治百病，广告倒是有些类似的效果。

——福士威尔教授

和我一起活在人世的是加菲尔德，和我一起活在天堂的是上帝，所以我永远珍爱这两个人。

——詹姆斯·加菲尔德

这里我提出的这些忠告，旨在让演讲者的演讲贴近日常闲谈的状态，所以他的演讲可能仍然漏洞百出：声音不好听，文法不通顺，礼仪粗鄙，甚至会做出一些让人愤懑的动作。要知道我们日常谈话虽然自然，但有很多地方需要改进。所以，我们必须完善自己日常谈话的状态，使它臻于完美，这样等你上了演讲台，就能无往而不利了。

改变你的表述方式

“我们的言辞展现了我们的修养、门第，以及受教育水平。”

（一）以书本为师

有个穷困潦倒的英国人，走在费城的街头，希望找到一份工作。他想和著名商人保罗·吉彭斯谈一谈，于是走进他的办公室，要求会面。吉彭斯不认识他，用怀疑的目光打量他。他穿得破破烂烂，袖口已经磨秃了，一身的寒酸气。吉彭斯觉得他很可怜，再加上也有些好奇心，所以答应了他的要求。但只准备给他几秒钟，可是几秒钟过去了，几分钟过去了，一个小时过去了，谈话还在继续。吉彭斯和这个人畅谈过之后，给罗兰·泰勒先生——他是费城的一个大资本家，也是迪隆出版公司的经理——打了个电话，请他和这个英国人吃个午饭，然后这个英国人就得到了一份不错的工作。这个男人一文不名，可他只用了很短的时间就得到两个大人物的青睐，他是怎么做到的？

其实关键就在于，他的英语说得非常好。这个人毕业于牛津大学，他到美国参加一项商业活动，可惜事情没办成不说，还因为没有钱，朋友也不在身边，被困在了这里。他的英语不仅说得动听，用词也非常精准，因为这是他的母语。只要他一开口，人们马上就忘了他皮鞋上的泥、破旧的衣衫和胡子拉碴的脸。他的语言功底瞬间把他送到了商业世界的最顶层。

这个男人的例子虽然少见，可是它告诉我们一个真理：别人会通过我们的言辞来评判我们。我们的修养、门第，以及我们的受教育水平，通过我们的言辞，就能看出来。

前面说过，我们——包括你也包括我，和世界的交流方式只有四种：我们做的事，我们的外表，我们的言谈，我们的表达方式。别人也正是通过这四件事评判我们的。可是，有很多人一辈子浑浑噩噩，他们毕业后就不再想办法掌握更多词句，学习各种语义了，他们甚至无法清楚准确地表述自己的想法。那种在大街和办公室里已经用烂了的，没有实际含义的话，成了他们的习惯用语，这就是为什么他们的话如此含糊，缺少个性，总是犯语法和读音上的错误。甚至有不少大学生张口就是街头混混的口头禅，你能想象吗？他们都这样了，那些因为经济问题被迫辍学的人，又会怎样？

几年前的某个下午，在罗马的古竞技场，我想象了这样一个场景：一个我不认识的，来自英国殖民地的游客走到我面前。在自我介绍之后，他开始和我讲述他在“永恒之城”的经历。短短的三分钟，我就听了满耳朵的“You was”“I done”。那天早上，为了捍卫自己的尊严，他出门时特地擦了皮鞋，换了件干净华美的衣服，可是他没有修饰自己的言辞，结果只能说些粗鄙的句子。如果他和某位女士搭讪时，忘了摘下帽子，他会觉得非常窘迫，可他若是犯了语法错误，亵渎了别人的耳朵，他却不会感到难堪，因为他根本察觉不到。他的话已经让他彻底暴露了，只能由着别人评判、归类。他糟糕至极的英语成了一种鲜明的标志，告诉整个世界，他如何没有修养。

在哈佛大学当了30多年校长的艾略特博士曾经说过：“在我看来，如果你想培养出一位淑女或者绅士，那么只有一个科目必不可少，就是本国语言，一定要说得精准而优雅。” 我们应该认真地想一想这句话，因为它确实意义重大。

我们若想和语言建立起紧密的关系，把话说得既精准又优雅，要怎么做呢？好在我们有个清晰而具体的方法。这并不是什么秘密，林肯就用它获得了很好的成绩。“怨恨无人，博爱众生”，除了林肯，再没有哪个美国人能让语言变得如此瑰丽，让语句变得如此精彩绝伦，像音乐一般富有节奏感。林肯的父亲并不识字，是个懒散的木匠，母亲是个很普通的女人，没什么文化，也没什么技能。没有任何证据表明，他们所生的儿子林肯是上天的宠儿，在语言上天赋异禀。在他成为国会议员之后，对于他的受教育情况，记录在案的说法只有三个字“不完全”。他一生在学校的学习时间连12个月都不到。谁是他的授业恩师？肯塔基林区的萨加林·伯尼和卡利波·哈基尔，还是在印第安纳州鸽子河畔生活的亚吉尔·都塞和德鲁·克诺福？这些人都是教小学生的巡回教师，他们流浪在垦荒者的开垦地之间，只要给一些玉米和火腿，就能来教孩子“读、写、算”。他们教不了林肯多少东西，林肯的生活环境也一样如此。

在伊利诺伊州，他认识了一些农夫、商人和诉讼当事人，但他们在语言上并没有特殊才能或者天赋。这些人的见识和才能并不比林肯高，林肯没有把所有的精力都用在他们身上——这一点非常重要，请务必记住。他和那些聪明人——历朝历代最有名的演唱家和诗人做朋友。他能整本背诵柏恩斯、拜伦、布朗宁的诗集。他还针对柏恩斯发表过一篇演讲稿。他的家里和办公室里分别放了一本拜伦的诗集。办公室里的那本，他因为总看，拎起来就是《唐璜》那页。白宫的生活在他脸上留下了深刻的皱纹，内战这场惨剧侵蚀着他的精力，可他只要有点时间，就在床上翻看英国诗人胡德的诗集。有时候，他半夜醒了，随手打开诗集，某段特别有意思或者有启发意义的诗，就会忽然出现在他眼前。他会马上起床，穿好睡衣，踩上拖鞋，悄无声息地在白宫里穿行，找到他的秘书，然后一首一首地读给他听。莎士比亚的著作，他早已倒背如流，但如果有时间，他还会再读一遍。他觉得某些演员对莎剧的看法是错的，比如著名演员哈吉特，于是写信过去，阐述自己的见解："莎士比亚的剧本我都读过。我敢说在所有业余读者中，我读的次数最多。李尔王、理查三世、亨利八世、哈姆雷特、麦克白……都是我熟悉的角色。《麦克白》是我见过写得最好的剧本。"

林肯喜欢诗，自己悄悄地背，遇到公开场合，还会背给大家听。他甚至自己写诗，在他妹妹的婚礼上，他就背了一首自己写的长诗。他中年的时候，已经写满了一个笔记本。可即使是最好的朋友，也看不到他的诗，因为他觉得不够好。

在《林肯的文学修养》这本书中，作者罗宾森说："林肯是自学成才，他用知识武装自己的头脑，说他是天才也不为过。埃莫顿教授说文艺复兴运动的一位领袖伊拉斯谟，在离开学校之后，只用一种方法就让自己获得了成功，即不断地钻研和练习，林肯也是如此。"

作为一个垦荒者，林肯是笨拙的。年轻时，在印第安纳州鸽子河畔的农场里，他以剥玉米、杀猪为生，每天只能赚三点一美元。可是在葛底斯堡，他发表的演讲精彩绝伦，史无前例。葛底斯堡一战，十万人参战，七千人战死。林肯去世后不久，著名演讲家索姆奈说，人们就算忘了这场战役，也忘不了林肯的演讲。如果人们提起了这场战役，那么多半是因为林肯的这场演讲。所有人都得承认这个预言是对的。

也是在葛底斯堡，著名政治家艾维莱特讲了两个小时，可是人们早忘了他说过什么。而林肯的演讲连两分钟都不到，一位摄影师想要拍下现场画面，可是刚把相机架起来，还没调好焦距，林肯的演讲就结束了。

牛津大学珍藏了一块刻有林肯葛底斯堡演讲的铜板，并将其视为英语文字的典型，让所有有志于演讲的人背诵：

87年前，在这片大陆上，我们的祖先建立了全新的国家。它降生在自由之中，坚信所有人生而平等。这是一场伟大的内战，它会告诉我们，这个国家或者一切持有这种主张和信念的国家，能否永存。我们聚集于这场战争的伟大战场上。我们应该给那些为了国家存亡而牺牲生命的人一片土地，作为他们永久的安息之所。这对我们来说，是应有之义。可是，从更深层的意义上说，我们既不能让这片土地成为圣地，也无法让它更受尊敬，我们有什么权利这么做？那些在此奋战的勇者，无论是生是死，已让这片土地成了圣地，这是我们改变不了的。人民不关心我们在这里说了什么，也不会留下长久的记忆，可是这些人在这里做了什么，他们将永远铭记。而我们这些生者难道不该努力完成那些奋战于此的斗士未竟的事业吗？既然他们以生命为代价，为了这项事业做出了最后的努力，我们更该坚定不移地完成它——在这里，我们发誓不会让他们白白牺牲——我们要让这个托庇于上帝的国家，获得自由，重获新生，让那民有、民治、民享的政府在地球上永存。

这篇讲稿的最后一句话颇为经典，很多人都以为是林肯首创，其实不然。在葛底斯堡演讲的几年前，律师贺恩登——林肯的搭档——曾经送了一本巴克尔的演讲全集给他。书中有句话是："民主即直接自治，所有民众共同管理，权利掌握在全民手中，由所有民众共享。"林肯读完全书，便记住了这句话。巴克尔写下这句话的灵感，可能来自于韦伯斯特——韦伯斯特四年前曾经回信给海尼说："民主政府是由人民组成的，而人民则是民主政府的责任与初衷。"韦伯斯特的灵感可能来源于门罗总统——他曾说过类似的话，且在时间上比韦伯斯特早30多年。那门罗总统呢，他又该向谁道谢？或许是英国宗教改革家威克利夫，他曾经在英译本的《圣经》序言中说：“我翻译这本《圣经》，为的是民有、民治、民享的政府。”威克利夫说这句话的时间，是门罗降生前500年。在威克利夫之前，克莱翁在向雅典人民发表演讲时，曾经提到过有一位“民有、民治、民享”的领袖，那时耶稣还有400年才会降生。至于克莱翁的灵感来自哪位先祖，那已经太过久远，无从查起了。

世上能有多少事是从未出现过的？再优秀的演讲者也要从书中汲取养分。

成功的奥秘就在于书。只有时常用文学打磨我们的头脑，我们的文字储备才会越来越丰富。约翰·布莱特说：“在图书馆，唯一让我痛心的就是生命如此短暂，以致无法尽情享用眼前的盛宴。”布莱特离开学校到棉花厂工作时只有15岁，从那以后，他再也没上过学。可他成了他们那个时代最负盛名的演讲家。他阅读、钻研书籍，记笔记。拜伦、弥尔顿、华兹华斯、惠特曼、莎士比亚、雪莱等著名诗人所著的长诗，他逐一背诵。为了增加自己的词汇量和文学素养，他每年都会重读一次《失乐园》。

英国著名演讲家福克斯为了完善自己的风格，总是高声诵读莎士比亚。格雷史东的书房里藏有15000本书，他称其为“和平庙堂”，并说圣奥古斯丁、巴特勒主教、但丁、亚里士多德和荷马等人的著作，对他助益良多。他非常喜欢荷马的古希腊史诗《伊利亚特》和《奥德赛》，还写了6本书专门评述《荷马史诗》及其时代背景。

皮特是英国著名的政治家和演讲家。他年轻时经常看一些拉丁文和希腊文的书，每天读一两页，并将其翻译成英文，天长日久，“就有了无人能及的出口成章之能：可以迅速将自己的想法诉诸文字，并且是最凝练、组合得最恰当的文字”。

狄摩西尼是古希腊著名的政治家和演讲家，他为了像历史学家修昔底德一样写出华美、典雅的文字，将修昔底德所著的史书抄了8次。2000年后，为了提升自己的演讲风格，威尔逊总统又专门研习了狄摩西尼的著作。英国著名演讲家阿斯奎斯认为，最有效的学习方式，就是诵读哲学家伯克莱主教的书。

英国桂冠诗人但尼生每日研读《圣经》，俄国文坛泰斗托尔斯泰一遍遍翻看《新约福音》，以致倒背如流。罗斯金认为自己能在文学上获得如此成就，和母亲每日逼自己逐节背诵《圣经》，大声朗读《圣经》有很大关系。母亲非常严格：“每个音节、每个字、每个词，从《创世纪》到《启示录》，不能有任何遗漏。”

英国人最喜欢把名字缩写为RIS，因为它代表了史蒂文森，这位英国著名的大作家。所有人都知道他的写作风格独具魅力，是作家中的大家。运气不错，他把自己的故事告诉了我。

“有些书或文章把故事讲得恰如其分，让人有所感悟，有些书或者文章具有强大的震撼力或风格讨喜，当我发现这样的好书，便会立即坐下来模仿它们的特点。第一次通常不会成功，甚至接连几次都要失败，但是这些失败的经历至少让我进一步掌握了文章的节奏、各部分的平衡和架构方法。

“海斯利特、兰姆、华兹华斯、布朗爵士、笛福、霍桑和蒙田，都是我勤加模仿的对象。

“无论你是否喜欢，这种方法确实有助于写作；它对我没什么帮助，但我就是这样练习的。济慈的诗以华美著称，在英国文学中难逢敌手，他用的也是这种方法。

“对这种方法来说，最重要的在于你模仿谁，有些特点你复制不了。你不妨试一下，必定会失败。但是有句老话说得非常在理，‘失败是成功之母’。”

我们为大家展示了那么多成功者的例子，这个秘诀，已是人所共知。有个年轻人写信问林肯如何才能成为一个大律师，林肯回信说：“想要成功，一定要看书，认认真真地研读。最重要的是工作，工作，工作。”

（二）推荐书目

班尼特有一本《怎样才能充分利用一天24小时》，你不妨由此书开始。这本书就像一盆冷水，可以让你振奋精神。它里面有很多关于你的事，你一定想知道。它会告诉你，每天有多少时间被你白白浪费了，你要怎么做才能摆脱这种情况，那些时间你又该怎么用。你一周轻轻松松就能看完这本书，因为它只有103页。每天撕20页放到衣袋里。你每天在看报上花多少时间，20分钟，还是30分钟？不妨缩减为10分钟。

杰斐逊说：“我发现自己获得了更多的快乐，因为我已经把看报的习惯改成了看古罗马历史学家泰西塔斯和古希腊历史学家修昔底德的著作。”你信吗？你若像杰斐逊一样把看报的时间减少一半以上，不出几周，你就会发现自己比以前机敏、快乐多了。试试吧，去研读那些值得一看的好书，就用你省下来的那些时间。还记得你口袋里那20页书吗？你在等电梯、公交，等待约会和餐点时，不妨拿出来看看。

这20页读完，就放回去再撕20页。等全部读完，可以拿一根皮筋把封面绑住，别让书页散落得到处都是。这样看书，总比让书在你的书架上落灰好吧？

看完《怎样才能充分利用一天24时》，你或许还想看看这个作者的其他书籍，比如《人类机器》，它可以让你为人处世更加游刃有余。我推荐这些书，一方面是因为它们的内容，另一方面则是因为它们的表述方式对你的文辞修养大有助益。

美国历史上最好的两本小说，莫过于弗兰克·诺里斯的《章鱼》和《陷阱》。《章鱼》讲的是加利福尼亚动乱带来的人间惨剧，《陷阱》讲的是芝加哥交易所里的股票经纪人之间的尔虞我诈。《德伯家的苔丝》这本小说写得最动人，作者是托马斯·哈代。还有两本好书，希里斯的《人的社会价值》和威廉·詹姆斯教授的《与教师的一席谈》，也非常值得一看。再有法国大作家摩路瓦的《小精灵，雪莱的一生》、拜伦的《哈洛德的心路历程》、史蒂文森的《骑驴行》，都应该在你的书单中出现。

每天与爱默生为伴。他的评论文章《自恃》，可以放在前面，让他在你耳边轻声地把这些婉转自然的语句读出来：

把你隐藏在心底的信仰说出来，它一定会成为最一般的信仰，因为最内在的往往会变成最外在的，“最后审判的号角”会把我们最原始的思想反馈给我们。书籍和传统并不是弥尔顿等人的最大功绩，他们袒露了人们的所思所想才是。可是人们摒弃了这些思想，因为它们是自己的。我们会在天才的所有作品中，发现被我们舍弃的我们自己的思想；当它们重新回到我们面前，已经有了威严的气势。这是伟大的艺术作品给我们的最大教训。我们总是把内心的声音抛在一边。而这些教训却能温和自然却坚定无比地烙进我们的脑海。若非如此，我们怎么会在第二天，听到某个陌生人以动人的言辞说出我们的所思所想，让我们不得不面红耳赤地把我们自己的见解拿回去？

在接受教育时，有段时间，所有人都会产生这样的感觉：嫉妒只会让人蒙昧，模仿只会走向灭亡；我们必须面对自己的好与坏；天地再仁慈，你也要努力劳作才能有所收获；你的力量在世间绝无仅有，只有你知道自己能做什么，但前提是，你要勇于尝试。

我们把最好的作者放在最后。曾经有人请亨利·欧文爵士列一份书单，写下他眼中的一百本最好的书。欧文爵士说："你让我选出一百本，但我只会潜心研究两本——《圣经》和莎士比亚。"他说得再正确不过。这是英国文学的两大源泉，你必须时常去其中汲取养分，而且汲取得越多越好。把晚报扔掉，请莎士比亚过来，与你说说罗密欧和朱丽叶，说说麦克白和他的欲望。

这会让你的文辞更优美，更雅致。这是一个缓慢的、悄无声息的过程，但一定会发生。你也会拥有高贵、华美的气质，就像你的这些精神伙伴一样。德国的文学巨匠歌德说："听到你的言谈，我就能知道你是什么样的人。"

其实，你只要花费很少的时间和意志力就能完成上面的阅读计划，只要五美元，就能买到爱默生的散文集和莎士比亚剧作全集的普通版本。

马克·吐温为什么能把文辞运用得如此巧妙而又熟练？他年轻时曾经从密苏里州坐着官方的马车一路到内华达州，漫漫长路，十分难熬，行李又是按盎司收费的——因为人的食物、马的食物，甚至饮用水已经让马车不堪重负，而东西越多路上就越不安全——所以，马克·吐温随身只带了一本厚重的《韦氏大辞典》。这本书陪着他翻山越岭、跋涉沙漠，穿越遍布匪患的荒原。他想支配文字，为了实现这一目标，以特有的胆识和常识努力着。

皮特和查特罕爵士一字不落地看过两遍辞典，勃朗宁没有一日不看辞典。尼可莱和海伊是林肯的传记作者，辞典给了他们很多启发和乐趣，他们说林肯"时常借着落日的余晖翻看辞典，直至看不清楚"。这样的例子非常多，所有著名的作者和演讲家都做过这种事。

威尔逊总统有很高的文学素养。他的作品，比如和德国的宣战书，甚至能在文坛中留名。他说他在文字方面的才能，是这样获得的：

“我的父亲要求家里所有人都要表述清晰、准确。小孩子一时口误，也要马上改正，出现生词要立即解释清楚。他让我们尽量把学到的生词用到谈话里，以加强记忆。”

在纽约，有一位演讲家以语句结构严谨、言辞凝练雅致闻名。我们最近闲谈，他告诉我，他之所以能把文字运用得如此精准、有力，就是因为他每次遇到生词，都会记录下来，并在就寝前用辞典查清楚。为了掌握每个词的确切意思，找到使用同义词的最好时机，就算白天没遇到生词，他晚上也会看一两页费纳德的《同义词、反义词和介词》。他的格言是一天一个新词。这意味着，他一年起码能多365个表达方式。他把这些新词记在笔记本上，只要有时间就拿出来复习。他发现，只要用上3次，新词就会永远存在于他的词语库里。

辞典除了阐明含义，还可以解释这个词的出处。通常来说，英文辞典上的每个单词，都是先解释意思，然后用括号标明它的历史和出处。我们每天都会用到的这些单词，你以为只有些单调冷硬的发音？不。它们自有其颜色和浪漫的生命。举个例子。“给杂货店打电话，让他们送些糖过来。”这两句话看起来平平无奇，但有很多词都是从其他词语中衍化而来的。电话——“telephone”由两部分组成，其中“tele”在希腊语中指的是“远处的”，而“phone”指的是“声音”。杂货店——“grocer”来自于法语中颇有历史的“grossier”，而这个法语单词又是从拉丁文“gross-arius”借用过来的，意思是批发商、零售商。糖——“sugar”来源于法文；这个法文又来源于西班牙语；这一西班牙语衍生自阿拉伯文；而这个阿拉伯文又是借用的波斯文shaker，shaker则来自于梵文中的carkara（糖果）。

再比如，你上班的公司或者你经营的公司“company”，它是由法文“companion”（伙伴的意思）演化过来的。“companion”由两部分组成：“com”是与的意思，“pani”是面包的意思，所以你的伙伴“companion”就是和你分吃面包的人，公司“company”就是一群和你一起挣面包的人。薪水“salary”，意思是买“salt”（盐）的钱——在古罗马，士兵可以拿到买盐的经费，后来有个战士用salarum（买盐的钱）

指代自己的全部收入，慢慢地这个词就成了一个广泛使用的土语。而到了英文中，又成了一个颇为高雅的词。很久以前，盎格鲁－撒克逊人把字刻在beech（山毛榉）的树干上，或者用这种树做成的桌子上，所以你手里的book（书）的真实含义其实是山毛榉。六世纪，圣卓亚齐姆在valley（山谷）中铸造了最早的钱币，所以你钱包里的美金dollar（美元），其实是山谷的意思。

再比如janitor（守门人）和January（一月）两个词，均来源于位于意大利西部的伊特鲁里亚古国——的一个铁匠的姓氏janus。这个罗马铁匠，专门为某种特殊的门，制造门闩和门锁。他死后成了异教徒的神。他有两张脸，可看两个方向，意思是开门与关门。所以，我们管一年之中辞旧迎新的那个月份叫January或者janus。我们说janitor（守门人）和January（一月）时，其实在纪念那位比耶稣早生1000年，娶了Jane为妻的铁匠。

同样，July（七月）来源于古罗马恺撒大帝的名字Julius Gaesar。奥古斯都大帝觉得这个主意不错，于是把八月命名为August。另外，奥古斯都认为这个月份是以自己的名字命名的，若只有30天就比以恺撒大帝命名的七月少了一天，所以从二月抽了一天给八月。这种骄傲的心态在你的日历上看得清清楚楚。你看看吧，真的，这种有趣的历史每个单词都有。

翻翻辞典看看这些词出自何处：Atlas（地图册）、Boycott（拒绝参与）、Cereal（谷物）、Colossal（巨大的）、Concord（一致）、Curfew（宵禁）、Education（教育）、Finance（财政）、Lunatic（疯子）、Panic（惶恐）、Palace（宫殿）、Pecuniary（金钱）、Sandwich（三明治）、Temptation（引诱）。背后的故事可以让它们更有色彩和趣味性，让你用时充满乐趣，找找看。

（三）一个句子改了104次

以更准确的言辞表达你的意思和你最玄妙的思想，这对经验丰富的作家来说，也不容易。凡妮·赫斯特是美国著名的女作家，她告诉我，她时常要把写好的句子改50遍，甚至100遍。有一次她写句子时，特地算了一下，居然改了104遍。女作家乌勒也曾坦言，自己有些短篇小说会在报纸上联合刊载，有时为了找出其中一两句话累赘的话，她会花掉一个整个下午。

美国著名作家大卫对词语的要求非常高，美国政治家在谈及此事时说：

“他会在自己的词语库中认真翻检，找出最适合的词用在小说里。他用的每个词，都是他再三研判后，认为无可挑剔的。就这样，他不断地雕琢每个词、每个短语、每个段落、每一页，把整篇小说改了又改。他用“淘汰”的方式描绘场景，比如汽车拐弯、开进大门的景象：一开始为保证涵盖所有细节，他会把句子写得非常烦琐，然后再把自己千辛万苦想出来的这些细节一个个删掉。每删一次，他都会问自己意思变了吗。如果变了，就加回去，再删其他成分。就这样一点一点地删，直到读者看到的画面最简洁最清晰为止。他的小说之所以一直备受读者推崇，原因就在这里。”

费心费力地找出合适的说法，我们大部分人都没有这样的时间和能力。我举这些例子，是想告诉大家，即使是成名的作家，对语言的准确性也不会放松要求。另外，我也希望演讲的学习者能够找到使用文字的乐趣。当然，在演讲的时候，任何一个演讲者都不该停下来，寻找更精准的表情达意的方式，但是，他可以每天练习，如此，就能自然而然地说出精准的语言了。这是你应该但未必做过的事。

文学巨匠弥尔顿用了八千个单词，而莎士比亚用了一万五千个。一本辞典一般有四万五千个单词，但有资料显示，普通人只要掌握二千个单词就能轻松应付一切场景。他只要知道一些动词，一些连接动词的连词，一些名词和被滥用了的形容词即可。或许是因为工作太忙，人们不愿意把精神用在学习如何精准地表情达意上。结果就是，我们不妨看看这个例子：我曾经在科罗拉多大峡谷的山崖上待了好几天，那时的经历让我记忆犹新。一天下午，我发现有个女人不管形容一条狗、一段管弦乐，还是一个男人的性格，或者大峡谷，都只用一个词，就是真“漂亮”。

至于她用的是哪个“漂亮”，英国语言学家罗杰罗列很多“beauty”的同义词，你不妨猜猜她是用了哪个。

（四）尽量用新的表达方式

你的言辞不仅要精准，还要尽可能地不落俗套，要有创意。“事实本身就是上帝”，所以勇敢地说出你的观点吧。“像黄瓜一样冰冷”，这个比喻出现在《圣经》记载的诺亚洪水之后，是一些极有创意的人率先说出来的。这是一个非常新鲜的比喻，说得好极了。若非如此，在后来贝尔辛加的盛宴上，以及宴会之后的演讲上，也不会被人拿出来使用了。但是今天你还会用这个比喻吗？现代人不是出了名的有创造力？再用这个词会羞死吧。

下面这十二句话和那个腐朽的“黄瓜”一样，都是形容寒冷的，效果相同，但你不觉得它们更新鲜吗？

像青蛙一样冷。

像早上的热水袋一样冷。

像步枪的通条一样冷。

像坟墓一样冷。

像格陵兰的冰山一样冷。

像泥一样冷。

像乌龟一样冷。

像雪一样冷。

像盐一样冷。

像蚯蚓一样冷。

像清晨一样冷。

像秋雨一样冷。

你若是还有兴趣，不妨试试自己编几个形容寒冷的句子。要敢于别出心裁，在另一面写写看。

我问女作家凯瑟琳·诺里斯，形成自己独有的风格，要怎么做。她告诉我：“研读古典散文和诗集，干净利落地把那些无用的、俗套的比喻删掉。”

杂志社有位编辑和我说，只要他审稿时发现两三个老旧的比喻，马上就把稿子打回去，以免浪费时间。他说：“一个作家在用词上都没有创意，你还指望他的思想有创意吗？”

演讲的台风

> “在瑞士湛蓝的天空下，少女峰白雪皑皑的山顶分外鲜明，你若是演讲者，务必让自己也如此鲜明。”

演讲能否成功，台风和风格很重要。想要赢得听众的信赖，一定要诚挚、自然。

卡耐基研究所找了一百位著名商人进行智力测验。测验内容和陆军在战争时期使用的差不多。结果表明，相比于智力，对事业影响更大的是性格。

这个结果不管是对商人，还是对教育家、专业工作者，或者演讲者，都非常重要。

在演讲中，性格的重要性可能只比事前准备略差。演讲大师艾伯特·胡巴德曾经说过："演讲者是靠演讲态度赢得听众的信赖的，不是靠演讲内容。"更准确地说，靠的是态度和思想，个性就像紫罗兰的香味，是个模糊的说法，难以捉摸，再干练的分析师也说不清楚。它是一个人肉体、精神和心理的叠加；是遗传、喜好、倾向、素养、思想、能量、经历、训练和所有生活状态的综合表现。复杂程度堪比爱因斯坦的相对论，能够掌握的人少之又少。

遗传和环境共同塑造了个性，而且个性只要形成便难以改变。个性可以增强，变得更有魅力和感染力。这是大自然赐予我们的一种神奇的东西，我们无论如何都该善加利用。这对我们所有人来说，都是一个非常重要的目标。虽然很难改进，但不是全无机会。

（一）养精蓄锐

只有精力充沛，才能做到最好。演讲者若是疲乏困顿，说什么都抓不住观众的心。千万不要等到最后才开始做准备工作，着急慌忙地赶进度，以求追回时间，很多人都有这个毛病。这种做法会损害你的健康，让你头脑无法正常运转。这非常可怕，损害的不仅是你的精力，还有你的头脑和精神。

如果你四点要在委员会的委员面前发表一个演讲，而且这演讲非常重要，那你一定要吃午饭，若是有时间，就睡上几分钟，恢复精力，因为你的身心都需要休息。

吉尔拉汀·法拉的新朋友觉得很奇怪，因为她睡得非常早，只能让她的丈夫招待他们。但对艺术工作者来说，这再正常不过。诺第卡夫人说："歌剧第一女主角必须放弃社交、朋友和美食。"

还有一点需要注意：在重要演讲之前，不能吃得太多，要向修士们学习，只吃一点点。每个礼拜天的下午5点，亨利·毕丘除了几块饼干和一点牛奶，什么也不吃。

墨芭夫人说："如果晚上要唱歌，我就会放弃午餐，然后在5点时，吃少量鸡肉或者鱼肉，或者甜面包，再加一个苹果、一杯水。所以每次从歌剧院或者音乐厅回到家，我都会非常饿。"

毕丘和墨芭夫人做得非常对。在我成为职业演讲家之前，我也不知道这一点。想想吧，当你大吃一顿之后，让你连续说两个小时，会发生什么情况。经验表明，如果喝了酒和汤，吃了牛排、炸薯条、沙拉、甜点、蔬菜，再让你站一个小时，你的身体状态一定欠佳，根本无法全情投入地演讲，因为你的血液都到肠胃中大战牛排、炸薯条了，根本顾不上脑袋。著名音乐家帕德列夫斯基说，若在音乐会前胡吃海塞，兽性就会凸显，甚至从指间流淌出来，损害你的前奏，甚至让它变得僵硬。

（二）衣冠楚楚，平易近人

有个心理学家，同时也是大学校长，针对着装对心理的影响，做过一份问卷调查。几乎所有受访者都表示：穿着干净、整齐的衣服，会让自己有一种端正的感觉，这时的服装可以提升他们的自信心和自尊心。成功的外部形象可以让他们产生成功的感觉，进而增加成功的可能性。我们很难说清为什么会如此，但事实就是这样，我们会被自己的穿着所影响。

那么，演讲者的着装对听众有没有影响呢？我发现有个现象，非常有意思，就是听众对这样的演讲者——邋里邋遢的男人，上衣褶皱不堪，裤子肥大臃肿，鞋子扭曲变形，胸前口袋里的签字笔或者钢笔歪七扭八，西装口袋被一张报纸、一根烟斗或者一盒烟塞得鼓鼓胀胀；或者带着奇丑无比的大手提包，衬裙都没藏好的女人——没有任何信心。这种演讲者在他们看来，脑袋必定也和蓬乱的头发、鼓胀的包、脏污的鞋一般混乱不堪。

当初李将军所在的阿波麦托克斯战败，他作为军方代表，穿着一身干净利落的军装，腰上系着一把宝剑。可格兰特将军只穿了普通战士的衬衣、长裤，连外套都没穿。后来，格兰特将军想起此事说："我跟他站在一起，真是鲜明的对比：他高有两米，衣着帅气，看上去英姿飒爽。"在这个历史性的时刻，自己的穿着如此不得体，这让格兰特将军感到非常遗憾。

在聚光灯下，被所有听众瞩目的演讲者，他的处境和华盛顿农业部的实验农场里的那几百箱蜜蜂差不多：它们所居住的每个蜂巢都安装了放大镜，只要打开开关，点亮蜂巢，无论何时，蜂巢里的所有蜜蜂都能被看得一清二楚。科罗拉多州平原地区的高山有多显眼，演讲者此时的仪表问题就有多显眼，就算再小的问题也一样如此。

《美国》杂志几年前邀我为纽约的一位银行家写传记。我找到这位银行家的一个朋友，询问他银行家的成功之道。他告诉我，这位银行能够成功和他的笑容密切相关。这句话听起来夸张，我却知道确实如此。经验比他多，商业触觉比他敏锐的人少说也有几百个，可是他们没有他这么温和的个性与温暖、有亲和力的笑容，这是他最显著的一个特征。人们很容易就会信任他、喜欢他。我们希望他成功，也愿意帮助他获得成功。

就像中国的那句古话"和气生财"，人们既然喜欢店铺老板的笑容，自然也会喜欢演讲者的笑容。我记得布鲁克林商会的演讲培训班里有位学员，每次站起来，身上都有一股高兴劲，就像他非常喜欢来到这为大家做演讲一般。他用笑容告诉大家，他非常期待这场会面，听众觉得他很容易亲近，便也有了期待。

我平时见到的情况正好相反：演讲者以做作的姿势走到台上，看上去冷若冰霜，就像这场演讲让他倍感厌恶，他希望上帝保佑能早点结束一般。这是一种感染性极强的情绪，观众很快就会回以相同的情绪。

在《有影响力的人类行为》这本书中，作者奥夫斯崔特说："喜欢产生喜欢。想抓住听众的注意力，就要先关注你的听众。我们若厌恶听众，听众也会在态度和心理上讨厌我们。我们的怯懦和畏惧，会让听众怀疑我们的能力。我们的骄傲自负和蛮横无理，会激得听众为了自保做出自大的表现。听众往往在我们还没开口时，就已经对我们做出了评价。所以我说，首先我们的态度要激起听众的兴趣，并非没有道理。”

（三）演讲空间的布置

下午在大厅里对几个听众演讲，晚上在狭小的房间对着一大群听众演讲，会有什么区别？这两种演讲我都经历过，下午只能让听众抬一下嘴角的笑话，到了晚上可以让听众捧腹大笑；下午还被听众冷漠以对的演讲，到了晚上却能每一段都能收到热烈的掌声。为什么？

有很多原因，比如，下午的听众以老妇人或者孩童居多，晚上的听众大多精力旺盛、感知力强，所以反应自然更热烈一些。

但更重要的原因是，听众如果分得很开，就不容易受到感动。世界上最能遏制听众热情之火的，就是空旷的环境，听众间有太多空椅子。

亨利·毕丘曾在耶鲁大学发表演讲，讨论布道问题：

“经常有人问我，是喜欢在听众多的情况下演讲，还是喜欢在听众少的情况下演讲。我告诉他，对着 12 个人还是对着 1000 个人，对我来说并无区别，我都能说得非常精彩，只要他们围着我，紧紧地挤在一起。如果每两个听众要离一米远，那就算有一千个听众，也和对着空屋子一样糟……如果你想感动听众，就让听众挤在一起，可以起到事半功倍的效果。”

集体中的个人容易失去自我，成为整体的一部分，所以也容易被感动。比如，战场上的男人就算遇到危险也会奋不顾身，因为他们是一个整体。没有群众的支持，任何大运动和巨大的社会变革都要止步不前。艾佛特·狄恩·马丁的《群体效应》讲的就是这个，非常有意思。

听众越少，演讲的房间就应该越小。让听众挤在一起，比让听众稀疏地坐在宽敞的大厅里要好得多。

听众与听众之间的空隙一定要小，不妨把他们全都请到前面几排，坐得尽量和你近一些。在这样做之前，不要开始演讲。

除非听众多到你必须在讲台上演讲，否则你要走到他们身边，和他们保持同一个高度。要勇越雷池，和听众融为一体，像平时说话一样演讲。

（四）演讲场地要干净

首先，空气得新鲜。氧气对于演讲来说至关重要。如果空气质量不好，再精彩的演讲，或者演奏厅里女高音再美，也无法让听众一直集中注意力。我若参与演讲，一定让听众站起来休息 2 分钟，把所有的窗子都打开，再开始演讲。

在美国和加拿大各地游历的詹姆斯·庞德少校——这位布鲁克林的布道师在当时备受欢迎——给亨利·毕丘当了 14 年的经理。在信徒抵达毕丘的布道地点之前，庞德总会仔细检查灯光、座席、温度和通风情况。他曾经在陆军服役，是一位嗓门很大、很霸道的退伍军官。布道场地若是又热又闷，窗子又打不开，他能扔起一本书把窗子砸了。他坚信："氧气是布道者最需要的东西，重要性仅次于上帝的恩赐。"

演讲成败的另外一个要素是灯光。如果你的演讲题材和招魂无关，房间自然是越明亮越好。在晦暗的环境里，想让听众热情如火，就像驯服野鹌鹑一样，太难了。

著名制片商拉斯科写过一些关于舞台布置的书，你若看过，一定会发现演讲者大多忽视了灯光的重要性，他们对此几乎一点概念都没有。

人们想看清你的脸，所以让你的脸处在灯光下。你脸上细微的表情，是演讲最真实一部分，必须完全呈现出来。就连你的言辞都比不上它更能表露心意。站在灯光的正下方，或者让灯光从脑后照过来，都会让你的脸出现阴影，不要那么做。找个光线最好的地方开始演讲，才是最聪明的做法。

不要让桌子挡在你的身前，有的观众为了看到全部的你，甚至会在椅子上伸长脖子。

主持人出于好意，会为你准备一张桌子、一个水壶和一个杯子。但不管是水壶还是杯子，都和演讲无关，且丑陋无用，你必须把它们清走。你若是口干，不妨含点盐或者一片柠檬，你的唾液马上就能像尼亚加拉瀑布一般丰沛了。

百老汇大街上有很多汽车展览室，你会发现它们全都布置得华美异常、一尘不染；法国巴黎的香水店和珠宝店也都布置得非常典雅和奢华，原因何在？因为客人看到富丽堂皇的展厅，会对这些奢侈品更有信心，更加推崇和向往。

演讲者同样需要令人心旷神怡的外观。我认为，讲台最好布置成这样：演讲者的身后和左右，不能有任何听众感兴趣的东西，换句话说，只要一条深蓝色的天鹅绒幕布即可。

可是，演讲者身后通常都是些地图、报表，甚至是一堆积了灰的椅子。这些东西唯一的用处大概就是让人觉得散乱、粗陋、厌恶，一定要全都拿走。

亨利·毕丘说："演讲时，人是最重要的东西。"

在瑞士湛蓝的天空下，少女峰白雪皑皑的山顶分外鲜明，你若是演讲者，务必让自己也如此鲜明。

我有一次去了加拿大，正好赶上加拿大总理发表演说。当时有个工人拿着一根长木棍来回走动，把所有的窗户都修了一遍。听众瞬间忘了总理，把注意力都集中到了这个工人身上，就像他在表演魔术一样。

所有的听众或观众都会不由自主甚至有意地去看移动的物体。若能记住这一点，演讲者可以少走很多弯路。

第一，要管好自己。不要因为紧张，就做出一些诸如抠手指、摆弄衣服等会分散听众注意力的小动作。在纽约，我记得有一次有个著名的演讲家一边演讲一边用手玩桌布，结果整整半个小时，听众全神贯注地看着他的手。

第二，安排好听众的座席，让他们尽量看不到迟到的听众，以免他们的注意力受影响。

第三，不要把贵宾安排在讲台上。几年前，在布鲁克林，雷蒙·罗宾斯要做一系列演讲，他邀请我和几位贵宾坐到台上。但我认为这种做法对演讲者毫无益处，便婉拒了。果不其然，第一天晚上我就发现，贵宾只要稍有动作，就能吸引听众注意，更不要说还有好几位贵宾一会儿跷起腿，一会儿又放下来，或者做些其他动作。第二天，我把这种情况和罗宾斯先生一说，他便聪明地放弃了这种做法。

因为红花太抢眼，会分散听众的注意力，比拉斯科不允许它们出现在舞台上。既然如此，演讲者只要不傻，演讲时就不该在身边放一个好动的人。

（五）演讲者的仪态要好

开讲前，演讲者不要坐在听众面前。一成不变，自然比不上让听众耳目一新。

如果之前我们非坐不可，那坐姿一定要好。一个人为了找到空位子而东张西望的景象，你见过吗？是不是很像一只猎狗在找睡觉的地方。他们探头探脑地找到一把椅子，便一路小跑，将自己的身体扔沙包一般扔到椅子上。

懂得坐姿艺术的人找到椅子后，会先用脚背碰一下，然后保持腰背挺直，缓缓落座。

严禁摆弄衣服、首饰，一方面是因为它会分散听众的注意力——这点我在前面说过了，另一方面是因为它会让听众认为你缺乏自控力。所以你若想给听众留下从容淡定、善于自控的印象，就一定要保持身体不动如山。

业余演讲者有个常见的毛病：站起来就想讲，你不要这么做。先深吸一口气，用一分钟一言不发地看着你的听众。除非所有嘈杂的情况都归于平静，否则不要开口。

每天都要练习昂首挺胸，如此一来，当你站到听众面前，自然就能挺起胸膛了。

在《有效率的生活》一书中，作者路瑟·古利克说："十个人中，没有一个人会时刻注意仪表状态……让脖子和衣领紧紧地挨在一起。"他告诫大家："为让肩背挺直，要每天练习用力深呼吸，让脖子和衣领紧紧地挨在一起。动作大一些也没什么，总不会有害处，而且会增加胸部的厚度。"

站直以后，最好不要管手如何摆。能自然下垂，放在身体两侧，再好不过。不要把它当成一大串香蕉，你要是这么想，听众也只能去注意它们了。让它们随意地垂在身体两侧，是最不惹人注目的方法。再挑剔的人，也指不出这种姿势的错处。当然，如果有需要，它们还可以自然而然地变成各种手势，用以强调你的话。

但是，用的你常识判断一下，如果把它们放在背后，插进口袋，或者放在讲桌上，可以让你不那么紧张，你要怎么做？据说把手插进口袋这种事，现代的很多著名演讲家在演讲时，偶尔也会做，比如布莱安、德普、罗斯福总统。就连非常注意绅士礼仪的英国政治家迪斯雷利，有时也受不了这种诱惑。但这毕竟不是天塌地陷的大事。当你说的话既有价值又有感染力时，你的手脚怎么放，根本不值一提。当你博学多才、热情如火时，这些小细节，完全可以随意安排。说到底，手脚的姿势远没有演讲的内容重要。

这自然让我们想到了姿势滥用的问题。我记得，在中西部的一所学校，我上的第一节演讲课上，校长教给我们的就是姿势。这节课给我带来的害处极大，因为它的观念是错的。校长和我们说：两臂要在身体两侧自然下垂，手心向后，手指半屈，拇指贴近大腿。他又教我，抬起手臂画出优雅的弧线，漂亮地转动手腕，然后食指、中指、小指依次张开。这是一套优美的修饰性动作，做完之后，手臂不能直接回到双腿两侧，要先把之前的弧线往回画一次。这些表演没有任何真情实意，虚伪而做作。可校长却把它们视为自己的独门绝学。

我应该做的，比如让自己的动作有个性；把感情带入手势中，为它注入生命，使其鲜活自然；放松心情，主动走出旧套路，他一样没教。只教我们像打字机一样机械地表演。

现在已经是20世纪了，居然还有人教这么荒诞的东西，真是难以想象。几年前，还出了一本致力于把人改造成机器，专门讲解演讲姿势的书。每句话该用什么手势；要用几只手；哪种手势手要举得高一些，哪种手势手要放中间，哪种手势手要摆低；手指怎么弯，如何弯，它都一样不落地写明了。有一次，我看到一个班里的二十多个人，按照书里的言辞讲话，他们说一样的句子，用一样的动作，看上去可笑至极，这种行为做作、死板，不只浪费时间，还会损害身体。很多人因此对演讲培训印象非常差。马萨诸塞州一所大型院校的院长最近表示，因为一直找不到合适的教学法，可以让学生自然、有效地发表演讲，他们将取消演讲培训课。我非常同情这位院长。

有关演讲姿势的书，90%都在白白浪费笔墨。书上教的那些姿势大多毫无用处。什么姿势有用？那要问问你的心，要用你的思想和喜好去塑造。自然的姿势，才是唯一有用的姿势。

晚宴的衣服可以想穿就穿，想脱就脱，手势却和亲吻、腹痛、笑或者晕船一般，是心理状态的外现，与之截然不同。

我们的牙刷是自己独有的，手势也一样如此。人和人是不一样的，那么在自然的情况下，人和人的手势也该不同。

让两个不同的人经过训练拥有相同的手势？有这个必要吗？想象一下这样的景象：身材高挑、行动木讷、思维迟缓的林肯，和个性急躁、彬彬有礼、语速极快的道格拉斯，手势一模一样。还能更荒谬吗？

林肯的律师伙伴兼传记作者贺恩登说：“林肯手上的姿势，还没有脑袋上的动作多，特别是他想强调一件事的时候。他有时会忽然停止动作，就像把烛火扔向易燃物一般。其他演讲者总是像要把空气和空间切开一般，猛烈地挥动手臂，他从不用这种表演性的动作……他说得越多，动作越随意，最后完美无缺。他的毫不做作和独具个性，让他看上去非常尊贵。他鄙视虚荣、卖弄、做作和虚伪……当他把自己的思想注入听众脑中时，他右手细长的手指就代表了一个世界，它意义重大，不容忽视。有时，他高兴起来，会向上张开双手，大约五十度，就像要拥抱某种精神一般。当他生气起来——比如控诉奴隶制时——他崇高的正义感就会通过他握紧的拳头和在空中挥舞的双臂显露出来。这种手势以一种最形象的方式，展现了他的决心：一定要把他厌恶的那种东西拽出来，扔进火里烧成灰。他的站姿非常标准，两脚的脚尖不分先后，在一条直线上。他什么都不扶，什么都不靠，演讲时不做多余的动作，很少有态度上的变化。大喊大叫，在讲台上走来走去这种事，他是不会做的。他偶尔也会通过一些动作来放松压力：比如拇指向上，用左手抓住外套的领子，然后用右手自然地摆出各种手势。”芝加哥林肯公园的那座林肯的雕塑——著名雕塑家圣高登斯的作品——用的就是这种姿势。

林肯的方法就是如此。和他相比，罗斯福更积极、热情，更富生机。他充满感情的脸，让他看起来极具生命力。他用整个身体，包括握得很紧的拳头，宣泄着自己的感情。政治家布莱安总是伸出一只张着五指的手；格雷史东总是响亮地用手拍打桌面，用脚蹬地；罗斯伯利总是把右臂高高举起，然后迅猛、使劲地朝下一放。要想让这些动作充满力量，只有一个办法，为它们注入表演者的思想和意念。

行动最好自然有生命力。英国政治家波克的手势看上去既僵硬又造作；英国著名演讲家皮特双手在空中乱舞的样子蠢极了；亨利·尔文爵士不良于行，姿势古怪；马考雷爵士在台上的行为让人不敢苟同；巴尼尔也是如此。已经离世的库松爵士曾在剑桥大学说过这样的话：“这不难理解：伟大的演讲家总有自己的手势，虽然按照要求，他应该有美丽的外表和优雅的仪表，但他若天生丑陋，行动迟缓，也无伤大雅。”

著名布道师吉普西·史密斯曾经通过演讲，让数千人成了耶稣的信徒，我对他极为钦佩。很多年前，我听过他的演讲。我发现他的手势虽然很多，但非常自然。这是最佳方案。这些规则你若坚持练习，就会发现你的手势也是这样来的。演讲者要用什么手势，要看他的气质、秉性、准备情况，要看他有多热情，他的演讲题材是什么。听众和现场的情况，我是决定不了的。

但是我有一些忠告或许可以帮到你：总用一个手势，会让人觉得单调乏味，不要那么做；用肩部做出的动作，比用肘部做出的短促的动作好得多；手势持续的时间不能太短；当你想用食指强调某件事时，手势要贯穿整个句子——这是一个被很多人忽略了的普遍而严重的错误，这不仅会削减原有的效果，还会让人弄错你强调的内容，把重要的视为不重要的，把不重要的当成重要的。

演讲时的手势虽然要发乎自然，但练习时可以强行摆出手势。因为逼迫会成为一种醒目的刺激，用不了多久，你的手势就自然了。

把书合上吧，它不会告诉你任何手势。还有什么东西比你演讲时的激情和渴望更能告诉你该做什么手势呢？

如果我说的关于手势的原则你全都忘了，那么当你登上讲台时，不妨记住：任何人都不会指摘这种人的手势——全神贯注地思考着自己的题目，渴望袒露自己的见解，甚至忘了自己，只会自然而然地说话、行动的人。你若不信，可以一拳把别人打倒在地。当他站起来，你就会看到一场完美无缺的演讲了。

最能展现演讲台风的是下面这三句话：

把桶装满，

拿掉木塞，

任水肆意流淌。

五、成功演讲的难题

介绍词、颁奖词和领奖词

“介绍词、颁奖词和领奖词这三种特殊的演讲形式，极容易被忽视。为了避免在正确的场合说错话，我劝你按照我给出的建议行事。”

在演讲台上，你有时需要推荐别人，有时需要自己发表一篇长篇的说明性演讲、娱乐听众的演讲或者让听众有所回应的演讲。不管是你民间机构的活动主持人，还是要对下一节目的主讲人加以介绍的某女性团体的成员，或者准备在当地妇女会中发言，在自己的销售小组、工会集会、政治团体中发言。如果你想发表长篇演说，要等到下一章。本章我讲的是介绍词，以及某些有价值的关于颁奖和领奖的忠告。

约翰·马森·柏朗既是作家也是演讲家，他的演讲激情四射，在全国各地听众极多。有天晚上，他和一位主持人——这位主持人负责将他介绍给听众——闲聊。

那个主持人对柏朗说：“不要为说什么发愁，放轻松，我从不认为演讲需要准备。准备除了削弱美感、败坏兴致，一点用都没有。灵感会在我站起来的时候找过来，我从未失手。”

柏朗见他如此自信，还真对他的介绍词充满了期待，没想到，这个人站起来后居然说：

“各位先生，听我说。今晚我要告诉大家一个坏消息，这次演讲我们原本打算请艾瑟克·F. 马松（鼓掌），可惜他病了来不了。我们便找到了参议员柏莱锥基（鼓掌）……可惜他非常忙。后来，我们找到了堪萨斯城的罗伊德·葛罗更博士来为大家演讲，结果也没成功。所以，此次代替他们的是——约翰·马森·柏朗。（万籁俱寂）。”

想起这次遭遇，柏朗先生只有一句话：“好在，我这位灵感家朋友，没把我的名字也说错了。”

我想你也知道，坚信灵感可以解决所有问题的那个人，把事情彻底弄砸了。就算这不是他的本意，也发生了最糟糕的情况。作为一个主持人，他要对听众负责，也要对自己推荐的人负责，可他全都辜负了。很多节目的主持人都忽略了一点，就是他负责的事情虽然不多，但非常重要。

介绍词有交际的作用。演讲者和听众能在融洽的氛围中走到一起，对彼此产生兴趣，与介绍词有很大关系。一个人若是说这种话：“你只要介绍一下演讲者就行，不用说别的。”他显然把事情想简单了。或许是因为很多主持人都不把介绍词放在心上，使得介绍成了最糟糕的一种演讲。

介绍词包含两个拉丁文词组：intor（里面），ducere（带领），也就是说，我们要完全走到题目之中，倾听与之有关的讨论。与此同时，它应该指引我们深入了解演讲者，探明他在这个题目上有什么优势，换言之，介绍词就是要把演讲者和他论述的题目“引荐”给听众，还要做得又快又好。

这是演讲词的分内之事。但是现在的介绍词几乎都没做到，注意我的重点——没做到。很多介绍词都写得很糟糕，空洞而缺少力量。这是因为介绍人不知道自己的责任有多大，以致用错了方法。不然，他很快就会成为备受欢迎的典礼负责人或者主持人了。

如何才能写出一份完整的介绍词？大家不妨看看下面这些建议：

1. 准备好说辞

介绍词必须认真准备，虽然它简短得连一分钟都用不上。最重要的是，以演讲题目、演讲人的名字和演讲人讲这个题目的资历为中心搜集资料。

演讲题目和演讲者准备怎么讲，一定要了解清楚。还有比演讲者表示你把他的题目和立场介绍错了更丢脸的事吗？如果你不想犯这种错误，就不要借着题目臆测他的演讲内容。不妨直接找演讲者要一些资料，毕竟把演讲准确地推荐给听众并引起他们的兴趣，是介绍人的职责所在。如果你的资料是从第三者，例如主持人那里得来的，那么最好是文字形式的，并且在会议开始前，要找演讲人验证清楚。

搜集与演讲者资历有关的资料，通常是准备工作的重心所在。演讲者若在全国或者某个地区非常出名，那么《世界名人录》或者类似书籍，就能为你提供准确的资料；如果他在地方上较有名气，那么他的社交关系网、人事部门，以及他的亲朋好友，可以为你提供一些资料。弄清楚演讲者的履历最为重要，放心吧，演讲者身边的人愿意提供资料。

介绍词要简练。如果你已经指明一个人是博士，就不要再提他的学士学位和硕士学位了，那毫无用处。同样的道理，提及对方的工作时，不要说他毕业之后都做过什么，只说他最高职务和最近在做什么。说到对方工作上的成就时，不重要的可以不说，但他最大的成就一定要说，这点至关重要。

比如，某位著名的原本可以更有名气的演讲家——我对他只有耳闻，要把爱尔兰诗人叶芝引荐给听众。叶芝将朗诵自己写的诗；他三年前就已获得了文人学士可以得到的最高奖项——诺贝尔文学奖，我敢说很少有听众不知道这个奖项有多重要。主持人就算不说别的，这两件事总要说吧。可是他提都没提，却跑去说什么神话和希腊诗歌。

另外，演讲人的名字一定要说对，立即问明发音，这点最为重要。按照约翰·马森·柏朗的说法，在某些人的介绍中，他成了约翰·柏朗·马森，甚至约翰·史密斯·马森。加拿大著名的幽默大师史蒂芬·李科克有一篇散文写得十分明快，叫《难忘今宵》，在这本书中，李科克讲了一个故事，正是别人对他的介绍：

“我们热烈欢迎黎罗德先生的到来。从他的书中，我们似乎已经认识他，和他成了老朋友。黎罗德先生，我要和你说，你在本地妇孺皆知，请相信我，这绝非夸大之词。能把黎罗德先生介绍给大家，对我而言，再荣幸不过。”

确保介绍词的准确性，是搜集资料的首要目标，而想让听众对演讲人的演讲内容产生兴趣，介绍词就绝不能含糊。主持人如果准备得不够充分，介绍时难免让人提不起精神：

“我们的演讲人声名赫赫，是公认的 ×××。作为这方面的权威，他最有资格讲这个题目。他来自遥远的 ×××，他的观点别具一格，我们将满怀期待认真倾听。能够把他介绍给大家，我备感荣幸，现在我们有请——啊，到这里来——未知先生。”

如果不想给演讲者和听众留下一个坏印象，就花点时间做些准备。

2. 三段式“题——重——讲”

按照“题——重——讲”这个公式将搜集到的材料组织好，可以完成绝大多数的介绍词。

“题”就是“题目”。把演讲者的题目说清楚，然后再做进一步的介绍。

“重”就是重点。这个部分的主要作用就是让听众对演讲者的题目产生兴趣。

“讲”就是演讲者。在这个部分，要把演讲者的资历，特别是与此次演讲有关的内容说清楚。最后是演讲者的名字，务必说得清晰、准确。

这个公式有很多地方可以让你自由发挥。介绍词要简练但不能枯燥。要如何把这个公式用得不露痕迹？我们不妨看看下边这个例子，这篇介绍词是用来引荐纽约电话公司的副总裁乔治·维鲍姆的：

“我们的演讲人此次演讲的题目是《找电话帮忙》。

“世界上有很多事非常奇妙，比如爱情，比如某些人为什么会痴迷于赌马，比如隐藏在电话里的奥秘。

“为什么号码会错？为什么你往山那边的城镇打，还不如往芝加哥打快？我们的演讲人会为你解答，他还将告诉你有关电话的其他奥秘。这 20 年来，他的工作一直是整理一切与电话有关的资料，并加以分类，让所有人都了解这件事。他通过勤勉的工作成了电话公司的副总裁。

“他现在要告诉我们的，是他的公司如何为我们服务。各位若对电话服务充满感情，不妨将他视为施恩者；若对电话服务有所怨怼，正可以将其视为答辩人。

“先生们、女士们，现在有请我们的演讲人——纽约电话公司的副总裁乔治·维鲍姆先生。”

介绍者巧妙地让听众联想到了自己的电话。他先是用这些问题激发听众的好奇心，然后又指明演讲者可以回答这些问题和听众心中的疑虑。

这篇介绍词读起来如此顺畅自然，我不信是演讲者事先背好的。不要背诵介绍词。有一次，有个主持人在一场晚宴上要把科妮莉亚·奥提斯·斯金纳引荐给大家，他把词都背好了，可因为忽然忘词，结果深吸一口气，说出了这样的话："今晚我们请到的是科妮莉亚·奥提斯·斯金纳，因为我们请不起柏德上将。"

介绍词不能呆板冷硬，要有真心实意，自然流畅。

我上面引用的引荐维鲍姆的那篇介绍词，没有说那些老套的，比如"它让我们如此开怀""我有幸把 ××× 介绍给大家"之类的话。介绍人直接说出演讲者的名字，或者说"我把 ××× 引荐给大家"，是最好的做法。

长篇大论，弄得听众心烦意乱，也是主持人常犯的错误。有些人为了让演讲者和听众觉得他非常重要，在辩论的想象中不可自拔。有些人喜欢说笑话，可惜品位低俗，或者出于"幽默"，把演讲人的职业捧得过高或者贬得太低。除非你不想让自己的介绍发挥效果，否则，不要犯上面这些错误。

还有一个例子：艾格·L. 史纳迪在把著名科学家、教育家和作家杰罗德·温德引荐给大家时，用的就是这个公式，而且他不但紧扣"题——重——讲"这三个步骤，还凸显了自己的个性。

"《今日科学》是一个严肃的话题，也是我们演讲者此次演讲的题目。我由此想到一个故事，说是某个患者因为精神错乱总觉得自己身体里有一只猫。心理医生说不过他，便假装给他做手术。等麻药失去效力，他从昏睡中醒来，医生拿着一个黑猫告诉他，他已经痊愈了。可是这个病患却说：'很抱歉，医生，一直困扰我的那只猫是灰色的。'

"这就像今天的科学，你的目标是 U-235 那只猫，可你抓到的却是 U-233 等一大群小猫。芝加哥的寒冬已经过去，这些元素也一样如此。古代的炼金术士、世界上首位核子科学家，为了探明宇宙的奥秘，临死还在祈求上帝，再多给他们一天。可是现代的科学家所创造的奥秘，已经超出了宇宙的想象。

"今天，我们请到的这位演讲者不仅知道科学的现状，还了解科学未来的趋向。

他在芝加哥大学做过教授，在宾夕法尼亚州立学院当过院长，是俄亥俄州、哥伦比亚巴德尔工业研究所的所长。作为一个科学家，他曾经在政府部门任职，与此同时，他还是一位作家。他在爱奥华州的达文坡出生，毕业于哈佛大学。他在军工厂工作过，在欧洲各地游历过。

“我们的演讲者为很多学科编写过教材。他在纽约世界博物馆的科学部担任主任时，出版了最有名的《未来科技》。他对科学的解释广为人知，因为《时代》《生活》《财富》和《时局》这些杂志都请他做科学顾问。1945年，原子弹在广岛爆炸之后的第十天，我们的演讲者撰写的《原子时代》正式发表。‘最好的终将到来’是他的口头禅。我想大家也急于见到他，现在请让我荣幸地为大家介绍《科学画报》的编辑主任杰罗德·温德博士。”

几年前，演讲界在介绍演讲者时总喜欢大肆吹捧。来自主持人的过度赞誉，谄媚意味极浓，让演讲者几乎站立不住。

密苏里州堪萨斯城的汤姆·柯林斯是一个非常幽默的人，支持者众多。他曾经和哈博·普罗奇诺说：“演讲者若想愉悦听众，事先千万不要信誓旦旦地保证，他会把他们逗得前仰后合，滚到走廊里。主持人若吞吞吐吐以威尔·罗杰斯作比，你就没戏了。”

反过来，贬得太低也不好。在史蒂芬·李科克的记忆中，有位主任在介绍词的结尾处说：

“今年冬天我们为大家准备了一系列的演讲，这是第一场。众所周知，我们的前一个系列失败了。其实我们要没有贷款，连年尾都熬不过去。所以今年我们调整思路，看看便宜的人才表现如何。有请李科克先生。”

对此，李科克冷淡地说：“想象一下，你以‘便宜的人才’这种身份站在听众面前，会有什么感觉。”

3. 要热情如火

介绍演讲人的用词很重要，态度也一样重要。要尽可能地友好，你无须告诉大家你很荣幸，只要把你高兴的心情展现出来即可。可以一点点地累积，在结尾处，听众的好奇心被调到最高点时，报出演讲者的名字，并热烈鼓掌。见听众如此热情，演讲者也会竭尽所能。

在指出演讲者姓名时，有一些技巧大家务必记住——停顿、间隔和力量：停顿一下再宣布演讲者的姓名，可以把听众的好奇心提到最高；在名字和姓氏中间插入一些间隔，可以让听众清楚地知道演讲者是谁；最后宣布名字的时候，一定要有力度。

还有一件事需要注意：不要一边宣布演讲者的名字，一边转向演讲者，在最后一个音节发出之前，你的视线不能离开听众。我亲眼看过很多主持人，把介绍词说得精彩绝伦，偏偏最后因为转向演讲者，把演讲者的名字说给他自己听，把观众留在迷雾中，以致功败垂成。

4. 感情要真挚

我再强调一遍，一定要真诚。有些笑谈粗鄙不堪，有些评论是在贬低他人，这些话不要说。粗心大意的介绍词会让听众产生误解。你要用最精湛的技巧和方案进行社交，既然如此，你怎能不付出真诚。你熟悉演讲者，但听众不熟悉，就算原本没有恶意，有些话听众听了却要误会。

5. 不要忽视颁奖词的准备工作

“对名誉的渴望，是人心最真实的诉求，这已经得到了证实。”

整个宇宙都有这样的感受，作家玛乔丽·威尔森正好把它说了出来。所有人都想永远与人和平相处、备受赞誉。别人的推荐，就算只有一个字，也能奇妙地让人热血沸腾，更何况是在正式场合接受表彰。

这种“人类心底的诉求”被网球明星埃尔迪·吉伯森恰如其分地用在了自己的自传中，成了书名《我要成为重要的人》。

我们说的颁奖词，是对获奖者的再次肯定：他确实是一个重要的人，他的努力成功地为他带来了荣誉，我们正是为了见证他的荣耀才会在此相聚。颁奖词要简短，但不能随意。要知道，不是所有人都能时常得到荣誉，以致不在意颁奖词的。对于那些很少获得荣誉的人，这次经历或许会让他们终生难忘。

所以，我们应该认真思考颁奖词的内容。这里有个公式，可保证万无一失。

（1）指明获奖原因。只要说明这一奖项的来由即可，是因为对方长久的劳动，还是赢得了比赛或者在某件事上的巨大贡献。

（2）关于获奖者的趣事或言行。

（3）人们对获奖者的认可。

（4）对获奖者表示祝贺，代表大家祝他前程似锦。

这是一个小演讲，我想我不用多说什么，所有人都知道真诚最重要。若非你的朋友们相信你能完成这个考验脑筋的工作，不会像某些演讲家一样犯下过于夸大的错误，又怎么会选你做颁奖者。要知道，这是在和获奖者分享荣耀。

这种时候，一不小心就会把获奖者的优点吹捧得太过。值得称赞的地方，我们自然要说，但不能言过其实。不然获奖者都要难堪，更不要说听众自己也有眼睛。

也不要把奖项的重要性和价值抬得太高，应该充分表达颁奖者的善意。

6. 获奖感言要有真情实感

和颁奖词相比，获奖感言更要简短。不要背诵获奖感言，只要做好心理准备即可。事先做好获奖的准备，这样当别人邀请你发表获奖感言时，你就不会手足无措，无话可说了。

支支吾吾地说一些“感谢大家”“最美好的一天”“我遇到的最好的一件事”，其实不算很好。因为它们有夸大其词的危险，就像颁奖词一般。“最大的日子”“最好的事”范围太大，最好用较为平和的言辞表达你的感激之情。这里有个公式，大家不妨试试：

（1）真心实意对听众说：“感谢大家。”

（2）向你的同事、老板、朋友或者家人表示感谢。

（3）此次获奖对你有什么影响。把奖状毫无遮掩地展示给听众，告诉他们，它有多漂亮，多有价值，你要怎么用。

（4）最后，再次真心地表达你的谢意。

这里我们讨论了三种特殊的演讲形式，不管是在你的工作中，还是你参加的某个团体或者俱乐部中，都有受邀发表此种演讲的可能。

如果你要发表这些演讲，为免在正确的场合说错话，我劝你按照我给出的建议行事，这会让你倍感高兴和喜悦的。

长篇演讲

> “长篇演讲有三个非常重要的环节：吸引听众、正文、结束语。”

理性的人盖房子之前一定会画好结构图，那么演讲呢？我们怎么能连目标都不清楚，就随意开口？

旅游有目的地，演讲也一样，所以要做好行程规划。一个不在意起点的人，通常也找不到终点。

拿破仑说：“战争艺术讲求科学，若想获胜，必要认真思考，完备计划。”我真想把这句话写成高达一尺的大字，涂上红漆，挂到世界上所有演讲培训班的门口。

演讲也是这个道理。我不知道演讲者是否知道这件事，有没有照此执行。很多人在写演讲计划时，所用的时间还不如做一碗爱尔兰炖菜。

初学者更是少有写演讲计划的。写计划需要花时间思考，需要不屈不挠的毅力。思考并不是一件容易的事。雷诺德爵士说：“成功唯一的捷径，就是认真思考。”发明大王爱迪生把这句话钉在工厂的墙上。

可是，新人总是寄望于灵感，最终“踏上歧路、陷阱和无处不在的诱惑”。

业已去世的诺斯克里夫爵士，原本只是个小职员，一周挣不了多少薪水，可他后来成了英国影响力最大的报业巨头，赚到了万贯家财。按照他的说法，法国哲学家巴斯葛的那句话 “计划可以让你先人一步”，让他获益良多。

你在做演讲计划时，不妨把这句话当作座右铭贴在桌头。事先想好你要用什么方式演讲，那时听众的脑袋里还有没其他想法，你说的每个字他们都能记住。你给听众留下的印象，会成为接下来所有事情的基础，所以你要事先想好怎么做。

不经过思索，没有人知道怎么安排最好、最有效果。这个问题永远是新的，需要演讲者一次次地反省自问。没有任何规则可以做到万无一失，但是长篇演讲，有三个非常重要的环节，值得一提，即吸引听众、正文和结论。这三个环节都有一些久经考验的方法，大家不妨参考一下。

1. 开场白要吸引人

林·哈罗德·胡是西北大学的前任校长，我曾经问他："你做了那么久的演讲，觉得什么最重要？"他思索了一会儿告诉我："能够马上让听众产生兴趣的，惹人注意的开场白。"林·哈罗德·胡总会先把演讲的开场白和结束语想好。约翰·布莱特、格雷史东、韦伯斯特、林肯，无一不是如此。几乎所有做过演讲、有常识的演讲者，都会这么做。

有一次，威尔逊总统在美国国会上发表演讲，讨论向德国潜艇下达最后通牒这个大问题，他只用了二十个字，就吸引了所有听众的注意力。

"我有责任把我们外交上的新变化，告诉大家。"

在纽约费城协会，史兹韦伯的第二句话就是演讲的关键问题。

"美国人今天最关心的问题，莫过于现在的经济滑坡将导致什么结果，对我们的未来有什么影响。对此，我个人持乐观态度……"

在和手下的销售人员讲话时，美国全国收银机公司的销售经理用的也是这种方法。他的开场白只有三句，全都浅显易懂，活力四射，让人干劲十足。

"各位都拿到了订单，我们工厂的烟囱之所以还能继续冒烟，你们功不可没。今年夏天的前两个月，我们的烟囱只冒出了很少的烟，没能染黑一大片天空。现在酷暑已过，生意会越来越好。各位，我对你们的要求只有一句话，虽然很短，但非常重要：给我更多黑烟。"

说服性演讲想要成功，有一点极为重要：要一开口就抓住听众所有的注意力。想要一个引人注目的开场白吗？不妨试试下面的方法。

（1）从例子开始演讲

普通听众不会长时间集中注意力去领会抽象说明，所以不要在这件事上花费太多时间，得不到任何好处。与之相比，例子就好多了，更得他们喜欢。所以我们不妨一开始就讲实例。可无论我怎么说，演讲者都不愿意这么做，因为他们认为开场白最好是一般性的说明。其实不是这样，你完全可以一开始就用实例抓住听众的注意力，然后再把你的观点告诉给他们。

在讲述阿拉伯的劳伦斯时，世界著名的新闻评论员、演讲家和电影制片人罗威尔·托马斯的开场白是这样的：

“有一天，在耶路撒冷的基督街，我走着走着，忽然看到一个男人，一身华美的东方国王的服饰，身上挂着一把黄金弯刀，这把刀是先知穆罕默德的继承者佩戴的……”

他用自己的亲身经历为起点展开这次旅程，以此来抓住听众的注意力。用这种方式开始，效果显著，一定会成功。它是动的，可以向前推进，已经把我们带进那个场景中了，我们对后续情节充满期待，自然要亦步亦趋。想要展开演讲，并使之具有牵引力，我不知道还有什么方法能比故事更有效。

我的开场白还有这样的：

“我大学刚毕业的时候，有天晚上，在南达科他州的忽隆街闲逛。忽然看见一群人在听一个站在箱子上的男人讲话。在好奇心的驱使下，我也走了过去，想听听他在说什么。他说：‘你们看过秃顶的印第安人，或者秃顶的女人吗？没有吧。知道为什么吗？现在听我说……’”

你不需要停顿，也不需要做一些预热性的铺垫，只要按部就班把事情讲下去，就能轻而易举地让听众产生兴趣。

以自己的亲身经历为开头，可以让演讲者无往不利。要知道，这段经历影响了他的生活，已经与他融为一体，所以不用前思后想，生怕漏掉某个观点。看他如此从容淡定，听众很容易就会产生好感。

（2）要有悬念

在费城的宾州运动俱乐部，鲍威尔·希利先生发表了一场演讲，开场白是这样的：

“82年前，差不多就是这个季节，有一本注定要名留青史的小书，在伦敦出版。这本被人称为‘世上最伟大的小书’的书，讲述了一个故事。它一问世，人们就争相传阅。在史传德街或者波莫尔街偶遇的友人，总会问对方有没有看过这本书。所有人的回答都是：‘对，上帝保佑，我看了。’

“它出版当天就卖了1000本，不到两周已经卖出了15000本。然后，它一次次再版，又有各种译本出现在世界各地。J.R.摩根几年前高价收购了原稿，并让它和众多稀世珍宝一起陈列于自己富丽堂皇的艺术馆中。这本书世界闻名，你能猜到它的名字吗？”

你对它感兴趣吗？想不想知道更多？你觉得这段开场白吸引你吗？你有没有这样的感觉：他越说，你越感兴趣？演讲者挑起你的好奇心，让悬念掌控着你，进而牢牢地抓住了你的注意力。

谁没有好奇心？

难道你没有？你不想知道这本书是谁写的，说了什么？我可以告诉你答案，满足你的好奇心，这本书是查尔斯·狄更斯写的《圣诞颂歌》。

我在森林里漫步，鸟儿们因为好奇，围着我飞来飞去，足有1个小时。我听说有位猎人在阿尔卑斯山为了抓捕羚羊，曾经裹着床单在地上爬，因为他要激起羚羊的好奇心，把它们引过来。小猫、小狗，所有动物都有好奇心，包括声名赫赫的灵长类动物。

所以，为了让听众一开始就觉得你有趣，并把注意力集中到你身上，你的开场白务必能激起他们的好奇心。

对于劳伦斯上校在阿拉伯的探险之旅，我的开场白是下面这种形式：

“罗伊德·乔治如此评价劳伦斯上校：‘现代社会最浪漫、最绚丽多姿者，莫过于他。’”

这句开场白有两个高明的地方：首先，他引用的那句话，是一个备受民众关注的名人说的；其次，它可以把听众的好奇心调动起来。听众自然而然就会想问：“为什么说他是最浪漫的人？”“他是如何绚丽多姿的？”“这个人我听都没听过……他是做什么的？”等等。

有位学员演讲时，第一句话就是一个问题：

“大家知道吗？现在世界上仍有十七个国家在使用奴隶。”

他成功地激起了听众的好奇心，不仅如此还让他们非常惊讶：“奴隶？现在？十七个国家？这怎么可能，哪些国家？在哪儿？”

我们可以先摆出一个事实，让听众对这个事实的起因充满好奇心。比如，有位学员就以一个让人惊异的事实作为开场白：

“议会最近接到一位议员的提案，想要通过一项法令：只有学校一公里以外的蝌蚪才可以变成青蛙。”

你是不是觉得很可笑。这位演讲者难道在讲笑话吗？不，他说的是真的。然后，他开始解释这件事。

《星期六晚邮》杂志上有一篇名为《犯罪分子》的文章，它的第一句话是：

“凶徒是有组织的吗？某种规则告诉我们，确实如此。为什么这么说？……”

你看，作者几句话的工夫，就点明了主题和一部分事实，让你非常好奇，迫不及待地想要知道凶徒的组织方式。这个是一个让人钦佩的方法。任何人都该研究一下这篇文章，看看作者是如何即刻抓住读者的，由此学会演讲的开场白应该怎么说。就算你研究一整本演讲集，也不会比这个更有用。

想要引起读者的兴趣，制造悬念是最有效的方法。

（3）说一件让人大吃一惊的事

宾州州立学校婚姻问询处处长克里夫·R. 亚当斯曾经在《读者文摘》上发表过一篇文章，叫作《怎样选择自己的另一半》，他的开场白就是一个惊人的、让人屏气凝神的事实，马上引起了读者的兴趣：

“现在的年轻人很难从婚姻中获得幸福。离婚率高得让人胆战心惊。1940 年的离婚率是 6∶1；1946 年的离婚率，我们预计是 4∶1。按照这个趋势继续发展，到了 20 世纪 50 年代，离婚率将高达 2∶1。”

麦鲁克是某家大型期刊的创建者，他说：“杂志上的好文章，往往是一连串的触目惊心。”

这些文章结束了我们的好梦，让我们不得不去注意它。比如下面这些例子。巴尔的摩巴兰丁曾经发表过一篇演讲，名为《神奇的广播》，他的开场白是：

“大家知道吗，通过无线电，我们可以把纽约一只苍蝇行走在玻璃上的声音传到非洲，我们还可以把它放大，让它像尼亚加拉大瀑布一般轰鸣震耳。”

哈里·琼斯是纽约哈里·琼斯公司的总裁，他在演讲《犯罪现状研究》时的开场白是下面这几句话：

“美国最高法院前首席法官塔夫特表示：‘我们管理刑法的方式侮辱了文明。’”

这句话有两个好处：开场白有惊人的效果；引用的声明来自一位极有权威的司法法官。

保罗·吉彭斯是费城达观俱乐部的前任会长，在发表《罪恶》这篇演讲时，他说的一段话，让人目瞪口呆：

“美国是所有文明社会中犯罪率最高的国家。听到这种说法，你是不是感到很吃惊？但更让你吃惊的是，事实就是如此。发生在伦敦的杀人案要乘以六，才抵得上发生在俄亥俄州克利夫兰的。英格兰和威尔士每年死于谋杀的人加在一起，也比不上圣路易斯。法国、德国、意大利和英国其中的任何一个国家所发生的谋杀案，都没有纽约多。更糟糕的事实是：罪犯没有受到制裁。你若被杀，凶手被处死的可能性连1%都不到。大家都是和平爱好者，都很善良，你们能想象吗？若果有人用枪打死一个人，他被处以绞刑的概率要乘以十，相当于他死于癌症的概率。”

吉彭斯在说这段开场白时充满了力量和热情，非常成功。不过，当他的学生发表演讲讨论犯罪问题时，虽然开场白还是这些例子，可效果却非常一般。因为他们没有真情实感。在结构上，他们可以拿满分，但在精神上，他们只能得零分。无论他们说什么，用那样的态度，都要大打折扣。

还有几个以“让人大吃一惊的事”作为开场白的例子：

“战争部推测，在原子战争的第一晚美国将有2000万人遇难。”

“为了探明零售商店哪些地方最惹顾客讨厌，史戈里·霍华德的报纸在几年之前，专门拿出176000美元做了一次问卷调查。这是零售行业目前做过的最科学、最昂贵的一次调查。有16个城市54047个家庭收到了这个问卷，其中的一个问题就是：‘你最讨厌城镇商店的哪些方面？’

“有五分之二的人给出了相同的答案：店员蛮横无理。”

震撼性的言辞可以对听众的思想造成冲击，所以以此为演讲的开场白，可以让演讲者和听众建立联系。这种“触动技巧”之所以能够抓住听众的注意力，靠的就是出人意表。

华盛顿有位学员叫梅格·席尔，就用了这种激起好奇心的方法。她的开场白是：

“我在监狱里待了整整十年。不是一般的监狱，而是以对评论的畏惧和担心自己不够出色为砖石铸造的监狱。”

你想知道更多这样的事例吗？

以惊人的事实为开头，有个需要避开的陷阱，就是不能太戏剧化，以免显得哗众取宠。我记得有个家伙为了引起听众的注意，朝天开了一枪，差点没把听众的耳膜震坏。

不妨用你平时和人闲聊时的那种温和态度，去说开场白。想要知道你的开场方式够不够温和，有个方法效果不错，就是在餐桌上演练一下。因为餐桌上的说话方式总是亲切平和的，放到听众面前，自然也足够温和。

我们原本应该用开场白抓住听众的注意力，可是大多数开场白却是演讲最无趣的部分。比如，我近日听见有人的开场白是这样的：“我们要相信上帝，相信我们自己……”这种听起来像水煮白菜一般的说教，有什么味道？但他的第二句话，开始有些意思了：“1981 年，我父亲去世，母亲无依无靠，却要养活三个孩子……”这是一个寡母带着三个孩子努力生存的故事，演讲者为什么不把它放在最前面？

想要抓住听众的注意力，就不要先说序言，应该把故事放到最前面。

《我做销售员的成功之路》的作者法兰克·毕杰，就是这么做的。他就像一个悬疑专家，第一句话就能留下悬念。我和他曾经在美国青商会的赞助下，针对销售问题，到各个地区做巡回演讲。在论述“热情”这个话题时，他的开场方式极为高明，让我佩服得五体投地。他一开口就直指核心问题，既不讲大道理，也不说绪论，既不说教，也不训斥别人。他的开场白是这样的：

“我刚刚成为职业棒球员，就遇到了一件我从未遇到的，让我极为吃惊的事。”

听见这种话，听众会做何反应，我在现场看得一清二楚，他们马上就提起精神，想知道什么事让他那么吃惊，他又是如何应对的。

听众特别喜欢听演讲者的亲身经历。著名的《如何寻找机会》这篇演讲，罗素·康维尔说了六千多场，赚了几百万美元。他的开场白是怎么说的？

“我们在1870年去格里斯河游玩时，为了游览波斯波里斯·尼尼维和巴比伦等古迹，在巴格达雇了一个向导。”

他用一段故事作为开头。还有比这种方式更能引起读者兴趣的方法吗？这种开场方式几乎无往不利。为了探明接下来会发生什么，我们紧紧地跟在它的身后。

《星期六晚邮》有一期有两篇文章的开场白都是故事，我把它们摘录在下面：

a. 左轮手枪的尖啸声，打破了夜空的宁静。

b. 丹佛市山景旅馆，在7月的第一个星期，发生了一件事。这件事其实不是什么大事，但它引发了一系列的大变动。旅馆经理哥贝尔把这件事告诉山景旅馆的老板史蒂夫·法拉雷，因为他觉得这件事非常有意思。没过几天，法拉雷先生去分店巡视时，又把这件事告诉了那六家旅馆的其他工作人员。

请注意，这两个开头都是动态的。它们一开始就抓住了你的注意力，效果显著。为了知道更多的事，弄清这两篇文章到底要说什么，你有读下去的欲望。

就算你是新人，没什么经验，但只要你能善用这种技巧，把故事讲出来，激起我们的好奇心，你就能把开头说好。

（4）让听众举手回答问题

想抓住听众的注意力，让听众产生兴趣，不妨让听众举手答题，这也是个好方法。比如，在讲述《如何避免疲劳》时，我的开场白就是一个问题：

“让我们举一下手，看看在座的各位，有多少人觉得自己疲惫得比想象的早。”

请注意，如果你想让听众举手，就要先把你的意思传达出去，千万不要上来就说：“有谁认为所得税应该下调，举起手来，我看一下。”应该改成：“我有个非常重要的问题，需要大家举手回答：‘谁相信商品优惠券可以为消费者带来好处？’”这种说法可以让听众做好心理准备，面对接下来的问题。

让听众举手，是一种“与听众互动”的技巧，可以获得珍贵的回应。使用这种方法，可以让演讲从单方面的行为，变成有听众参与的互动行为。你问大家：

有没有人觉得自己疲惫的比想象的早？听众意识到这个问题与自己相关，问的是他的疲惫与煎熬，所以他举起手来，甚至还会探头探脑看看有没有人和自己一样。他忘了这是一场演讲，对邻座的朋友点头、微笑，让气氛温暖起来。听众也好，你这个演讲者也罢，全都放松了下来。

（5）告诉听众他们可以得到什么好处

告诉听众，遵循你的建议可以让他们得偿所愿，是一个可以抓住听众注意力，让演讲获得成功的非常好的方法，几乎万无一失。比如下面这些例子：

“这些方法，可以让大家不再疲惫，每天多清醒一个小时。”

“我要告诉大家怎么做才能赚更多的钱。”

“大家想提升自己的亲和力吗？请给我十分钟，我有些小窍门可以告诉大家。”

这些承诺都是和听众切身相关的，以此为开头，自然能抓住听众的注意力。要怎么做才能让听众对你的题目感兴趣，演讲者经常忽略这一问题，所以没有用精彩的开头为自己的题材增色，进而抓住听众的注意力。如此一来，听众怎么会注意到他和他的题目。以“承诺”为开头，这种方法非常有效。

“你还能活多长时间，你自己知道吗？保险公司统计结果表明，用80减去你现在的年龄，再乘以2/3，就是你的平均寿命。比如你现在35岁，80减35是四十五，再乘以2/3，就是30，也就是说你起码还有30年可活。够用吗？不，当然不，我们都渴望着多活几年。这个统计结果来自于几百份资料，我们若想打破这个节点，就要采取精准的预防措施。而做一次全面的身体检查，就是你要做的第一件事……”

难道这种开场白不是更有意思吗？

接下来我们可以讲一下定期体检的必要性，那么提供这些体检的公司就会引起听众的注意。这比一开始就枯燥地把这家公司拿出来说要好得多，要知道那种方式是绝不会成功的。

再比如，有位学员以《保护森林已迫在眉睫》为题进行演讲，他的开场白是：“作为一个美国人，我们为自己的国家资源感到骄傲……”然后，又说我国浪费木材的情况非常严重。这种开头因为太过模糊、笼统，无法让听众感觉到这件事与自己密切相关，所以效果很差。事实上，森林遭到破坏对听众中的某位商人影响很大，还有一个银行家也会受到波及，因为这件事会损害到常规经济。所以，他不如这样开头："波比先生，还有邵尔先生，我今天演讲的这个题目会影响到你们的事业。另外，我们的商品价格和房租也会受到影响，大家工资和生活也会被波及。"

你觉得这种说法言过其实，保护森林根本没这么重要？不，我可不这么看。胡巴德先生曾经说过："要把事情往大里说，以引起别人的重视。"

（6）展示实物

惹人注目的最简单的方法，莫过于把某件东西举起来，展示给大家看。这种行为具有一定的冲击性，就算是原始人、摇篮里的婴儿、商店里的猴子，或者街上的小狗，也会不由自主地被吸引过去。这种做法有时效果非常显著，连最冷漠的听众也抵挡不住。比如，有一次，费城的艾利斯先生演讲时，用拇指和食指拿着一枚硬币，举过肩头。现场的所有听众都盯着他看。他随即发问："大家在人行道上捡起过这种硬币吗？上面写着，捡到这种硬币的幸运儿若是准备买房，那么他只要把这枚硬币交给主办单位，就能获得很多优惠……"然后，艾利斯先生就开始抨击这种错误的行径。

艾利斯的开场白还有一个优势，就是他以提问的形式，让听众和自己一起思考，从而形成互动。还记得《星期六晚邮》上面那篇《犯罪分子》吗？它的开场白有三句话，其中两句都在提问："凶徒是有组织的吗？他们的组织方式是什么？"想让你的听众打开思想之门，接纳你的观点，还有比提问更简单、更有效的方法吗？就算别的方法都没有效果，这个方法也一定有效，你不妨试试。

（7）用名人提出问题做开头

人们特别在意名人的话，所以，以名人提出的问题为开头——如何合适的话——再好不过。有人以下面这段话为开头，讨论商业成就，你觉得如何？

"'在这个世界上，只有一样东西可以同时赢得财富和名誉，你知道是什么吗？'艾伯特·胡巴德说，'是进取心。什么是进取心？大家请听我说，它是你在无人指引的情况下，选择的最准确的路。'"

这段开场白有下面几个优点：一开始就激起了我们的好奇心，我们想知道后续情况，自然要跟着它走。在说到艾伯特·胡巴德这个名字后，演讲者若能巧妙地稍作停顿，悬疑气氛就出来了。我们情不自禁就会想："在这个世界上，谁能同时获得财富和名誉呢？快点揭开谜底吧。我们未必会认可你的观点，但无论如何，先说说你的看法……"第二句话直指问题的核心。第三句话又是一个可以让听众们一起思考，并予以回应的问句。听众们向来喜欢行动。第四句话是对"进取心"的解读……演讲者说完这个开头，马上又说了一个很有意思的故事，进一步解释"进取心"。这篇讲稿在结构上，可以说完美无缺。

（8）开场白要自然

下面这个开场白，你觉得怎么样？

"我昨天坐火车过来，经过附近的一个城市时，忽然想起那里发生过一段婚事。那场婚姻既莽撞又可怜，就像现在的很多婚姻一样，今天，我准备把这个例子的所有细节都和大家说一遍。

"就在那座城市，有个 15 岁女高中生在 12 月 22 日那天，和附近某个学校三年级的男生偶遇，而这个男生也才刚刚成年。距离他们相识不过三天，也就是 12 月 25 日，他们拿到了结婚证书。他们的父母并不知情，因为他们发誓那个女孩已满 18 岁。拿着证书离开市政府之后，这对小情侣找了一位神父做证婚人但被神父拒绝了，这不奇怪。女孩儿的母亲可能是从神父那里收到了消息，可惜她还没找到女儿，这对小情侣就又找了地方上一位警务人员做证婚人。然后，新郎新娘在一家旅馆住了整整两天。第三天，新郎扔下新娘一去不返，再也没回来过。"

你觉得怎么样？这篇演讲是玛莉·理奇蒙在纽约妇女选民联盟的年会上发表的，美国当时尚未制定杜绝早婚的法律。就我个人而言，这个开场白非常好，特别是第一句。它暗示大家会有一个有趣的回忆，以此激起大家的好奇心。于是，我们安下心来准备听听这个有趣的故事。另外，这段开场白平实自然。它不像研究报告那样，总是板着一张脸，人们不觉得这是细心筹划的结果。…… "我昨天坐火车过来，经过附近的一个城市时，忽然想起那里发生一段婚事。"听起来，是不是真实自然，充满了人情味，就像一个人在给另一个人讲故事一样。听众非常喜欢这种形式。但是，有一点需要注意，就是说得不能太细，让听众觉得你花了大力气，容易起反效果。我们要的艺术，不能有人工的痕迹。

所有方法，都得随着情况的变化而变化。要知道，听众愿不愿意听你说，开场白影响极大。

2. 不好的注意力不如不要

你确实需要引起听众的注意，但请务必记住，你需要的是好的注意。请注意，我说的是“好的”。只有缺乏理智的人，才会上来就贬低听众，说些让人火冒三丈的话，让他和他的言论遭到大家的共同抵制。可是，演讲者经常以下面这两种方式来吸引听众的注意力，却不知道，这非常糟糕。

（1）不要用笑话作开头

让演讲的初学者因为某种可悲的想法，会把幽默的演讲视为唯一的好演讲。他本身可能是个非常严谨的人，没什么幽默感，就像一本百科全书。可是他一站起来，就以为自己马克·吐温附身，非要用笑话做开场白，尤其是晚饭之后的某些场合。你猜结果怎么样？他的故事，他骤变的态度，有 20% 的可能，会把气氛弄得像字典一样冷。他的笑话有效的可能性极低。哈姆雷特有句名言，流传甚广，“腐朽的、陈旧的、乏味的、无用的”拿来形容这种笑话，再合适不过。

如果观众买了票，却发现表演者不止一次犯下此种错误，一定会打开汽水，高喊“下去吧”。普通听众通常都很善良，他们会勉强自己笑出来，因为他们觉得你很可怜。作为一个幽默的演讲者，你不及格，他们心里虽然同情你，却并不舒服。这种坏到极点的情况，你难道没见到过？

在演讲的所有难题中，最难的莫过于把听众逗笑，这种能力非常难得。幽默这种事要求“闻风而动”，和个人的性格特点密切相关。

记着，非常有意思的故事不多，但演讲者可以把它说得非常有意思。让马克·吐温成名的那个故事，若是一百个人里九十九个人都在讲，那一定不会成功。当初，在伊利诺伊州第八司法区，林肯讲了很多故事，把几里地之外的人都吸引过去了。整个晚上，人们听着他的故事，一点都不觉得累。有些人看过那个场景，他们说，他的故事让那里的人热血沸腾，“大喊大叫，从椅子上蹦了下来”。你不妨把这些故事读给你的家人，看看能不能逗笑他们。下面这个故事，林肯说过很多次，每次都把听众逗得捧腹大笑。你也可以试一下。不过，千万别在听众面前试，还是私下试吧。

“有个人外出回来晚了，在伊利诺草原上遭遇了一场暴风雨，道路泥泞不堪，他却想早些回家。夜色漆黑，像染了墨一般；大雨如注，好像天堂水库决了堤；雷声轰鸣，震耳欲聋。好几棵树都被闪电劈倒了。最后，一阵雷声轰然巨响，这位可怜的行路者从未听过这么响的雷，他非常害怕，马上跪地祈祷，他的祈祷词和以前截然不同，他气喘如牛，说：‘上帝啊，你要是觉得都一样，那就少来点雷声，多来点闪电吧。’”

有这种幽默感的人非常少，你要是有这种福气，就一定要好好培养。它可以让很多的人都喜欢你的演讲，可是如果你没有这样的才能，就不要故作幽默。

你若是认真研究过林肯等人的演讲，就会发现，他们演讲时很少说笑话，特别是开场白的部分。演讲大师卡特尔告诉我，他绝不会故意讲笑话来凸显自己的幽默感。著名演讲家讲的那些笑话，总是带有某种观点和一定的启发性。幽默可以是蛋糕上的糖，是蛋糕中间的巧克力，但绝不会是蛋糕本身。古里兰是美国现代最优秀的幽默演讲家，他有个原则：“演讲最开始那3分钟，一个笑话都不说。”他已经证明了这个原则的效果，我自然要严格遵守。

难道开场白就不能轻松一些吗？当然不是。只要力所能及，让听众笑一笑有什么不好。对于演讲场地和其他演讲者的见解，你都可以说上两句。夸大不正常的地方。相比于岳母、山羊那些俗套的笑话，这种做法更有效。

如果你想带动气氛，不妨说一些以自己为题材的笑话，这或许是最简捷有效的方法了。难道幽默的本质，不是讲述自己遇到的荒诞而尴尬的事吗？

多年来，杰克·班尼一直用这一招。在他之前，几乎没有哪个笑星会在广播中“嘲讽”自己。杰克·班尼总能抓到自己的把柄，比如他的小提琴技术，他的抠门和年龄。他风趣幽默，谈笑风生，每年都能赢得很高的收听率。一个演讲者若有很多奇思妙想，本身又谦虚而诙谐，敢于调侃自己的缺点和失败，自然能俘获听众。反过来，听众非常反感自吹自擂的人和全知全能的专家形象。

几乎所有人都做过这样的事：为博听众一笑，将毫无关系的东西放到一起说。

比如某个报纸的专栏作家说自己最烦“小孩、牛肚和民主党人”。

吉卜龄是英国的著名作家，他曾在某个政治团体上发表演讲，他以笑话为开场白，逗得听众前仰后合。大家想知道他愉悦听众的高招吗？不妨看看下面这段开场白：

“主席、先生们、女士们：我年轻时曾在印度做过专门报道犯罪事件的记者。这个工作非常有意思，要不然我怎么会认识那么多骗子。（听众大笑）有时，我报道完他们受审的过程，还会去监狱看看这些被关押的老朋友。（听众大笑）有个被判无期徒刑的杀人犯，让我印象深刻。他非常聪明，谈吐文雅，思路清晰，他说要告诉我一些‘人生经验’。然后说‘比如我吧，一个人做了一件坏事，便陷入其中，只得一件件地继续下去，并最终发现，不杀掉某个人，自己永远都无法正直了。’（听众大笑）呵，这和如今的内阁有什么区别。（听众哄堂大笑、大声喝彩）”

他说的是自己的亲身经历，而非老套的奇闻逸事，对那些不对劲的地方，他大肆嘲笑，以作强调，结果效果极好。

在大都会人寿保险公司的主管年会上，塔夫特总裁用这种方法讲了很多笑话。他的笑话，不仅有趣，还在不经意间恭维了大家，这点最让人钦佩：

大都会保险公司的各位先生们：

9个月前我回老家休假。一天晚上，一位先生在用过晚饭后，做了一场演讲。他说，因为这种演讲不是他的强项，他特地向一位有丰富的餐后演讲经验的朋友求教。那位朋友告诉他，既有学识又有智慧但酒意半酣的听众，对即将做一场餐后演讲的演讲者来说，再好不过。（笑声和掌声）现在我得说，我已经看到前面说的那种情况了，我面前的听众，正是再好不过。（掌声）另外，我必须说明，这也正是大都会人寿保险公司的精神。（掌声经久不息）

（2）不要以道歉开场

一开口就道歉，说“我不是演讲的专业人才……我没有做好演讲的准备……我不知道说什么”，这是演讲的初学者在开场白中第二个惯常的错误。

不，千万别这么做。吉卜龄有首诗第一句是：“停下吧，继续也无用。”就是这样，看到演讲者上来就道歉，听众便会产生这样的想法。

你有没有准备好，某些听众很快就会发现，哪用你特意说明？至于那些未能发现的听众，你就更没必要专门告诉他们了。你这么说，无异于告诉他们：他们没有让你认真准备的价值，你觉得只要说些炉边偶然听到的事就能打发他们。不，千万别，听众不喜欢你的道歉。他们聚在那里，是想听到一些他们感兴趣的新消息和新观点。这点你必须铭记。

你只要站到听众面前，就能抓住听众的注意力至少五秒钟，但想让听众连续注意你五分钟，就很有难度了。当他们的心思已经去了别处，你想让他们重新注意你，则难上加难。所以，你的第一句话就要引起听众的兴趣。注意，不能是第二句，第三句更不行。只能是第一句！第一句！

3. 支撑重点的方法

以获得响应为目标的长篇演讲，通常不会只有一个重点。但重点总归越少越好，例证也要尽量翔实。我们在前面曾经说过，要以故事或自己的亲身经历支撑演讲重点，让听众按照演讲者的建议行动起来。这种例子会受欢迎，是因为它遵循了人喜欢听故事的天性。支撑重点的方法并不唯一，除了故事或者事故，这些演讲者最常用的例子，还有统计数据、科学图表、权威声明、类比、展示或者证明，都可以用。

（1）统计数据

统计数据显示的是特定状况的普遍结果。相比于单一事件，它们给人的印象更深，更有说服力，可以当证据使用。为什么说沙克疫苗可以预防小儿麻痹，因为全国各地的统计结果是这样显示的。虽有例外，但没有哪个父母会因为听说这些例外，就觉得沙克疫苗对自己孩子无用。

但我们使用数字时，要慎重而有技巧，用语言为它们裹上一层鲜亮的外衣，因为人们不喜欢数字。

这里有个例子，它把统计数据和人们熟悉的事联系到一起，给大家留下了深刻的印象。有个主管认为纽约人非常懒，接电话时拖拖拉拉，以致浪费了很多时间。为此，他给出以下例证：

“数据显示，每一百通电话，有七通是1分钟之后才被接起来的。纽约每天因为这个要浪费掉28万分钟，6个月浪费的时间，抵得上哥伦布发现美洲至今的所有工作日。”

必须用切实的例子支撑数字和数据，否则，人们很难记住。讲述时，最好加上我们的经验。有个导游为我们介绍位于大坝水库下方的发电厂。他当然可以直接把整间屋子的面积告诉我们，但他用了一个更有说服力的方法。他说这个房间可以容纳一个标准的足球场，并请1万人来现场看比赛，而剩下的地方，还能再修几个网球场。

几年前，在布鲁克林中区青年基督教协会的演讲培训班里，有位学员演讲时，谈及一年前被大火烧毁的房屋。他先是说了一个数字，然后说这些被烧毁的房屋，若是彼此相连，可以从纽约延伸到芝加哥。若每500米放一个火灾的遇难者，则可以从芝加哥再排回布鲁克林，形成一条悲惨的长龙。

他说的数字，我听过即忘，可是这些年，那条从曼哈岛到伊利诺伊州的库克县的燃烧的建筑长龙，我却轻易就能想起来，至今胆战心惊。

（2）引用名人名言

用名人名言支持自己的观点，是个不错的方法。但最好先做一下下面的测试。

a. 引文是正确的吗？

b. 说这句话的人是业内的权威吗？乔·路易的话若用在经济学上，奏效的自然不是他的才学，而是他的名气。

c. 听众知道那个人吗？尊敬他吗？

d. 引用的来源绝不能是旁人的成见或者喜好，一定要可靠。

布鲁克林商会培训班的学员，很多年前在谈及专业化的价值时，曾以安德鲁·卡耐基的话作为开场白。他的做法确实得到了听众的认可，这一方面是因为他引述准确，一方面也是因为说这句话的人有论述成功的资格。就算到了今天，他引用的这段名言也一样适用：

“不管你做哪一行，想高人一等，最切实有效的办法都是成为业内精英。我不赞成分散精力，经验告诉我，几乎没有人什么都做，又做什么都赚钱。我敢说在制造业上，一个都没有。所有事业有成的人，都是干一行专一行。”

（3）类比法

在韦氏字典中，类比的意思是：“两个对象有某些相近的东西……不是事物本身相像，是在事物的性质、状态或者效果上，有两个或者两个以上的相似之处。”

用类比通常也能很好地支持自己的论点。C. 吉拉德·戴维生在出任内政部秘书时，曾经发表演讲《对更多电力需求的调查》，下面这段话便引自这篇讲稿。注意看，他通过类比支持自己论点的方法：

“经济要么继续繁荣，要么变得动荡不定。就像飞机停在地上只是一堆螺丝钉、螺丝帽组成的整体，可到了天上，它就像蛟龙入水，可以尽展所长。它只有继续向前，才能留在天上。不然，只能下降，没有后退的路。”

在演讲的历史上，恐怕没有比下面这个类比更出色的了。当时南北战争如火如荼，他回复批评者说：

“各位先生，大家不妨假设一下：你让走索大师柏罗丁拿着你兑换为黄金的所有资产，通过绳索穿越尼亚加拉大瀑布。他到了瀑布上方，你会晃动绳索吗？你会不停地高喊：‘柏罗丁，低一点，快点’吗？不会，我敢说你绝对不会。在他过去之前，你会一言不发，严肃地站在边上。政府眼下也是这种情况，它正背着重担横渡波涛汹涌的大海。它手里拿着不计其数的珍宝，正小心翼翼地努力着。不要干扰它。安静一些吧，让它把你平安地带到对岸。”

（4）现场演示，也可以不演示

有一家锅炉公司的负责人想要告诉经销商，燃料是从底部而非顶部投入火炉中。为了说得明白一些，他希望能加一些展示。他们想到了一个非常简单有效的办法。演讲者拿着点燃的蜡烛说：

“看啊，它的火焰烧得多高、多亮。它没有冒烟，因为所有燃料都变成了热能。

“锅炉的燃料和蜡烛一样，都是把燃料放在下边。

“暖手的火炉是从上方添加燃料，假设这根蜡烛也是如此。（说着，演讲者把蜡烛颠倒了过来。）

“看啊，火焰越来越小，闻到烟味了吗？听到噼啪声了吗？看看火焰的颜色，因为燃烧得不充分，多红啊。最后，它熄灭了，因为上方没有足够的燃料。”

亨利·摩登·罗宾先生几年前曾在《普通人的生活方式》杂志上，发表过一篇文章，叫《打官司的诀窍》，非常有意思。上面说，一家保险公司的律师亚伯·胡莫，通过戏剧性的现场演示，巧妙地解决了一场伤人诉讼。原告博斯特维先生表示，因为掉进电梯通道，肩膀受到重创，以致右臂无法抬起。

胡莫看上去非常关心。他信心满满地说：“博斯特维先生，现在我们得让陪审团看看你的手臂能抬到哪儿。”博斯特维慢慢把手臂抬到耳边。胡莫鼓励他说：“那以前呢？再让他们看看你以前能举多高。”原告猛地把手臂举过肩头，说：“这么高。”

对于这场演示，陪审团会做何判断，我想你猜得出来。

以获得响应为目的的长篇演讲，它的重点可能有三个，但最多不能超过四个。逐条读下来，一分钟都用不上，但未免过于乏味。想让这些论点鲜活起来，让你的演讲灿若星火，引人入胜，就要看你的论据了。事例、类比和展示，有助于主要观点的刻画，统计数据和名人名言，则可以提高事件的说服力和主要观点的重要性。

4. 致知于行

大安迪柯–詹森公司的总裁乔治·福·詹森，是一位工业家和人道主义者，我顺路去拜访他时，曾和他聊过几分钟。对我触动最大的是他演讲方面的才能：既能把听众逗乐，也能把听众说哭，甚至能让听众牢记自己的话。

他的办公室，在一个空旷、繁忙的厂房里的小角落。他的神情没有一点虚假，诚挚得像老木桌一般。

他站起来欢迎我，说：“你能来真是太好了，我有个特殊的工作要做：我今晚要给工人讲话，刚才大致把结尾写好了。”

我说：“把脑袋里的演讲完整地梳理好，确实让人心情舒畅。”

“啊，我还没想好想怎么讲。”他说，“只是有一模糊的概念，并且决定要有一个特别的结尾。”

他不以演讲为生，没有研究过用什么词才能掷地有声、风雅精致。但是经验教会他一个成功演讲的秘诀：想要得到认可，结尾一定要好。如何才能让听众记住你的演讲？他认为必须在情理中层层递进，最后推导出结论。

你知道，最能区分出你是演讲新手还是演讲专家，你是笨拙还是机敏的地方在哪吗？正是开场白和结束语。戏院里有句和演讲有关的俗语：“看一个演员专业与否，只要看他们登台和下台的情况，就能知道。”

无论什么事，都是开头和结尾最考验专业能力。比如，在社交场所里，最需要技巧的是如何高雅地进场和离席。再比如，正式谈判时，最棘手的是一开始如何取信于对方以及最后如何收尾。

演讲中，最有战略价值的部分，莫过于结尾。演讲结束，人们还记得的，甚至会记很久的，通常是最后那几句话。但是，演讲新人往往会忽视它的重要性，以致没有一个让人满意的结尾。

我们不妨看看他们惯常的错误有哪些，并加以弥补。

第一，有些演讲者最后会这么说：“以上就是我想说的全部内容。就到这里吧。”说这种话的演讲者不过在故布疑阵，想用一句“谢谢大家”掩盖自己无法妥善收尾的无能。这是结尾吗？明明是个会暴露你新手身份的错误。既然你已经说了自己想说的，那坐下就行了。听众在缭绕的余音中，自然会判断出演讲已经结束。无需加一句“我说完了”的废话。

还有些演讲者，不知道如何为自己所说的话收尾。乔斯文·毕令司说，想要成功地抓住一头牛，抓尾巴比抓犄角有用。这些演讲者就是站到了牛的对面，结果再怎么努力，也无法和牛分开，爬到树上或者跑到栅栏外面。所以，除了在原地转圈，重复自己说过的话，给听众留下一个不好的印象，他什么都做不了。

所以，我们不妨一开始就想好如何收尾。不要把这件事搬到听众面前去做，那太蠢了，要知道，那时你不仅压力很大，精神紧绷，你的思想也要全都集中在你正在说的内容上。所以，如果你够聪明，就该事先在你心态平和的时候，把事情部署好。

就连韦伯斯特、布莱特、格雷史东这些声名卓著、受人爱戴、英语极好的演讲大师，都表示应该先写好结尾，然后逐字背诵。

新手若不想后悔不迭，最好向他们学。新手必须清楚，结尾用什么词不重要，重要的是把观点说清楚。

即席演讲时，我们预先准备的材料和段落，因为某些突发情况可能不太合用，要适当地删减，要符合听众的反应。所以，事先准备两三种结尾，才是明智之举。这种不合适，就换另一种。

有些演讲者说起来没完。他们说得非常快，就像油不够用一般横冲直撞，引擎砰砰作响，好似随时都会熄火。出于绝望，他们做了几个冲刺，结果只得到了抛锚带来的静谧。他们无疑有很多准备工作要做，要多练习，给油箱多加些油。

很多新手的演讲，结束得不够自然，缺少修饰，属于戛然而止。准确来说，他们不是结束了，是中断了。这一方面会让听众觉得难受，一方面也会暴露出演讲者门外汉的身份。就像在社交场合，对方说到一半忽然停下来，调转身跑出去，连句礼节性的再见都没说。

作为一个如此著名的演讲家，林肯在第一次就职演讲时也犯了这个错误。当时的局势非常紧张，仇恨的暴风骤雨，已经在头上酝酿成型。不过数周，美国各地都感受到了这场暴风雨的血腥和残暴。面对南部民众，林肯在发表就职演说时，原本想用下面这些话收尾：

“满腹怨言的各位同胞，内战的决定权在你们，不在我。政府不会斥责你们。如果发生战争，必定是因为你们变成了侵略者。你们未曾发誓颠覆政府，但我以最诚挚的心发过誓，要保护、捍卫政府；你们未必一定要攻击政府，我却肩负着保护政府的责任。要面对这一沉重的问题的是你们，不是我。”

国务卿西华看过这份演讲稿之后，一针见血地说：“这样结尾太直白、莽撞了。”他试着完善了讲稿，而且写了两个版本。林肯选定一种，又修饰一番，改了原稿的最后三句话。如此，他的第一次就职演讲便少了对立，多了善意，展示了伟大的情操和诗一样的辩才：

“我珍爱和平。我们是朋友，而非仇敌，也决不能变成仇敌。尽管目前的形势有些紧张，但决不能容许它损害我们亲密的情感。在这片辽阔的土地上，回忆这种情感，从每一个战场，每一个爱国志士的坟墓，延伸到每一颗跳动的心和每一个家庭，让联邦更加团结。到时，我们会以更真挚的心回报我们的国家，必定如此。”

新人要如何以精准的感情把结尾写好？难道有固定的原则？

不。这种东西和文化一样难以琢磨。这是一种感觉，和直觉差不多。演讲者想要实现这一目标，除非他能“感觉到”怎么做才能表现得足够纯熟和协调。

但是经过培养和磨炼，我们可以拥有这种感觉。你可以看看那些著名的演讲家是怎么做的。比如下面这段结语，摘自威尔斯亲王当初在多伦多帝国俱乐部发表的那篇演讲：

“诸位，我十分惶恐。情不自禁说了太多关于我的事。但我要告诉大家，在加拿大，在我的演讲现场，我从未拥有过这么多听众。对于我的身份和随之而来的责任，我必须告诉大家我是如何看待的。各位，我向你们保证，我会永远忠于我的责任，竭力回报各位对我的信任。”

听众就算眼神再差，也能“感觉”出这是结语。它不会像一条断裂的绳子不上不下，也不会像未加整理的杂物七零八落。它已被捋顺整齐，自当结束。

国际联盟第六次大会后的第一个星期天，在日内瓦圣皮耶瑞大教堂，大名鼎鼎的霍斯狄克博士发表了一篇名为《凡持剑者必死剑下》的演讲。他这篇演讲的结束语，写得极为优美和崇高，我们不妨看一下：

“重要的是，基督和战争是不一样的，我们不能混为一谈。唤起基督的仁心，正是今天要解决的难题。战争是人类社会中破坏力最大的毒瘤，它存在于基督说过与没说过的所有事情中。它违背了上帝关于人类的所有教义，这一点显而易见，而且这种违背是世间任何一个无神论者都想象不到的。基督教若能挺身而出，扛起我们这个时代最严重的道德问题，像上一代人那样树立清晰的道德规范，以抗衡当前的异端邪说，用自己的良知抵挡穷兵黩武的国家，让民族主义臣服于上帝的国度，让整个世界踏上和平之路，还有比这更有价值的吗？

“现在，就在这里，在这个巍峨而友好的屋檐下，我代表的不是美国政府，而是几百万同胞。作为一个美国人，作为一个基督徒，我希望也相信你们一定能完成这一伟大使命。我们祈祷它的成功，因为失败会让我们无比悲痛，出力的人很多，但大家的目标是一样的，即缔造一个世界性的和平机构。还有什么目标比它更值得我们去努力呢？人类最恐怖的灾难，就是放弃这一目标。在道德的世界里，上帝的规条如同物理世界中的万有引力一样，是没有国家和民族之分的：‘凡持剑者必死剑下。’”

可是，林肯第二次就职演讲的结束语，带着肃穆的口吻和琴音般唯美的旋律，让我们摘录的结尾变得更完整。已经离世的库松伯爵是牛津大学的前任校长，他说林肯的这段结束语“是人类的荣光与珍宝……是人类演讲最纯粹的黄金，不，最伟大的辩词”。

“我们满怀希望，我们真诚地祈祷，愿早日摆脱这场战祸。可是，上帝若不愿意结束战争，让我们把这二百五十年来免费使用奴隶换得的所有财富都还回去，把奴隶因为鞭打而流下的每一滴血都以刀剑的伤痛作为补偿，那我们也得说‘上帝的判决公平合理’，就像三千年前《圣经》中说的那样。”

“我们从未想过要欺辱谁，伤害谁，我们坚信上帝赋予了我们明辨是非的能力，我们继续奋斗直至做好这件事——治疗国家的伤痛；关怀每一位烈士和他的妻儿；竭尽所能让我们的国家甚至全世界赢得公正和永久的和平。”

我认为，凡人说过的最动听的结语，莫过于此。大家以为如何？纵观所有演讲稿，你还能找到一篇比它更有人情味、更有仁爱之心、更富有同情心的段落吗？

在《亚伯拉罕·林肯》这本书中，作者威廉·巴顿说：

“葛底斯堡的演讲已非常尊贵，但这篇演讲稿境界更高……它是林肯最伟大的演讲，凝聚他全部的智慧与心神。”

“它就像一首伟大的诗，”卡尔·史兹说，“这些话感人至深，美国再没有哪个总统对人民说过这种话，在心底有过这种想法。”

但是，我们大多数人成不了总统或者总理，不需要在华府或者渥太华和堪培拉发表演讲。你的问题可能只是对普通职员发表演讲时结语要怎么说。我们不妨研究一下有没有什么有效的办法，可以解决你的问题。我们的建议如下：

（1）归纳要点

普通的演讲者会无意识地扩大演讲范围，就算只有五分钟的演讲也是如此，以致听众最后甚至不太明白他的主要观点是什么。可惜，注意到这个问题的演讲者不多。他们觉得自己脑袋里的这些观点清晰得像水晶一样，便觉得听众也该一清二楚。其实不然。对于这些观点，演讲者已经思考了很久，可观众却第一次听说。它们就像迎面而来的一把弹珠，撞到听众身上的只是少数，掉到地上的却是大多数。听众或许看见到了很多，但记清楚的，却一个没有。

下边这个例子不错，出自芝加哥一家铁路公司的交通经理之口：

“诸位，总而言之，这套信号系统操作简单，效果显著。东部、西部和北部已经用了，我们在自家后院也已经试验过了，都证明了这一点。更何况，去年一年它避免了很多交通意外，省下来大笔金钱。所以我强烈建议：我们南方公司马上启用这套系统。”

大家看到他的成功之处了吗？他演讲的其他部分，你即使不听也知道说的是什么了。他几句话，就概括演讲的全部要点。

如果你也觉得这种概括效果很好，那就试试这个方法吧。

（2）提出行动要求

上面那个例子还有一个好处，就是“提出了行动的要求”。演讲者希望他们铁路公司把这套信号管理系统用在南部。因为这套系统可以避免交通事故，为公司省钱，所以他向公司负责人提出了这项建议。这项演讲是在铁路公司的董事会上做出的发言，并不是演讲练习，发言者也得到了公司的批复，将会启用这套信号系统。

以获得响应为目的的演讲，不妨在最后几句话中，抓住机会，提出要求，让听众去捐钱、投票、写信、打电话、购物、参军、反对、调查，做任何你期望他们做的事。但是，下面这些原则，请务必遵守：

——所提要求要明确。请说：“今晚就给本市史密斯 125 号的美国红十字协会寄 1 美元。”而非含糊地说：“帮帮红十字协会。”

——不能强人所难。如果我们没有选出那个需要抵制的“酒鬼”，就不要说“请大家投票反对‘酒鬼’”这种难以实现的事。我们可以让他们参加戒酒会，给致力于禁酒的团体捐钱。

——所提要求要易于操作。“给你的参议员写信抵制这项法案”，这种话就不要说了。听众要么觉得费事，要么不感兴趣，还有可能忘了，99%不会去做。所以，你提的要求，要看起来很容易。比如，你自己写信给参议员，说：“我们联名反对第74321号法案。”把铅笔和信交给听众，让他们签上自己的名字，如此一来，你会获得很多支持者。

（3）赞扬要简短真挚

“伟大的宾夕法尼亚州应该成为新时代的先行者。作为美国的商业中心，宾夕法尼亚不仅是钢铁的主要制造区、世界最大铁路公司的发源地，还是美国农业第三大州。它的前途无可限量，成为领导者的道路光明无比。”

上面这段结束语，摘自史兹韦伯在纽约宾州协会的演讲稿。听过他的演讲，听众满心欢喜，觉得大有可为。这个结束方式非常好，但是，演讲者的态度必须非常真挚，才能把效果展现出来。逢迎讨好、大吹大擂并不可取。若是不够真诚，这种形式的结尾会显得非常虚伪，像假币一般，遭到所有人的拒绝。

（4）收尾要有幽默感

乔治·可汗说：“要让别人笑着与你道别。”想要做到这点，不仅要有题材、有能力，还要有方法。至于是什么方法，哈姆雷特也说：这是一个问题。不同的人有不同的表达方式。

在美以美教会的聚会上，罗伊德·乔治针对著名传教士韦斯理（美以美教会的创始人）墓园的维护问题发表演讲。这是一件非常庄重的事，所有人都觉得没什么可笑之处。可是，罗伊德·乔治成功地让大家笑了出来。而且，值得注意的是，他的结语说得既顺畅又优美。

“听说各位已经开始修葺他的墓园，我非常高兴。我们应该尊重这个墓园。他厌恶一切脏乱的东西。我记得他说过：‘所有美以美教徒都应该干净整洁。’这就是为什么你在美以美，看不到不修边幅的教徒。（笑声）他的墓园要是破烂不堪，那太不尊重他了。各位记得吧，有一次在德比夏郡，有个女人看见他经过，飞奔到门口，喊了一句：‘韦斯特先生，上帝与你同在。’他说：‘小姐，你的脸和围裙若能干净一些，心意更诚。’（笑声）他就是如此讨厌脏乱，所以他的墓园应该整洁一些。不然，他偶尔经过这里，怕要伤心死了。请善待这个墓园。它是神圣的，有纪念意义的，是你们安放信仰的地方。（喝彩声）”

（5）用著名的诗句收尾

听众最容易接受的收尾方式，莫过于诙谐与诗句。其实最好的方式，就是用短句或者诗句收尾，当然有个前提，就是得适用。它可以带来最合理和协调的气氛，让你的演讲别具一格，富有美感。

爱西堡年会上，世界扶轮社的社长哈里·劳德爵士向美国扶轮社代表团发表的那篇演讲，就是以这种方式收尾的：

“各位回国后，也许会给我寄明信片。就算你们不寄给我，我也一定会寄给你们。你一看就知道寄件人是我，因为没有邮票。（笑声）但我会在上面写些东西：

春天离去，夏天来，秋天离去，冬日来，
枯荣自有定数。
但唯有一件事永远清晰，一如晨间的露水，
那就是我对你的爱和诚意，亘古不变。

这首诗既符合哈里·劳德的性格，也符合当时的氛围。所以，他以此结尾，再合适不过。扶轮社社员素来严谨持重，若演讲现场的气氛非常庄重，那这样的结尾就会变得唐突，甚至是荒谬了。我很清楚，想要找出一个适用于所有场合的一般规则，难度极高，这点我做的演讲越多，就越有体会。要知道，很多时候得看演讲的题材、时间、地点和演讲者自己的情况。圣保罗说：“所有人都得自救。”正是如此。

在纽约市某位工作人员的送别会现场——我作为贵宾应邀出席——有十几个

人一一登台称赞他，祝他在新的岗位上工作顺利。上台的人有十几个，但只有那个以一首短诗作为结尾的人让人印象深刻。他转身面对自己送别的那位朋友，真挚地喊道：

再见了，祝你好运。
愿你万事如意。
我的祝福和东方人一样真诚：
祝你永远和平宁静。
无论你走到哪，去往何方，
我美丽的棕榈树，请健康成长。
在日间的劳作，在夜晚的安眠，
我把我的爱送给你。
我的祝福和东方人一样真诚：
祝你永远和平宁静。

亚伯特先生是布鲁克林LAD汽车公司的副总裁，他以《忠诚与合作》为题向职工们发表演讲。他演讲的结束语，正是吉卜龄《第二丛林诗章》里的一首抑扬顿挫的小诗：

“‘丛林法则’是古老的，是精准的，一如天空；遵守这项法则的野狼得以繁衍生息，违背这项法则的野狼只会走向灭亡。

“这项法律，和缠绕在树干上的藤蔓一般，无处不在。因为野狼懂得团结，团结才是野狼。”

（6）引用《圣经》中的文字

如果《圣经》中的文字可以出现在你的演讲中，那真是再幸运不过。《圣经》之言往往效果显著。著名财经专家弗兰克·范德利普有一篇演讲叫《盟国欠美国的贷款》，它的结尾方式就是这种：

“我们若按照章程索要贷款，恐怕永远都要不回来。我们若只顾自己，坚持索要，恐怕要回来的不是钱，而是仇恨。我们若慷慨一些，且手段足够高明，那我们不仅能收回所有欠款，还能因为有恩于他们，而得到更多物质上的回报。‘凡要救自己生命的，必丧掉生命；凡为我丧掉生命的，必得着生命。’”

（8）高潮

很多人都选择把高潮作为结尾，但把握起来很难。而且高潮终究不是结尾，这点不管哪个演讲者，说的什么题材，都一样。一步步向前，句子越来越有力，最终达到顶点，若能这样好好运作，自然效果良好。

林肯有一篇关于尼亚加拉大瀑布的演讲，也用了这种方法。值得注意的是，他的比喻一个比一个有力，他用自己的时代与哥伦布的时代、基督的时代、摩西的时代、亚当的时代，分别进行比较，以起到叠加的效果。

“于是我们想起过去。尼亚加拉大瀑布在哥伦布首次发现新大陆时，在基督被钉上十字架时，在以色列人跟随摩西穿越红海时，不，在造物主创造了亚当时，就已矗立于此，翻涌怒吼，就像现在一样。我们凝视着尼亚加拉大瀑布，就如过去的他们。尼亚加拉大瀑布出现的时候，人类尚未诞生。它今天的声势与生命力，并不比一万年前逊色。史前巨象和乳齿象早已灭绝，没有骨骼残片，我们甚至不知道它们的存在，它们也曾凝视过这个瀑布。时间如此漫长，但这个瀑布没有一分一秒的停顿，它没有干涸过，没有冰冻过，没有闭眼过，也没有休息过。”

在讲述地中海共和国国父图生·罗伯齐的事迹时，文戴尔·菲利普用的也是这种方法。很多演讲教材都摘录了他的这篇演讲。下面是它的结束语。我们可以看到它写得非常有意思，既热情又鲜活，当然，它在言辞上不太符合现代人质朴真挚的习惯，有些过于华丽。这篇演讲稿写于50年前。在50年后的今天，尘埃已经落定，你发现约翰·布朗和图生·罗伯齐在历史上根本没有文戴尔·菲利普想象的那么重要，这太好笑了。我们很难推断出历史的发展方向，就像我们很难推断出明年的股价和猪油的价格一样。那段话的原文如下：

“拿破仑违背了自己的誓言，屠戮了不计其数的性命，才赢得了自己的帝国，所以我不能说他是拿破仑。他坚守自己‘忘记仇恨’的人生信条和生存法则。在法国，他和儿子说的最后几句话是：‘孩子，你早晚要回圣多明戈，法国是杀了我，但要忘记这件事。’克伦威尔只是一个军人，身死国灭，所以我不能说他是克伦威尔。弗吉尼亚的伟人华盛顿使役奴隶，而他宁可失去王位，也不允许买卖奴隶的情况发生，即使是在国内最偏僻的村庄里，所以我不能说他是华盛顿。

“今晚，我在各位眼中或许是个疯子，因为你们看历史时戴了有色眼镜。但再过 50 年，当真相浮出水面，福西昂、布鲁斯特、汉普登和法拉叶，会在历史女神的裁决下，分别归于希腊、罗马、英格兰和法国，她会把华盛顿定为我们早期文明的一朵最伟大绚丽的花，把约翰·布朗定为我们这个时代香醇的果实。然后，她会以阳光为墨，在他们所有人之上，以绚丽的色彩写下这个名字——图生·罗伯齐，他是一个军人，一个政治家，也是一个殉道者。”

在你想到一个好的开场白和结束语之前，你要不断地寻找、研究和练习，并将它们整理到一起。

随着生活节奏的加快，演讲者若不学会提炼内容，不要说受欢迎，不被厌恶就是好的。

就连使徒保罗的门徒——塔瑟城的扫罗都未能幸免。他布道时喋喋不休，结果一个名叫尤太朱斯的小伙子听睡着了，从窗口跌落，摔断了脖颈。这可能都没让扫罗闭上嘴巴。我记得有一次布鲁克林大学俱乐部有一场演讲，演讲者很多，时间拖得非常晚。最后一位演讲者是位医生，他上台时已经凌晨 1 点了。他要是聪明一点或者懂一些人心，就该知道我们都想回家了，他最好只说十几句。可是，他没这么做，他那场抵制活体解剖的演讲说了 45 分钟之久。他才说一半，听众就不想听了，只盼着他能像尤太朱斯一样从窗口跌落，随便摔断什么，胳膊腿都行，只要他能闭嘴。

当初还在《星期六晚邮》当编辑时，罗里莫和我说，如果读者对某个系列的文章喜欢到了顶点，他会马上终止这个系列。这时读者会一致要求多刊登一些。既然如此，他选择在那个时间点停掉这个系列的原因是什么呢？罗里莫先生说：“因为过了喜欢顶点，就是满足了。”

演讲时也可以，不，应该说更应当用这种睿智的做法。在听众对后续内容充满期待时，选择急流勇退。

《登山宝训》是耶稣基督最神圣的演讲，念一遍只要五分钟。林肯的《盖茨堡演讲》不过十句话。《圣经·创世纪》所记载的上帝创世的故事，你很快就能读完，甚至比不上你读早报里一遍报道谋杀案的新闻所用的时间……请务必言简意赅。

詹森博士是尼雅沙兰的副主教，他写了一本书描述非洲原始人。他和他们一起生活了49年，一直在观察他们。他说，他们在村口集会时，若有哪个演讲者敢说起来没完，他们就会高喊“伊梅图沙！”“伊梅图沙！”——“停！”“停！”，让他闭嘴。

听说，还有一个部落会让演讲者单脚站立，只要他坚持不住，让另一只脚落地，演讲就要结束。

不要以为普通听众温文有礼，懂得自我约束，就以为他们喜欢演讲者滔滔不绝。

所以，留意听众的反应。我知道你看得到。演讲时要懂得换位思考。

演讲技巧要物尽其用

“本书介绍了很多语言技巧，你考虑过什么时候开始用吗？我建议马上。”

为了知道学员有没有善用书里的技巧，培训班的第十四堂课，我通常会让他们说说自己平时的应用情况。推销员说自己卖出了更多的东西；经理说公司的业绩稳步上升；主管们表示自己的协调能力更好了……因为他们把语言技巧用在了工作中。这让我非常欣慰。

理查·狄勒在《今日语言》杂志上说：“商业交流系统的血液，是说话、说话的态度、说话的频率和说话的氛围……”通用汽车公司戴尔·卡耐基基础课程的主管弗莱德·康纳德也曾经在《今日语言》发表文章说：“我们知道，从某种意义上讲，每个管理者都是老师，所以我们才这样热爱语言培训工作。管理者要不断地解释、说明，下令、批评，与上级、与本部门的所有人员不停地讨论各项事宜，才能完成以下环节：招聘员工，对其进行初步培训，最终落实工作。”

当我们闲话家常的技术越来越好，足以在讨论问题、解决问题，并做出决定会上发表公开演讲时，我们不妨回头再看看本书传授的那些演讲技巧，你会发现，它们确实能让你更好地进行日常交流。当众演讲的技巧，可以让你成功地参与会谈、操控会谈。

整理思路、阐述观点、拣选词句、热情真挚的演讲态度，可以保证你的观点最后能完整地表达出来。所有这些部分都已详细介绍过了，接下来如何，就要看读者在社会活动中能不能灵活运用了。

本书介绍了很多语言技巧，你考虑过什么时候开始用吗？你不要觉得吃惊，我的建议是马上。

你可能暂时没有公开演讲的机会，但你要知道本书教导的技巧和原则，在日常生活中也可以用。我说的马上开始，指的是你在说下一句话时就用上这些技巧。

你研究过自己每天说的话吗？如果研究过，一定会发现——虽然有些不可思议——它们和本书论述的正式沟通非常接近。

我在前面曾经说过，大家在公开演讲时，要知道演讲的目标是解释说明，还是娱乐大众，是让听众接受自己的观点，还是让他们做什么事。公开演讲时，你的演讲内容和演讲态度都要围着你的目的转。我们平时说话，往往目的不定，一天变换几次，而且相互交杂。刚刚还慷慨激昂地向朋友推荐某种产品，不过几秒，就变成了要让孩子养成习惯，把零用钱存到银行。这种情况非常普遍，但是如果你在日常生活中善用本书介绍的谈话技巧，你就能充分表达自己意愿，实现自己说服他人或鼓励他人的目标了。

1. 用到日常生活中

我们不妨拿出一个技巧，举例说明。在演讲中加入细节，可以更形象地展现演讲者的意志，这点在前面我已经说过。公开发言时用这种技巧有效，日常交流时用这种技巧一样有效。难道你不觉得那些家喻户晓的幽默大师，都有把语言形象化的才能吗？他们说话时，有没有加入一些绚丽的、戏剧化的细节？

我在前面强调过，在学习谈话技巧前，要先树立自信心。自信心会让人觉得自己是安全的，让人敢于与人来往，在私下交流时自由地阐述观点。你越是想表达自己的观点，就越会竭尽所能翻检自己的经验作为素材，就算再小的场合也一样如此。奇迹就是这样发生的，你的眼界会越来越广，你会领悟到更深一层的生命的意义。

通常来说，家庭主妇的兴趣爱好较少。当她们把谈话技巧运用到自己狭小的社交圈，另一番感受会让她们精神勃发。在演讲培训班中，哈特太太这样和自己的同学们说："我找到了自信，我敢在公开场合发言了。我开始关心时事，喜欢上聚会。我有很多人生经验可以说，我发现社会上的很多新活动都很有意思。"

我们在语言培训中发现，很多人和哈特太太有类似经历。只要你有了"学习"和"致知于行"的动力，你就会有一系列的行动和互动，你的性格会越来越外向，然后，进入一种良性循环。哈特太太说，书里的任何一项原则都能给人带来极大的满足感，只要你遵行不渝，正是如此。

父母要教导孩子，园艺师要告诉别人用新方法修剪玫瑰，游客们互相交流最好的旅游路线……所以我们大部分人虽然不是专职教师，却无时无刻不在用语言阐述自己的观点。无论何时，你说的话都应该语义清晰，思维连贯，充满力量。

2. 用到工作中

接下来我们要讨论的是沟通技巧对我们工作的影响。我们所有人都有自己的职位：或是销售员、经理、职员，或是总裁、社团负责人、教师、牧师，或是护士、医生、律师、会计、工程师。我们需要给别人讲解我们的专业知识，对别人进行专业指导，而上级在评判你的业务能力时，也会考虑你的言辞是否简明扼要、清晰准确。加强"解说业务"的练习，不仅可以加快思考速度，还可以让你言辞更灵活，这些技巧都可以用在正式演讲中。现在不管是在商业中，还是在社会上，都要求人们有清晰的语言表达能力，这点从企业界、政府机关、职业机构出现了大量演讲培训班，就能看出来。

3. 主动寻找公开发言的机会

把本书传授的沟通技巧运用到日常谈话中，往往能出奇制胜。所以，你要主动寻找当众发言的机会。这里有个办法非常简单，就是加入一个需要当众发言的俱乐部，并想方设法积极表现，给委员会帮忙。还有一个办法可以表现自己，就是当一个业余的节目主持人，如此一来，你就有很多拜访杰出人物、做介绍人的机会了。

你要善用本书的各项建议。演讲开始前，拿出二三十分钟演练一下，尽量让俱乐部成员都知道你将为他们做一场演讲。

演讲的机会不计其数。你们所在的城市有演讲会吗？你可以主动过去发表演讲；有些机构为了筹集资金会找一些志愿者帮忙宣传，你可以去试试。他们甚至会传授你一些演讲技巧，以保证宣传效果。很多著名演讲家都是这样起步的。他们偶然地抓住了一个机会，然后一飞冲天，赢得了骄人的成绩。比如山姆·李文先生，他原本在纽约的某所中学当老师，但他非常喜欢通过一些简短的演讲，谈论自己最熟悉的人和事，比如家庭、朋友、学生和工作生活中的新鲜事。没想到听众非常喜欢这些事，没过多久，就有人邀请他在正式场合发表演讲，有很多广播节目请他做特约嘉宾，他最后放弃教职，进入娱乐圈，成了一位广播电视明星，一位备受欢迎的演讲家。

4. 坚持不懈

不管你学什么，法文、高尔夫，还是当众演讲，都不会像直线一样，一直进步。它更像是海浪，骤起骤落，忽动忽静，有时甚至会进一步退两步，连原本的成绩都保不住。心理学家对这种裹足不前甚至大幅下滑的情况非常熟悉，称之为“高原现象”。这种现象，学习演讲的人也会遇到，以致几周甚至几个月毫无进步。有时用尽全力也冲不过去，很多人因为不够坚定选择了放弃。但是那些坚忍不拔的人不会，他们会不屈不挠地努力训练。然后某一天，他们忽然发现自己的谈话技巧奇迹般地突飞猛进，就像穿越高原的飞机般，力量强劲，信心十足。

本书之前说过，很多初学者看到听众时，心里会非常慌乱，脑袋像被撞了一样，精神也无法放松。事实上，那些有着丰富的公开演出经验的大音乐家，也有这样的感觉。比如，著名音乐家帕德列夫斯基，他每次坐到钢琴前都很紧张，会不由自主地摩擦袖口。但是只要他按下琴键，恐惧就会瞬间消失，就像八月的阳光射入迷雾一般。

你也会这样。只要坚持不懈，你的所有问题很快就会消失无踪。你只要说完最开始那几句话，你的情绪就会稳定下来，你就能对着听众兴致勃勃、信心十足地继续演讲了。

有一次，有个年轻人给林肯写信说自己想学习法律。林肯回复他说："你若下了决定，那已有五成的把握成为律师……但最重要的是永不言败的决心，这点你必须时刻谨记。"

林肯对这些体会很深，因为他经历过。他一生在学校学习的时间，加起来还不到一年。他说自己有一次步行五十里去借书。他小木屋里的柴火时常烧到天亮，因为他要借着火光努力读书。他会把书塞进木屋的缝隙里，等到天亮，他从铺满树叶的床上爬起来，揉揉眼睛，便能抽出书，如饥似渴地研读。

他有时步行二三十里去听演讲，回到家，便在田里、树林里、杂货店的人群中，练习演讲；他加入新沙龙和春田的辩论学会，和人讨论当时的各种政治问题。面对女性，他总是放不开手脚。那时他想追求玛丽·陶德，可只会一言不发地坐在走廊里，由着她唱独角戏。但他最后却成了一位著名的演讲家，一个能在议会中和最优秀的雄辩家道格拉斯一决高下的人；他在葛底斯堡发表的第二次总统就职演说扣人心弦，举世无双，而他之所以能走到这一步，靠的就是夜以继日的勤学苦练。

你遇到过多少磨难，经历过多少挫折，能和林肯比吗？可是林肯却说："你若下了决定，那已有五成的把握成为律师……"

林肯的画像就挂在白宫总统办公室的墙壁上。罗斯福总统说："每次我遇到难以抉择的事，比如那些利益纠葛，我就会抬起头，看向林肯，想象他若是遇到这件事会怎么办。这听起来荒唐，但事情真的就好办多了。"

罗斯福的方法，你也可以试试。当你意志消沉，觉得自己无论如何也成不了大演讲家时，你不妨问问自己："林肯若遇到这种事，会怎么做？"你知道答案的。当他败给道格拉斯，以致未能成为参议员时，他真心诚意地对自己的支持者说："即使失败一百次，也不要放弃希望。"

5. 要对成功充满希望

下面这段话是威廉·詹姆斯说的，在你把它记到心里之前，我建议你每天早上都在餐桌上翻开这本书：

“年轻人，就算你没有接受过高等教育，也不必忧心忡忡，你只要每天都在忙碌地生活和工作，一分一秒都没有浪费，就已经把最后的结果攥在手里了。你可以满怀自信等待着，某个美丽清晨，当你睁开眼睛，你会忽然发现自己已经成功地得到了你想要的。”

既然作为著名心理学家的詹姆斯教授都这么说，我不妨也说一句，只要你勤学苦练，不屈不挠，可以满怀自信等待着，某个美丽清晨，你会忽然发现自己已经跻身于城里或者社区里的大演讲家之列。

这句话听起来虚幻，却是个经得起考验的原则。当然，你若是不够坚定、非常自卑，没有任何值得讲述的人生经验，那就只能是一个例外，无论如何都成不了丹尼尔·韦伯斯特。这个原则针对的只是一般情况。

再比如，我们曾经邀请新泽西上一任州长史多克出席培训班的毕业晚宴。他后来和我说，他那晚听到的演讲，就是和发生在华盛顿参议院和众议院的演讲相比，也不遑多让。但几个月前，这些“演讲家”还磕磕绊绊，不敢面对听众。他们是新泽西的商人——美国随便一个城市都有很多这样的人——不是古代的雄辩家西塞罗。但是在某个美丽的清晨，当他们睁开眼睛，忽然发现，自己已是城里最出色的演讲家之一，甚至全国闻名。

我认识很多为了获得在听众面前高谈阔论的自信，而想方设法地奋斗不息的人。那些成功者，天赋异禀的非常少，大部分都是寻常商人，而他们成功的秘诀就是永不放弃。反倒是那些有天赋的人，因为经不起挫折，对金钱太过痴迷，最后成了一个毫无特点的庸人。只要你敢想敢做，坚持不懈，早晚会成就一番事业，就算你是普通人，已经穷途末路，也一样如此。

这既符合人性，也符合自然规律。这种情况普遍存在于所有行业中。美国石油大王约翰·洛克菲勒说过，耐心和必胜的信心，是商业成功的第一要素。这个秘诀也可以提高演讲技巧。

韦尔德·凯瑟是奥地利阿尔卑斯山上的一座高峰，几年前，我曾经登上了这座山峰。我和我的朋友都不是专业登山员，但我们没有按照《贝德克旅游指南》建议的那样聘请向导。有个朋友问我们能成功吗，我们斩钉截铁地说：“能。”

那个朋友又问：“你们怎么知道能成功？”

我说：“别人不请向导可以成功，我们自然也可以，我从不考虑失败的可能。”

我们做任何事，不管是征服珠穆朗玛峰，还是学习演讲，都要抱有必胜的信心，这才是正确的心态。

你的演讲有多成功，是由你思考的情况决定的。想象一下，你正在和别人讲话，而且你控制得非常好。你可以做到的。如果你想走上成功之路，开心地做每一件事，那你必须有成功的信心，而且是坚不可摧的信心，

南北战争期间，海军上将杜彭没有将战舰开进查尔斯港，他滔滔不绝地说了很多辩解之词。法拉格上将认真地听完，最后严肃地对他说：“你落下了一个理由。”

杜彭上将疑惑地问：“什么理由？”

“你觉得自己做不到。”

我们培训班的学员得到的最珍贵的一样东西，就是对成功的自信。在获得成功的道路上，难道还有比自信更重要的心理状态吗？

爱默生说：“伟大源于热情。”这句话是修辞艺术，更是成功的秘诀。

耶鲁大学很少有教授比威廉·菲尔普教授更受欢迎，更得敬重。他在《教书热》这本书中说：“教书是我最喜欢的工作。画家有多爱画画，歌手有多爱唱歌，诗人有多爱写诗，我就有多爱教书。每天早上我一睁开眼睛，脑海中浮现的就是那群生机勃勃的学生。”

喜欢自己的职业，对手里的工作满怀热情，成功不是水到渠成的事吗？菲尔普教授把自己的热情、真诚和爱融入教学之中，所以对学生才有这么大的影响力。

你在做成功演讲的练习时，若也有这样的热情，你会发现一切问题都将迎刃而解。你不妨挑战一下自己，用所有的精神和力量去沟通。想象一下，你从容淡定、自信满满，吸引了全场的注意力，让他们的情感和心灵深受触动，想象一下那种骄傲的感觉。发现没有，展现自我的能力也会带动其他能力的发展。练习成功演

讲会让你走上一条平坦的路，让你对工作和生活充满信心。

《戴尔·卡耐基课程教学手册》中有一句话，是这样说的："听众的关注，老师的称赞和同学们的掌声，会让学员慢慢产生一种内力，让他们越发勇敢和镇定，他们从未有过这样的感觉。这种感觉让他们有了尝试的欲望，他们开始期待公开发言，他们开始活跃于商业领域和其他领域。"

"统驭术"是我经常提到的一个词，统驭术在现代社会的一个标志，就是要有清晰、准确、有效的表达能力。领导者不管是私下谈话还是公开演讲都要用到这种能力。这部分介绍了很多谈话技巧，你若能充分运用，必定能在家里、社会团体、民间组织、公司和政府机构中，成为一个意气风发的领头人。

六、提升记忆力的方法

著名心理学家卡尔·希修教授曾经说过："因为违背了记忆的自然原则，我们实际的遗传能力，普通人只能用10%，剩下的90%都浪费了。"

你是这样的普通人吗？你的事业和生活顺利吗？我在这部分会对记忆的自然原则加以解释，告诉你在商业上、社交中和公开演讲时，要如何应用。

"记忆的自然原则"有三条：印象、重复、联想。再简单不过。它是所有"记忆系统"的基础。

方法一：印象

1. 安坐房间看历史书的罗斯福

记忆的第一个原则：对你要记住的东西产生印象，这种印象应该深刻、形象而持久。你必须集中精力才能实现这一目标。认识罗斯福的人，都知道他记性非常好。不管是人，还是事，他的记忆像是刻在钢铁上，而非写在水上。这种能力是他刻苦训练的结果。就算情况再乱，他也能集中精力，专心致志。1912年芝加哥大选，竞选总部国会旅社周围的街道上，挤满了群众，他们挥舞着旗帜，大声喊着："我们要泰迪（罗斯福的昵称），我们要泰迪。"民众的嘶喊，乐队的音乐，络绎不绝的政客，简短的会议和各种秘密协商，把场面弄得一团混乱。普通人这时一定会心慌意乱，焦躁不安，可是罗斯福泰然自若地在房间的躺椅上安坐，对所有的混乱和喧嚣视而不见，认真地研究着古希腊历史学家希罗多德的著作。他曾经去巴西游历，那时，每天傍晚回到营地，他做的第一件事，就是在大树下找一个干爽的地方，拿出宿营用的小凳子和从不离身的吉本的《罗马帝国衰亡史》，津津有味地看起来。不管是倾盆大雨，还是营地的喧嚣，或者热带雨林的古怪声响，他都充耳不闻。环境这么差，他都能全神贯注地看书，记清楚里面的内容，又有什么难的？

聚精会神地看五分钟，比浑浑沌沌地想好几天还有效。亨利·毕邱说：“庸庸碌碌一辈子，还不如激情勃发一小时。”大吉尼·葛瑞斯是贝泰钢铁公司的老板，一年有几百万美金的收入，他说：“把注意力集中到你正在做的事情上，是我这辈子学会的最重要的经验。无论何时我都严格遵守。”

这是力量的一个诀窍，用在记忆力上，则更有效果。

2. 看不见的樱桃树

爱迪生手下有 27 个助理研究员，他们每天的路线都是固定的，从新泽西州的门罗公园到灯工厂，再到重点实验室，来来回回，走了 6 个月。有一天，爱迪生问他们有没有在这条路上看到一棵樱桃树，这 27 个人中居然没有一个人看见过。

活力四射的爱迪生于是宣布：“我们脑袋记住的事情，还没有我们看到的千分之一。你想象不到，我们的观察力有多差。”

当你把自己的两三位朋友介绍给一个普通人时，2 分钟之后，你再问他，我敢说，他一个名字都没记住。这是因为他由始至终没放进去多少注意力，他的观察方式是错的。他或许会说自己记性不好。但根本不是这回事，是他的观察力不好。照相机拍不出雾里的东西，他觉得正常，但他却指望自己能记住迷雾中的东西。这明显实现不了。

乔瑟夫·普立兹是《纽约世界报》的创始人，他在编辑部所有员工的座位上都贴了一个标签：

正 正 正

确 确 确

我们要的就是这个。首先，对方的名字一定要弄清楚，要保证是对的。只要有模糊的地方，就要再问一次，最好问清楚是哪个字。你对他的名字如此感兴趣，他只会觉得惊喜，不会感到厌烦的。你关注过他的名字，得到的印象是清晰、准确的，如此一来，自然不容易忘。

3. 像林肯一样大声朗读

林肯小时候在乡下念书，学校非常穷，地板是用碎木头拼的，窗户上贴的是写满字的满是油污的纸，而非玻璃。全班只有一本教材，老师念一句，学生跟一句，因为朗诵的声音太大，附近的人管它叫“长舌学校”。

林肯在“长舌学校”养成了一个习惯，一辈子都没改掉：不大声朗诵就记不住书里的内容。每天早上，他到春田的律师事务所，第一件事就是坐在沙发上，把一条因为太长而不够灵活的腿搭在附近的椅子上，拿起报纸大声朗诵。他的同事说：“我都快被他吵疯了。我问他为什么非要读出声。他说：‘大声朗读让我有两种感觉，一种是视觉上的，一种是听觉上的，这样我记得更牢固。’”

林肯的记忆力极好。他说：“我记东西就像在钢板上刻字，刻上去难，抹下去更难。”

他正是以那两种感觉为工具，在记忆的钢板上刻字的。你不妨也试试看。

当你想记住什么东西时，看和听并不是最好的方法，时常去摸、去闻、去品尝才是。

在所有感觉中，看最为重要。人是视觉动物，记忆最深刻的是看见的东西。就像我们已经忘了某个人的名字，但还能想起他的样子。通向脑袋的视觉神经比听觉神经多 25 倍。中国有句俗语：“耳听为虚，眼见为实。”正是如此。

当你想要记住某个名字、电话或者演讲提纲时，把它们写下来，认真地用眼睛去看，然后闭上双眼，想象一下它们的每个字母都闪着金光，慢慢地浮现在你眼前。

4. 像马克·吐温一样收起演讲笔记

马克·吐温刚开始演讲的时候，一直带着笔记和提纲。后来他发现若能善用视觉记忆，这些东西不带也罢。至于这种变化是如何发生的，他在《哈波斯杂志》上提到过：

“日期之所以难记，是因为它是由单调的数字组成的，无法构成图像，所以容易被我们的眼睛忽视掉。借助图形，特别是你自己设计的图形，可以让数字明显起来。我在这方面颇有经验。千真万确，记住：一定是你自己设计的图形，这点非常重要。30 年前，我每晚都有演讲，为了帮助记忆我会准备一张纸条。上面摘录了 11 个开头，大概写着：

那里的天气——

当时的风俗——

可是加州人从未听说过……

“这 11 句话是每一段的开头，这样我就一段都不会落下了。可是它们在纸上，看起来没有任何区别。它们不是图形，我虽然可以记住它们的内容，却记不住它们的顺序。所以，我时不时都要拿出纸条来，看上一眼。有一次，我不小心弄丢了纸条。你绝对想不到那天晚上，我慌成了什么样子。我需要一个更可靠的办法。按次序，记住每句话的第一个字可行吗？那、当、可……第二天晚上，我还在上台前，用墨水把 10 个字写在指甲上，一个指甲一个字，可惜白费力气。我只能记住很短的时间。现在的问题是，我用过了哪个手指，接下来该用哪个手指了，我确定不了，我总不能用完哪根手指，就把对应指甲上的字舔掉吧。我要是那么做，听众一定会觉得很奇怪。我还没那么做，他们就已经觉得奇怪了：毕竟我看起来，喜欢指甲多过喜欢演讲。还有一两个人听完演讲后，跑过来问我：‘你的手怎么了？’

“我忽然想到画图。两分钟不到，我就画了 6 幅图。它们和那 11 句话的作用是一样的，但这些图，我画完就可以扔掉，因为我知道，我只要闭上眼睛就能看到它们。就这样，所有的烦恼都消失无踪。那次演讲发生在 25 年前，随着时间的流逝，我忘记了当时的事，但我还清楚地记得那些图画，还可以根据它们想起我的演讲。”

我也用这种方法帮助记忆。有一次，我要发表讨论记忆力的演讲，有很多内容都是这章说过的。我也用图画记住要点，在我的设想中有这样几幅图景：罗斯福坐在房间里看历史著作，在他窗下的街道上是大声喊叫的民众和正在弹奏的乐队；爱迪生盯着一棵樱桃树；林肯在大声读报纸；在听众面前的马克·吐温正在舔指甲。你看，事情是不是简单多了？

至于这些图画的顺序，按 1、2、3、4 排列，也不容易记忆。不妨把数字也变成图画，插入原本的画面中。例如，一（one）听上去和跑（run）有点像，那不妨想象成罗斯福在房间里看书时，正骑着奔跑的马。二（two）听起来和动物园（zoo）

有点像，那不妨想象成爱迪生盯着的樱桃树旁边有一个铁笼子，里面关了一头熊。三（three）看上去有点像树（tree），那不妨想象成林肯躺在树上，对着朋友大声朗诵。四（four）可以想象成门（door）。马克·吐温靠着一根柱子，后边是一扇打开的大门，他一边舔指甲上的墨水，一边在和听众讲话。

看到这儿，很多人都会觉得怪异，这我清楚。它确实怪异，但这正是它能够起效的一个原因。我们往往对荒唐和诡异的事印象深刻。我当然可以用数字来记忆要点的次序，但这并不容易记清楚。而我刚刚使用的那种方法，则很难忘记。当我想到第三个要点，我只要问问自己，谁在树上，林肯大声朗诵的画面就会出现在我眼前。

我把一到二十的数字，全都以发音相近为原则，转化成了图像，以备不时之需。我把它们写在下面，你只要花半个小时记忆这些图形，就能随时确定二十件事的先后顺序。至于哪个是第八件，哪个是第十四件……你都能张口就来。

下面就是那些图形数字。很有意思，你不妨试试。

(1) run（跑）——想象成一匹奔跑的马

(2) zoo（动物园）——想象成动物园里一个装着熊的笼子

(3) tree（树）——树上挂着你要记住的东西

(4) door（门）——也可以是声音和 four（四）很像的物件和动物

(5) beehive（蜂巢）

(6) sick（病）——想象成一位红十字会的护士

(7) heaven（天堂）——想象天使正在黄金铺就的路上演奏竖琴

(8) gate（大门）

(9) wine（酒水）——桌子上有一瓶酒打翻了，酒水顺着桌子流到地上

(10) den（野兽的巢穴）——森林深处的一处洞穴，里面住着野兽

(11) rugby（橄榄球）——橄榄球队里的十一个队员正在球场上激战，被抛到空中的橄榄球，就是我们想要记住的东西

(12) shelf（架子）——想象有人正往架子上放一样东西

(13) hurting（受伤）——想象从伤口中喷涌出的鲜血洒在了第十三件东西上

(14) courting（追求）——坐在长椅上的一对小情侣正在亲吻

(15)lifting（举起）——一个健硕的男人正在举起某样东西

(16)licking（打败）——一场激战

(17)leavening（发酵）——一个家庭主妇正把第十七件东西塞进面团里

(18)waiting（等）——在一处岔路口，一个女人正焦急地等人

(19)pining（相思）——想象一个哀泣的女人把泪水洒在了你要记住的第十九件东西上

(20)horn of plenty（丰富的角）——想象一只盛满鲜花、玉米和水果的山羊角

试一下吧，用几分钟把这些数字图形记下来。你若愿意，还可以自己设计图形。比如ten（十），你可以把它想象成任何和它发音接近的东西，像是wren（鹪鹩）、Fountain pen（自来水笔）、hen（母鸡）等。如果你要记忆的第十样东西是风车，你可以想象成母鸡骑着转动的风车，或者风车把它抽上来的水灌进了自来水笔里。然后，当你想到第十件东西时，不用想十，只要问问自己母鸡在哪儿就行了。不要觉得不管用，先试一试。我敢说，人们很快就会惊异于你有这么好的记忆了，还有比这更好玩的事情吗？

方法二：重复

1. 看一本长度和《圣经》相当的书

开罗的爱资哈尔大学是世界最大的学校之一。它是一所伊斯兰教大学，有两万一千人在那里就读。每位申请进入爱资哈尔大学的学生，都要背诵《古兰经》。《古兰经》和《圣经·新约》的长度相当，全部背完要用三天时间。

中国古代参加科举的学生，也叫“生员”，也需要背诵本国的古典著作。

阿拉伯和中国学生的记忆力为什么这么好？

因为他们使用了“记忆的第二条自然原则”——重复。

只要你经常重复、使用你想要记住的资料和知识，你也能大量记忆。把新词插入到你的谈话中，如果你想记住某个人的名字，就多叫他几次。与人交谈时，

谈谈你演讲的重点。那些知识和资料，用得越多，记得越牢。

2. 如何重复更有效果

死记硬背、盲目重复，用处不大，我们应该在重复中加入一种特定的思维特征，这样重复才是有效的。比如，艾宾豪威教授让学生们背一些没有特定含义的发音，像是“duyux”“goli”等。学生们若不停地读，要读 68 遍才能记住这些发音；学生们若隔一段时间读一次，读 38 遍——总共用了大约三天——也能记住这些发音……其他心理测试也得到了相同的结果。

这是关于记忆力的一个重大发现：当你要记忆某件东西时，你可以坐下来不停地记忆，也可以隔一段时间记忆一次，而前一种方法所用的时间和精力，正好是后一种方法的两倍。

我们的思考模式——这种叫法也许不太合适——之所以这么奇怪，原因有二：

第一，我们的潜意识会在背诵的间隙，做一些有效的联想工作。詹姆斯教授说：“冬天我们能学会游泳，夏天我们能学会滑冰。”

第二，不断地重复会让我们的头脑感到疲惫，而分段记忆可以避免这一问题。《天方夜谭》的译者理查·波顿爵士熟练地掌握了 27 种语言。他说我每次最多只拿出 15 分钟进行语言的学习和研究，“因为 15 分钟之后，我们的头脑已经对它失去了兴趣。”

知道了这种情况，再有学问的人，也不会把演讲的准备工作拖到演讲前夕。因为这时，他的记忆力只能发挥五成的功效。

心理学的研究结果多次证明，对于我们新掌握的知识，前 8 个小时遗忘的远比此后 36 天多。这个记忆“遗失”比例是一项重要发现，对我们极有帮助。如果你要在一个商业会议、家庭会议或者俱乐部会议上发表演讲，那么开讲之前，不妨再翻翻资料，回想一些你搜集到的内容，它可以唤醒你的记忆。

这种做法的好处，林肯一定知道。当年在葛底斯堡演讲时，他前面是满腹经纶的爱德华·艾弗里特。艾弗里特说了很长时间，当他的演讲即将结束时，林肯“明显紧张起来。看到他前面的演讲者，他素来如此”。他抬了抬眼睛，为了增强记忆，从口袋里拿出演讲稿，无声地念了一遍。

方法三：联想

1. 记忆的奥秘

说到记忆原则，免不了要说很多关于印象和重复的内容。联想是记忆的第三个自然原则，也是记忆最重要的一环。实际上，它是在解释记忆的内容。詹姆斯教授说：“我们的大脑几乎是一台联想的机器……如果我在静默一段时间之后，忽然下令说：‘记住，想起来。’你的记忆系统会接受命令，想起以前的事情吗？不，它只会疑惑不解地问：‘记住什么啊？’总得有些提示吧。相反，如果我的命令是记住出生日期、早餐的内容，或者音符的次序，你的大脑就会马上去搜寻答案。提示会把很多相关事物集中到一个固定的点上。提示和你记忆的事物是有联系的，这点你只要深入研究一下，就能发现。比如‘出生日期’一定是与数字和年月密切相关；‘今天的早餐’这句话，则切断了其他记忆浮现的通道，让你只能看到与咖啡、腌肉和鸡蛋有关的内容；‘音符’这个词的邻居就是‘do re mi fa so la si do’。联想法则可以左右我们所有的思想而不受感情的蒙蔽。任何事物，没有引导都无法进入大脑，但只要进入大脑，就会按照相关性，和大脑中原有的事物聚到一起。你的所思所想都遵循这个原则……有组织的联结系统的状况，决定了你的记忆情况，关键在于两点：（1）能联结多长时间；（2）它们的数字。所以，‘记忆力出众的秘诀’是把我们记忆的内容和各种事物联结起来。当然，你要反复想起这件事才行。至于如何形成这种和事实相关的联结，简单点说，就是如果两个人有着相同的经历，那么谁经常想起这段经历，谁把这段经历加入到联结系统中，谁的记忆力就更好。”

2. 让各种事实互相关联

这个方法非常有用，但是，我们要怎么做才能让各种事实组成一个关联系统？我的答案是：认真思考这个事实的含义。比如，针对新发生的每一个事实，提出以下问题，并做出回答，这样你就能把这件新事加入到你原有的关联系统中了：

（1）事情的起因是什么？

（2）怎么发生的？

（3）什么时候发生的？

（4）在哪儿发生的？

（5）谁说的？

这里有个练习非常简单，假设我们认识了一个朋友，如果他的名字很常见，你可以把他和另一位同名的朋友联系起来；如果他的名字很少见，你可以提些问题，通常来说，他是愿意和你聊聊他的名字的。比如，我写这章的时候，认识了一位索特夫人。我问她是哪两个字，还说这个姓氏很少见到。她说：“确实如此，这个姓氏并不常见，它是希腊词‘救世主’的意思。”她还告诉我，她丈夫的族人都是雅典人，他们家有很多亲人曾在希腊政府中担任高官，如此一来，我就对她的名字有了深刻的印象。我发现人们很愿意谈及自己的名字，这有助于我们的记忆。

当你见到一个陌生人，认真观察他的外表：他头发和眼睛的颜色，五官如何，穿什么衣服，用什么口吻说话。你要把他外表、个性与他的名字联系起来，而你对他的外表和个性了解得越深刻、清晰、鲜活，你就越容易记住他的名字。

你有过这样的经历吗？就是你和一个人见过两三次了，你知道他的工作，但偏偏想不起他叫什么。为什么？因为工作有特定而准确的内容，它死死地黏着你，像膏药一样。但他的名字对你来说是没有含义的，所以只能像落在尖顶屋脊上的冰雹一般，极速滑落，再无踪影。你想记住别人的名字，就要让他的名字有意义，就像他的职业那样。你可以设计一个形容语句，让他的名字和他的职业产生联系。这种方法无疑是有效的。费城潘思运动员俱乐部最近搞了一个活动，让所有成员站起来把自己的名字和工作告诉给大家，并用一句话把它们联在一起。有20个互不相识的人参与这个活动，不过几分钟，大家就记住了所有的人名。几次之后，因为每个人的名字和职业已经形成了固定的联系，大家就记得很牢了。

那些人的名字按照字母顺序排列如下。名字后边的那句话，就是把名字和职业联系起来的句子：

Mr.G.P. Allbrecht（从事砂石业）——“一切都因砂石而明亮。”（all bright）

Mr.G.W. Bayless（从事柏油业）——“柏油很便宜。”（pay less）

Mr.H.M. Biddle（从事羊毛业）——“Biddle 先生（t)iddles（从事）羊。”

Mr. Gideon Boericke（从事矿业）——“Boericke 先生正飞速 bores（钻）矿。”

Mr.Thomas Deverv（从事印刷业）——“Derevy 的印刷制品，人人（everyone）需要。”

Mr.O.W. Doolittle(从事汽车业)——“要卖(do little)汽车，不努力怎么行。”

Mr.Thomas Fisher（从事煤炭业）——“请给他（fish for）订单。”

Mr.Frank H.Goldey（从事林业）——“木头里有黄金（gold）。”

Mr.J.H.Hancock（《星期六晚邮》杂志社编辑）——“想订阅《星期六晚邮》吗，写上 John Hancock 的大名吧。”

3. 记忆年份

你脑袋里一定有些重要年份，你记得非常清楚，在记忆新的年份时，不妨将它们联系起来，没有比这更好的方法了。比如，苏伊士运河开通的时间是 1869 年，你想让一个美国人记住这个难度很大，可是如果你告诉他苏伊士运河开通时间比内战结束晚 4 年，就简单多了。同样，你和一个美国人说澳洲的第一个屯垦区建立于 1788 年，他很快就会忘记，就像汽车上的螺丝钉若不拧紧，很快就会掉落；但作为一个美国人，他一定知道《独立宣言》发表于 1776 年 7 月 4 日，你只要告诉他澳洲建立第一个屯垦区的时间比《独立宣言》发表的时间晚十二年，他想忘都难，就像一颗拧紧的螺丝钉。

你还可以用这个方法选择电话号码。比如我的电话号码是美国独立的年份——1776，谁会觉得这个号码难记呢？如果你的电话是有历史意义的年份，比如 1492、1861、1865、1914、1918 等，你的朋友就不用先查过号码本，再给你打电话了。如果你的号码是 1492，但你的朋友却没记住，那一定是因为你没有告诉他们这个号码的含义。如果你在告诉他号码时，这么说：“我的号码很好记，是哥伦布发现新大陆的年份，1492。”他一定能记住。

当然，如果你是其他国家的人，比如澳大利亚、新西兰、加拿大等，你也可以用本国历史上的重要年份把 1776、1861、1865 这些年份换掉。

（1）1564——这一年莎士比亚降生。

（2）1607——这一年英国人在詹姆斯镇建立了首个美洲屯垦区。

（3）1819——这一年维多利亚女王降生。

（4）1807——这一年李将军降生。

（5）1789——这一年法国的巴士底监狱被攻破。

如果你想通过死记硬背，把美国最开始的那十三个州，按照它们加入联邦的顺序记下来，你会发现，难度很大。而我有一个方法，可以让你只用很少的时间完成这项工作——用一个故事把它们连到一起。试一下，认真地读一读下面的故事。然后，按照顺序把这十三个州的名字逐一写下来，看看是否正确。

“有位女士非常漂亮。她来自拉威州，准备出门游玩。于是在一个周六的下午，她在宾州铁路公司买了一张火车票。她把一件新泽西出产的毛衣放进皮箱，然后，去探望自己住在康涅狄格的好友佐治亚。第二天，两人一起去了望弥撒（马萨诸塞州的简称），教堂位于玛莉的土地（意思是马里兰州）。然后，她们一路南下（发音和南卡罗来纳州很像）返回家中，午餐是黑人厨师弗吉尼亚做的火腿，这个厨师是纽约人。午餐之后，她们又驱车一路北上（发音和北卡罗来纳州很像），去岛上玩。”

4. 记忆演讲的重点

我们只有两种思考方式：一种是“外部刺激”，一种是与我们脑中旧有的事物进行对比。用在演讲中就是，第一，你可以借助笔记和纸条作为外部刺激，想起演讲的重点内容。不过，带着纸条的演讲者是不会得到听众的信任的。第二，把演讲和我们脑中旧有的事物加以对比。而且演讲重点的顺序要符合情理，从第一个重点可以自然而然地走向第二个重点、第三个重点，就像打开一个房间的门，自然就会走进另一个房间一样。

听起来容易，做起来难，对新人尤其如此。在畏惧面前，他们的思维能力不堪一击。但是，我可以告诉你一个简单易行的办法：设计一个荒唐的句子把重点串联起来。假设你说的各个要点，互不相干，难以记忆，比如，牛、雪茄、拿破仑、房子、宗教。你可以试试这句话，虽然看起来非常古怪，但它把所有的要点都连起来了："一头牛叼着雪茄，用角顶着拿破仑，房子让宗教点着了。"

你现在用手把上面那句话挡住，然后回答下面这些问题。

第三个要点是什么？第四个呢？第五个呢？第一个呢？

这个方法效果如何？一定很好。马上用起来吧，它可以提高你的记忆力。

它可以把所有零散的想法联结到一起。越是荒唐的句子，记起来就越容易。

5. 应急手段

想象一下：一个演讲者准备工作和防范措施都做好了，可是他正对着听众侃侃而谈，大脑忽然一片空白：他僵在那里，无措地看着听众，不知道该说什么，这种情况非常糟糕。他的脑袋很乱，他的自尊心不容许他在这种时候坐下来。他觉得只要给他十秒或者十五秒，他就能想起来。可是你惊慌失措地在听众面前十五秒一言不发，这已经非常严重了。这时，应该怎么做？美国有个著名的参议员，就曾经遇到过这种情况。他马上向听众发问：他的声音够大吗？最后几排能听清楚吗？其实他很清楚后面的听众完全可以听到他的声音，他这么做不是为了提问，是为了拖延时间。果然，虽然只是很短的停顿，但他还是想起来了，演讲得以顺利进行。

可是当时你已方寸大乱，最好的解决方法其实是，用你最后的那段话或者那段话的最后一个字为开头，重新开启一个段落或句子。英国桂冠诗人但尼生可以让溪水永不停歇地流淌，你可以让你的句子变成一条绵延不绝的铁链。我们举例说明，这个方法是如何应用的。假设有个演讲者论述的题目是《事业成功》，他说完这段话，忽然忘词了。

他说："为什么小职员难以升职？因为他们不喜欢自己的工作，没有积极的表现。"

我们不妨以"积极的表现"作为开头另起一个句子。你或许不知道要怎么说，也不知道该如何结束。但无论如何你得编个开头，就算说得再差，也比黯然离场好。我们试一下。

"什么是'积极的表现'？在别人开口之前，主动去做就是。"

这种说法并不睿智，也不会让你的演讲青史留名，但这远比一言不发地苦熬好。

然后我们用这句话最后几个字的意思，再编一个新句子。

“如果公司职员要说一句才动一下，没有命令，就什么都不做，这得多让人恼火，你能想象这种情况吗？”

看，又说完一句。接下来，我们该说想象了。

“我们缺的就是想象力，所罗门说：‘有了幻想，才有了人类。’”我已经成功地说了两段。现在提起精神了吗？我们继续：

“可悲的是，每年有那么多职员在商战中落败，最后被辞退。他们若是再诚实一些、再主动一点、再热情一点，这些被舍弃的男女职员就能转败为胜，获得成功。可是没有哪个失败者敢于直面自己的失败原因。”

接下来是……可是，演讲者说了这么多鱼目混珠的话，难道还没想起自己之前准备好的重点吗？

这种链条式的思维模式，可以漫无止境地一直说下去，演讲者弄不好要和听众谈论梅子布丁和金丝雀的价格问题了。当你的大脑因为忘词而暂时失去控制，用这种方法应急再合适不过，确实有很多场演讲因此得救。

6. 记忆不是无限的

如何“加深印象”“重复”“对各种事实进行联结”，我在前边已经说过了。我们通常用联想完成记忆，詹姆斯说：“我们无法提高一般或者基础记忆，只能对有特殊意义的事或者有关联的事物提高记忆。”

比如，每天背一段莎士比亚的名句，我们对文学语句的记忆力或许会有惊人的提高。因为我们大脑中已有的名句会和新学的名句联结起来。可是，你背完哈姆雷特、罗密欧，把莎士比亚的所有作品都背下来，也不会增强我们记忆棉花市场的价格或者钢铁锻造过程的能力。

最后，我再重申一遍：这里说的这些自然法则，确实可以让我们更快、更有效地记忆任何一件事。可是，就算你把与棒球有关的一千万个事实都背下来，如果你不用这种方法，你在背股票市场的事时，也不会表现出多好的记忆力。它们没有相关性，也联结不起来。

记住：“我们的大脑几乎是一台联想的机器。”

HOW TO STOP WORRYING AND START LIVING

CHAPTER 3

伟大的人物

一、科学家

相对论的创立者爱因斯坦

> “爱因斯坦的思想通常让人们难于理解，不过他的太太却认为，他只是在思想上遵循严密的逻辑，在生活上他是个向往自由的人。”

几年前，我跟一个朋友到德国旅游。我们到达德国南部的一个小镇，当我们在一条街道上安静地散步时，朋友突然停下了脚步。他指着不远处的一栋房子对我说：“快看，那就是爱因斯坦出生的地方。”

于是那个下午，我专门去了一趟爱因斯坦的故居，还很幸运地遇到了爱因斯坦的叔叔。这位叔叔跟我谈论他眼中的爱因斯坦，跟普通人想的不一样，这位叔叔所描述的爱因斯坦并没有什么过人之处，反而觉得爱因斯坦在小的时候比同龄人笨多了。他做什么都很迟钝，说话也不利索，老师认为他朽木不可雕，什么都学不会，就连他的父母都觉得他脑子有些问题。但就是这个被大家认为脑子有问题的笨小孩，后来竟然成了世界上最伟大、最顶尖的科学家之一。

如果回头看看人类历史，就会发现爱因斯坦的名声之大在科学家里实属异类。他明明是个物理学家，但是成名的方式却很像电影明星，甚至可以用“一夜成名”来形容，当时世界上的各大报纸都在追捧他，他的名头一时无两，甚至盖过了拳王乔·路易。有很长一段时间，爱因斯坦都不知道自己有这么大的名声，知道后便感觉不可思议。后来有记者问到他成名的事，他说自己对此也非常疑惑。

爱因斯坦的相对论让人们对宇宙有了更深的认识，同时也表现出了爱因斯坦本人对生活的热爱，对生活最纯真的感情。他有很多个人爱好，尤其是在音乐方面，显得相当有天赋，他最拿手的乐器就是小提琴。

爱因斯坦总是怀着平常心，从不追求很多普通人梦寐以求的名和利。他不会深深陷溺于某一件事，也不会对什么事十分排斥。有一次，爱因斯坦出门旅行，乘坐轮船时，船长特意安排他住最高级的房间，以示对他的景仰。然而他拒绝了船长，宁愿住在下等舱。还有一次新泽西州的普林斯顿大学邀请他前去讲课，他怕被记者找到，坐轮船坐到一半便换到了一条驳船上，上岸之后，又转乘汽车来到学校。因为他在科学上的贡献巨大，在他五十岁生日的时候，德国政府送给他一栋房子和一艘游艇，还在普斯丹为他建了一座半身铜像。

爱因斯坦的相对论对科学界产生了重大而深远的影响，光是讨论和解释相对论的书籍，我知道的就有九百多本。不过爱因斯坦自己说，世界上能真正理解相对论的人不会超过十二个。他曾用一个很形象的例子来解释相对论：坐在一个美女旁边的时候，你会感觉时间过得非常快，一小时就像一分钟；而当你坐在一个火炉上，就算只过了一分钟，你也会觉得比一小时还要长。这就是相对性。这种相对性在生活里到处可见，如果让你选择的话，你肯定会选择远离火炉，坐到美女旁边。

爱因斯坦结过两次婚，和第一任太太育有两个孩子。他的太太和其他人一样，无法理解自己丈夫的脑子里想的是什么。不过她很懂得照顾丈夫，这是她最大的优点。爱因斯坦平时不修边幅，在给学生们上课的时候也穿得很简朴，甚至有一些见到他的人怀疑他的教授身份。他的太太经常为他的独特作风感到困扰。有时她计划在家办一场派对，想让爱因斯坦也参加，爱因斯坦通常会拒绝，还跟太太抱怨：“我可忍受不了这种吵吵嚷嚷的环境，那会干扰我的工作，我得在他们到这之前离开。”而他的太太则耐心听完他的抱怨，然后用平和的语气劝导他，使他不这么急躁。最终，爱因斯坦还是会加入到派对中，这也是他放松自己的好机会。

爱因斯坦的思想通常让人们难以理解，不过他的太太却认为，他只是在思想上遵循严密的逻辑，在生活上他是个向往自由的人。不管什么事，他想到了就会去实施，而且有始有终，并不理会他人的目光。他还为自己定下了两条原则：1. 不受规则束缚；2. 不受他人束缚。

爱因斯坦崇尚朴素的生活，平日穿的衣服都是旧的，很少戴帽子，在洗澡的时候，他还喜欢哼唱一曲或者吹吹口哨。他的研究对象是无比复杂的宇宙，而当他面对生活时，又提倡简单。他反对使用那些昂贵的生活用品，刮脸的时候，他从不使用高级香皂，只使用最普通的肥皂，他觉得肥皂跟香皂是一样的，还是肥皂更实用。

爱因斯坦喜欢快乐的人生，生活中也很懂得享受。他这种快乐的生活观，像他的相对论一样出名。他性情淡然，他的快乐不是来自荣誉和财富，而是来自生活中简单的事情。工作带给他巨大的快乐。他很喜欢划船和拉小提琴，在他的生活中，拉小提琴占据了非常重要的位置。

爱因斯坦的生活中有许多趣事。有一天，他在柏林乘坐公交车，结果在车上和售票员吵了起来，原因是他认为售票员少找给他钱了。于是售票员当着他的面又数了一次钱，确认没有找错，然后把钱塞回爱因斯坦手里，揶揄道：“我觉得您该学学数钱，先生。”

“镭”的发现者居里夫人

“我所做的是为全人类谋福利的事业，而不是让自己赚钱。”

人类历史上能被人们铭记的伟大女性并不多，在那些青史留名的女性中，居里夫人可说是非常优秀的一位。

居里夫人生于波兰，在艰难的家庭环境中成长的女孩性格非常内向。她之所以为世界熟知，是因为她发现了“镭”元素。“镭”的最大作用，就是能遏制癌细胞的扩散，甚至杀死癌细胞，是人类对抗癌症恶魔的有力帮手。

居里夫人曾在巴黎大学读书，学习物理学和数学。她在学校时非常穷困，经常吃不饱饭，有时甚至会饿晕过去。50 年后有一家影视公司拍摄了一部影片，记录居里夫人的一生，看过这部电影的人都会感动得流泪。居里夫人虽然是个性格内向的人，但是在科学领域取得的成就是非凡的。她曾两次获得诺贝尔奖，包括 1903 年的诺贝尔物理学奖和 1911 年的诺贝尔化学奖。

她年轻时在一个波兰贵族家庭里做家教，当时她 19 岁。快过圣诞节的时候，这家人的大儿子从大学回家度假，两人很快就相爱了，他们一起滑冰，一起跳舞。她身上的气质深深打动了这位大儿子，他向她求婚了。不过这家人的父母却反对这门亲事，他们认为两人门不当户不对。最终，这对父母拆散了这门亲事。居里夫人很受打击，于是离开波兰，来到巴黎求学，打算终生从事科学事业。

1891 年，居里夫人使用玛丽的学名进入巴黎大学读书。她很少参加社团活动，把全部精力都用在了学习上，在这四年里基本没交什么朋友。学习期间，她租住在一间破旧的屋子里，里面没有电灯和暖气。她每天能花的钱只有 60 美分，只能靠做家教和父亲的资助维生。为了节约花销，即使冬天她也不愿烧火炉，只有实在受不了的时候才烧几块煤，所以她经常处于手脚被冻麻的状态。由于天冷，她晚上经常睡不着，只好把床单、窗帘什么的都盖在身上，有时甚至把椅子都盖在身上。就算在这样恶劣的环境中，她仍然把精力都用在学习上。

在吃的方面，她同样经历着常人难以想象的磨难。由于没有钱，她只能吃少量食物，而且还都是简易的速食，比如面包黄油什么的，因为她觉得做饭会浪费时间。由于总是吃得太少，她经常会饿得晕倒，有一次晕倒在床上，还有一次晕倒在课堂上。当她在医院醒来的时候，她告诉医生，自己几天时间里只吃了几个樱桃和萝卜。

这个如此穷困可怜的女人，却把十年的时间都用在了钻研科学上，并最终取得惊人的成就。

1895 年，她和皮尔·居里结婚了。居里当时 35 岁，也是个科学迷，在法国是个相当有名的科学家。两人都很清贫，结婚时家里什么都没有，只有两辆自行车，这是他们去乡下旅行最重要的工具。他们在婚后依旧节俭，就算去度蜜月，也舍不得吃好的住好的。

又过了三年，居里夫人开始准备自己的博士论文。当时她在研究中遇到一个前所未有的问题，于是她决定以这个问题为研究方向，论文题目就是《铀的放射性原理》。这让她开始进入化学领域。为了研究哪种物质具有放射性，她对各种物质不断进行测试，最后终于发现一种具有强放射性的元素。居里先生听说这个消息后，果断放弃自己正进行的研究，开始鼎力协助自己的妻子。

经过了连续几个月的努力，他们终于找到了这种全新的金属。它的放射性是铀的几百倍，而且它发出的射线能够穿透木头、金属等绝大部分物质，只有很厚的铅板能阻挡这种射线。居里夫人把这种新奇的元素命名为“镭”。

不过按照当时的理论，这种物质是不应该存在的，所以很多学者对此表示怀疑。如果这一发现被证实，那将对整个科学界产生巨大影响。为了证明自己，居里夫人决定提炼出纯净的金属镭，并且测出它的原子量。为了这项工作，她前后经过了四年的努力。到1902年，她终于提炼出0.1克纯净的镭，虽然只有半块糖那么大，却是一个突破性进展。

为了取得这份进展，他们夫妻租了一个四处漏风的仓库当实验室，夏天挨热，冬天挨冻，里面虽然有火炉，但是已经破旧得不能用了。在这种艰苦的环境中，他们要熬炼8吨矿石，熬炼过程中产生的化学气体给他们的身体造成了严重的伤害。居里先生曾想过放弃，但是居里夫人的意志很坚定，最终他们坚持了下来。

这项成就让居里夫人成为世界名人，后来有人采访她，问她是否因获得荣誉而感到幸福。她说：“并没有。我感到最幸福的时刻，是我在那艰苦的环境下坚持工作的时候。”

镭元素对治疗癌症有奇效，在医疗方面有巨大的市场，如果居里夫妇申请提炼镭的专利的话，能获得巨大的利益，这份利益可以给他们提供更好的科研条件。然而居里夫人放弃了为自己谋利，她说：“我所做的是为全人类谋福利的事业，而不是让自己赚钱。”就这样，他们夫妇在1902年宣布，出让提炼镭的专利。

居里夫人始终坚持简朴的生活，在科学和奉献中寻找自己的快乐。

生物学家达尔文

“虽然就算达尔文不参加这次科学考察，‘贝格尔号’也必定能取得一些科学成就，但是达尔文既然上了船，那结果便注定不一样了。”

查理·达尔文小时候很喜欢收集东西，比如贝壳、石头、硬币等东西。据说他们家只有他一个人对收集有兴趣，他的父母或兄弟姐妹都不曾有这个爱好。我们可以据此认为，达尔文对自然的兴趣是从小就有的。

稍大一些后，他的父亲把他送到了特里尔博士创办的一所旧式学校上学，学制七年。这所学校教的都是一些古典文学，包括古希腊和古罗马的名著，学生们要能背诵这些名著才算合格。达尔文在这方面表现比较差，他觉得自己在这里根本学不到东西，所以很讨厌这所学校。在课间的时候，他依然保持着自己的兴趣，到处去搜寻石头或植物。后来他又对昆虫、鸟类产生了兴趣，于是经常仰望天空，观察各种鸟飞行。有时他还会到海边去，观察海鸥或鸬鹚在起风的时候是如何飞行的。

达尔文性格还算开朗，喜欢交朋友，同学们跟他关系都很好。有一个叫约翰·毛里斯·赫伯特的同学，后来在威尔士当了法官，他在老的时候仍喜欢称呼达尔文为同学。赫伯特评价达尔文说：“他性情温和，跟每个人都能融洽相处，他喜爱美好，憎恶丑恶，喜爱真实，憎恶虚伪。”

达尔文的父亲和祖父都曾当过医生，父亲希望他将来也能当医生，于是利用自己的关系，让达尔文进了爱丁堡大学医学院读书。然而两年后，父亲发现达尔文对医学并不感兴趣，他的关注点仍然在自然方面，看来是不能指望他做一名成功的医生了。

有一次放假，达尔文和朋友去巴尔穆特游玩，他们的目的是收集昆虫。整整一天，他们要么是在坐船，要么就是在山上捉昆虫。有一次他在一块树皮底下发现两只非常罕见的昆虫，于是用双手捉住。这时他又发现另一只更为罕见的昆虫，它的腹部有十字花纹。达尔文很想捉住它，但是双手都被占住了，于是他把右手的昆虫放到嘴里，用牙轻轻咬住，伸手去捉另一只昆虫。结果嘴里的那只排出一种刺激性很强的液体，达尔文差点被熏倒。他的嘴一松，嘴里的昆虫趁机跑了，而刚才要捉的另一只昆虫也不见了踪影。

达尔文在学校交替过着两种状态截然不同的生活，一方面机械地上课、学习，应付考试，一方面兴致盎然地收集自己热爱的东西。后来达尔文认识了很多富有学识的人，包括汉斯洛和一些昆虫学家，他还曾与塞治威克一起骑马旅行，一起做地质考察。在跟这些人的交往中，达尔文的学识不断增长，这让他离一个合格的“博物学家”越来越近。

1831 年 8 月，汉斯洛教授收到一封信，信是剑桥大学的天文学教授皮克写的，皮克邀请他一起随“贝格尔号”进行旅行考察。汉斯洛因为个人原因而不能前往，不过他想起自己的朋友达尔文可能会有兴趣，于是他把达尔文推荐给了皮克教授，然后写信给达尔文说明这一情况。

达尔文自然愿意去，但是他的父亲却强烈反对，为此列出了很多理由。由于争执不下，父亲说：“如果你能找到一个跟我一样理性的人赞同你的想法，我就不再阻拦你。”达尔文想到了舅舅乔斯，父亲很尊重这位舅舅，于是达尔文把父亲的理由一一罗列下来，写信寄给了舅舅。舅舅的想法跟父亲不同，于是他在回信中针对父亲的理由提出自己的看法：

1. 旅行对查理将来成为一名牧师将产生不利影响

我并不这样认为，反而觉得这次旅行会对他有所帮助。再说，牧师研究自然科学也是很正常的事情，两者并不相排斥。

2. 这个计划太荒唐

我该怎么理解这个理由呢？不过我确定的是，查理有他自己的理想，并且会为此努力。而且我确定，两年之后他肯定会回家。

3. 他们很可能请过许多别的人担任博物学家，最后才请的查理

我并不知道这种怀疑来自哪里。我认真读过那封邀请信，并没有发现这方面的蛛丝马迹。

4. 这次行动或者那艘军舰本身肯定有很严重的问题

对于科考行动，本身就会有赞同有反对。某些方面可能会对某人不利，但是不能说也一定会对查理产生不利。对于那艘军舰，我觉得海军不会派遣一艘有问题的船去做科学考察。

5. 今后查理就再也不会定下心来过安稳日子了

我们可以分两种情况来想一下。第一种情况，他接受了邀请，两年后会变成什么样子？第二种情况，他没有接受邀请，两年后会变成什么样子？你是否认为他如果接受邀请，两年后他将难以静下心来成家立业？不过我们应该想一下，那些常年下海的水手不一样希望过安定的生活吗？

6. 他居住的地方会很简陋

这一点我可以说明一下，如果海军委任他这个职务，那他将按职位得到相应的待遇。

7. 查理又改变了自己的理想

如果他能专注于目前正在进行的事业，我想我会要求他坚持现在的事业。但是从实际情况来看，他对手头的事业并不热衷，而这次旅行考察却和他的科学志向非常符合。

8. 这次考察于他而言并没什么好处

单从理想方面考虑，也许这次考察确实无益于他。但是这次航行将让他见识各种人和事，让他大开眼界。从这个角度来说，这是一次宝贵的机会。

最后两条应该是父亲反对的最主要的理由，不过他没有看到自己儿子的志向在自然科学方面。幸亏舅舅乔斯是个开明的人，帮达尔文保住了这次机会。

“贝格尔号”这次旅行的主要任务是政治和经济方面的，次要任务则是考察南美海岸。虽然就算达尔文不参加这次科学考察，“贝格尔号”也必定能取得一些科学成就，但是达尔文既然上了船，那结果便注定不一样了。

达尔文在这次旅行考察中对物种起源有了更深的认识，开始向一名优秀的博物学家迈进。在南美洲的一年时间里，他始终坚持自己的研究，不管遇到多困难的环境，总是坚忍不拔。他的交际能力在这里也得到了展现，因为要想顺利考察下去，一定要得到当地居民的支持。功夫不负有心人，他在这里找到了很多贫齿目化石，加上对动物的竞争、迁徙、灭绝等方面的研究，他终于为物种起源观点找到了坚实的证据。

在这次旅行之后，达尔文终于成长为一名品质优秀、勇往直前、让人敬佩的博物学家。

精神分析创始人弗洛伊德

> “这正是他比父亲优秀的地方，不但继承了父亲乐观、善良的特点，还拥有了父亲没有的反抗精神。”

弗洛伊德曾跟人谈起自己的父亲，说他是个乐天的人，无论什么时候心里都充满希望。他是个朴实的商人，对人特别亲切，就像狄更斯在《大卫·科波菲尔》中塑造的狄考帕一样。弗洛伊德从小就受到父亲的影响，所以才养成了现在的性格。有人问弗洛伊德的女儿，弗洛伊德性格上的最大特点是什么。女儿说：“当然是单纯，任何人都能看出来。”

弗洛伊德崇尚简单，特别讨厌那些复杂的礼仪和程序，在日常生活中的一些小事上，我们能明显看出这一点。比如出门度假，他只带简单的生活必需品，就连衣服都只有三套，包括鞋子和内衣。他的这种习惯也反映在工作和思维上。在研究某些事物的时候，他总是试图去简化它们，将它们分解成最简单的部分。后来他用最简单的“潜意识”和“性动力”来分析最复杂的精神领域，正是用了这种他惯用的方式。他始终坚持一种理念，就是不管多复杂的事物，总有其最简单的构成，只要掌握了这些最简单的东西，那这些复杂的事物也就不难理解了。

弗洛伊德和父亲的这种单纯朴实，很大程度上是由困难的家境造成的。弗洛伊德一家是犹太人，他们的民族使他们经常受到各种社会压力，而且这个民族一直处于一种近似流浪的状态中，也让他们对虚伪的贵族生活比较反感。弗洛伊德的一生有很深的犹太民族习性的烙印，犹太文化和周围其他民族的文化环境交互影响着弗洛伊德的家族和他本人。

在战争时期，弗洛伊德一家搬离弗莱堡，来到了德国萨克森区的莱比锡。在此之前父亲开了一家毛织品商店，弗洛伊德的两个哥哥伊曼努尔和菲利普则在南非做鸵鸟羽毛生意。后来两个哥哥做生意失败，欠了一屁股债，父亲只好卖掉商店为两个哥哥还债。全家人的生活陷入低谷，时不时需要亲戚的救济。

此时奥匈帝国和意大利开战，哈布斯堡王朝发布征兵命令，凡是年龄合适的男子都要服兵役。对犹太人来说，当兵是件非常痛苦的事，因为不但要放弃犹太民族的生活方式，还要遭受其他军官的虐待。为了逃避兵役，弗洛伊德的父亲带着一家人从摩拉维亚逃出来，搬到了萨克森。停战之后，一家人又从莱比锡搬到维也纳，两个哥哥则去了英国。

虽然犹太人能在维也纳生活，但是要遭受来自各个方面的压力，尤其那些反犹太分子的攻击。弗洛伊德从小到大不断受到反犹太分子的侮辱和袭击，他心里十分痛恨这种民族偏见，不断反抗，这也逐渐养成了他坚强的性格。

弗洛伊德曾跟人说过自己和父亲的一次交谈：“那时我大概只有 10-12 岁。有一天我和父亲一起散步，讨论起如何面对社会的压力。父亲想告诉我现在的环境已经比以前好多了，于是给我讲了他年轻时候的故事。父亲说：‘那时我刚成年，一天我在街上散步，头上戴着新买的帽子。突然一名基督徒冲到我面前，吼着让我闪到一边，还伸手攻击我，把我的帽子打到了地上。’我问他：‘你怎么做的？’他说：‘我只是捡起我的帽子，然后让到一边。’我父亲的身体非常强壮，却不得不忍下这口气。”

对反犹太分子的厌恶，从小就根植在弗洛伊德的心中，不过跟父亲的逆来顺受不同，他打算与之进行彻底的对抗。这正是他比父亲优秀的地方，不但继承了父亲乐观、善良的特点，还拥有了父亲没有的反抗精神。就是这样的特性，让他在承受压力的同时，达到了那么高的成就。

在回忆自己的童年生活时，弗洛伊德说：“没什么值得回忆的，那种感觉很糟糕。”当时弗洛伊德一家刚搬到维也纳，生活还没安稳下来，两个哥哥带着他们的妻子和儿子搬到了英国曼彻斯特，在那里开了一家毛纺织厂，生活还算宽裕。在维也纳生活的那段时间，他一直不是很高兴，因为他也想要去英国。在他的心里，英国就是一个自由的世界，在那里没有压迫。他很羡慕自己的两个哥哥。

6 岁的时候，母亲对弗洛伊德说：“人是神用泥土造的，所以人最后也会变回泥土。”他开始不相信，母亲搓了一下手指，一些皮屑随之掉落，母亲说：“你看，这不就是造我们的泥土吗？”这给年幼的弗洛伊德很大触动，心里总是想着自己总有一天会死去。

上学之后，弗洛伊德喜欢上了历史和文学。他在历史方面很有天赋，总能抓住关键点，而且可以举一反三，从历史中看出现实问题。他的偶像是拿破仑和汉尼拔，从小他就为自己的人生立下远大的志向。

弗洛伊德这种一眼看穿要点的本领让他很快脱颖而出，受到老师的关注。弗洛伊德在自己的自传中写道，他人生的转折发生在 1882 年。“当时老师对我说，我的父亲目光不够远大，执行力也不够。鉴于目前生活困难，我应该暂时放弃理论方面的学习，开始进入实践。我听从了老师的建议，离开实验室，在医院里找了一份工作。”

此时弗洛伊德的父亲已经 60 多岁，还要养七个儿子。弗洛伊德每月的收入只有 40 美元，根本不足以支撑家庭开销，只好向亲朋借债，其中包括后来对他产生深刻影响的约瑟夫·布洛伊尔教授。只过了两年，他就已经欠债 580 美元。

其实对于他到医院实践的决定，很多人都觉得意外，因为从经济角度来说这并不划算。但是如果看看他几年之后的成就，或许就不会这么认为了。其实弗洛伊德和他的老师都没有意识到这一点，只是当弗洛伊德回头看自己这一生时，才发现自己的人生道路在那时就改变了。进入医院进行实践对弗洛伊德来说是件影响很大的事，给他后来从事精神分析工作奠定了基础。当时他才 26 岁，虽然学了很多理论知识，但是极度缺乏实践经验，这份医院的工作对他来说正是理论结合实践的最好时机。

二、文学家

大文豪莎士比亚

> “他拥有如此多的财富，却没有给自己的妻子留下一分钱，只把一个床架留给了妻子。”

莎士比亚去世后一个世纪，才受到人们的关注。从此之后，他便成了名扬世界的人，人们写了无数和他相关的文章书籍。每天到他的故居瞻仰的人络绎不绝，我也曾是其中一个。

1921 年，我来到莎士比亚的故乡，漫步在斯特拉特福镇和斯莱特里镇之间的小路上。当初莎士比亚和他的情人安妮·惠特利约会，总是会走这条路。只不过他不会想到，自己在后世会享有如此高的荣誉。他更想不到，自己憧憬的爱情会以悲剧收场，留下永远的伤痛。

莎士比亚这一生最遗憾的事情，应该就是他的婚姻了。他本和惠特利有着完美的爱情，但是某一天晚上，他竟然又爱上了一个叫安妮·哈撒维的女孩。后来莎士比亚打算和惠特利结婚，哈撒维听说消息后，悲痛欲绝，跑到邻居家向邻居哭诉自己的遭遇，说自己才应该做莎士比亚的妻子。她的邻居为人单纯，听了哈撒维的哭诉，对莎士比亚的作为感到愤怒。于是在第二天，她们两人便来到教堂，宣布哈撒维和莎士比亚订立了婚约。

之后，莎士比亚和哈撒维结婚了，但是两人的婚姻并不幸福。哈撒维比他大八岁，这也是为什么他总在戏剧里说，男人不能娶比自己岁数大的女人为妻。结婚之后，莎士比亚大部分时间都待在伦敦，基本不回家，因此跟哈撒维一起生活的时间并不长。

斯特拉特福镇现在已经是一座非常美丽的小镇，安静的街道旁是两排漂亮的房子，花园里盛开着娇艳的花朵。但是当初莎士比亚在这里生活时，与此有着天壤之别。那时这里是个非常脏乱的地方，没有下水道，垃圾只能丢在街道上，每天都有一群猪跑到街道上来吃烂菜叶子。现在美国人总觉得自己所处的环境多么糟糕，但是他们不知道，那个时候人们的处境不知比现在要糟糕多少倍。斯特拉特福镇的居民，甚至有一半要靠政府救济才能生存。那里读书的人也少，莎士比亚的父母、姐妹、儿女和孙女都没读过书。莎士比亚的父亲在镇上做工，曾因没有及时处理掉马粪而受到惩罚。

莎士比亚虽然在后来被称为文豪，但实际上他也没有上过几年学。13岁的时候，他就因家里没钱而辍学了。他的父亲做的都是零工，有时做纺织工，有时帮人耕田。他自己也经常做不同的工作，曾挤过牛奶，剪过羊毛，还给牛皮染过色。不过后来他总算成了富人。他在伦敦待了五年，这期间他靠演出挣到很多钱。之后他购买了两家剧院的股票，又做地产生意，还曾放过高利贷。他后来的收入达到了每年300英镑，那时的货币价值跟现在不一样，相当于现在的12倍，因此他那时的年收入相当于现在的2万美元。

但是有一点让人想不到，他拥有如此多的财富，却没有给自己的妻子留下一分钱，只把一个床架留给了妻子。其实，从遗嘱上可以看出来，就连那个床架，也是他写完遗嘱后，临时加上的话。

莎士比亚去世七年后，他的作品大全集与世人见面了。现在在美国如果想买一套精装的《莎士比亚全集》第一版，要花几十万美元。然而莎士比亚通过自己的名著如《哈姆雷特》《麦克白》《仲夏夜之梦》等，总共只拿到了600美元的稿费。

我曾问专门研究莎士比亚的专家坦南鲍姆博士，关于斯特拉特福镇的莎士比亚，有没有确切的证据证明他就是我们尊崇的大文豪莎士比亚。坦南鲍姆博士说，这是无可辩驳的事实，就好像林肯在葛底斯堡的演说那样确凿。不过也有很多不同的观点，认为莎士比亚是一个杜撰的人物，那些作品都出自弗朗西斯·培根或牛津伯爵的手笔。

瞻仰莎士比亚墓的时候，我常注视着这首诗：

来我墓前者，请不要动我的坟墓
敬我者，将得到我的祝福
不敬我者，将得到我的诅咒

镇上的人对莎士比亚非常尊敬，把他葬在教堂讲坛的附近，这并不是因为他那些数百年来经久不衰的名著，而是因为他曾经出钱帮助过这里的乡亲。如果他像自己创作的角色那样吝啬，恐怕现在已经不知道埋骨何方了。

“流浪”作家杰克·伦敦

“虽然写作生涯短暂，但是他留下了丰富的作品，他几乎每年都会写出三部长篇小说，还有篇目众多的短篇小说。”

在 40 多年前，一个流浪汉偷偷搭货车来到巴夫罗市。在这里他以乞讨为生，后来被警察抓进监狱，在那里做了 1 个月劳工。那时他每天只能吃到勉强果腹的面包，水只够止渴，但每天却都要在山上砸石头，干重活。

然而，仅仅过了短短的 6 年，这个曾经的流浪汉便成了美国西部最出名的人。人们都称他是文坛上的奇迹，那些文学评论家、小说家们对他的作品赞不绝口。这个人虽然只活了 40 年，只上过 3 个月的学，但是写出了五十一部巨著。这个人名叫杰克·伦敦，最有代表性的作品是《野性的呼唤》。

1903年，《野性的呼唤》正式出版，之后杰克·伦敦的名声便席卷了整个文学界。不过从金钱角度来说的话，他的所得又相当少，得到的版权费用仅仅两千美元。后来出版商和好莱坞制片商却从中得到了几百万美元。

杰克·伦敦从写作中得到的最重要的经验，就是如果你打算写作的话，一定要肚子里有东西，否则什么也写不出来。他从自己流浪的生活中，获得了非凡的阅历。他从事过多种职业，包括水手、码头工、淘金者，甚至在牡蛎湾当过海盗，在北极捕过海豹。他到各地流浪，足迹遍布大半个世界，后来他写了一本专门描述自己流浪经历的书。

在流浪生涯中，他经常吃不饱饭，困了就直接睡在地上，有时候是公园长椅上，或者垃圾堆里。他经常偷偷躲在货车里，从一个地方到另一个地方，困倦的他常常在货车里睡着。最奇特的一次，他醒来竟然发现自己睡在一个水池里。

他去过最多的地方，恐怕就是监狱了。光是在美国，他就被送进监狱几百次。在流浪途中，他还蹲过墨西哥、日本、朝鲜等国家的监狱。这跟他童年的经历有关，小的时候，他的生活非常贫困，每天就跟着旧金山海湾附近的一群小混混到处闲逛，经常做一些小偷小摸的事情。虽然可以上学，但是他根本不想去。

改变发生在一个偶然的瞬间。那天，他跑到一家公共图书馆去闲逛，随手拿了一本书来读，结果很快就被这本书吸引了。他整个人都沉浸在了这本书中，连饭都没有吃，直到读完才从图书馆走出来。这本书就是《鲁滨孙漂流记》，它改变了杰克·伦敦的一生。从此，杰克·伦敦迷上了读书。第二天他又跑到图书馆看书，在这里，他发现了一个自己从未见过的世界。在这种激情的驱使下，他每天都要读10-15个小时的书，所有名著都是他的目标，从荷马、莎士比亚到赫伯特·斯宾塞、马克思。

这一年他19岁，他终于想清楚了自己人生的方向，不是到处流浪，不是让警察抽打自己的身体，不是让铁路工头打自己的头，而是要成为一名作家。他进入加州奥克兰德中学念书，刻苦学习，只用了3个月时间，便学完了四年的课程，之后以优异的成绩考入了加州大学。进入大学后，他贪婪地读着《基度山伯爵》《金银岛》《双城记》等名著，同时不停地写作，差不多每天都要写5000字，按这个速度的话，他差不多每20天就可以完成一部长篇小说。他经常给出版社投稿，有时会一次性投去30篇小说，但是每次都被退稿。

直到《飓风未上岸》这部小说出现，他才获得成功。这篇小说获得了《旧金山的呼喊》杂志征文比赛的第一名，只不过奖金有些低，只有20美元。此时的他一文不名，每个月都要为房租发愁。

1896年对美洲人来说是个特殊的年份，因为这一年人们在加拿大西北部的克朗代克发现一座金矿。很快，整个美洲都传遍这个消息了，人们立刻兴奋起来，工人、农民、军人、商人全都离开自己的工作岗位，疯狂涌向克朗代克金矿。杰克·伦敦也是其中一员，他的狂热不亚于其他人，在那里忘我地工作。在那段时间里，矿区的物价飞涨，鸡蛋涨到25美分一个，黄油涨到了3美元1磅。一年后，杰克·伦敦带着一身伤痛回到美国，却没有预想中的富贵，仍然一贫如洗。

之后为了生活，杰克·伦敦做过各种工作。他曾在饭店做过洗碗工，在工厂和码头做过劳工。有一天，他的身上只剩下了2美元，而肚子还在咕咕叫，他下定决心，从此以后靠脑子赚钱，再不做体力劳动。这时是1898年，五年之后，他已经是一个声震文坛的著名作家了。这期间他总共出版了6部长篇小说和125部短篇小说。

1916年，杰克·伦敦与世长辞。从开始写作到这一年，杰克·伦敦的写作生涯总共只有十八年。虽然写作生涯短暂，但是他留下了丰富的作品，他几乎每年都会写出三部长篇小说，还有篇目众多的短篇小说。他在后期的收入几乎相当于美国总共收入的两倍。

在美国作家中，很少有人能像他一样受到持久而强烈的热爱，到现在他仍然是文坛的标杆。《野性的呼唤》这本书虽然当初的版权只卖了2000美元，但是它的原版销量已经突破150万册，而且被翻译成20多种文字，在世界范围内流传。如果对美国文坛的作品进行排列的话，这本书无疑会排名前列。

天才作家爱伦·坡

“他每天沉浸在对心爱的妻子的怀念中，呆呆地望着那片曾带给两人快乐的苹果树林。”

爱伦·坡是一名非常有天赋的作家，最擅长的是侦探小说和十四行诗。他那些特色鲜明的作品是美国文学史上非常耀眼的星星，然而他本人却一直生活在困顿之中，他的生命历程充满了坎坷和苦难。

他曾在弗吉尼亚大学读书，但是在校期间因为酗酒和赌博被开除。后来他进入西点军校，有一次他在别人训练的时候躲在宿舍写诗，结果被教官发现，学校开除了他的学籍。

爱伦·坡从小无父无母，被一个很有钱的烟草商收养，但是后来这个养父看不惯他做事的风格，把他赶出了家门。爱伦·坡再次成为孤儿。后来烟草商去世，没给他留任何遗产。

爱伦·坡的婚姻故事可称得上是一段传奇。他的妻子是自己的表妹维琴妮亚，虽然遭受到了世人的指责，但他无怨无悔。当时他 26 岁，他的表妹才 13 岁，他在这一年向表妹表白，然后两人结了婚。人们都认为他们的结合注定是一场悲剧，因为他的表妹有些疯狂，而他自己则是个彻头彻尾的穷小子。不过爱伦·坡不理会这些，他始终爱着自己的妻子，妻子也爱他，两人过着清贫而幸福的生活。

正是由于爱情的滋润，他才写出了那么多优秀的诗篇。他的想象奇幻美妙，是无价的珍宝。但是在那个年代，这些珍宝却不能填饱爱伦·坡的肚子。

爱伦坡写过一首名叫《乌鸦》的诗，其中有这样的诗句：

乌鸦仍静静地卧在那里
在门前悬挂的苍白的雅典娜半身像上

不想飞去
眼睛如梦中的恶魔一般
昏暗的灯光在地板上投下它的影子
把我的灵魂困在里面
永远无法摆脱

这首诗写出来之后，爱伦·坡一直在修改，共花了十年的时间来修改，但是最后它只为爱伦·坡换来10美元的稿费。也就是说，爱伦·坡在这份工作上一年才挣1美元。好莱坞明星一分钟的收入，都远远超过了爱伦·坡十年的所得。然而，就在前段时间的拍卖会上，这首诗的原稿拍出了几万美元的高价。为什么他在生前如此贫困，死后却倍享荣耀？

现在的纽约曼哈顿区到处都是高楼大厦，但是在爱伦·坡生活的年代，这里是一片荒芜的郊区。在这个区的中心位置，有一所破旧的房子，周围是苹果树林。每到春天，这里都是一幅如画的美景，鸟语花香，蜂飞蝶舞。这里就是爱伦·坡租住的地方，尽管每月租金只有3美元，爱伦·坡夫妇还是负担得非常吃力，平时连饭都吃不饱。由于买不起食物，他们经常挖院子里的野菜吃，有时邻居同情他们，会给他们送来一些食物。这些邻居都很普通，他们只不过是仰慕爱伦·坡的才华。

维琴妮亚身体不好，总是卧病在床。不过两人总是能从困境中找到欢乐，时常可以听到他们屋子里传出的笑声。然而让人痛心的是，笑声并不能挽救维琴妮亚的生命，她最终还是在饥寒交迫中去世。

那时的夫妻两人家徒四壁，维琴妮亚躺在一个破草垫子上，所有的衣服都穿在了身上，但仍然抵挡不住寒冷的侵袭。爱伦·坡不停地摩擦她的双脚，她的母亲则不停摩擦她的双手。爱伦·坡把家里翻了个遍，最后只找到一件在西点军校时穿的破旧军装，勉强为维琴妮亚御寒。晚上睡觉的时候，爱伦·坡又找来一只猫为妻子御寒。

维琴妮亚去世后，爱伦·坡拿不出葬礼的钱，多亏邻居的帮助，才让维琴妮亚顺利下葬。后来，这所房子所在地被纽约政府征用，变成了一座纪念堂。一段时间之后，纪念堂也没有了，变成了一片富丽堂皇的别墅区。

现在，我只要想起爱伦·坡，想起维琴妮亚死时的凄惨情景，脑海里就总是出现那所凋零破败的房子。这个凄惨悲凉的故事，恐怕将永远印在我的心里。

维琴妮亚是在年初去世的，过了不长时间，春天就降临了这片大地。阳光普照，苹果树开始发芽，可是再美的风景都无法让爱伦·坡开心起来。他每天沉浸在对心爱的妻子的怀念中，呆呆地望着那片曾带给两人快乐的苹果树林。

在无尽的思念中，爱伦·坡创作出一首伟大的爱情诗《爱的赞歌》：

皎白的月光
把我的思绪带回快乐的往昔
那闪烁的星
一眨一眨
好像我美丽新娘的眼睛
我的新娘日夜躺在海边
我日夜躺在我的新娘身边
海浪日夜拍打新娘的坟茔
思念日夜拍打我的心灵

逆境而生的作家南根里

“他不甘心，把稿子送到其他出版商那里，结果连续被六个出版商拒绝。”

南根里身上最让人佩服的一点，就是能勇敢面对失败，即使遇到挫折，他也能一笑而过，继续前进，直到达成目标为止。在成名之后，他的作品很多出版社抢着要，每写一部连载小说，他都能得到7.5万美元的稿酬，有时出版社甚至愿意支付预约款。然而在成名之前，他的作品却被人们弃如敝屣，就算只要75美分，也没人愿意要。据我的几位出版商朋友说，现在南根里的作品几乎每年都有100万册的销量。不过他早期写的那些作品，并没有多少人喜欢，所以他那时才生活得那么艰辛。

南根里对物质生活并不在意，心思专注在写作上。在选择未来的职业时，他和父亲发生了分歧。父亲想让他当牙医，但他宁愿当矿工也不愿当牙医。不过最后还是拗不过父亲，报考了医学院。从医学院毕业以后，他在纽约开了一家诊所。由于本来就不想干这一行，他很快就厌倦了这种每天给人修理牙齿的生活。于是经过一番考虑之后，他关掉了诊所，打算转业做一名作家。

他从纽约市搬出来，搬到了偏远的乡村，在那里潜心创作。写累了就到外面去打打猎，钓钓鱼，放松一下之后再回去继续写作。他对写作的要求很高，经常一遍遍修改，反复调整情节和人物设置，很多时候一部作品完成要用一年时间。当作品完成的时候，他的内心里充满了喜悦，他觉得自己如此用心写出来的作品，肯定能达到一流水平。然而事实证明，他自己太乐观了。他把稿子送到出版商手里，却总是被退回。他用这种方式写了五年，结果一分钱都没挣到，这期间的生活来源一直依靠妻子。

在纽约各出版商之间奔波时，南根里认识了正打算去西方旅行的巴夫罗·琼斯上校。上校想要找一个人同行，顺便记录旅途中的所见所闻。南根里受到邀请后，爽快地答应了，他认为这样的旅行将有助于增长自己的见闻，同时也能提高写作能力。他们用了六年时间在西方旅游，当他回到美国时，已经拥有了丰富的经历。很快，他写出了小说《乱世英雄》。这次他信心满满，认为这部小说肯定能大受欢迎。然而当他把书稿寄给出版商哈普之后，却半个月都没等到消息。焦急的南根里亲自跑到哈普那里询问，哈普见到他之后，把稿子递到南根里手中，说道："很抱歉，我并没有从您的作品里发现您的写作才华。"哈普的话仿佛给了南根里当头一棒。失魂落魄地从哈普那里离开后，南根里放声痛哭。

虽然南根里内心仍认为自己能力没问题，但是这次打击实在太沉重，他甚至想要放弃写作。从他开始写作以来，一直都是妻子支撑着这个家庭，靠手头的一点积蓄勉强生活。后来两人有了孩子，生活更加困难。眼看靠写作挣钱的希望一次次破灭，南根里渐渐心灰意冷。不过幸好他的妻子是个善解人意的人，在妻子的鼓励和支持下，他再次振作起来，开始构思新的小说。

为了写这部小说，南根里受了很多苦。他家只有一个小火炉，在寒冷的冬天，根本不足以温暖整个家。南根里经常写着写着手就冻僵了，隔几分钟就要到火炉边烤烤手。在第二年夏天到来时，他终于完成了这部小说。这次他还是把稿子寄给了哈普，但是等来的结果仍旧是拒绝。他不甘心，把稿子送到其他出版商那里，结果连续被六个出版商拒绝。无奈之下，南根里只好再次找到哈普，请哈普再仔细看一看他的稿子。哈普看他如此真诚，便答应再看看。终于在两天后，南根里得到哈普的回复："我太太昨晚上一直在看你的小说，她觉得很有意思，我决定出版试试。"

经过这么多心酸和等待，南根里终于迎来了自己的春天，实现了自己的愿望。这是他出版的第一部小说，面世之后很受欢迎，不管是读者还是评论家都给予了极高的评价。

三、艺术家

“米老鼠”之父华特·迪士尼

“苦恼之际，迪士尼突然想到了车库里的那只老鼠，于是他连夜创作，一只可爱的老鼠形象很快呈现在他的画纸上。”

经典动画形象“米老鼠”和“猪小弟”在美国走红，使得其创作者华特·迪士尼也变成美国家喻户晓的人物。阿拉斯加的影迷们还成立了一个“米老鼠会”，直到现在，“米老鼠”依然能吸引各个年龄段的影迷。

迪士尼在 20 岁的时候，还是个没有一丝名气的毛头小子，然而到了 30 岁，突然就变成在美国大红大紫的人物。这都是因为他的努力，不管处在怎样的困境中，他都坚持不懈。名誉和财富是他应得的回报。

迪士尼年轻时候很有理想，努力想成为一名艺术家。于是他离开家乡，来到堪萨斯市发展。他到一家报社求职，把自己的作品交给主编，结果遭到了主编的冷眼相待。主编认为他的作品没有创意，这让他很伤心。后来，他找了一份在教堂画画的工作，但是工资太低，那些钱都不够他租画室的。无奈之下，他只好找到自己的父亲，把父亲的车库当画室。在车库工作的日子非常辛苦，然而他后来却把这个车库当作自己的幸运宝地。原因是什么呢？

在车库工作是件非常枯燥的事，迪士尼很想找人说说话，但是他要工作就只能这样。有一天，车库里突然出现一只小老鼠，迪士尼非常兴奋，经常拿食物喂这只老鼠。时间久了之后，这只老鼠就和迪士尼熟悉了，有时甚至会跑到他的画板上玩耍。

后来，迪士尼经朋友介绍进入了好莱坞，参加一部动画片的拍摄工作。不过很快他就失业了，他再次落入贫困的境地。苦恼之际，迪士尼突然想到了车库里的那只老鼠，于是他连夜创作，一只可爱的老鼠形象很快呈现在他的画纸上。迪士尼给这只老鼠取名“米老鼠”，不久，“米老鼠”出现在银幕上，深受观众好评，很快成为大众追捧的对象。不管在哪里，它的影响力都堪比大牌明星。

在动画片《米老鼠》的制作中，迪士尼还展现了自己在配音方面的天赋，“米老鼠”这个角色就是由他亲自配音的。影片里很多其他动物也由他配音，为了让配音更接近真实情况，他还专门跑到动物园去学习和研究动物的叫声。

《米老鼠》打开市场后，迪士尼一个人忙不过来，他聘请了134位助手，帮他处理图像、声音等方面的问题。他的这个团队不断精英化，把“米老鼠”打造成了一个完美的卡通形象。不过他没有就此止步，而是开始筹划新的作品。在创作过程中，他想到了小时候母亲讲的“三个小猪和大灰狼”的故事，打算以此为基础进行创作。但是他的想法遭到了团队的反对，迪士尼也听从了团队的意见。不过他本人太喜欢这个故事，几次三番向团队提议做一下尝试。最终团队禁不住他的劝说，答应试一下。在制作《米老鼠》的时候，他们用了三个月，而制作这部《三只小猪》，他们只用了两个月，主要原因就是他们对这部动画并没抱太大希望。

然而最终结果出人意料，《三只小猪》播映后，迅速在美国引起轰动，到处都有人唱里面的主题曲：“别怕大灰狼，大灰狼……”迪士尼公司再次享誉全美国。

《三只小猪》在影院重映的次数达到七次之多，成为有史以来最赚钱的动画片。曾有人估计《三只小猪》至少能让迪士尼公司赚30万美元，然而迪士尼本人说只赚了12.5万美元。他觉得，人们应该更多地看到它的艺术价值。说实话，迪士尼公司的动画片确实都很有意义，以至于到现在仍有影院在重映《米老鼠》。

迪士尼的生活非常快乐，他说自己之所以全身心投入动画制作，并非只为了赚钱，而更多是出于兴趣。其实对于众多艺术家来说，兴趣都是最重要的。

雕塑家罗丹

> “由于身上没钱，他只好请来一个塌鼻梁的乞丐当自己的模特。不过也正是这名丑陋的乞丐，激起了罗丹对整个人类的悲悯。”

罗丹出生在一个贫困的家庭，父亲是警局的合同工，母亲是个普通的家庭妇女，一家人都虔诚地信仰基督教。罗丹生来一头红发，身体肥嘟嘟的，个子不高。小时候的罗丹性格比较内向，最大的爱好就是在地上涂涂画画。虽然他表现出了自己在画画方面的兴趣，但是他的父亲从来没想过把他培养成一个艺术家，因为这个家庭跟艺术似乎毫无关联。

罗丹为了自己的兴趣而努力寻找可以作画的东西，到处搜罗废纸，然后用木炭在上面画画。罗丹的父亲不关心这些，只希望他能学一门手艺，好让将来的生活能宽裕一些。幸好他的母亲对他很包容，虽然嘴里说着生火缺少废纸，但从不肯动罗丹画画用的那些纸。

上学后，罗丹的成绩并不好，各门功课都落在后面。他对所有学科都不感兴趣，数学无法引起他的注意，宗教教义更是惹他讨厌。父亲经常因为他学习不争气而打他，但是无济于事。无奈之下，父亲想到自己的哥哥正管理一所学校，于是把罗丹送了过去，希望这位伯父能让罗丹的学习成绩有所提升。伯父本人相当自信，亲自监督罗丹的学习，希望提高他对数学或语文的兴趣，但是仍旧毫无成效。罗丹的心思全都在画画上，而且他近视比较严重，老师在黑板上写的东西他基本都看不清。

他经常在课堂上偷偷画画，有一次被老师发现了，于是老师用戒尺责打了他，结果打伤了他的手。在一个礼拜的时间里，他连画画的笔都握不了。伤好了之后，罗丹依旧我行我素，结果再次被老师发现，老师直接用鞭子抽打他。但是罗丹对此毫不在乎，依然执着地画自己的画，甚至把老师当成了模特。

14 岁的时候，罗丹离开了伯父的学校。此时父亲对他的学习已经彻底死心，便想让他出去工作。但是罗丹有自己的想法，他向父亲提出要学习画画。听了他的话，父亲大发雷霆，吼着告诉他，现在巴黎有两千多个画家，绝大部分连饭都吃不饱，学习画画纯粹是在浪费自己的人生。不过罗丹自己很坚持，而且得到了姐姐玛丽的支持，父亲只好把他送到了巴黎美术工艺学校。玛丽的支持不仅体现在意见上，她还拿出自己的工资供罗丹学美术。罗丹打心底喜爱自己的姐姐。

巴黎美术工艺学校创建于 1765 年，创建者是画家巴歇利埃。罗丹进入的是装帧和制图专业，跟随老师勒考克学习。勒考克可以说是罗丹在艺术上的启蒙老师，他虽然只是个普通的老师，但是他有自己独特的教育理念，从不按照学校的那些死规定刻板地教学生。他告诉罗丹要忠于自己内心的声音，发掘心中最真实的灵感。勒考克的指导，对罗丹艺术道路的方向产生了关键性的影响。

罗丹经常到罗浮宫去观摩那些画坛大师的名画，但是他自己却买不起画画用的颜料。后来因为经济原因，他转到了雕塑专业，开启了在雕塑上的发展道路。在勒考克的推荐下，罗丹成了当时法国著名的动物雕塑家巴耶的学生，之后跟随巴耶学习了三年的雕塑基础课程。罗丹打算考巴黎水平最高的美术学院，勒考克又帮他找到当时著名的雕塑家曼德隆，请他在罗丹的推荐书上签字。但让人意外的是，罗丹最终还是名落孙山。第二年，罗丹继续报考，结果还是落选。到了第三年，罗丹仍然报考，监考的老者在罗丹的名字旁写下了自己的断语：“朽木不可雕也，再努力也是无望。”这个十年后名扬欧洲的雕塑大师，就这样被巴黎水平最高的美术学校拒绝了。

年轻的罗丹深受打击，然而生活总是祸不单行，他的姐姐玛丽此时进了修道院当修女，原因是遭遇了失恋。玛丽本来身体就弱，再加上修道院的生活非常清苦，不到两年就得病去世了。这对罗丹来说更是沉重的打击，精神崩溃的他也走进修道院，成为一名修道士。不过跟姐姐不同的是，他对这个世界并没有完全绝望，心底的激情蠢蠢欲动。他想要清修，但又渴望创作。聪明的修道院院长埃玛尔看出了罗丹的困扰，同时也发现了罗丹的艺术天赋，于是建议罗丹继续进行艺术创作，毕竟艺术也是在“服务上帝”。罗丹很感谢院长对他的理解，于是在修道院为院长雕刻了一尊塑像。从这尊塑像可以看出，罗丹在雕刻上已经达到了一定的境界。

罗丹又回到了启蒙老师勒考克的身边，在老师的帮助下开始勤工俭学。由于身上没钱，他只好请来一个塌鼻梁的乞丐当自己的模特。不过也正是这名丑陋的乞丐，激起了罗丹对整个人类的悲悯。罗丹想到了那位终生独身、生活艰难的雕刻大师米开朗琪罗，也想到了其他人所遭遇的种种不幸，此时罗丹对人类美与丑的认识进入了全新的境界。

罗丹在创作时最重视的是作品能否把自己的思想表现出来，他把作品当作自己向外界表达自己的工具，用极强的表现力来直击人们的心灵。这一艺术思想正是米开朗琪罗在自己艺术生涯的后期提出来的，300年后，由罗丹在自己的作品《塌鼻梁的人》中完美表现了出来。罗丹的很多作品都表现了他对事物的新见解，然而却引来了法国学院派的不满，甚至有些作品因为学院派的强烈阻挠而未能完成，其中就包括由186件作品组合而成的《地狱之门》的构思，面世的只有《思想者》《吻》《夏娃》等作品。

罗丹是一个优秀的雕塑家，同时也是一位优秀的老师。他的学生和助手，都从他那里汲取了无比丰富的艺术营养。罗丹继承了勒考克的教学思路，从不束缚学生的思想，要求学生们发展自己的艺术风格。最终很多学生都走出了自己独特的艺术道路，有些学生的成就甚至能同罗丹比肩。罗丹本人在欧洲雕塑史上的地位就如同但丁在欧洲文学史上的地位，同时，他也和自己的学生马约尔、布德尔并称为欧洲雕塑“三大支柱”。

后人认为罗丹在雕塑艺术上是承前启后的人，他是古典主义的最后一人，同时开启了现代主义的新时期。他是在新旧时期同时占有一片领地的一代巨匠，用他那双成长于古典主义的艺术之手，推开了现代主义的大门。在他建下的基石上，后来的雕塑家们纷纷立起自己的标杆。而此时的罗丹已经老迈无力，无法再继续创作。

罗丹这一生遭受了无数的批评，不过也得到了很多支持和鼓励。不管怎样，他始终微笑着面对人生，最终成了继米开朗琪罗之后的又一伟大雕塑大师。罗丹始终坚信“艺术是心灵的流露”，因此他的作品都很明显地表现了人类的最深处心灵。他摒弃了浪漫主义的缺点，比如虚伪的热情和故作高深，他坚持表达自己最真实的心灵，因此他才能够拥有如此高的地位。他喜欢在残缺中表现美，也喜欢在悲壮中找到力量，他的艺术兼容并蓄，内涵宽广，是比浪漫主义更高明的艺术风格。他的作品所表现出来的力量，驱使着人类不断向前。

作曲家乔治·杰斯文

“其实他小时候的理想是当一名画家，只不过一件事情改变了他的初衷，让他走上了音乐道路。”

在和作曲家乔治·杰斯文交谈时，我曾问他成功的秘诀是什么。他告诉我说，其实要成功很简单，就是心里先要有个目标，然后在这个方向上不断努力，直到最后实现这个目标。

杰斯文有很多为人称道的品质，我最欣赏他的一点就是虽然已经如此成功，但他仍然不放弃学习。他每个星期都会用三个小时来读书，这在功成名就的音乐家中是很少见的。

杰斯文的第一部作品只得到了 5 美元的报酬。但是过了九年之后，这个价格竟然翻了一万倍，他每为好莱坞作一首曲子，就能得到九万美元的报酬。这真是天翻地覆的变化。

他刚刚工作时，是在纽约第 14 街福克斯剧院当乐师，每个月有 100 美元工资。第一次进行演奏时，他的表现可以说极其糟糕，当时他非常紧张，就连身边的同事也取笑他，台下的观众更是不买账。他感到脸上火辣辣的，疯一般地跑出了剧院。直到现在，他仍认为这是自己这辈子最大的耻辱。

其实他小时候的理想是当一名画家，只不过一件事情改变了他的初衷，让他走上了音乐道路。说起来，这还要感谢他的母亲。

有一天，杰斯文的舅母带着新买的钢琴来他家做客。杰斯文的母亲看不惯她的做派，决定予以回击，于是全家人省吃俭用，为杰斯文买了一架二手钢琴。这架钢琴成了杰斯文音乐道路上的启路明灯。他渐渐展露出在音乐方面的天赋，最终在音乐领域取得成功。他的那些优美的曲子，对美国音乐的发展产生了重大影响。

杰斯文的成名曲叫《天鹅》，其实在最初，杰斯文本人并不看好这首曲子，因为第一次在百老汇演出的时候，这首曲子并没有引起听众多大反响。不过著名歌唱家阿尔·约翰逊却十分喜欢它，认为这首曲子的水平非常高。过了九个月，杰斯文参加一场集会，阿尔·约翰逊也是参加者之一。在这个过程中，主持人邀请阿尔·约翰逊为大家唱一首歌，他选择的便是这首《天鹅》。没想到他的演唱得到了热烈的回应，听众们对其赞不绝口，纷纷称这首歌简直太好听了。阿尔·约翰逊只用了不到五分钟，就让这首已经沉寂的曲子焕发出光芒，也将杰斯文带上了事业巅峰。

不到一个月，这首歌便火遍了千家万户，到处都可以听到人们在播放这首歌，每个人都可以跟着曲调唱上两句。杰斯文当然很高兴看到这样的情景，但是同时他又非常困惑，为什么这首歌突然之间就火了？而收入方面的改变，更是让他喜出望外。有出版商找上门来，出价六万美元买这首曲子。在此之前，他还只是个每周收入 25 美元的穷小子。直到把钱拿到手里，他仍然难以相信这是真的。不过杰斯文成名绝不是单纯靠运气，他当时的实力已经非常出众，写过很多优秀的曲子，很多舞剧表演都采用他的作品。

杰斯文写过很多舞曲，无数的情侣在他的乐曲的伴奏下起舞，但是他本人却从不跳舞。他既不抽烟，也不喝酒，喜欢在晚上工作，经常深夜才休息。这种作息习惯使他患上了神经衰弱。为了改善病情，他在自己的院子里建了一个健身房，每天都要锻炼。每个周末，他还要去精神科医生那里做专业治疗。

1924 年的林肯诞辰纪念日，杰斯文为此作了一首伟大的作品《忧郁的人》。整个音乐界都为之震动，甚至把林肯纪念日也定为音乐界的节日。不过有一点需要说明的是，杰斯文在创作这首曲子时，并没有花太多时间。

当时保罗·惠特曼请杰斯文为自己的音乐会写一首爵士乐，杰斯文同意了，但是过了不久他就因为太忙把这件事忘了。后来他在报纸上看到一条新闻，说杰斯文将创作一首爵士乐。刚开始他还很迷惑，不知道这条新闻在说什么，很快他想起来，自己曾答应过保罗·惠特曼。他立刻着手准备这件事，不但要符合保罗的要求，还要让这首曲子全面展现爵士乐的魅力。以此为基础，杰斯文很快就有了灵感，没用多长时间，一首伟大的曲子诞生了。

保罗的音乐会上，听众人山人海。当这首曲子响起，每个人都静了下来，深深沉浸在那独具感染力的曲调中。演奏结束后，在场听众激动不已，整场音乐会在此时达到高潮。从此，这首曲子成为美国音乐界至宝，杰斯文本人也在一夜之间名扬美国。

喜剧大师劳埃德

“他突然发现，自己进入电影圈的第一大阻碍竟然是这个门卫。”

第一次见哈罗德·劳埃德时，我心里感觉有些奇怪，因为我无法把眼前的人跟荧幕上那个逗得人捧腹大笑的人联系起来。而且不只我这样，很多人都有类似的感受。据说有一次他和一位朋友一起去参加晚宴，由于他在生活中不喜欢戴眼镜，而那位朋友恰巧戴了眼镜，于是人们都把那位戴眼镜的朋友误认为他，实际上两人的长相并没有相似之处。那位朋友只好不断解释：“他才是劳埃德，我不是。”但是没人相信，人们都以为是劳埃德在开玩笑。

在人们的印象中，劳埃德是一个比较沉闷的人，平时严肃刻板。不过我曾和他聊过几个小时，发现他并非传言中的那样，而总是带着和蔼的笑容。我能感觉得到，他并非假装的，那是发自内心的笑。

他是个崇尚科学的人，很反对迷信活动，认为只有在蒙昧的时代迷信才会盛行。不过同时他又承认自己在某些事情上有所禁忌。比如他很怕通过洛杉矶的某条隧道，因为他认为那条隧道会给他带来灾难。再比如他去某家公司，进出必须走同一个门。还有，人们总能从他身上发现一些“辟邪”用的硬币。

他的兴趣比较广泛，最近迷上了画风景画，而跟朋友在一起时又总喜欢表演自己的纸牌魔术。他很喜欢狗，家里曾养了几十条大丹犬，每天都能听到此起彼伏的犬吠声。

他曾给我讲过他小时候的一件事，虽然事情很小，但是对他的影响很大。那时候他刚 12 岁，在奥马哈市读小学。有一天放学后，他和同学们一起回家，路过一个路口的时候，看到一个人正摆摊算卦，前面放了很多彩色图画。他们对这些图画很感兴趣，都跑来围观。这时路上驶过一辆消防车，其他孩子都跑去看消防车灭火了，只有劳埃德没有去，仍旧站在这里听算卦的人讲卦象。虽然这只是很普通的一件事，但是被当时路过的一个人注意到了，这个人就是奥马哈市的著名演员约翰·康纳。康纳过去跟劳埃德聊了两句，然后问他附近有没有住的地方。劳埃德本身就有做演员的梦想，小时候曾在自家的地窖里搭建了一个简陋的舞台，自己表演戏剧，甚至以 2 美分的价格向小伙伴出售门票。此时看着眼前的著名演员，当然非常兴奋，他立刻邀请康纳到自己家住。两人认识后，康纳每次遇到需要儿童演员的时候，都会邀请劳埃德。后来劳埃德自己也成了著名演员，他没有忘记康纳的知遇之恩，请康纳帮自己管理与影迷交流的信件。

劳埃德的父亲是个贩卖缝纫机的生意人，母亲则是个裁缝。有一年他的父亲在外遭遇车祸，得到保险公司 3500 美元的赔偿。有了这笔钱后，劳埃德一家决定搬家，但是每个人心中想去的地方都不一样，有说搬到加州的，有说搬到纽约的。最后父亲说：“我们掷硬币决定吧，如果是有龙图案的那面，就搬去加州，不是的话就搬去纽约。”最终，劳埃德一家搬到了加州的圣迭戈市。

劳埃德在剧院找了一份工作，一段时间后又在一家电影公司当起了临时演员。他饰演的第一个角色是一名印第安人，在戏中他要把一份食物交给白人客人。其实那时他还没想过自己以后能出名，他的家人和朋友也都没对他抱有希望。由于收入少，他后来穷得只能住在破洞的帐篷里，身上只剩下了一枚硬币。他决定拼死一搏，一定要在电影圈找个能立足的职位。之后他便天天往电影公司跑，希望能得到一份演员的合同。但是每次他都会被门卫挡住，在门卫眼里他只是个来这里讨钱的穷人。他突然发现，自己进入电影圈的第一大阻碍竟然是这个门卫，要先想办法进门才行。他观察了一段时间之后，发现演员们在中午停止工作后，都会出来到饭店吃饭，在返回公司的时候，门卫并不会仔细查看每个进出公司的人。于是有一天中午，劳埃德跟着吃完午饭回公司的演员们混进了公司大门。

之后他就每天从大门混进来，然后从化妆室的通风管道中爬出来。虽然他整天和演员们待在一起，但是并没有得到演出的机会。但是在这段时间里，不少人对他印象不错，其中有一个叫哈尔·洛奇的演员，经常在电影里跑龙套，跟劳埃德很聊得来。有一次他对劳埃德说，他的姨妈给他留下一笔遗产，他打算用这笔钱拍一部喜剧片，想要劳埃德在其中演一个角色。劳埃德欣然答应，之后便开始为这个角色做各种准备。

开始的时候，他刻意模仿卓别林，从衣着到行为举止，都遵循卓别林的模式。后来，由于一次偶然的机会，他想到了一个很好的主意，并且凭借这个主意获得很大成功。那一天，他感觉有些累，便到街上散散步，放松一下。走到一家剧院时，他一时兴起，进去看了一场演出。演出者扮演的是一名传教士，头上戴一顶破草帽，鼻梁上架着一副牛角眼镜。虽然他并没有做什么动作，但是观众看到他这副滑稽的样子，还是忍不住哈哈大笑。劳埃德灵机一动，立刻跑到外面买了一副牛角眼镜，决定以后就走这个表演路子。事实证明，他的想法是正确的，这个形象给他带来巨大成功。

有一件事不得不提，那就是劳埃德在 20 岁之前，还不知道自己有表演喜剧的天赋。而且他第一次表演喜剧的时候，导演甚至说他根本没有喜剧天赋，坚持下去只能是死路一条，最好转行做其他的工作。幸亏他坚持了下来，并最终取得了成功。

四、企业家

金融巨头摩根

“他喜欢在雨中漫步，穿一件简单舒适的衣服，戴一顶破帽子，让雨水流到脸上，享受大自然带给自己的快乐。”

如果评选世界上权力最大的人，谁会当选呢？希特勒还是墨索里尼？不同的人可能会有不同的选择。不过如果评选金融界的巨头，那么当选的无疑会是皮尔庞特·摩根。摩根是美国金融界的领头羊，同时在国际证券业和银行业也处于首屈一指的地位。

不过虽然出名，却很少有人了解这位风云人物的个人生活，这跟他很少在公共场合露面，很少接受采访有关系。他身形伟岸，体重有两百多磅，同时脾气暴躁，发起火来像疯子一样。而且他向来有话直说，是众人皆知的“美国最不会说话的人”。

有一天，有人拿着手枪冲进了他的办公室。如果换成别人，可能已经躲到别的屋子里了，而摩根却勇敢地冲向入侵的人。那人开枪了，子弹打中摩根的腰部，不过他还是经过一番搏斗，把那人打倒，抢走了手枪。人们终于赶来，把他送入医院。医生说如果子弹往上偏一英寸的话，他就要与死神见面了。

现在要想进这位金融大亨的办公室可就难了。他的办公室位于纽约银街 23 号，像一座又矮又宽的堡垒。每年都有很多游客来这里参观，看着建筑上的累累伤痕，听导游讲述曾发生在这里的一件惊心动魄的事情。

1961年，就在这座建筑前面，发生了一起惊人的爆炸案，造成40人死亡，200多人受伤，超过两百万美元的财产损失。那时正是中午，职员们下班吃饭的时间。在摩根大楼前面有一匹老马拉着一辆破马车停在那里，但是没有人注意到。突然间，车厢发生猛烈爆炸，火焰和巨响席卷周围，摩根大厦也为之震动。临近建筑的玻璃尽数被震碎，大街上铺满了碎玻璃。据估计，那辆马车上至少有一百磅烈性炸药。在这么大威力的爆炸下，人们死伤惨重，大街上流满了鲜血。人们哭嚎着四处奔跑，寻找能让自己安全的地方。那辆发生爆炸的马车，只剩下半个车轮和一对马蹄铁。救护车和消防车闻讯赶来，尖锐的警报声加剧了人们心中的恐惧。

人们判定，这次爆炸袭击是针对摩根的。不过当时他在欧洲，有幸躲过劫难。他对这件事非常重视，回到美国后，宣称要用所有办法找出凶手。当时联邦调查局、警察、私家侦探甚至政府间谍全都出动了，在世界各地搜寻线索，搜捕规模是前所未有的。他们封锁了所有边境出入口，对所有出入美国的船只和车辆进行检查，就连跟美国相邻的加拿大和墨西哥也加入了搜捕行动。警方把调查重点放在了黑帮组织上，前后调查了包括纽约、芝加哥在内的14座城市的黑帮组织，然而没有获得任何线索。

据统计，前后花在搜捕行动上的钱数额极其庞大，不过经过了20多年的时间，人们仍然不知道当年的真相是什么样的。从那件事之后，摩根大楼门前就设置了两个24小时站岗、全副武装的警卫。摩根本人的办公室也进行了加固，屋顶铺上了很厚的防爆钢板。在里面有一间密室，密室中摆着两排桌子，在桌子前面的是摩根的18个助手。摩根坐在最右边，就像监考的老师一样。

摩根集团在国际政治舞台的影响力超过了历史上任何一家私人银行，包括意大利富翁梅迪西和欧洲巨头罗斯柴尔德家族。罗斯柴尔德家族打败了拿破仑，摩根集团却帮助盟军取得了第一次世界大战的胜利。战争时期，摩根集团以英美盟军代理商的身份，为盟军购买了多达10亿元的军用品。摩根集团在一个月里花的钱足够全世界的人在这个月的全部花销。而这种程度的花销也让摩根集团在1915年担上了沉重的债务。

摩根在伦敦的时候，一直保持在美国的习惯。等回到美国了，又开始遵循在伦敦养成的习惯。到现在，伦敦的戈洛维诺广场仍然有他一所房子。房子里的所有仆人全都待在自己的岗位上，准备随时欢迎摩根的到来。房间里的所有东西都要时常擦洗更换，餐桌上要随时准备食物，以免摩根临时来了之后没东西吃。不过通常情况下，摩根会连续几个月到半年的时间待在美国。

摩根是美国圣公会的重要人物，和罗马教皇交往甚密。两人经常写信交流，谈论的主要内容是用古代埃及文写的一些书籍手稿。摩根有一个自己的图书馆，里面有很多基督教徒写的手稿，其历史比哥伦布发现新大陆都要早五个世纪。摩根有很多珍贵的收藏足以惊叹世人，包括莎士比亚的戏剧手稿，还有最原始的《圣经》，这本《圣经》如果放到市场的话，据说能卖到20万美元。

摩根喜欢文学，对莎士比亚的戏剧和《圣经》颇为熟稔，另外他还喜欢看探案小说。在艺术鉴赏方面，他从父亲那里学到了很多东西，达到了相当高的水平。每个圣诞节前夕，摩根都会把家人召集到图书馆，分享狄更斯《圣诞颂歌》中的故事。他收藏有大量字画、瓷器、雕塑等艺术品，有时他会拿出一件用来拍卖，总是能引起各大媒体争相报道。

摩根拥有无人可比的财富，不过他的生活很简单。他喜欢在雨中漫步，穿一件简单舒适的衣服，戴一顶破帽子，让雨水流到脸上，享受大自然带给自己的快乐。摩根的太太在1925年去世，她患的是一种奇怪的疾病，患病者会在睡眠中不知不觉死亡。尽管摩根拥有巨额财富，也无法拯救自己最爱的人的生命。太太去世后，摩根始终让太太的卧室保持原样，时常打扫。因为太太生前喜欢花，他还参加了一个花卉护理协会，响应协会的号召，亲自照料花园。如果现在去看的话，还能看到摩根穿着整齐，在花园照料花朵，就像在照料自己心爱的妻子。

报业巨头赫斯特

“想要我停止工作，只能等上帝把我带走。”

你有没有想过，如果手里有 100 万美元的话，该如何支配？

威廉·鲁道夫·赫斯特每月都有一百万收入，相当于每天 3 万美元，也许当你看这篇文章时，他已经把 100 美元放到了口袋里。认识他的人都不叫他全名，好朋友们叫他 W.R.，公司里的员工则都喊他“老大”。他的公司拥有 24 种出版物，包括 9 种杂志，到处都能看到读赫斯特公司出版物的人。在世界出版行业中，他可以说是绝对的领头羊，不过他很少对众人展现自己的个人生活。虽然大部分美国人都能随口说出甘地的生活趣事，但是很少有人了解这位本土的风云人物。

很多初见赫斯特的人都会惊讶地说：“他怎么这么腼腆？”赫斯特在这几十年里经常收到各种邀请，在众人面前讲述自己的成功之道，但实际上他并不喜欢抛头露面。他在纽约最喜欢做的事就是逛街。在加利福尼亚，他经常把各界顶尖人物邀请到自己的家中做客，让他们尽情聊天，而自己则躲到一边去玩扑克。

赫斯特在加州拥有一片牧场，那是美国西部规模最大的牧场，面积有 25 万英亩，其范围从海边一直到 50 英里远的陆地。他还拥有一座非常壮观的摩尔式城堡，位于海拔两千米的高山上，他为这座城堡取名“魅山”。城堡大厅里有很多名画装饰，包括伦勃朗、鲁本斯、拉斐尔等人的名作。另外还有法国老式的壁毯，以及各种珍贵的艺术品。为了装饰这座城堡，赫斯特花费了数百万美元。不过城堡里的饮食都很简单，各种工具也比较普通。

赫斯特还有一个爱好就是养野兽。在他的私人动物园里，有很多狮子、老虎、豹子、野牛、袋鼠等野兽，还有许多珍贵的禽鸟。他饲养的野兽种类之多，连马戏大王巴纳姆也要甘拜下风。这些动物在他心中的地位非常高，有一次一群好莱坞制片人找他谈事情，但是他正在照顾一条断掉尾巴的蜥蜴，结果那些制片人等了半天才见到他。还有一次一只土拨鼠的腿受了伤，他焦急地派出汽艇，连夜去请著名的兽医。为了给土拨鼠治腿伤，他前后总共花了500美元。

我认识的梅尔森先生，是赫斯特的古董收购代理。据他说，赫斯特出手大方，每次都要买整整一船的古董。如果看中了一座城堡的话，他会让人把城堡拆了，把每一块材料都编上号，然后运回美国，按编号组装回原样。

由于藏品太多，赫斯特在纽约建了一个大仓库，用来储藏那些艺术品。这个仓库每年要花费6万美元用来管理和维护，有20名工人在里面工作。如果你能去看一眼的话，肯定会让你大开眼界，里面有布谷鸟钟、埃及木乃伊等种种奇珍。

赫斯特的父亲来自密苏里州，是一个农民。1849年，美国正展开轰轰烈烈的淘金热，他的父亲也进入了淘金洪流，冒着被印第安部落袭击的危险，不远千里来到西部淘金。最终，他的父亲成了一位百万富翁。在赫斯特家的院子里，有一棵老树，是父亲的至爱，每到夏天的时候父亲都会在下面乘凉。赫斯特长大后，发现这棵树挡住了自己的窗户，让自己看不到海景。但父亲如此喜欢这棵树，他不忍心砍掉它。于是他花费四万美元，请园林专家把这棵树移植到了几十米外的地方。

赫斯特爱好广泛。他酷爱打网球，在这项运动上坚持了40年。而且他身体很好，70岁高龄了还能坚持打网球，其他高强度运动也难不倒他。另外他还喜欢摄影，每年都要拍摄上千张照片，几乎达到专业水平。打猎也是他的强项，有一次出海游玩，他在船上随便向天开了一枪，便击中了一只海鸥的翅膀。他还喜欢跳舞，其中踢踏舞是他的最爱。

赫斯特的记忆力很好，能记住很多典故。他能说出美国历届总统的名字，还能说出英王亨利八世众多妻子的名字。有一次，吉姆·沃克和查理·卓别林来拜访赫斯特，几个人因为《圣经》里的一段内容争论起来。为了说服两人，赫斯特把这段内容一字不差地背了出来。

赫斯特总是充满活力，他喜欢和年轻人待在一起，很厌恶别人提到关于“死亡”的话题。他是个喜欢工作的人，虽然从父亲那里继承了3000万美元，但是他不愿就指着这点钱生活。他每天都要工作8-15个小时，一直到老都是如此。他曾和别人说过这样一句话：“想要我停止工作，只能等上帝把我带走。”

钢铁大王卡内基

“他很大方地和自己的伙伴分享财富，使很多人都成了富翁，可称得上是富翁制造者。”

安德鲁·卡内基是一个拥有四亿美元资产的富翁，不过他的出身不怎么好。他生于一个贫困的家庭，最初工作只能拿到每小时两美分的报酬。

卡内基出生于苏格兰的邓弗姆林镇，我曾去过那里两次，每次都会去他曾经居住的地方瞻仰一下。他的故居只有两间屋子，楼下的那间是他的父亲做纺织工作的地方，楼上那间狭窄的屋子则是全家人睡觉的地方。

移居美国之后，卡内基的父亲依然在做纺织工作，挨家挨户推销自己织的桌布，母亲找到了一份修鞋女工的工作。母亲为这个家操劳很多，为了让卡内基每天都能穿上自己唯一的一件衬衫，她每天都要等卡内基睡着后，把衬衫洗好晾干。母亲整日操劳，每天只有6-8个小时的休息时间。卡内基是个十分孝顺的人，他看到母亲如此辛苦，决定在母亲离开人世之前不娶妻。从22岁到52岁的30年时间里，他始终保持单身。直到52岁，他才成家，62岁那年得到了自己的独生子。

卡内基从小就心疼母亲，他经常对母亲说：“等我长大了，一定要让您过上富裕的生活，给您买最好的衣服，买最好的车，让成群的佣人服侍您。”他对母亲爱得深沉，母亲去世的时候，他简直痛不欲生。在此后的15年里，只要有人提起母亲的名字，他就非常悲伤。他曾遇到一位跟他的母亲长相非常像的老人，于是他慷慨地帮老人偿还了房子贷款。

卡内基虽然号称“钢铁大王”，但实际上他在钢铁冶炼方面的知识并不丰富。之所以能取得这么大的成功，是因为他知道如何任用那些知识丰富的人。他有优秀的领导能力，这在他小的时候就显现出来了。有一次他捉到了一只母兔，他把母兔养了起来，不久便生下一窝小兔子。他自己找不到足够的食物来喂养它们，于是便把周围的小伙伴找来，对他们说：“我需要一些野菜来喂兔子，你们谁能帮我找来，就可以用他的名字为一只兔子命名。”小伙伴们非常兴奋，争相去寻找野菜。

这个办法卡内基后来也用过。有一次他和宾夕法尼亚铁路公司商谈一笔钢轨交易，对方负责这笔交易的人名叫汤姆森，卡内基便将自己的一个钢铁厂命名为“汤姆森”。汤姆森知道这件事后非常高兴，虽然他并没有得到什么实际好处，但他还是痛快地答应了这笔交易，这让他感觉就像在自己的钢铁厂买东西一样。

卡内基年轻时候做过电报投递员，虽然每天的收入只有 5 美分，但是他十分珍惜这份工作。因为他在这里没有任何基础，一旦失去工作，将衣食无依。为了做好这份工作，他熟记这个地区的每一个地点、门牌号。不过他是个有上进心的人，在做这份工作的同时，他仍然抽出时间来学习，他的目标是做一名接线员。每天早上他都提前到公司，趁没人的时候练习使用发报机。

有一次，公司收到一份从费城传来的十分紧急的电报，而此时正是清早，其他人都还没上班。于是他代为接收这封电报，并快速送到了收报人的手里。他因这件事得到公司领导的赏识，很快就升职成为接线员，工资比以前翻倍了。升职后的卡内基依旧努力，公司领导对他青眼相加，任命他为宾夕法尼亚铁路公司电报专线的接线员，不久又升他为监理秘书。

一次偶然的机会，卡内基得到了人生的第一桶金。有一次他乘坐火车，旁边坐的是一位发明家。这位发明家与他相谈甚欢，于是拿出自己发明的卧铺车模型给他看。当时的卧铺车非常简陋，而这位发明家的模型却已经初具普尔曼式卧铺车的雏形。卡内基拥有苏格兰人独特的洞察力，他意识到这项发明非常重要，于是回家之后，他立刻大量买入那位发明家所在公司的股票。事实证明，他的判断没错，不久之后这家公司的股票果然快速上涨。卡内基每年可以从这家公司的股票中分红 5000 美元，而此时的卡内基刚刚 25 岁。

有一段时间，卡内基担任某段铁路的监理。有一天，位于这段铁路中的一座木质桥梁被大火烧毁，铁路线为此中断好几天。卡内基意识到这是一个机会，木质桥梁在将来必定会遭到淘汰，而钢铁桥梁将获得极大发展。于是他创立了一家专门生产钢铁梁架的公司，很快钢铁桥梁大发展的时代来临，他的公司顺势发展起来。

上天似乎总是眷顾他，让人称奇。他和朋友合资买下了宾夕法尼亚西部的一块地皮，结果发现这块地皮下竟然有丰富的石油资源，如果开采的话，每年可以有 100 万美元的收入。年轻的卡内基靠石油开采达到了每周 100 美元的收入水平。想想十五年前的他，每天才收入 20 美分。

20 世纪 60 年代，美国进入动荡时期，林肯当政，带领北方军和南方奴隶主展开激烈内战，战争使得物价不断上涨。此时人们开发西部的热情不断上涨，已经开发到了密西西比河西岸，铁路也延伸到了那里，不断有新的城市崛起。这是美国大发展的契机，也是个人大发展的契机。卡内基的钢铁厂不断攫取着财富，财富增长速度让人吃惊，卡内基成了暴富的代名词。

不过人们想不到的是，卡内基并没有整天盯着自己的事业，而是把相当一部分时间用在休闲上。因为他手下有很多精英，他们可以帮卡内基打点好各个方面，卡内基只要做好监督工作就行了。

卡内基虽然是苏格兰人，但他并没有继承苏格兰人惜财的天性，反而非常慷慨。他很大方地和自己的伙伴分享财富，使很多人都成了富翁，可称得上是富翁制造者。他并不是信徒，但是向教堂捐赠了 7000 架大风琴。他也很关心教育事业，向国家图书馆捐赠了六千万美元，并为高校提供了 7800 万美元的资金支持。他本人对文学感兴趣，虽然没上过几年学，却出版了 8 本自己的著作，同时还有自己的随笔、传记等。他能背诵彭斯的每一本诗集，还有莎士比亚的戏剧，包括《麦克白》《李尔王》《哈姆雷特》《罗密欧与朱丽叶》等。

有一段时间，美国有很多媒体都开展策划征集活动，策划内容就是为卡内基制订花钱计划。卡内基一生大约花掉了三点六五亿美元，平均每天一百万美元。其实这正像卡内基自己说过的一句话：“守财奴是最愚蠢的。”

五、传奇女人

女强人海伦・凯勒

> “我想那时我是全世界最兴奋的孩子，从出生以来，我第一次期盼第二天太阳的升起。”

马克•吐温曾说:“19世纪带给人们最多思考的两个人，就是拿破仑和海伦•凯勒。”在他说这句话的时候，海伦・凯勒还不到十六岁。然而到了20世纪的现在，她已经是全世界人们最敬佩的人之一。

海伦・凯勒是个盲人，不过她的读书数量，差不多是一般人的100倍，而且写出了7部著作。她还曾把自己一生的经历写成一部剧本，拍成电影，并亲自主演。她的耳朵也听不见，不过却能从音乐中得到快乐。她有九年的时间不能说话，但是后来却成为著名的演说家，在美国和欧洲许多国家都曾举办过巡回演讲。

海伦・凯勒最初是个很健康的婴儿，与其他婴儿没什么区别。但是在一岁半的时候，她生了一场大病，这场大病让她失去了光明和声音。无法正常长大的海伦•凯勒变得非常野蛮，动不动就发脾气，吃东西也是直接用手拿。如果被人阻止，她就大闹不止，躺在地上撒泼打滚。她的父母不知该怎么管教她，只好把她送到了波士顿的伯金斯盲人学校。在这里，海伦・凯勒遇到了改变自己一生的人。她叫安妮・曼斯菲尔德・莎利文，是这所盲人学校的老师，20岁时就进入了这所学校。

她接受了校长安排给她的工作，教导这名叫海伦·凯勒的女孩，让她重新融入这个世界。

莎莉文本人也经历过不少苦难。10岁的时候，她带着年幼的弟弟到马萨诸塞州的一个贫民窟，结果因为人太多，他们被扔到了停尸房里。不久，弟弟被传染上了疾病，过了6个月就去世了。14岁的时候，莎莉文的眼睛受伤，近乎失明，于是她进入盲人学校学习盲文。那时她还能看到一些光线，直到五十多年后，即将去世的时候，她才完全失明。

至于莎莉文是怎样把海伦·凯勒带出黑暗，在她身上花费了多少心血，我想我是无法用简单的语言描述的。具体的经过海伦·凯勒已经在自己所著的《我的一生》中作了详细描述，我想每个看过这本书的人都会被其感动，而且每个人应该都能领略到，海伦·凯勒第一次进入人类精神世界时有多么的幸福和震撼。

她在书中写了这样一段话："我躺在自己的床上，回想这奇妙的一天，回味沙利文小姐带给我的快乐。我想那时我是全世界最兴奋的孩子，从出生以来，我第一次期盼第二天太阳的升起。"

20岁的时候，海伦·凯勒已经拥有了丰富的知识，可以考进拉德克利夫学院。此时她已经具备了完全的读写能力，而且可以开口说话了。她说的第一句话是"我能说话了"，之后她便不断重复"我能说话了"，那种能开口说话的喜悦让她激动不已。只不过她说话的腔调比较特殊，像个外国人。

她的作品都是先用凸版打字机打印，然后交付出版社或杂志社出版。如果有某个地方她想要修改的话，就先用发卡扎个洞做记号。

她住在纽约弗利斯特希尔，住所离我家很近，只有几十步远。我出去遛狗的时候，经常看到她牵着自己的牧羊犬在花园里散步，不过散步的时候她总在跟自己说话。她说话并不是用嘴，而是用手打哑语，平时跟人交流也是用这种方式。

据她的秘书称，她在辨认方向方面有些困难。她在自己家里也经常迷失方向，如果家具稍稍变换位置，她就会完全迷失。俗话说，上帝在关闭一扇门的同时，会打开一扇窗。但她在失聪失明的情况下，嗅觉和味觉并没有更加灵敏。唯一异于常人的是她的触觉。别人说话时，她只要把手指放到对方的嘴唇上，就能知道对方在说什么。她听音乐用的也是手，只要把手放到正在演奏的钢琴或小提琴的木板上，就能欣赏美妙的旋律。更让人吃惊的是，她能用触摸收音机的方式来收听广播。她自己没办法唱歌，连一个音也唱不出来，不过她想欣赏别人唱歌的时候，只要把手指放到对方喉咙上就行了。

海伦·凯勒的记忆力很好。如果你五年前和她握过手，那她五年后和你握手时，仍能通过握手的感觉认出你。而且就连你的情绪是悲是喜她都能准确识别。她的爱好多种多样，喜欢游泳和划船，喜欢在树林里骑马，还喜欢玩棋牌类游戏，为此她专门让人打造了特殊的棋具和带有凸点的纸牌。如果遇上下雨天无法出门，她也会织织毛衣。

有人认为失明是这个世界上最不幸的事，而海伦·凯勒却认为失明并不可怕，可怕的是失明的同时无法感受到他人传递的爱。

作曲家邦德夫人

“正是有了这十几年的艰难磨砺，才让她创作出《夕阳西下》这样优秀的作品。”

几十年前，在密歇根北部的林区发生了一件不幸的事。那是个寒冷的晚上，弗兰克·邦德医生在离自己家不远的地方摔倒，然后就再没能站起来。

事发的地方在密歇根州属于最偏远的地区之一，那里非常荒凉，当地的人们甚至都不知道有医生这种职业。他们以前不知道疾病可以医治，只要生了病，便只能任其自然发展。这里条件艰苦，没有医生愿意来。不过邦德医生是个非常有爱心的人，他不忍见这里的人受苦，于是来这里行医，成为当地居民的救世主。

就在那天晚上，有位病人家属来请邦德医生前去治病。他穿戴好后，吻了妻子一下，嘱咐了几句，然后就离开了家。结果刚走出家门 5 分钟，路上有个男孩向他扔了一枚雪球，竟让邦德医生摔倒在地，就此离开了人世。他嘱咐妻子的那几句话，没想到成了他最后的遗言。

邦德医生死后，他的妻子卡里杰克白·邦德只得到了四千美元的保险金，同时还要担负起抚养年幼的孩子以及偿还大笔债务的重任。这对身体本来就不好的邦德夫人来说无异于晴天霹雳，然而坚强的她挺了过来，为了孩子她不能倒下。

在邦德医生去世前，邦德夫人是个全职主妇，每天的事情就是收拾家务和照顾孩子。现在丈夫不在了，她不知道该怎么赚钱生活。不少人对她的遭遇表示同情，愿意为她提供帮助。但是要强的邦德夫人全都拒绝了，她带着孩子来到芝加哥，不再和亲戚联系，决心凭自己的力量撑起这个家。

她最初做过一些小买卖，但是因为没有经验，最终都失败了。后来她开始写歌，但是每一首都卖不出去。不过她还是坚持每天不停笔，终于在15年后，凭借一曲《夕阳西下》一举成功，成为曲坛名人。这首曲子帮她一次性赚了25万美元，销量达到六千万份。然而在此之前，她的曲子出五美元的价格都卖不出去。

一直以来，邦德夫人都过着贫困的生活。由于曲子卖不出去，她的收入时多时少，经常出现入不敷出的情况。交不起房租、吃不上饭那都是常事，冬天的时候，连取暖的木柴都买不起。后来因为欠债，只能到处躲债主，那些债主看拿不到钱，就把她家的家具都搬走。即便在这种艰苦的条件下，她还是创作出了很多优秀的作品，其中包括著名的《真的爱你》。她对作曲的执着真的很让人敬佩，有时候没钱买写曲子的纸，就用食物包装纸代替。晚上买不起油灯，就点一根细细的蜡烛。为了让更多人知道自己的作品，她也曾到杂志社登广告，但是没有钱付广告费，便通过替主编缝衣服来抵扣广告费。

她的作品第一次演出，得到了5美元的报酬。而当她成名之后，在弗兰克·麦凯夫人的晚宴上的一次表演，虽然只有12分钟，却挣到了100美元。她曾参加过不少商业演出，就为提高自己的知名度，赚更多钱，然而这个过程非常辛苦。有一次她参加演出，结果上台刚唱了几句，下面的观众就喝起倒彩，甚至出口侮辱。她非常尴尬，连大衣都没穿就跑了出去，一个人站在大街上哭泣。这只是她遭受的众多打击中的一个，之后她又振作起来，重新投入到创作之中。

正是有了这十几年的艰难磨砺，才让她创作出《夕阳西下》这样优秀的作品，不过其创作过程却非常简单。

春天的时候，邦德夫人和几个朋友一起到加州南部游玩。那里的景色非常秀美，各种花朵竞相开放，香气阵阵飘来，让人仿佛置身天堂中。夕阳西下，霞光映照在大地上，整个世界如图画般美丽。看到这样的奇景，邦德夫人忍不住赞叹道："多么美好的一天！"此时灵感涌入她的脑海，一首歌曲的雏形很快诞生了。回去之后稍作修改，著名的《夕阳西下》便诞生了。虽然诞生过程简单，但是这首曲子很少斧凿痕迹，具有天然的美感，具有很多其他曲子所没有的特点。

这首歌曲面世后，好评如潮，不管是普通听众还是专业评论家，都对其赞不绝口。它的销量和受欢迎程度，成为那个时期难以逾越的高峰。邦德夫人本人也从此一举成名，成为各种大场合演出的常客，就连白宫也多次邀请她，去为外国来宾表演这首歌。

歌剧大师舒曼－海因克

“这句话像道闪电击中我的心灵。我立刻站起身来，带着孩子们回到寒冷的家中。”

她虽然一生饱受困苦煎熬，但是凭借坚强的意志，最终取得辉煌的成功。她的经历可以说是歌剧界最曲折、最鼓舞人心的故事。她就是歌剧大师——欧内斯特·舒曼－海因克夫人。

舒曼－海因克的奋斗历程基本可以说就是不断对抗挫折的过程，在这个过程中她甚至差点自杀。她的婚姻非常不幸，丈夫欠下大量的债务后，抛弃了她和孩子。按照当时的德国法律，丈夫欠下的债妻子需要担负偿还的义务。于是法院的工作人员来到她家，搬走了除一张床和一把椅子以外的所有东西。后来她找到一份唱歌的工作，结果收入又被法院拿去偿还剩余的债务。在她的第三个孩子出生前的六个小时，她仍在努力工作，虽然已经能感受到分娩的阵痛，但她不得不坚持，因为挣不到钱的话，就算孩子生下来也无力抚养。

她一个人拉扯三个孩子，常常入不敷出，孩子们经常饿得直哭。冬天的时候，她买不起取暖用的木柴，孩子们冻得浑身发抖。在这样的困境中，舒曼－海因克想到了自杀，和孩子们一起结束生命，以结束长久以来的痛苦。然而最后她还是忍住了，决定和命运抗争一下，看到底谁能斗过谁。终于，在不断地努力和坚持下，她获得了成功，成为世界著名的歌剧演唱者。她最擅长的是瓦格纳的歌剧，无论是高音还是低音，她都能娴熟地驾驭。

她在离世前几个月，邀请我到芝加哥会面，并且邀请我共进晚餐。这顿晚餐是她亲手做的，吃饭时，她对我说："如果你称赞我是个优秀的歌唱家，我会非常感激。如果你吃完这顿晚餐后，告诉我这是你吃过的最美妙的一顿饭，那你会是我最好的朋友。"

她跟我说，她能够取得如此成就的秘密，就是要发自心底地热爱自己的听众。她每天都要抽出时间来阅读《圣经》，并早晚虔诚祈祷。上帝让她学会了怎样去爱那些听众。她认为自己早期的那些磨难，对于歌唱是有好处的，因为那让她学到了同情和理解别人。正是因为这种理解，她的声音才具有了一种特殊的魔力，让万千听众与她的声音产生共鸣。如果你听过她的歌，肯定对这句话有更深的体会。

我知道她很爱自己的孩子，于是我问她当初为什么想要和孩子一起自杀。于是她给我讲了下面的故事：

"那时我们可以说陷入了绝境，我看不到任何希望。我自己已经这么苦了，不想让孩子们跟着一起受苦，不如死了来得痛快。然后我打算带着孩子们卧轨自杀，我查询了火车运行的时间，做好了所有准备，然后拉着孩子们走到铁轨旁。孩子们一直在哭，死死拉住我的手。这时我听到了火车的鸣笛声，我俯下身，把孩子们都抱住，准备钻进车轮下。就在我快要有所动作时，我的小女儿突然站了起来，哭着对我说：'妈妈，我好爱你。我们回家吧，这里太冷了。'这句话像道闪电击中我的心灵。我立刻站起身来，带着孩子们回到寒冷的家中。我哭倒在地，不断地向上天祈祷。"

在此之前，舒曼－海因克经历的事情没有一件是顺利的，不管是生活还是工作。

但是经历了这次自杀未遂后，她的运气竟然神奇地好转了。几年之后，伦敦大剧院、柏林皇家剧院、纽约帝都剧院纷纷向她发出邀约。在这一刻，舒曼－海因克终于苦尽甘来。

舒曼－海因克的父亲是奥地利的一名地方官，职位比较低，工资也很少，不过却是全家人生活的来源。童年时的舒曼－海因克饱尝了饥饿的感觉，对于那时的她来说，黑面包已经是不错的食物，如果有黄油的话，那就是顶级美食了。为了解馋，她的母亲经常在做汤的时候把浮在表面的油舀出来，当作黄油抹在面包上。上学时候，她中午只吃黑面包和咖啡，晚上只吃黑面包和汤。即使这样，有时仍然会挨饿，于是她在附近的一个小动物园里找到一份兼职，打扫猴园的卫生，用赚来的钱买面包吃。

她一直有当歌唱家的梦想，因此不断练习，再困难的生活都没有让她中断过。终于，她得到了一次试唱的机会，评委是维也纳著名的皇家乐团指挥。听了她的演唱后，这位乐团指挥说她表情太过僵硬，也没有自己的特点，是不可能成为歌唱家的。他还讽刺舒曼－海因克说："别做梦当歌唱家了，还是回家当裁缝吧。"成名之后，舒曼－海因克再次来到维也纳皇家歌剧院，这次是进行正式演唱。她的歌声打动了在场的所有人，包括那位指挥。演唱结束后，那位指挥过来向她表示祝贺，然后说："我看您有些面熟，不知是否在什么地方见过您？"

舒曼－海因克跟我说："哈哈，他竟然忘了见过我！于是我提醒他说，我们就是在这里见过，您还建议我买台缝纫机回家当裁缝。"

伟大的护士南丁格尔

“南丁格尔意识到，护理工作只有爱心还不行，还要学习很多的知识，要经过专业的医疗培训才行。”

南丁格尔的父母都是英国的名门贵族，她的父亲是一名很有学识的富商，她的母亲则是一名旅行爱好者。1820年5月12日，两人正在意大利佛罗伦萨旅行时，生下了可爱的南丁格尔。为了纪念在这里出生，为她取名弗洛伦斯·南丁格尔。

南丁格尔从小就很聪明，而且很有爱心，再加上父母很注重对她的教育，她很快成长为一名惹人喜爱的少女。不过她也有一点让家人不放心，就是不喜欢和小伙伴们一起玩。她从小就表现出了很强的同情心，以及那种少女特有的爱心，看到身边的花花草草和小动物，都喜欢得不得了，而那些小动物也总喜欢亲近她。有一次，一只小山雀死在了院子里，伤心的南丁格尔用手帕把山雀的尸体小心地包起来，葬在了一棵松树下，还用一块条形石头为它立了碑。

1842年，南丁格尔已经20岁，出落得亭亭玉立。此时正是英国经济不景气的时候，到处都是失业的人，人们流落在街头，找不到工作，只能忍饥挨饿，有的还患上疾病。南丁格尔看到这样的情景后，感觉非常难受，她在日记中写道：“虽然素不相识，但我总是为那些正在受苦的人担心。”

到了第二年夏天，正是各种传染病流行的时候，南丁格尔不顾家人的反对，参加到了义务照顾穷人的队伍中。尽管人们对这种行为抱有偏见，尽管这项工作又累又脏，但她还是义无反顾地付出自己的爱心。她经常从母亲那里拿些药品、食物等东西来救助穷人，对此母亲很生气，认为那是有辱贵族颜面的行为。

26岁的时候，南丁格尔已经到了应该结婚的年龄。父母很想让她早点结婚，这样就可以让她把心思从照顾穷人那里收回来。于是经人介绍，他们相中了慈善家理查德。理查德是个很有作为的年轻人，他一眼就相中了南丁格尔，两人开始了愉快的交往。南丁格尔寂寞的时候，总能收到理查德充满鼓舞的信，这让南丁格尔很开心。但是在理查德向她求婚的时候，她却拒绝了。因为她经过仔细思考后，发现自己对看护工作的热爱已经超越了其他一切，婚姻、财富还有奢侈的生活，在她眼里都不算什么。婚姻并非人生必经之路，婚姻能带来的快乐，通过事业同样能够得到。于是，此后的所有求婚者都被她拒绝了，她决定终生独身。

那时的社会大众都认为女人不应该出门工作，尤其是做护士这种低等的工作，这样的女人被认为是卑贱的。当时英国正处在最为深重的灾难期，战争不断，经济低迷，医疗环境也因为这些而变得非常差。医院里混乱不堪，各种丑陋现象随处可见，人们甚至不愿提及"医生""护士"等词，做这些职业的人更是被人看不起。

大部分人都认为护士只需要做最简单的工作，无须培训和学习，南丁格尔本人一度也是这样认为的，她觉得只要自己有爱心，能吃苦，就能做好护理工作。直到有一天，她亲眼看到一名病人因为吃错药而痛苦地死去，众人就这样眼睁睁地看着，却不知道该怎么救他。这件事让南丁格尔意识到，护理工作光有爱心还不行，还要学习很多的知识，要经过专业的医疗培训才行。

有一位跟南丁格尔家关系不错的医生，名叫富勒，在恩伯莱花园附近的诊所当主治医生，据说是牛津大学毕业的，医术很高明。南丁格尔很想去富勒先生的诊所学习护理知识。有一天，父母邀请富勒先生来家里做客，南丁格尔趁机请求富勒先生收自己为学生，教自己护理知识。听到南丁格尔的请求，父亲大为恼火，但是又不好在客人面前发作，于是扛起猎枪出去打猎了。母亲也很生气，一句话都不说。姐姐则指责南丁格尔给自己家丢了面子，还有可能让家人染上疾病。富勒先生感觉很尴尬，只好劝南丁格尔放弃这个想法，以平息大家的怒火。

遭到如此强烈的反对，南丁格尔学会把事情藏在心底。她不动声色地买来跟护理相关的书籍和资料，躲在房间里偷偷学习。遇到自己无法理解和解决的问题，她就写信向外国的一些专家求助。每天早上她都会早起一小时用来学习，到了吃早饭的时间，就把书藏起来，然后装作一切正常下楼吃饭。虽然保密工作做得很好，但还是被家人发觉了。父母把她关在屋子里不许出门，连信也不让写。终于，有一次她生病，抓住治病的机会跑了出来。她来到医疗水平比较先进的法兰克福，在这里的一家诊所系统学习了护理知识。两周之后，她离开法兰克福，自认已经是一名合格的护士。

不过此时家人的反对仍然存在，南丁格尔只好选择暂不行动。到了 1851 年，南丁格尔再也忍受不了这种无所事事的生活了。与其这样静静等待、浪费时间，不如主动出击，把命运握在自己的手里。于是她再次向家人提出，自己要去做护士。父亲知道拗不过这个女儿，反应不再那么强烈，但是母亲和姐姐仍旧非常生气，极力劝阻。南丁格尔坚持自己的想法，跟母亲和姐姐吵了起来，父亲厌烦了这个场面，又扛起猎枪出去打猎了。

第二天，南丁格尔离家出走了。她来到法兰克福的牧师收容所，这里有一家孤儿院、一家医院以及一所女子师范学校。她住在孤儿院的一间屋子里，每天的工作就是为孤儿院和法兰克福女子医院的病人做护理。在这个过程中，她积累了很多实践经验，也掌握了很多护理知识。只要是跟护理有关的事情，她都愿意去做，甚至表示希望参加手术护理工作。

1854 年，克里米亚战争爆发。《泰晤士报》刊登一则消息，说在前线有大量伤兵无人照料，有些伤兵因为太过痛苦，甚至选择自杀。媒体希望有爱心的英国妇女，能够到前线去帮助那些伤兵。南丁格尔看到这则消息后，很快来到英国陆军部，请求到前线去照顾伤兵。后来在陆军部的组织下，南丁格尔带领由三十八名妇女组成的医疗队开往前线。

到达目的地后，南丁格尔发现战地医院的环境非常差。伤兵们杂乱地躺在脏兮兮的走廊上，病房里到处都是无人清理的垃圾，老鼠、蟑螂在房间里面横行。经过短暂的接触后，南丁格尔发现医院办事拖沓，程序混乱。她感到非常痛心，决心改变这一切。

南丁格尔对医院的规章制度进行了改革，整理了医院的医疗环境，同时加强对伤兵的护理。不到十天的时间，原来那个脏乱的医院就不见了，呈现在眼前的是一所环境整洁、秩序井然的战地医院。伤兵的死亡率也从 40% 降到了 2%。之后她还用为数不多的钱，在前线建了一所图书馆。

前线的伤兵都称南丁格尔为“克里米亚天使”，整个英国也对她在战争中做出的贡献表示赞扬。从此，人们改变了对护理工作的认识，护士不再是社会底层的卑贱的职业，而是成了一份受人尊敬的工作。南丁格尔改变了整个社会的认知，同时还创建了世界上第一所护士学校。

1867 年的克里米亚战争纪念日，人们制作了一尊南丁格尔提着灯的铜像，也就是人们俗称的提灯女神像，把它和西德尼·赫伯的铜像一起放到了伦敦滑铁卢广场。

1907 年，南丁格尔成为第一个荣获英国最高荣誉勋章的女性。

1910 年，90 岁的南丁格尔在睡梦中去世。后来国际红十字会和国际护士协会把她的诞辰设为国际护士节，并将护士的最高荣誉奖项命名为南丁格尔奖。从 1912 年起，每隔一年将此奖项颁发给为护理事业做出重大贡献的护士。

六、人生勇者

英国伟大的首相丘吉尔

> “他在保持精力方面有自己的诀窍，每工作一段时间，都要在达到疲劳顶点之前放松一下，不让紧绷的弦断掉。”

1857年，此时距南北战争爆发还有四年，当时美国经济很不景气。就在多半人都在为如何赚钱绞尽脑汁时，一个人却开始大赚特赚。他叫雷诺·杰鲁姆，用一年时间在纽约股市赚了600万美元。这对他的人生来说是件大事，同时也对整个人类历史产生了重大影响。这是因为，他有一个名叫温斯顿·丘吉尔的外孙，如果他没有赚到这些钱的话，丘吉尔可能就不会来到这个人世了。

杰鲁姆花钱买了一些《纽约时报》的股票，然后用剩下的钱开了两个赛马场。事实证明，他是个很有眼光的人，这些投资很快给他带来更多财富。他成为富人之后的一大爱好就是旅游，在英国旅行的时候，他结识了英国上流社会的人物。而他的女儿珍妮·杰鲁姆也因此结识了英国贵族兰伦道夫·丘吉尔，两人很快发展出恋情。

1874年11月30日，在英国最古老的城市牛津郡伍德托克镇，温斯顿·丘吉尔出生了。这位英国伟大的政治家和军事家，在30年的时间里掌控着世界格局，对整个人类历史产生了重要影响。

丘吉尔在1911年进入英国海军，是一名文职军官，后来他当上海军大臣，掌管了整个英国海军。此时他在政治上的所有决定，不光会对英国产生影响，同时会给世界带来重大影响。

很小的时候，丘吉尔的志向就是当兵打仗。不管做什么事情，他都俨然一副军人的样子，跟伙伴们玩耍时，也多半会玩一些跟行军打仗有关的游戏。后来他进入英格兰桑赫斯特皇家军事学院学习，并取得学士学位。毕业后，他进入英国海军。他的作战经历丰富，曾进入印度作战，加入邦格尔枪骑兵连，也曾在苏丹沙漠与当地军队作战，当时他跟随的将领是吉钦纳将军。

1900年，丘吉尔参与到了著名的非洲战役中，此战中丘吉尔因其勇敢的表现而备受瞩目。回国后，丘吉尔当选国会议员，此时他才26岁。

他是以战地记者的身份参与到这场战役中的。1899年，位于南非的英军开始和布尔人展开作战。伦敦《晨邮报》派他到战斗前线进行采访，前线记者的工资都比较高，他当时拿到的是每个月1250英镑。

丘吉尔在前线展现出了他杰出的能力，人们都认为他是英国历史上最优秀的记者之一。人们在关注他传回的消息的同时，也在关心他本人的安全。有一次，他在采访过程中不小心被布尔人抓到了，中间经历不少波折，之后他又从布尔人手里逃了出来。有其他记者追踪报道了整个事件的经过，发回英国，引起民众极大兴趣。

逃出来之后，有一段时间谁都不知道他去哪里了。布尔人出重金悬赏他的行踪，活要见人，死要见尸。英国那边则非常关心他的安全，焦急地等待他的消息。而此时的丘吉尔正在紧急地逃亡，昼夜不停地穿行在森林和旷野中，警惕地躲避沼泽陷阱和野兽的袭击。为了躲避布尔人的追踪，他选择的都是羊肠小道，有时还会藏在货车里躲避检查。

回国之后，丘吉尔向大众讲述了自己这些惊险刺激的逃亡经历。他本身口才出众，再加上人们对他非常关心，这些事件很快成为英国最轰动的新闻。他的所有文章和演讲都成为人们关注的焦点，甚至有人专门写歌赞美他的那些经历，他成了英国人民的英雄。由于有了人民的支持，他很顺利地成为国会议员。

1931 年，丘吉尔成为世界打击暴力的标志，就是因为他那句“面对危险，绝不能退缩”。在这一年，警察局向他提出警告，称在美国境内有一伙恐怖组织打造了一支敢死队，准备刺杀他。此时他接到美国邀请，去做巡回演讲，警方劝他不要去。但他此时是英国形象的代表，他知道自己不能退缩，于是毅然决然来到了美国。

巡回演讲如期举行，在来到某个城市做演讲时，警方得到消息，这里有几个恐怖分子打算在这里刺杀丘吉尔，并且他们手里有这场演讲的入场券。当地警察局长立刻找到丘吉尔的助理，建议改变演讲时间。但是丘吉尔没有同意，他说：“在危险面前，我们不能退缩，否则危险就会追在身边，甩脱不掉。所以，我们应该勇往直前，这样危险就会被我们击退。”

丘吉尔总是主动向危险出击，这个习惯贯穿了他的整个一生。任海军大臣期间，正是飞机发展的初期，距离莱特兄弟发明飞机只过了 8 年。他的英国海军此时只有五六架飞机和有限的几名飞行员，而且飞行技术并不发达。在当时驾驶飞机是件很危险的事，因为飞机起飞之后，没办法控制它的降落地点。虽然如此，丘吉尔还是坚持亲自驾驶飞机，以了解飞机性能。有很多人劝阻他，都被他拒绝了。在他的驾驶经历中，发生过多次坠机，不过都幸运地没有发生致命危险。

正是由于有了亲身体验，他准确预言了飞机将在未来的战争中发挥重大作用，他的这种观点为英国海军航空的发展产生了关键影响。

丘吉尔有一个大多数人都不具备的特质，那就是拥有钢铁般的意志。在上学的时候，这个品质就已经展现得很明显。他上学时学习并不认真，对于数学、希腊语、拉丁语、法语等科目不是很在意，而是花了很多精力在学习英语上，因为他觉得学习外语并没有多大用处。他以这种态度学习，学习成绩当然不会好，实际上，他在班里总是考倒数第一。不过让人没想到的是，这个数学并不好的孩子，长大后却担任了四年的财政部部长，从事着跟数字紧密相关的事业。

在考桑赫斯特皇家军事学院的时候，他考了四次才考进去，第四次也是刚刚及格。然而当他从这里毕业的时候，却发现自己在这里并没有学到什么东西。毕业后，他成为驻印度英军的一名士官，这一年他 22 岁。但是来到印度之后，他却开始奋发图强，拾起从前轻视的那些书本，认真学习起来。为了学习更多的东西，他让母亲从英国寄来了很多哲学、历史、地理、经济方面的书籍。此时的他相当努力，经常在其他人休息的时候抽空看书，包括柏拉图的哲学、吉本的《罗马帝国衰亡史》，还有莎士比亚的名著等。

努力看书对他后来的写作产生了很大影响，让他养成了非常简明的风格。在演讲方面，他最开始的演讲效果并不是很理想，因为他的声音不太好，对现场的把控也不太好。后来经过努力训练，他终于成为世界最成功的演说家之一。

丘吉尔工作非常努力，总能保持充沛的精力。他每天只有7-10个小时的休息时间，有时甚至没有休息时间，最长的时候连续工作了一个礼拜，他的秘书也跟着苦不堪言。他在保持精力方面有自己的诀窍，每工作一段时间以后，都要在达到疲劳顶点之前放松一下，不让紧绷的弦断掉。

他通常上午10点钟起床，不过他在7点钟就醒来，然后坐在床上工作。他工作时喜欢在嘴里叼一支雪茄，工作内容通常是打电话让秘书记录查阅一些事情，他自己则要阅读文件或信件，还有看一看当天的新闻。

早上起床之后，丘吉尔会先用老式刮胡刀刮干净胡子，吃完早饭，然后开始一天的工作。中午在1点左右吃饭，两点钟午睡一下，然后开始下午的工作。傍晚的时候还会休息半个小时，然后开始晚上的工作，通常会工作到12点左右。

丘吉尔想要出版自己的一本演讲集，名字就叫《沉睡中的英国》，目的就是想通过这本演讲集告诉英国民众，希特勒是世界上最危险的人，他必将会发动一场残酷的战争。从1933年开始，他就开始努力提醒英国民众：希特勒是个野心家，他正带领德国快速壮大实力，计划入侵英国。丘吉尔用六年时间到处演讲，希望人们能对德国的崛起加以重视。假如张伯伦政府能够认真思考他的观点，做好防御和反击的准备，也许第二次世界大战就不会发生。这也足以证明他的观察力是大多数人所不具备的。

第二十六任美国总统罗斯福

“罗斯福崇尚简单的生活，住在牡蛎湾的总统别墅时，他总是自己到野地拾些野草来烧，木柴也是自己劈。”

1919 年，我正在部队服役，随军驻扎在长岛的阿普顿基地。1 月份的某天，发生了一件让我刻骨铭心的事。那天下午，在基地附近的一座小山上，一队士兵列队向天鸣枪，哀悼刚刚去世的美国伟大的总统西奥多・罗斯福。罗斯福去世时，比出版家赫斯特只大 4 岁，比大律师丹诺还要小 1 岁。

罗斯福有很多传奇经历。他本身有高度近视，如果不戴眼镜的话，基本认不出站在十米远的自己最好的朋友。但是他的枪法非常好，在非洲打猎的时候，曾经射杀过狮子。虽然是个好猎手，但他对猎物有要求，他从没射杀过鸟类，也没有钓过鱼。

罗斯福小时候身体很不好，患有哮喘病，看上去一副羸弱的样子。他决心改变自己的状况，于是跑到美国西部当了一名牛仔。他白天骑马，晚上露营，逐渐锻炼出了强壮的身体，后来竟然自信到挑战著名拳手迈克・多诺万。他曾到很多地方探险，包括南美洲的丛林、欧洲高耸的少女峰和马特峰，还曾参加过古巴圣胡安山的战斗。他在自传里说小时候很怕受伤，长大后受伤却成了家常便饭。他经常在冒险中骨折，身体各个部位都受过不同程度的伤，但是这并没有削弱他对冒险的热爱。他经常强迫自己去做平时不敢做的事，来增加自己的勇气。比如在达科他州当牛仔时，他骑马经常摔断胳膊，但是他仍然勇敢地骑上马背。这种方法非常有效，既锻炼了他的勇气，又锻炼了他的意志，让他从一个胆小怯懦的小男孩，成长为一个勇往直前的男子汉。

1912 年，罗斯福要到某个地方去演讲，结果在路上遭到袭击，胸部中弹。但是他没有把这件事告诉任何人，依然坚持上台演讲。直到他因失血过多晕倒在台上，才被人们惊慌失措地送到医院。在白宫的时候，罗斯福总是随身带着枪，就连睡觉的时候都把手枪放在枕头下边。

在当总统的时候，有一次罗斯福和一名炮兵发生矛盾，两人打了一架。结果罗斯福左眼被炮兵打中，眼部血管受损严重，不过他并没有把这个结果告诉那位炮兵。后来那位炮兵再次要求跟罗斯福比武，被罗斯福拒绝了，炮兵认为是罗斯福的身体不行了。又过了几年，罗斯福的左眼彻底失明，而那位炮兵自始至终都不知道这个情况。

罗斯福崇尚简单的生活，住在牡蛎湾的总统别墅时，他总是自己到野地拾些野草来烧，木柴也是自己劈。他觉得这是为仆人分担了工作，有时还会打趣仆人，要仆人付给他工资。罗斯福不抽烟不喝酒，只是有时会在牛奶里加一些白兰地。但是一些别有用心的人抓住这个他自己都不在意的习惯，到处传播他酗酒，后来惹恼了罗斯福，被罗斯福告上法庭。

罗斯福喜欢读书，不管工作如何忙，他都会抽出时间来阅读。有一段时期，他给自己制订了时间分配计划，在固定的某一天，拿出半天时间来会见访客。但是由于访客太多，每个人只有 5 分钟时间。就在这些访客进出的间隙，罗斯福都会拿起书读一会。罗斯福出门的时候总是带着一套袖珍的《莎士比亚全集》，在达科他州做牛仔时，他还会在篝火晚会中朗诵《哈姆雷特》，给同伴们助兴。前往巴西的时候，他随身带着吉本的《罗马帝国衰亡史》，每晚睡觉前都会读一下。

罗斯福还喜欢唱歌，只不过他唱歌总是跑调，而且不会任何乐器。他最喜欢的一首歌是《上帝在你左右》，每当一个人的时候他就会哼这首歌。有一次他骑马经过一座城市，路上有人向他欢呼，于是他挥舞帽子致意，嘴里还在哼着这首歌。

他是个很有童心的人，有时会做一些让人哭笑不得的事情。有一次，他在白宫给华盛顿一家报社的记者打了个电话，要记者立刻到自己的办公室来。报社的人还以为总统有什么重大消息要透露，立刻着手安排增刊。然而当记者来到白宫，见到罗斯福之后，罗斯福却带着他来到白宫大院里的一棵树下，指着树上的一个鸟窝说："看，那里有一群刚刚出生的猫头鹰，我也是才发现的。"

有一次罗斯福要去美国西部考察，乘坐的是专列火车。他要在车厢里会见很多政客，正当众人讲话时，罗斯福见到路旁的庄稼地里有一名农民正拿着帽子向火车行礼致意。罗斯福看出那名农民是见到了自己，在向自己致意，于是立刻跑到最后一节车厢，挥舞着帽子向那位农民回礼。他这并不是在众人面前的表演，而是真心实意地在回应那位农民。

六十多岁的时候，罗斯福的身体渐渐虚弱，他经常说自己老了。在给朋友写信的时候他还说："我们都已经老了，不知道哪天就会离开这个世界。"1919 年 1 月 6 日，伟大的总统罗斯福在睡梦中离开人世。在去世之前，他的最后一句话是："请熄掉那盏灯。"

"圣雄"甘地

"他通过自己的努力，让印度取得了独立，种姓制度开始慢慢被人们所抛弃，一个崭新的印度正展现在人们面前。"

几十年前，一位瘦弱的印度人开始绝食，他怀着一颗平静的心躺在自己的床上，号召全印度的人吃素食。当他去世后，全世界都为他哀悼，这件事成为各大新闻报纸的头条。这个人就是印度"圣雄"甘地，20 世纪最有影响力的人物之一。

甘地是个物质方面很贫穷的人，有人对他的家产做过统计，据说就算翻几番也到不了十美元。但是在影响力方面，还没有哪个富人能够和他相提并论。一个身强体壮的人，至多不过有千斤之力，而甘地虽然体重不足一百磅，但是可以把所有印度人凝聚在一起。他的每一场演讲，听众之多都让其他任何演说家感到汗颜。

甘地身上有趣的故事数不胜数，先说他的那副假牙。甘地并不习惯戴假牙，平时都是放在口袋里，只有在吃饭的时候使用一下，然后就又洗洗放起来。

甘地的英语是跟一个爱尔兰人学的，所以他说英语总是一口爱尔兰腔。当初他在伦敦留学，最喜欢的着装就是身穿礼服，头戴帽子，手里拎一根手杖，完全一副绅士模样。然而回到印度后，他便穿起了及膝的劣质布衣，这一穿衣习惯一直坚持到去世。

甘地在伦敦大学肄业后，曾当过一段时间的律师，不过效果不是很理想。他上法庭时双腿总是忍不住颤抖，甚至紧张到无法辩护。有人可能会因此质疑甘地的能力，不过在另一个领域，他却表现出无与伦比的天赋，并因此每年挣到一万五千美元。在考虑如何使用这笔钱时，甘地出人意料地把这笔钱都用在了印度人民的身上。他看到印度同胞挣扎在贫困和饥饿中，心中非常痛苦，决定用自己的力量去改变这一切。他把自己的钱都投入到慈善事业中，同时也决定把自己的一生都投入到为印度同胞谋取幸福中。

当时印度仍是英国的殖民地，于是甘地呼吁印度民众抵抗英国政府，争取民族独立。他提出了“非暴力不合作”的主张，这一主张借鉴了美国的大卫·萨罗的思想。萨罗是在哈佛大学念的书，不过他毕业后并没有到处找工作，而是在一处荒无人烟的海边自己建造了一所房子，然后在那里独自生活。政府要求他交税，遭到了他的拒绝，于是他被逮捕监禁。但是他始终坚持自己的观点，不但继续对抗，还在出狱后出版书籍阐明自己的观点，主旨就是“人不必纳税”。甘地阅读到了这本书，从其中得到灵感，并以此为武器开始了与英国政府的漫长对抗之路。

甘地认为印度之所以无法独立，完全是由于英国政府的干预。因此他在向当局抗议的同时，也不断号召印度民众进行反抗，就算坐牢也不纳税。在他的强烈呼吁下，印度很快兴起抵制英货的浪潮。当英国政府征收食盐税的时候，他们就自己晒盐，坚决不向政府纳税。

在印度占据统治地位的印度教，建立有十分严格的种姓制度。印度有几千万人因为这种制度而永远生活在社会最卑贱的底层。我们可以用一种最简单的假设来了解一下这种制度，比如你是一个印度人，人品正直而且善良，从来没有做过错事。但是你的祖辈不知在什么时候做了错事，为印度教义所不容，于是就被打入低贱的行列。不但他本人受罚，他的所有后人也都要继续受罚，包括你和你的后辈，也都只能位于低贱的阶层，永生永世，世代如此。

在这样的环境下长大，你便会认为这是理所当然的事情。去商店买东西时，只能站在门口，等人把东西扔出来。你不能去学校读书，也不能在法庭上为自己申辩。人们像躲瘟疫一样躲着你，就连被你们的影子碰到的食物，都会被摒弃。在整个印度，有几千万人生活在这样的惨境之中。

甘地看到了这一切，然而他看不惯这一切，他决定为这些人争取权利。在投入到斗争事业中的同时，他以身作则，收养了一名低等种姓的女孩，像对待亲生女儿一样将她抚养长大。

纵观甘地的一生，他不断用内心的光明对抗世界的黑暗。他通过自己的努力，让印度取得了独立，种姓制度开始慢慢被人们所抛弃，一个崭新的印度正展现在人们面前。因此人们把甘地称为印度“圣雄”，把他视为印度的救世主。

名医格林菲尔

> “只不过此时的格林菲尔对原本为富人治病的生活感到厌倦，他知道拉布拉多比伦敦更需要自己。”

格林菲尔是一位每天穿行在天寒地冻中的医生，他在拉布拉多非常出名，不过这种每天在外奔波的工作，让他的双手变得很粗糙。

他经常遭遇危险，坐船时曾经有四次与冰山相撞，曾经在浮冰山度过漫长的夜晚，有一次在荒无人烟的原野上差点被冻死，还有一次实在找不到食物，就把海豹皮做的鞋煮来吃了。

有些人为他的安危担心，但其实我们更应该羡慕他，因为他拥有人类最珍贵的东西。他虽然一辈子都没攒下一分钱，但是过得很快乐。

格林菲尔是在牛津念的书，毕业后居住在伦敦贵族区，并在那里开了一家诊所。由于医术高超，他很快成为那里的名医。不过他并没有就此满足，而是觉得应该再充实一下自己的学识。

夏天的时候，他来到加拿大东部的拉布拉多，那里位于纽芬兰和哈德逊湾之间，是一处不毛之地。那里气候寒冷，每年有九个月的冰冻期，到第二年7月甚至更晚才会解冻。这里盛产鳕鱼，由于缺少植物，人们竟然会拿鳕鱼喂牛。共有3万名渔民生活在在这里，由于医疗欠缺，如果他们生病的话，就只等着自行痊愈或者死亡。这一点让菲林格尔很揪心。他按计划在那里待了一个夏天，然后回到伦敦。只不过此时的格林菲尔对原本为富人治病的生活感到厌倦，他知道拉布拉多比伦敦更需要自己。于是抛弃所有已经拥有的名利，回到了拉布拉多。他在那里待了四十五年，为当地的穷人提供救助，成为当地最出名的医生。他的事迹渐渐流传开来，英国乔治国王也对他非常钦佩，将他封为爵士。

我曾有幸和菲林格尔交谈，他跟我说了一些行医过程中遇到的让人难忘的事。一次，他帮一位老年妇女诊治。那位老人腿被冰砸断，而且受到感染，必须要进行截肢手术。那位老人信奉《旧约》，认为这是自己注定要承受的痛苦，于是要求菲林格尔在动手术的时候不要使用麻醉药物。她的态度坚决，让格林菲尔很为难。他找来老人的五个儿子，嘱咐他们用力按住老人，然后开始做这场没有麻醉的截肢手术。做完手术之后，格林菲尔感觉自己快要崩溃了。不过他非常敬佩这位老人，因为在手术过程中她一声没吭。

格林菲尔在这里受到了病人的普遍爱戴，每个人都很喜欢他，因为他不但医术好，而且为人和蔼。经常有人送礼物给他以示感激，有时是书，有时是一幅画，有时是打鱼用的工具。他收到过的一件最珍贵的礼物，是一本100年前出版的礼仪书。为了让人们都能看到这本书，他把书拆成一页一页的，贴在墙上，供大家观看。

在拉布拉多期间，他也遇到不少困难。由于这里比较偏僻，人们的迷信思想很严重。有一次，有一个村子里闹饥荒，人们都吃不上饭，只能用水冲加糖的面粉喝，很多人眼看就要不行了。不过让人奇怪的是，村子里的猪都还活得好好的，村民竟然不敢把它们宰了吃猪肉。后来有人解释说，那群猪曾经跑到教堂里吃了一本《圣经》，于是人们认为这些猪有了灵性，不能宰杀，否则会受到惩罚。

最惊险的一次经历，发生在1908年的复活节。那天他听说60英里外有人生命垂危，于是他连忙拎起急救箱，坐在4只拉布拉多犬拉的雪橇上出发。为了尽快到达，他打算从浮冰上穿过去，结果突然刮起风，浮冰开始漂远。一人四犬经过多番努力最终还是掉进了海里。格林菲尔保持了医生特有的冷静，抽出刀子割断拉布拉多犬和雪橇之间的绳子，然后爬到浮冰上。不过雪橇在下沉的时候，带走了他的毛皮外衣，他身上的衣服全都被海水浸湿。在如此寒冷的季节，又刮着海风，很快他全身都被冻僵。出于求生的欲望，他忍痛杀死了 4 只拉布拉多犬中的 3 只，剥下它们的皮披在身上御寒，然后把它们的尸体摞起来，抵挡寒风。

整个晚上，他只能躺在浮冰上睡觉。到第二天早上，他剔下尸体上的骨头，用它当桨划水，想要划回岸上。虽然他知道希望渺茫，但是求生的欲望迫使他必须这么做。就在即将撑不下去的时候，他突然看到海面上好像有一艘船。揉了揉眼睛后，他确定那不是自己的幻觉，于是疯狂地大声呼喊。最终，他被救了回去。